성공적인 취업을 위한 전략

의료법률 비서실무

Secretarial Procedures

이지은 저

(주)백산출판사

Preface

머리말

최근 경영환경은 비즈니스 서비스업종의 급성장을 가져왔으며, 의료분야와 법률분야 역시 서비스업종의 대표업종으로 경영전문화와 더불어 시장이 점차 확대되고 있다.

의료서비스 산업은 세계화, 개방화의 물결로 많은 영향을 받고 있으며, 국가별로 의료서비스 산업을 차세대 육성산업으로 인식하고 있어서, 국가 내적으로 산업경쟁력을 확보하는 데 최선을 다하고 있다. 또한 인구의 증가, 경제적 소득의 증가, 고령화 사회의 진입으로 좋은 의료서비스에 대한 수요가 증가되고, 이로 인해 IT를 기반으로 한 의료서비스 산업의 중요성이 매우 커지고 있는 추세이다. 의료서비스 산업 중 의료기관인 병원은 의료환경의 경쟁심화, 대형화, 고급화, 의료시장 개방 등에 따라 경영효율화 및 전문경영을 추구하게 되었고, 이에 따라 환자고객에 대한 질 높은 의료서비스를 제공하고 기업경영과 마찬가지로 의료경영관리 측면에서 의료경영진을 보좌하는 의료비서의 수요가 지속적으로 늘고 있다.

그러나 의료기관의 비서를 희망하는 취업준비생들은 의료기관이 어떤 조직이며, 의료비서의 역할 및 업무, 일반 기업비서와는 어떤 점에서 다른지 구체적으로 파악하는 데는 정보수집에 한계가 있으며, 취업전략도 막연한 실정이다. 따라서 이 책은 전반적인 의료기관의 조직, 의료서비스, 의료관광, 의료비서의 역할 및 업무에 대해 상세히 기술하였으며, 의료기관 비서로서의 성공적인 취업을 위한 가이드라인을 제시하였다.

또한, FTA로 2012년 법률시장 개방과 함께 외국계 대형 로펌의 국내 진출이 증가함에 따라 국내 법률회사도 대형화되고 있으며 법률비서에 대한 수요도 증가하고 있다. 그러나 의료기관 비서와 마찬가지로 법률비서를 희망하는 취업준비생들은 법률기관의 조직, 법률비서의 역할 및 업무에 대해 파악하기가 어려운 실정이다.

Preface

이 책은 법률서비스의 이해, 법률회사의 조직, 법률회사의 개념과 특성, 법률비서의 역할 및 업무에 대해 상세하게 기술하고 있으며, 현직비서 인터뷰를 통해 법률기관 비서로서의 성공적인 취업을 위한 전략을 다루었다.

이 책이 의료분야와 법률분야의 비서로서의 핵심요인들을 발굴하고 역량을 강화하여 성공적인 취업전략을 수립하는 데 도움이 되기 바라며, 장기적인 관점에서 전문비서로서의 경쟁력 확보에 기여하기를 희망한다.

2019년 9월

이지은

picceo.jieun@gmail.com

Contents

목차

CHAPTER 01

의료서비스의 이해

CHAPTER 02

의료관광

CHAPTER 03

의료기관의 서비스디자인

CHAPTER 04

의료비서의 이해

Contents

Contents

CHAPTER 01

의료서비스의 이해

CHAPTER 01

의료서비스의 이해

의·료·법·률·비·서·실·무

1. 의료기관의 역사

우리나라에 서양식 병원인 '광혜원(廣惠院)'이 최초로 세워진 때는 1885년 2월 29일(음력)이다. 갑신정변 시 부상당한 민영익을 치료해 준 선교사 의사인 알렌(Dr. H. N. Allen)의 건의에 의해 고종이 왕립병원으로 설립하였다. 널리 은혜를 베푼다는 뜻의 광혜원은 한양에 세워진 우리나라 최초의 근대 의료기관이다. 광혜원은 개원 13일 뒤인 3월 12일에 대중을 구제한다는 뜻의 '제중원(濟衆院)'으로 개칭되었다. 왕립병원 제중원은 당시 서양의학을 공부한 의사가 없었기 때문에 조선정부가 직영하지 않고 선교회에 위탁 운영하였고 주로 빈민 환자를 치료의 대상으로 진료하였으며 나아가 전염병환자 및 부인·소아들의 치료에 힘쓰게 되었다. 왕립병원 제중원에 이어 세브란스병원이 1904년 한성에 설립되었다.

〈그림 1-1〉 서울 종로구 재동 홍영식의 집 건물에 설립된 광혜원(廣惠院, 좌), 1886년 구리개(현 을지로입구역 일대)로 이전한 제중원(濟衆院, 우)

조선시대 말 서구식 현대의료의 도입기에는 많은 구미 국가 기독교 교회의 선교회에서 서구식 의료를 행하는 병원들을 설립하였다. 그러나 제중원이 설립된 후에도 여성들은 여전히 근대적인 의료 혜택을 받기 어려웠다. 이에 이화학당 설립자인 메리 스크랜턴(Mary Scranton) 여사가 미국 감리교 해외 여선교회의 지원을 받아 1887년 10월 31일 서울 정동에 '보구여관(保救女館)'이라는 부인병원을 세우고 여의사 메타 하워드(Meta Howard)를 초빙하여 여성 진료를 시작하였다.

1892년에는 영국성공회에서 한성 중부 낙동에 성 마태병원(The Hospital of St. Matthew)을 개설함과 동시에 1893년 성 피터병원(St. Peter's Hospital)을 설치 운영하였다. 이러한 초창기 병의원들은 제중원과 마찬가지로 현대개념의 병원시설을 갖추고 있지 않았으며, 1~2명의 선교사가 환자를 진료하는 외래 중심의 의료시설이었고, 필요한 경우 10~20여 명의 환자를 수용하는 시설을 갖추고 있었으나 현대의 병상개념을 적용하기는 어려운 시설이었다.

선교회는 일제강점 이전 1885년에서 1910년까지 한성을 비롯한 전국 주요 도시에 25개 이상의 병·의원 및 진료소를 설립하였고 환자 진료 및 보건위생 그리고 의사·간호사 양성에 크게 이바지하였다. 1908년 말 의료인력으로는 조선인 의사 수 2,659명, 일본인 238명, 외국인 19명으로 조사 보고되고 있다. 이 시기에 활동한 선교 의료인의 수는 1885년 2명에서 매년 증가하여 1910년경에는 전체 67명(의사 : 45명, 간호사 : 22명)으로 증가하였다.

1899년에는 정부의 공식직제에 의한 관립병원(공공병원)이 설립되었는데 이것은 내부(內部, 내무부에 해당)에 속한 '내부병원(內部病院)'으로 설립되어 1900년에는 '광제원(廣濟院)'으로 개칭되었다. '광제원'과 1899년 개설된 '관립의학교', 1905년에 설립된 '적십자 병원'이 통합되어 1907년 3월 10일에 '대한의원(大韓醫院)'이 발족되었다. 대한의원에서는 서양의학의 도입 및 의육제도 확충을 통해 진료과가 분화되는 종합병원의 형태를 갖추기 시작하였다. 대한의원은 처음에는 한국인 원장, 한국인 의료진으로 관리·운영되었으나, 일본 정부의 건의에 의하여 원장과 대부분의 의사 및 교수들이 일본인 군의관들로 재편성되었다. 대한제국의 정부는 대한의원을 중앙병원으로 하고 1909년 8월 21일 관제의 반포와 함께 청주, 함흥, 전주의 3개소에 '자혜의원'을 설립하여 주로 빈곤자의 구료에 힘쓰게 하였으며, 1909년 10월 콜레라와 같은 전염병환자를 수용하기 위한 전염병 전문병원으로서 '순화병원'을 설립 운영하였다.

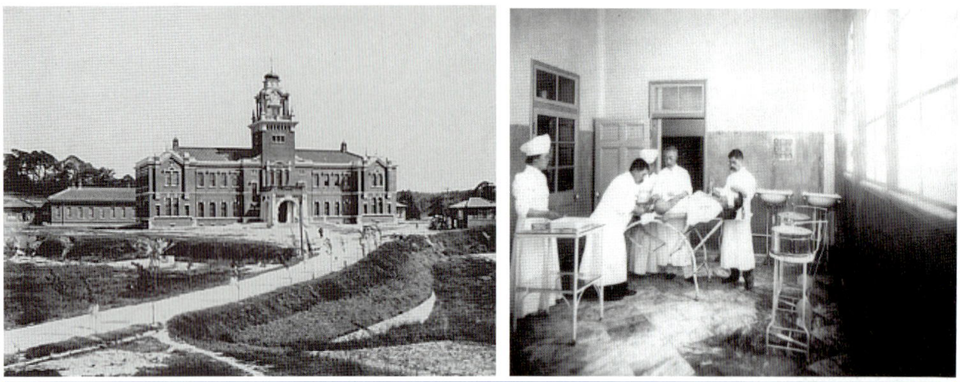

자료 : 의학신문(좌) ; Korean J Med Hist(우)

〈그림 1-2〉 건립 초기 대한의원 본관(좌), 대한의원 수술실(우)

조선시대는 서양의약이 도입되기 시작한 시기로서 공공병원의 의미와 체계를 수립하기보다는 설립하는 데 의미를 두었다. 이 시기는 단지 국민들이나 시민들에게 의료서비스를 확대하여 의료서비스를 폭넓게 받을 수 있게 하는 기초를 다지는 시기였다고 할 수 있다.

우리나라의 병원은 조선시대 말 현대적 개념의 병원이 도입된 이래 오늘날에 이르기까지 많은 구조적인 변천을 거듭하였다. 1945년 이전 일제강점기에 우리나라 병원은 공공병원이 주축이 되고 선교병원이 보완적인 역할을 담당하는 형태로 존재하였다. 1945년 일제로부터 해방되면서 일제강점기 중심 의료기관이었던 국공립병원은 점차적으로 쇠퇴하고 민간병원이 개원되기 시작하여 1960년경을 전후로 민간병원의 수가 국공립병원보다 많아지게 되었다. 1970년대 이후 우리나라의 병원구조는 민간병원 위주로 전환되었으며, 1977년 의료보험제도 도입 이후 민간병원의 급격한 양적 증가로 인해 현재 우리나라는 민간병원이 대다수를 차지하고 있다.

2. 의료기관의 분류

우리가 병원이라고 하는 영어의 hospital은 라틴어인 hospes에서 기원한 것으로 방문객 또는 방문객을 맞이하는 사람이라는 뜻이다. hospes는 손님을 맞기 위한 숙소라는 의미의 hospitalia에서 중세기에 hospitale로 되었고, 그 후에 프랑스어인 hospital로 변하였다.

「의료법」 제3조에서는 의료기관을 "의료인이 공중 또는 특정 다수인을 위하여 의료, 조산의업(의료업)을 하는 곳"이라 정의하고 있다. 의료기관의 경우 종합병원, 병원, 치과병원, 한방병원, 요양병원, 의원, 치과의원, 한의원, 조산원으로 분류한다. 또한 병원·치과병원·한방병원 및 요양병원(이하 "병원등"이라 한다)은 30개 이상의 병상(병원·한방병원만 해당한다) 또는 요양병상(요양병원만 해당하며, 장기입원이 필요한 환자를 대상으로 의료행위를 하기 위하여 설치한 병상을 말한다)을 갖추어야 한다고 규정하고 있다.

병원의 설립 및 운영 주체별로는 공공병원과 사립병원으로 구분된다. 공공병원은 국가나 지방자치단체에서 설립·운영하는 병원으로서, 국립대학병원, 국립의료원, 시도립병원 등이 해당된다. 사립병원은 민간이 설립·운영하는 병원으로서, 다시 주체의 성격에 따라 법인체 병원과 개인 병원으로 구분된다. 의학교육의 범위에 따라서는 대학병원, 전공의 수련 병원, 비교육 병원으로 구분된다.

3. 병원의 기능과 역할

오늘날의 병원은 단순히 의료행위만을 하는 곳이 아니라 지역사회 주민들의 질병 예방 및 조기 발견, 건강유지 및 증진 활동 등 폭넓은 보건문제들을 담당하고 있다. 병원의 기능을 좀 더 구체적으로 살펴보면 아래와 같다.

첫째, 병원 고유의 기능인 의료의 기능

병원은 의원과 달리 입원환자를 주로 진단·치료하고 있으며, 의사·간호사·약사·의료기사·행정직·기능직 등의 다양한 전문인력들과 보조인력들의 유기적인 협력을 바탕으로 하여 의료의 기능을 수행하고 있다.

둘째, 지역사회적 기능

병원은 단순히 내원 환자만을 대상으로 보건 및 의료서비스를 제공하는 것이 아니라, 지역사회 주민들의 질병예방 및 조기발견, 건강 유지 및 증진 기능을 담당하고 있으며, 교육적 기능과 역할도 수행하고 있다.

셋째, 의학연구의 기능

시대와 환경의 변화와 더불어 희귀질병의 발병률이 높아지고, 이에 따른 치료 방법 또한 명확하게 확립되어 있지 못한 실정이다. 이에 병원은 희귀질환자들에 대한 여러 가지 사례연구와 면밀한 관찰을 통하여 끊임없는 연구를 진행하여, 화학실험 및 동물실험 등의 과정을 거쳐 검증된 치료법은 정보를 공유하면서 임상에 적용시키고 있다. 기존에 시행하고 있는 치료법 또한 계속적인 연구과정을 거쳐 좀 더 나은 치료 방향으로 발전시키기 위하여 노력하고 있다.

넷째, 의료인을 비롯한 병원인력의 교육기능

병원은 인간의 생명을 다루는 곳이므로 의료인들은 계속적인 교육을 통해 새로운 의료기술을 익히고 습득하여 임상에 적용시켜야 할 의무가 있으며, 진료에 직접 참여하지 않는 보조인력들도 새로운 의료기술의 원활한 병원 정착을 위한 진료지원을 할 수 있도록 지속적인 교육을 시행하고 있다.

4. 병원업무의 특성

의료의 경제학적 특성을 제외한 병원의 주요한 특성을 살펴보면 다음과 같다.

첫째, 진료의 항상성이 있다.

연휴가 있어도 입원환자와 응급환자를 위한 기능은 계속되어야 한다.

둘째, 응급을 요한다.

환자는 누구나 자기의 병이 가장 중하고 빨리 진료받기를 원한다. 따라서 환자를 위하여 신속한 판단과 처리를 해야 하며, 결정할 시점이 지연되면 환자의 생명에 지장을 줄 수도 있으므로 이에 대한 대응이 필수적이다.

셋째, 병원의 업무는 매우 세분화, 전문화되어 있으며 서비스도 매우 다양하다.

시설과 장비, 진료재료와 기기, 의약품과 소모품 등이 항상 구비되어 있어야 한다. 인력 또한 진료파트와 진료지원파트가 항상 근무해야 하며, 팀워크가 매우 중요하다.

넷째, 환자에 대한 개인적인 서비스이므로 기계화, 자동화하기가 어렵고 대량서비스나 주문생산이 불가능하다.

다섯째, 생명과 직결되므로 사소한 부주의나 실수만으로 문제가 될 수 있기 때문에 항상 긴장해야 한다. 환자와 의료인은 물론, 각급 직원, 보호자와 방문자 등이 감염과 방사능 등에 노출되어 있어 감염관리와 안전관리 등이 필요하다.

병원조직은 타 조직에 비하여 여러 직종의 다양한 전문인력들이 어우러져 팀워크를 형성하고 있으며, 환자의 생명을 다루는 곳이기 때문에 항상 긴장감을 유지하고 있다. 또한 입원환자 및 응급환자를 진료하는 병원급 이상의 의료인들과 행정인력들은 환자에 대한 진료 및 간호, 진료지원 서비스가 24시간 지속적으로 이루어져야 하므로 타 직종에 비해 높은 직업적 스트레스를 가지고 근무하고 있다.

5. 병원조직과 조직구성원의 개념 및 역할

병원은 환자의 치료를 주목적으로 하여 여러 직종이 다양하게 분화된 조직체를 형성하고 있다. 이러한 병원의 조직체는 서로 독립적으로 각자의 업무를 수행하는 것이 아니라 유기적으로 연결되어 환자의 치료를 위하여 서로 협력하여야 하는 특징을 지니고 있다.

의료서비스를 제공하는 병원조직은 전문인력들이 일정한 행동규범에 따른 업무분담을 통해 환자에게 양질의 의료서비스를 제공하는 조직이다(이종익, 1993). 우리나라 「의료법」 제3조에서는 의료인이 공중 또는 특정 다수인을 위하여 의료, 조산의 의료업을 행하는 곳으로 규정하였다. 미국병원협회에서는 병원을 "조직화된 의료 및 전문요원, 병상을 포함한 연구시설, 의료서비스 그리고 지속적인 간호서비스를 통하여 환자의 진단과 치료를 하는 시설"이라 정의하였다. 흔히 병원조직이라고 하면 진료부서만 떠올리기 쉽다. 물론 병원의 1차적 목표가 환자진료이지만, 병원조직은 진료 이외에도 다양한 조직의 목표를 수행하기 위해 분업화, 전문화, 조직화의 원칙하에 구성되어 있다.

크게 볼 때, 병원조직은 진료조직과 행정조직의 이원적 조직이다. 이런 이원적 조직은 투입 또한 이원적이기 때문에 산출의 측정에 한계가 있다. 병원조직은 양질의 의료를 저렴한 가격에 제공해야 하므로 진료 목적과 경영 목적이 불일치하는 경우가 있으며, 병원인력의 지휘에서도 진료조직과 행정조직 간의 이원화된 조직체계로 인해 의료직과 행정직 간의 갈등이 발생할 수 있다. 규모나 설립주체에 따라 다소 차이를 보이지만, 일반적으로 종합병원 이상 병원조직의 목적은 환자의 진료, 의학 및 의료기술의 연구, 의료인력의 교육과 훈련, 공익기관으로서의 사회봉사, 그리고 직원에 대한 직업생활의 보장 등이다. 그 외에도 병원조직은 과업이 복잡하고, 조직구성원들의 교육배경이 다양하며 급여 격차가 크고, 다른 업종에 비하여 각종 면허와 자격증을 가진 전문인력과 여성 전문인력의 비중이 높다는 특징을 지닌다(유승흠, 2006).

병원의 조직은 외래 진료부, 입원 진료부, 진료 지원부, 보조 부문으로 구성된다. 외래 진료부와 입원 진료부는 임상의사(臨床醫師)가 직접 환자를 진단·치료하거나 간호를 행하는 부문으로서 임상진료 각 과와 간호부서로 구성된다. 병원이 개설하는 임상 각 과에는 내과, 일반외과, 흉곽외과, 신경외과, 정형외과, 성형외과, 산부인과, 소아과, 안과, 이비인후과, 피부과, 비뇨기과, 신경과, 정신과, 치과, 결핵과, 마취과, 진단방사선과, 치료방사선과, 해부병리과, 임상병리과, 재활의학과 등이 있다. 나라에 따라서 임상 각 과의 구분이 여러 가지로 다르며, 병원들이 그 규모나 성격에 따라 진료과목 중 일부를 개설하기도 하고, 진료과목을 더욱 세분해서 전문분과(專門分科)를 설치하기도 한다. 간호사는 환자의 간호업무를 담당하며 각 병동(病棟)과 외래 진료실의 간호사실 등이 기본 구성단위가 된다.

진료 지원부는 환자의 질환에 관한 각종 검사, 투약, 영양, 의무기록(醫務記錄), 진료용 재료, 기구 공급 등 임상진료를 직접 지원하는 기능을 수행하며, 방사선실, 임상검사실, 병리검사실, 동위원소실, 치과기공실, 기타 특수검사실과 약국, 영양실, 의무기록실, 중앙공급실, 의료사회사업실 등이 포함된다.

보조 부문은 병원의 운영과 환자 진료를 간접 지원하는 원무행정(院務行政), 일반사무, 시설관리 업무 등의 보조적 역할을 담당한다. 원무행정부서는 주로 환자의 접수, 수속, 안내와 진료비 관리를 담당하고, 일반사무부서는 주로 서무, 인사, 경리와 재산 관리를 담당하며, 시설관리부서는 건축, 구조물의 축조와 보수, 설비의 유지 및 관리, 의료기기의 관리, 청사 관리와 시설의 안전 관리 등을 담당한다. 병원의 운영에 관한 의사 결정 책임을 지고 병원을 전체적으로 기획, 통제하는 기능은 병원장, 부원장과 참모 역할을 담당하는 보좌 부서의 장 등 최고 경영층이 담당한다.

병원은 전문적 인력과 시설을 가진 복합적인 조직으로서 사람들에게 의료서비스를 제공하기 위하여 의료인력과 그 보조인력들이 각기 일정한 행동규범에 따라 정해진 업무를 분담·수행함으로써 환자를 진료하는 조직이다. 이를 위해 병원은 의료시설과 의료 기술진을 보유해야 하지만 병원의 사회적 특성상 이윤추구에는 제약이 따른다. 병원경영의 효율화 측면에서도 조직의 다양한 인력들의 상호협력은 절대적으로 필요하며 이를 위하여 병원 관리자는 다양한 직종의 직원들이 서로 협력할 수 있도록 비공식적 조직의 활성화를 통하여 부서 간의 경계 없이 직원들의 단합과 친목을 도모하고, 공식적인 팀워크와 관련된 다양한 교육들을 통하여 조직 내 구성원들이 서로 협력할 수 있는 분위기를 만들기 위해 노력해야 한다.

CHAPTER

02

의료관광

CHAPTER 02

의료관광

의·료·법·률·비·서·실·무

1. 의료관광의 정의

의료관광이 미래 성장동력산업으로 주목받으면서 각국에서는 많은 관심을 가지고 의료관광을 육성하고 있다. 의료관광이 갖는 의미도 해외에서 치료를 받는 Medical Travel에서 의료와 관광이 결합된 Medical Tourism, 포괄적인 건강 서비스를 소비하는 Wellness Tourism으로 영역이 확대되는 추세이다. 즉 의료관광은 의료와 관광 서비스 간 융복합이라는 개념으로 도입되었으나 명확한 정의가 있는 것은 아니다.

의료관광을 지칭하는 용어는 보건관광/건강관광(Health Tourism), 의료관광(Medical Tourism), 의료여행(Medical Travel), 웰빙 투어(Well-being Tour), 웰니스관광(Wellness Tourism), 힐링 투어(Healing Tour) 등으로 혼재되어 사용되고 있으며, 의료관광의 범주도 의료서비스만을 중심으로 보는 관점부터 자연을 활용한 관광활동, 정신수양 활동, 스트레스 관리 및 힐링 목적의 휴양활동, 비의료적인 건강증진활동 등으로 다양하다.

유엔세계관광기구(United Nations World Tourism Organization, UNWTO)는 관광통계에 대한 국제 권고안 2008(International Recommendations for Tourism Statistics 2008, IRT2008)에서 관광의 주요 목적을 "만약 그 관광이 없었더라면 이루어지지 않았을 목적(3.10항)"이라고 정의하면서 개인의 관광목적 중 건강 및 치료 목적의 관광에 병원, 클리닉, 회복환자 요양소 등의 방문을 비롯하여, 보건 및 사회시설 등에서 서비스 받는 것, 해수치료 및 스파, 의학시설 및 서비스를 사용한 성형수술, 의학적 권고에 기초한 치료를 받기 위해 특정 장소를 방문하는 것 등도 포함하고 있다. "1년 이상의 거주를 필요로 하는 장기 치료는 관광여행에 속하지 않기 때문에 1년 이내의 단기적인 치료만 포함한다(1.4항)"라고도 정의하고 있다. 국내의 법률적 해석으로는 「관광진흥법」 제12조의 2항에서 "의료관광이란 국내기관의 진료, 치료, 수술 등 의료서비스를 받는 환자와 그 동반자가 의료서비스와 병행하여 관광하는 것"이라고 정의하고 있다. 그러나 「관광진흥법」에서는 의료관광이라는 용어를 사용하는 반면, 의료법에서는 '외국인환자 유치'라는 용어를 사용하는 등 의료관광산업에 대한 명확한 개념적 정의가 설립되어 있지는 않다.

즉 의료관광을 "본인 혹은 의료진의 판단에 의거하여 심신의 건강을 보호하고 증진함을 목적으로 거주 국가의 국경을 벗어나 1년 이내의 기간으로 타국을 방문하는 방문객의 모든 활동 또는 이를 돕기 위한 동반자의 모든 활동"으로 정의하였으며 '의료관광객'은 이러한 의료관광을 하는 자로 정의할 수 있다.

2. 의료관광의 유형

의료관광의 포함 범위를 어떻게 인식하느냐에 따라 의료관광 유형이 다르게 분류될 수 있고 개념들 간의 관계도 다르게 정립될 수 있다. 의료관광과 웰니스관광 영역을 구분한 경우는 대표적으로 Smith & Puczko(2009)를 들 수 있다. Smith & Puczko는 건강관광(Health Tourism)의 하위개념으로 수술 등 의료서비스 정도와 웰니스 정도에 따라 의료와 웰니스 영역을 구분하고, 서비스 이용목적 및 활동 형태를 기준으로 기치료(Holistic), 레저와 오락(Leisure and Recreation), 의료 웰니스(Medical Wellness), 치료형 의료서비스(Medical Therapeutic), 수술형 의료서비스(Medical Surgical)로 건강관광의 유형을 나누었다. 웰니스 영역은 요가, 미용관리, 운동 등을 의미하고 의료 영역은 물리치료, 수술 등을 포함하며 웰니스와 의료가 결합된 중간영역인 의료웰니스에는 재활치료, 생활습관 교정 등을 포함하였다. 의료관광의 유형은 의료관광의 범주를 어떻게 구분하느냐에 따라 달라지지만 여행객의 특성과 여행 목적에 따라 크게 '의료중심'의 메디컬투어리즘과 '건강관리중심'의 웰니스투어리즘 형태로 분류할 수 있다.

자료 : Smith & Puczko(2009), Health and Wellness, Elsevier Ltd. 7

〈그림 2-1〉 Smith & Puczko의 유형 분류

3. 의료관광시장의 성장

(1) 글로벌 시장 규모

의료관광은 관광객의 체류기간이 길고, 체류비용이 커서 21세기 고부가가치 관광산업으로 성장하고 있다. 싱가포르와 태국에서 시작된 의료관광산업은 세계적으로 급속한 성장세를 보이고 있으며, 2012년 기준 의료관광을 위해 자국을 떠난 관광객은 5,600만 명에 이른다. 세계 의료관광 규모는 2012년 약 100억 달러로 2004년 대비 2.5배가량 성장하였으며, 2019년 약 330억 달러 규모로 성장할 것으로 전망된다.

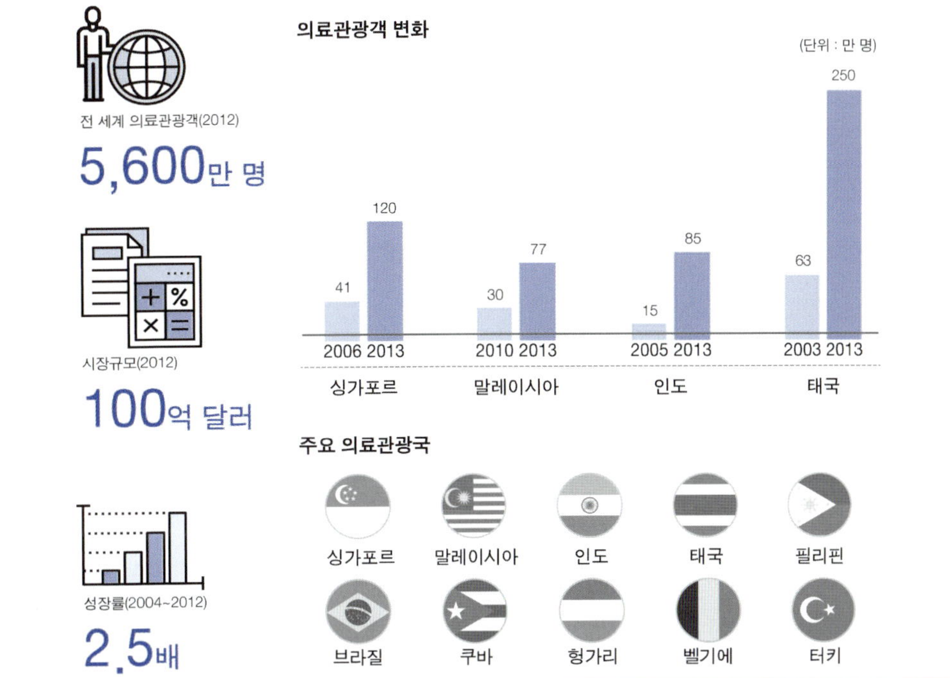

자료 : 한국의료관광마케팅(2016), 문화체육관광부, 한국관광공사

〈그림 2-2〉 글로벌 의료관광시장

특히 태국, 싱가포르, 인도, 말레이시아, 필리핀 등 아시아 국가들이 저렴한 진료비, 높은 수준의 의료서비스, 짧은 대기시간, 관광이 결합된 휴식 제공 등 의료관광 허브(Hub)로서 입지를 구축하며 주요 의료관광 목적지로 손꼽히고 있다.

의료관광시장이 확대되면서 최근에는 아시아 국가뿐 아니라 차별화된 고급 웰니스 관광상품을 내세운 유럽 국가를 중심으로 중국, 러시아, 중동 지역의 VIP, VVIP 의료관광객 유치 경쟁이 점차 치열해지고 있다. 의료관광을 국가적 미래성장동력으로 육성하고 있는 각국 정부는 의료비자 발급, 세제지원을 비롯한 각종 우대정책들을 선보이고 있으며, 민간 중심으로 의료기반이 확충되면서 의료서비스의 질 또한 높아지고 있다. 병원은 호텔급의 서비스를 제공하며 스파 등 휴양시설에서는 클리닉 기능을 추가로 갖추는 등 세계 각지에서 의료관광객 유치를 위한 변화가 일어나고 있다.

(2) 글로벌 시장의 발전 배경

1) 자국 의료서비스 수준에 대한 불만족

동남아를 비롯하여 경제수준 격차가 심한 나라의 경우 일부 부유층에서 자국의 의료서비스에 만족하지 못하고 선진 의료서비스를 찾는 경우가 있으며, 의료 선진국 소비자 중에서도 높은 비용 대비 서비스 질에 대한 불만족, 긴 대기시간 등의 이유로 해외 의료서비스를 이용하는 경우가 증가하고 있다.

UAE 고소득층은 자국의 의료서비스 수준에 만족하지 못하고, 미국 및 유럽 등지에서 의료서비스를 이용하고자 하는 욕구가 높으며, 러시아 국민은 자국의 의료기관 이용 후 21%가 만족하는 반면, 61%가 불만족한다는 조사 결과가 나오기도 하였다. 베트남의 경우에는 자국의 취약한 의료시설과 의료진에 대한 불신 탓에 해외 병원에서 진료를 받는 환자가 연간 4만 명에 이르며 이들이 쓰는 의료비는 연간 수조 원 규모로 추정된다. 인도네시아 고소득층 사람들이 해외에서 의료서비스에 지출한 금액은 연간 약 80억 달러에 이른다. 반면, 영국이나 캐나다 등은 전 국민을 대상으로 하는 건강보험체제가 잘 갖추어져 있고 의료서비스의 질도 높으나 수술을 받기 위해서는 장기간 대기해야 하기 때문에 빠른 치료를 위해 해외를 찾기도 한다.

해외로 나갈 경우 같은 금액으로 다양한 의료서비스를 받을 수 있다는 점 역시 의료관광이 활성화되기 시작한 강력한 동인으로 작용하였다. 아시아 주요 의료관광국의 서비스 비용은 미국 등 선진국의 25~80% 수준에 불과하지만 서비스 수준은 선진국과 유사한 수준을 보유하고 있다.

2) 의료비 부담 증가

인구고령화와 의료기술 발전 등으로 의료비 부담이 증가함에 따라 정부와 소비자들은 의료비 문제의 대안을 탐색하기 시작하였고, 의료관광이 대안시장으로 떠오르게 되었다. OECD국가의 GDP 대비 의료비 비중은 꾸준히 증가하여 2013년 9.8%에서 2015년에는 10.2%에 이를 것으로 예측된다. 급속히 성장하고 있는 중국의 의료비 지출 증가율은 연 10% 이상의 성장률을 기록하고 있으며, 미국도 연 4.5%에 이르고 있다.

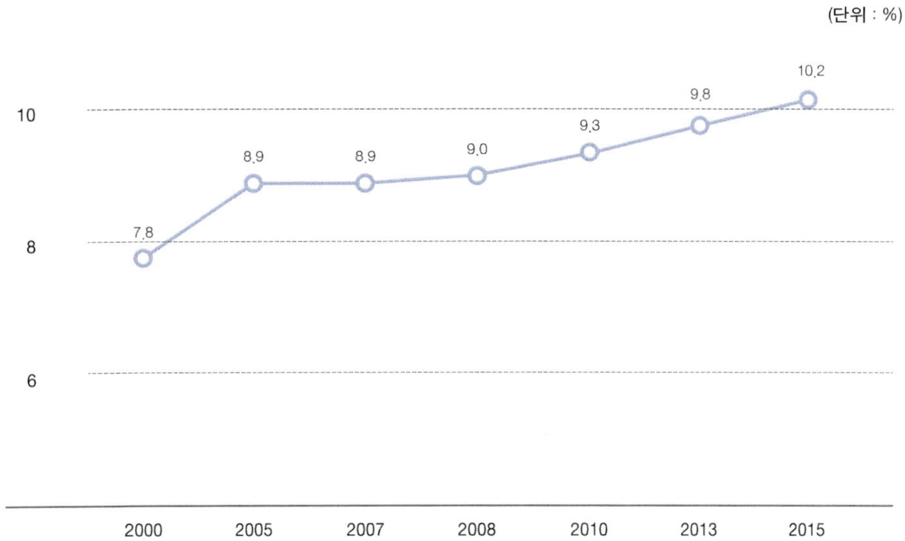

자료 : 역년중국위생통계공보(2015)

〈그림 2-3〉 OECD국가의 GDP 대비 의료비 비중 증가 추이

3) 정보통신매체 발달과 의료관광 마케팅 확대

인터넷 등 정보통신매체의 발달로 각국 간 의료비용과 서비스 품질 비교가 손쉽게 가능해졌으며, 인터넷과 미디어의 해외 의료 정보제공으로 소비자는 자신들이 원하는 치료방법과 결과물에 대한 보다 자세한 정보를 손쉽게 얻을 수 있게 되었다. 이 결과 지역별 · 국가별로 가격 및 서비스 품질 우위를 판단하여 고객이 직접 의료관광 목적지와 유형을 선택할 수 있는 가능성이 높아졌다.

의료선진국에서 수학한 의료인력이 늘어나면서 의료인력과 의료기관들의 국제적 네트워크도 활발히 구축되고 있다. 의료선진국에서 교육이나 연수를 받은 의료개도국 의사들은 선진국 병원에 자신의 환자를 소개하고, 역으로 선진국에서 면허를 받고 활동했던 의료진이 본국으로 돌아가 네트워크를 활용하여 선진국 환자를 유치하기도 한다. 이러한 경우 언어문제도 동시에 해결되기에 의료관광객 유치에 유리하다. 또한 호텔과 의료기관이 협력하여 해외환자를 유치하기 위한 공동 마케팅에 나서는 등 네트워크를 통한 시너지 효과를 발휘하기도 한다.

4) 의료서비스 인증제도 확산

의료서비스에 대한 인증은 환자 중심의 서비스와 적정 수준 이상의 표준화된 의료서비스 제공에 대한 객관적인 지표가 될 수 있어 전 세계로 확산되고 있다. 해외 환자 유치에 적극적인 아시아 의료기관들 역시 의료서비스에 대한 품질 인증제도를 취득하고 시설 및 장비를 현대화하여 표준화된 선진국 수준의 의료서비스를 제공하고자 노력하고 있다. 인증제도가 확산되면서 인증제도 자체를 인증하는 국제의료질관리학회(International Society for Quality in Healthcare, ISQua)의 국제 인증 프로그램(International Accreditation Program, IAP)도 마련되었다.

(단위 : 개)

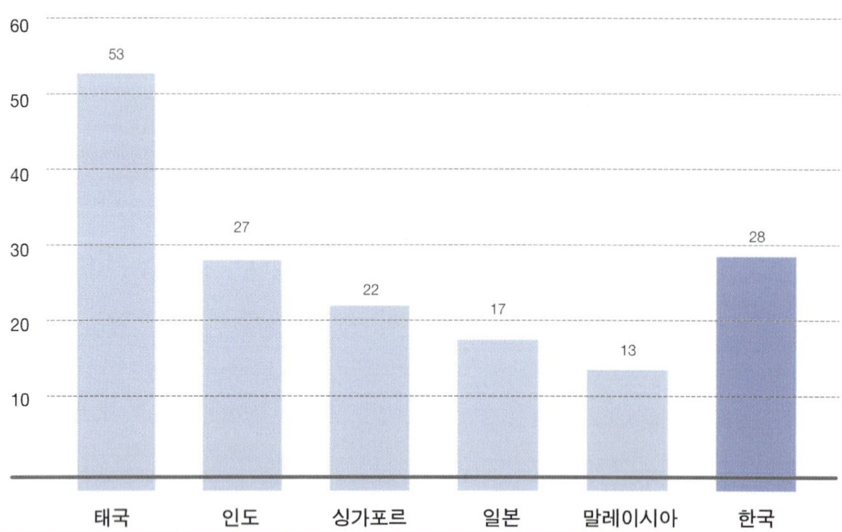

자료 : 한국의료관광마케팅(2016), 문화체육관광부, 한국관광공사

〈그림 2-4〉 주요 의료관광국의 JCI 인증현황

대표적인 인증프로그램으로 꼽히는 미국의 병원인증제도 JCI(Joint Commission International)는 환자가 병원에 들어서는 순간부터 퇴원까지 치료 전 과정을 11개 분야로 나눠 환자의 안전성과 양질의 의료서비스 제공에 관한 평가를 3년 단위로 수행하고 있다. 2016년 4월 현재 전 세계 60여 개 국가에서 836개 의료기관이 JCI인증을 받았다. 우리나라도 대학병원과 전문병원을 중심으로 의료서비스 인증 필요성에 대한 인식이 확산되면서 28개의 의료기관에서 JCI인증을 받았다.

5) 의료서비스 인증제도 확산

의료서비스 수요 증가 및 의료산업의 경쟁과 개방으로 의료관광객의 이동량과 그에 따른 경제적 파급효과가 날로 커지고 있으며, 의료관광산업은 각국의 주요 전략산업으로 주목받고 있다. 이처럼 의료관광이 산업의 형태를 띠고 성장하게 된 것은 고부가가치를 창출하기 위한 정부의 정책적 노력이 뒷받침되었기 때문이다.

의료관광 대국으로 성장한 태국의 경우 1997년 금융위기 당시 태국 사립병원의 43%가 존폐 기로에 있을 만큼 병원들의 경영상태가 대부분 악화되었고, 이를 개선하기 위해 정부에서 외국인을 대상으로 하는 의료서비스를 추진한 것에서 의료관광산업이 시작되었다. 태국 정부는 의료산업 육성을 위해 의료시장을 완전 개방하는 제도 개혁과 함께 태국의 풍부한 관광자원을 활용한 태국형 의료관광 서비스의 개발로 재기에 성공하였다. 또 다른 주요 의료관광국인 싱가포르의 경우, 정부가 주도하여 기존의 물류·금융·관광이 중심인 싱가포르 산업구조 자체를 의료 및 바이오 구조로 전환하였다. 의료관광 활성화를 위해 민간의료기관에 자율성을 부여하는 규제완화를 추진하였고, 의료 및 바이오산업의 비중은 2000년 이후 가파르게 성장하는 추세이다. 의료관광 주요 국가들 대부분은 의료관광 활성화를 위하여 의료비자 제도를 도입하는 등 의료관광객을 위한 제도개선을 추진하고 있다.

4. 한국의 의료관광 현황

(1) 한국의 의료관광시장 현황

한국 의료관광시장은 2009년 5월 「의료법」 개정으로 외국인환자 유치행위가 허용된 이래 정부의 의료관광 활성화 정책과 관련 종사자들의 적극적인 마케팅으로 급성장하고 있다. 한국은 의료관광 후발주자로서의 리스크와 추진 초기 많은 사회적 우려에도 불구하고 단기간에 괄목할 만한 성장을 이루었으며, 주요 의료관광국가 중 하나로 자리매김하는 데 성공했다.

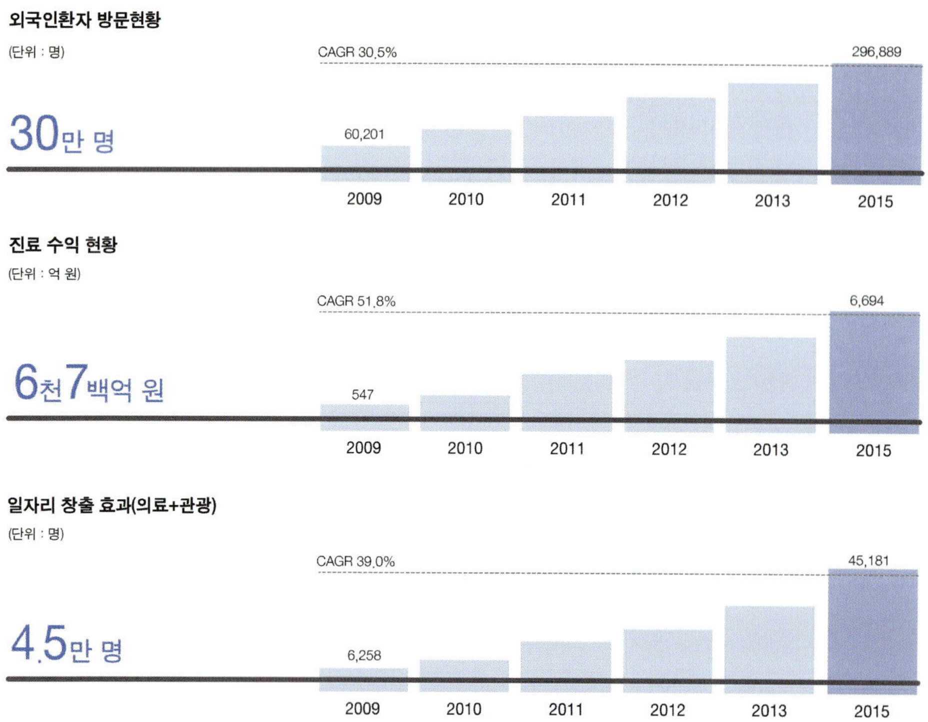

자료 : 한국의료관광마케팅(2016), 문화체육관광부, 한국관광공사

〈그림 2-5〉 한국 의료관광 현황

한국을 찾는 외국인환자는 지속적으로 증가하여 2009년 6만 201명에서 2012년 15만 9,464명, 2015년에는 29만 6,889명에 이르며, 외국인환자의 진료수익도 2015년 6,694억 원으로 2009년 대비 연평균 성장률이 51.8%에 이른다. 또한 2018년 방한 의료관광객 79만 명, 의료관광시장 8.7억 달러로의 성장이 전망되는 등 지속적인 성장시장으로 분석되고 있다.

한국을 찾는 외국인환자가 늘어나면서 외국인환자의 국적도 2009년 141개국에서 2015년 188개국으로 다양해졌고, 연환자 100명 이상을 유치하는 국가 수도 2009년 28개국에서 2015년 66개국으로 늘어서 의료관광목적지로의 한국 의료시장의 성장을 보여준다.

〈표 2-1〉 외국인환자 추이

(단위 : 명)

구분	2009	2010	2011	2012	2013	2014	2015
실환자 수	60,201	81,789	122,297	159,464	211,218	266,501	296,889
총국적 수	141	163	180	188	191	191	188
연환자 100명 이상 국가 수	28	32	43	48	54	56	66

자료 : 2015년 외국인환자 유치실적 조사 결과(2016), 한국보건산업진흥원

2015년 외국인환자의 국적은 중국인 환자가 9만 9,059명으로 33.4%를 차지하여 가장 많고 이후 미국, 러시아, 일본 순이다. 또한 카자흐스탄, 우즈베키스탄, UAE 등 G2G 협력을 지속하고 있는 전략국가 중심으로 꾸준한 증가세를 보이고 있다.

〈표 2-2〉 주요 국적별 외국인환자 현황

(단위 : 명, %)

순위	국적	2011		2012		2013		2014		2015	
		환자 수	비중	환자 수	비중	환자 수	비중	환자 수	비중	환자 수	비중
총환자 수		122,297	100	159,464	100	211,218	100	266,501	100	296,889	100
1	중국	19,222	15.7	32,503	20.4	56,075	26.5	79,481	29.8	99,059	33.4
2	미국	27,529	22.5	30,582	19.2	32,750	15.5	35,491	13.3	40,986	13.8
3	러시아	9,650	7.9	16,438	10.3	24,026	11.4	31,829	11.9	20,856	7.0
4	일본	22,491	18.4	19,744	12.4	16,849	8.0	14,336	5.4	18,884	6.4
5	카자흐스탄	732	0.6	1,633	1.0	2,890	1.4	8,029	3.0	12,567	4.2
6	몽골	3,266	2.7	8,407	5.3	12,034	5.7	12,803	4.8	12,522	4.2
7	베트남	1,336	1.1	2,231	1.4	2,988	1.4	3,728	1.4	5,316	1.8
8	캐나다	2,051	1.7	2,756	1.7	2,770	1.3	2,943	1.1	3,206	1.1
9	아랍에미리트	158	0.1	342	0.2	1,151	0.5	2,633	1.0	2,946	1.0
10	우즈베키스탄	491	0.4	824	0.5	1,358	0.6	1,904	0.7	2,634	0.9
11	필리핀	1,178	1.0	1,787	1.1	1,848	0.9	2,024	0.8	2,410	0.8

자료 : 한국의료관광마케팅(2016), 문화체육관광부, 한국관광공사

외국인환자의 총 진료수입은 6,694억 원으로 2014년 대비 20.2%가 증가했으며, 1인당 평균 진료비는 225만 원을 기록하며 전년대비 7.9% 증가했다. 특히 1억 원 이상의 진료비를 지출한 환자는 총 271명으로 전년대비 29.0% 증가했다. 국적별로는 중국인 환자가 지출한 진료비가 총 2,171억 원으로 전체 진료수입의 32.4%를 차지하고 있으며, 1인당 평균 진료비는 아랍에미리트가 1,503만 원으로 가장 높게 나타났다. 이는 중국인 환자는 방문객 수가 많으나 성형, 피부과 시술과 같은 경증수술·시술의 비율이 높은 반면, 중동, 러시아권의 경우 중증환자의 비율이 높은 것에 기인한 결과로 판단된다.

〈표 2-3〉 주요 진료과별 상위 국적 현황(2015)

(단위 : 명, %)

구분	총실환자 수 (비중)	1위		2위		3위	
		국적명	환자 수	국적명	환자 수	국적명	환자 수
내과통합	79,091(21.3)	중국	18,161	미국	11,905	러시아	8,993
성형외과	41,263(11.1)	중국	26,537	일본	2,809	카자흐스탄	1,029
검진센터	34,284(9.3)	중국	8,734	러시아	4,357	미국	4,133
피부과	31,900(8.6)	중국	13,692	일본	5,749	미국	3,488
정형외과	22,468(6.1)	중국	6,767	미국	4,362	러시아	1,538

자료 : 한국의료관광마케팅(2016), 문화체육관광부, 한국관광공사

지역별 외국인환자 현황은 서울이 16만 5,689명으로 유치인원이 가장 많았으며 서울, 경기 지역이 전체 환자 유치의 74.9%(서울 55.8%, 경기 19.1%)를 차지하여 지역 불균형 현상이 심한 가운데, 광주광역시와 전라도의 외국인환자(7,281명)가 전년대비 51.1% 증가하며 높은 증가율을 보였다.

(2) 의료관광산업의 파급효과

의료관광시장이 성장하고, 의료관광객의 활동이 증가하면서 그에 따른 경제적 파급효과도 증가하고 있다. 의료관광산업은 잠재력이 높은 사업영역으로, 의료관광과 연관된 의료산업은 의료 및 보건 서비스와 미용관련 산업이며 연관된 관광산업으로는 쇼핑, 식음료, 숙박, 오락 등의 산업으로 볼 수 있다.

의료관광은 의료산업과 관광산업의 융합으로 부가가치와 취업 및 고용 등에 미치는 영향력이 높다. 또한 의료 수준과 관광자원에 대한 대외 인지도 확산과 우리나라 전통의술인 한방과 한류 스타일의 세계 확산에도 기여하는 바가 크다.

〈표 2-4〉 의료관광 주요 서비스 공급주체

의료기관	⇨	관광사업체
• 상급 종합병원 • 종합병원 • 일반병원 • 치과병의원 • 한방병의원		• 숙박, 쇼핑, 교통 • 식음료, 오락문화, 운동관련 서비스 및 시설 제공업체
⇧		⇩
뷰티 / 웰니스 사업체	⇦	**의료관광 유치업체**
• 피부관리숍 • 마사지숍 • 다이어트센터 • 리조트 스파		• 여행사 • 의료관광유치업자

자료 : 한국의료관광마케팅(2016), 문화체육관광부, 한국관광공사

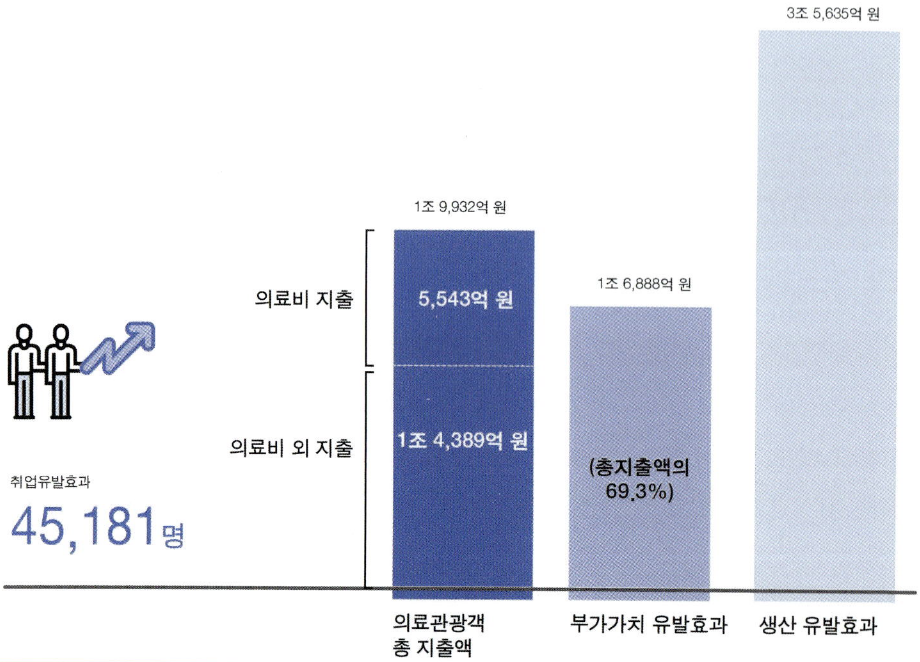

자료 : 한국의료관광마케팅(2016), 문화체육관광부, 한국관광공사

〈그림 2-6〉 의료관광 파급효과

의료관광산업의 경제적 파급효과는 직접효과와 간접효과로 구성되는데, 직접효과는 의료관광객의 직접 지출항목과 연관된 산업군으로 산업연관표상의 도소매서비스, 육상운송서비스, 음식점 및 숙박서비스, 사업지원서비스, 의료 및 보건서비스, 문화서비스 등 6개 산업부문이 해당된다. 간접효과는 의료관광객의 직접 지출항목 외 간접적으로 파생되는 산업군에 대한 경제적 파급효과로 직접효과 산업군을 제외한 75개 산업군이 포함된다.

2014년 자료를 기준으로 취업유발효과는 4만 5,181명으로 추정되며, 총생산유발효과는 3조 5,635억 원으로 추정된다. 이 중 직접효과는 2조 2,233억 원, 간접효과는 1조 3,402억 원으로 추정되며, 부가가치유발효과는 1조 6,888억 원으로 의료관광객 총 지출액(1조 9,932억 원)의 약 69.3%로 추정된다.

(3) 방한 의료관광객 동향

2015년 방한 의료관광객 1,547명을 대상으로 시행된 의료관광 만족도 조사에 따르면, 처음부터 의료서비스 혹은 의료서비스와 관광을 목적으로 입국한 관광객은 64.3%이며, 의료서비스를 염두에 두지 않고 방한하였으나 의료서비스를 이용한 경우도 29.5%에 달했다. 연령별로 살펴보면, 60세 이상은 처음부터 의료서비스 이용을 염두에 두는 비율이 77.8%로 높았고, 29세 이하는 '타 목적으로 방문 후 의료서비스 이용'의 응답률이 34.5%로 타 연령층 대비 높게 나타났다. 국적별로 중국 국적 응답자는 '의료서비스 이용 겸 관광', 러시아 및 카자흐스탄 국적 응답자는 '의료서비스 이용', 일본 및 미국 국적 응답자는 '타 목적 방문 후 의료 서비스 이용' 응답률이 상대적으로 높은 편이다. 진료유형별로는 성형수술의 경우가 의료서비스 이용계획의 82.3%로 목적성이 가장 뚜렷했으며, 성형수술을 제외한 일반수술 환자가 관광목적을 제외한 순수 의료서비스 목적으로 입원하는 비율이 가장 높아서 의료서비스의 경중에 따른 다양한 관광상품 개발이 필요함을 보여준다.

〈표 2-5〉 의료관광객의 한국 방문 목적

(단위 : 명, %)

총실환자 수(비중)		사례 수(명)	의료서비스 이용	의료서비스 이용 겸 관광	타 목적으로 방문 후 의료서비스 이용	모름/무응답
전체		(1,547)	36.6	27.7	29.5	6.3(15.7)
국적	중국	(502)	29.7	39.4	29.3	3.4
	러시아	(307)	55.7	32.2	8.1	3.9
	일본	(196)	23.5	15.8	48.0	12.8
	카자흐스탄	(176)	67.6	21.0	7.4	4.0
	미국	(96)	11.5	19.8	59.4	9.4
	몽골	(51)	47.1	13.7	31.4	7.8
	우즈베키스탄	(44)	27.3	22.7	47.7	2.3
	캐나다	(32)	15.6	18.8	53.1	12.5
	필리핀	(28)	3.6	7.1	46.4	42.9
	베트남	(20)	25.0	10.0	55.0	10.0
진료 유형	치료	(444)	32.9	19.8	43.0	4.3
	수술(성형수술 제외)	(219)	69.4	7.8	21.5	1.4
	성형수술	(214)	39.3	43.0	14.5	3.3
	피부미용/노화방지 시술	(264)	22.0	47.0	26.1	4.9
	건강검진	(665)	39.2	29.6	22.0	9.2

자료 : 한국의료관광마케팅(2016), 문화체육관광부, 한국관광공사

의료관광객들이 한국을 선택한 이유로는 전 분야에서 고르게 '의료진의 우수한 의료기술'을 높게 꼽았다. 이어 '의료기관 신뢰도'(56.0%), '최첨단 의료장비 및 시설'(40.1%), '외국인환자 대상 인적 서비스 인프라'(31.7%) 등이 꼽혔다. 국적별로, 러시아 국적 응답자는 '최첨단 의료장비 및 시설', 일본 국적 응답자는 '적절한 가격' 및 '의사소통 편이성', 미국 국적 응답자는 '적절한 가격 수준'을 고려한 비율이 상대적으로 높게 나타났다.

한국 의료관광에 대한 정보수집 경로는 주로 친지 등 주변 사람 의견을 통해 습득하는 것(77.1%)으로 나타나 구전마케팅의 중요성을 확인시켰으며, 이외에 인터넷 검

색(47.1%), 여행업체(39.7%), 방송매체의 광고/뉴스(24.5%) 등의 경로도 응답되었다. 국적별로 살펴보면, 중국 및 러시아 국적 응답자는 여행업체에서 정보를 습득한 비율이 타 국적 대비 상대적으로 높으며, 의료기관 형태별로는 종합병원 이용자는 여행업체, 의원 이용자는 인터넷 검색을 통한 정보 습득 비율이 보다 높게 나타났다.

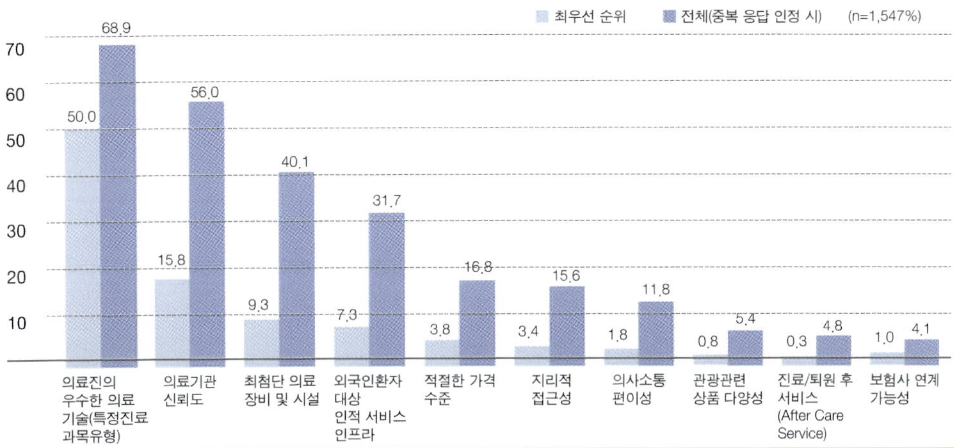

자료 : 한국의료관광마케팅(2016), 문화체육관광부, 한국관광공사

〈그림 2-7〉 한국 의료서비스 선택 이유

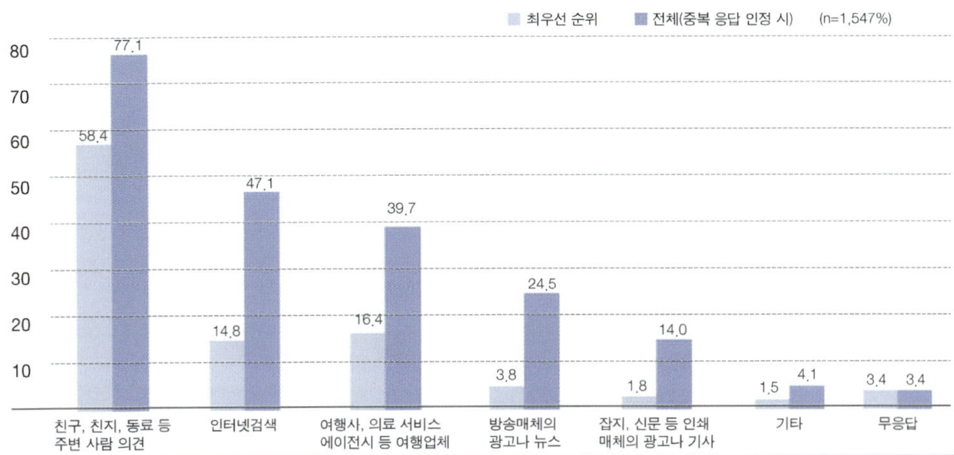

자료 : 한국의료관광마케팅(2016), 문화체육관광부, 한국관광공사

〈그림 2-8〉 한국 의료서비스 관련 정보 습득 경로

의료서비스 경험에 대한 만족도 조사에서 전반적인 의료서비스 만족도는 4.32점으로 나타났으며, 전체 응답자의 80.2%는 의료서비스를 위해 한국을 다시 방문할 의향이 있다고 응답했다. 속성별로는 의료진의 전문성에 대해 의료서비스 평가 속성 중 가장 높은 만족도를 보였다. 의료서비스 이용 목적으로 한국을 재방문한 응답자와 한국 방문 목적이 의료서비스 이용인 응답자의 경우에도 의료진 전문성에 대한 만족도가 상대적으로 높았다. 반면, 가장 낮은 만족도를 보인 항목은 음식, 문화, 생활방식 등에 대한 외국인환자 대상 서비스였으며, 여성보다 남성이, 진료 유형별로는 일반 치료를 받은 관광객의 만족도가 낮았고 지역별로는 몽골과 베트남 국적 응답자의 만족도가 가장 낮게 측정되었다.

〈표 2-6〉 속성별 의료서비스 만족도

의료서비스 평가 속성	만족도 점수(5점 만점)
1) 의료진(의사, 간호사)의 전문성	4.44
2) 의료진의 친절성	4.44
3) 외국인환자 대상 코디네이터의 전문성	4.45
4) 외국인환자 대상 코디네이터의 친절성	4.47
5) 의료서비스 가격의 적절성	4.20
6) 의료기관 환경	4.36
7) 입퇴원 절차 등 병원 내 수속절차 편리성	4.28
8) 의료기관 접근성	4.27
9) 외국인환자 대상 서비스	4.20
10) 한국 내 의료서비스 관련 정보 제공	4.23
전반적 만족도	4.32
의료서비스 이용 목적 한국 재방문 의향	4.21

자료 : 한국의료관광마케팅(2016), 문화체육관광부, 한국관광공사

의료서비스 이용 시 불편사항으로는 '높은 비용'이 50.1%로 가장 많이 응답되었으며, 이외에 '의료 연계 관광상품 부족'(26.1%), '의료서비스 관련 정보 습득 불편'(24.9%), '외국인환자 전용 병실 부재/부족'(21.9%) 등이 언급되었다.

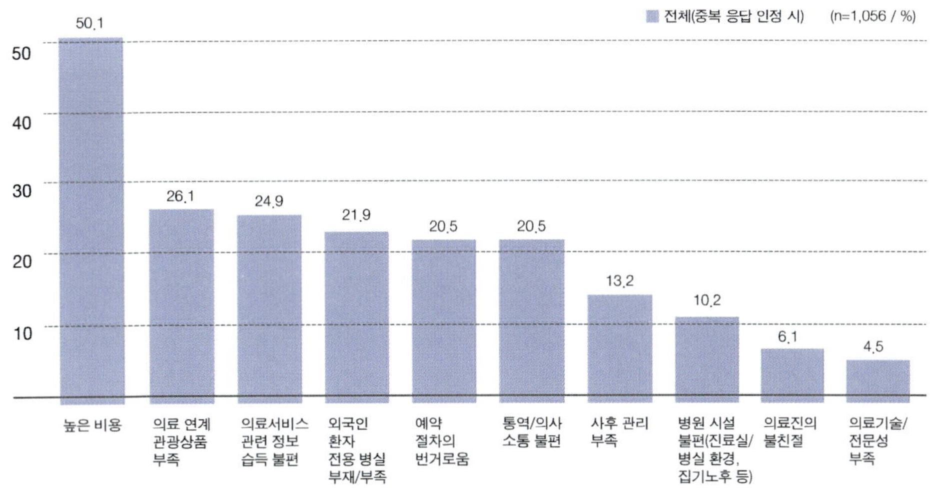

자료 : 한국의료관광마케팅(2016), 문화체육관광부, 한국관광공사

〈그림 2-9〉 한국 의료서비스 이용 시 불편사항

(4) 한국 의료관광시장의 경쟁력

한국 의료관광시장은 정부의 지원정책 속에서 앞선 의료기술과 그에 비해 저렴한 비용과 신속한 서비스를 바탕으로 경쟁력을 강화하고 있다. 하지만 세계 의료관광시장 확대에 따라 주변국들의 의료관광객 유치 경쟁이 심화되고, 불법 브로커가 양산되는 등 의료관광 활성을 위협하는 저해요인도 증가하고 있다.

1) 앞선 의료기술 수준

한국의 앞선 의료기술은 이미 해외에서 인정받고 있으며 주요 암의 발병 후 5년 생존율과 간이식 성공률은 미국보다 우위에 있다고 판단되고 있다. 대표적으로 위암의 5년 후 생존율은 한국이 73.1%, 미국이 29.3%이며 최근 젊은 여성에게 많이 발병되고 있는 갑상선암의 경우 5년 후 생존율이 100%에 달하고 있다. OECD통계에서도 자궁경부암 5년 후 생존율은 한국이 세계 2위로 조사된 바 있다.

한국의 의료서비스는 특유의 효율적 시스템과 발전된 IT기술의 융합으로 원스톱 서비스가 일반화되어 있고 최첨단 장비 보유현황에 있어서도 세계 최고수준을 유지하고 있다. 고도의 기술이 요구되는 간 이식수술의 경우 한국의 연간 생체 간이식 수술 건수는 2014년 기준 858건으로 인구 백 명당 17.33명 수준이어서 여타 의료선진국을 크게 앞서고 있다. 또한 고도의 기술이 요구되는 고비용 치료인 심장질환과 관절교체의 경우 치료비가 미국의 1/3수준, 일본의 2/3수준으로 높은 의료기술 수준에도 강력한 가격 경쟁력을 확보하고 있다. 이 같은 기술경쟁력과 서비스 경쟁력은 OECD 회원국 중에서도 상위권으로 의료시설 및 장비는 34개국 중 2위, 의료서비스 경쟁력은 4위, 기술 수준은 9위를 기록할 정도로 인정받고 있다.

2) 저렴한 의료비

의료기술과 의료시설의 높은 수준에 비하여 의료비가 저렴한 것도 한국 의료관광의 장점이다. OECD 13개국의 의료비를 비교분석한 연구결과에서도 최근 발병률이 높은 급성 심근경색 의료비의 경우, 가장 높은 이탈리아(8,827달러)에 비해 4배 이상 저렴한 것(1,174달러)으로 나타났고, CT나 MRI 등의 의료기기를 활용한 건강검진비용에서도 한국은 약 54달러로 OECD국가 중 가장 저렴한 반면 미국은 약 510달러로 약 10배 이상 차이가 나는 경우도 있다.

3) 한류의 영향

K-POP, K-Beauty, K-Fashion 등을 아우르는 K-Culture의 확산도 의료관광산업 발전에 긍정적인 영향을 주고 있다. 산업연구원의 설문조사에서도 한국에서 경험하고 싶은 활동에 대해 '한식 체험'이 62%로 가장 높게 나타났으며, '미용·의료' 체험이 응답의 15%를 차지하는 것으로 나타났다. 실제 미용 및 성형치료를 목적으로 우리나라를 방문하는 의료관광객 중에는 한류 열풍이 불고 있는 중국과 일본 관광객이 상당부분을 차지하고 있다.

5. 의료관광의 절차

의료서비스와 관광서비스를 함께 고려하는 일반적인 의료관광 흐름도([그림 2-10] 참고)를 통해 의료관광의 단계별 활동 특성을 알아보자.

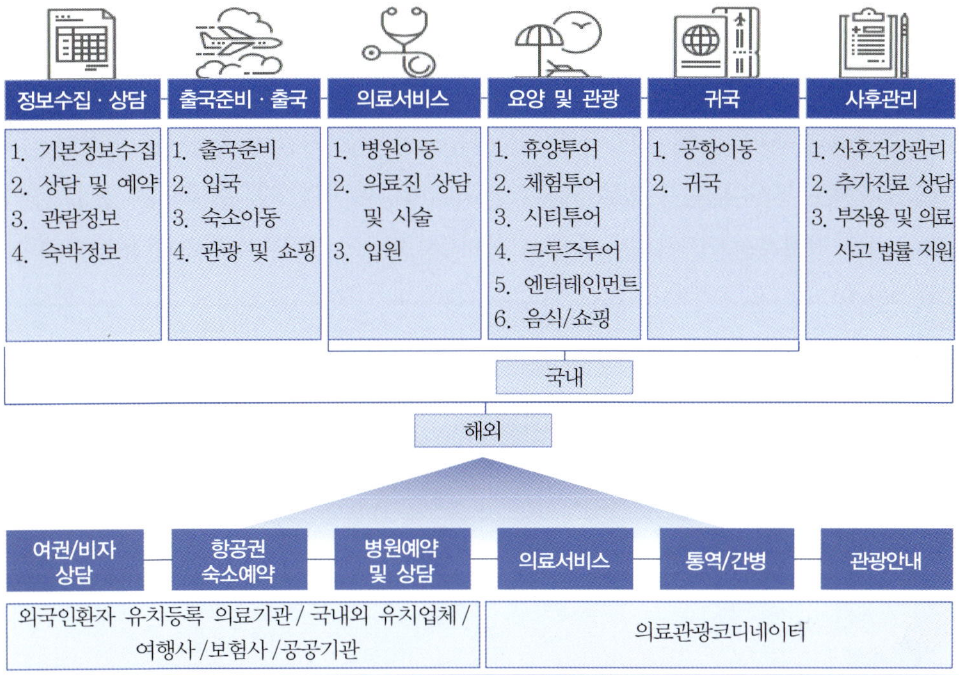

자료 : 한국의료관광마케팅(2016), 문화체육관광부, 한국관광공사

〈그림 2-10〉 의료관광 흐름도

(1) 정보 수집 및 상담

의료서비스를 위해 해외로 나갈 의향이 있는 잠재적 소비자(의료관광객)는 본인이 원하는 진료과목에 대한 의료시설 및 의료기술 등 의료서비스의 기본 인프라에 대한 정보 수집을 시작하게 된다. 2015년에 한국의료관광을 경험한 의료관광객을 대상으로 실시한 조사에 의하면 의료서비스를 사전에 염두에 둔 비율은 64.3%였으며, 의료서비스에 대한 정보는 주변인의 추천이 77.1%로 가장 높게 나타났다. 의료관광객은 이 시기에 의료서비스뿐만 아니라 해당국가나 도시의 위치, 기후, 언어, 환율 등의 정보도 함께 수집하게 된다.

기본정보 수집을 통해 목적지 및 의료서비스에 대한 계획을 어느 정도 세우면 전문

의료기관 혹은 전문 에이전시나 여행사를 통한 상담을 진행하고 적절한 상품을 예약한다. 소비자인 의료관광객이 의료기관을 선택하는 방법은 크게 네 가지로 첫째, 해외 에이전시에서 의료관광객을 소개받은 국내 에이전시가 국내 의료기관을 소개하여 선정하는 경우, 둘째, 국내 에이전시가 해외 의료관광객을 국내 의료기관으로 소개하여 선정하는 경우, 셋째, 해외 에이전시가 해외 의료관광객을 국내 의료기관에 소개하여 선정하는 경우, 넷째, 의료관광객이 직접 국내 의료기관 홈페이지를 방문하거나 SNS, 구전을 통하여 직접 의료기관에 Contact하여 상담 후 선정하는 경우 등이 있다. 최근 정보통신기술이 발달하면서 인터넷이나 스마트폰 애플을 활용하여 직접 정보수집 및 예약을 진행하는 개별 의료관광객이 늘고 있다. 그 밖에 치료 외 여유시간을 위한 관광 및 휴양 정보나 숙박, 음식 및 쇼핑정보 등을 수집한다.

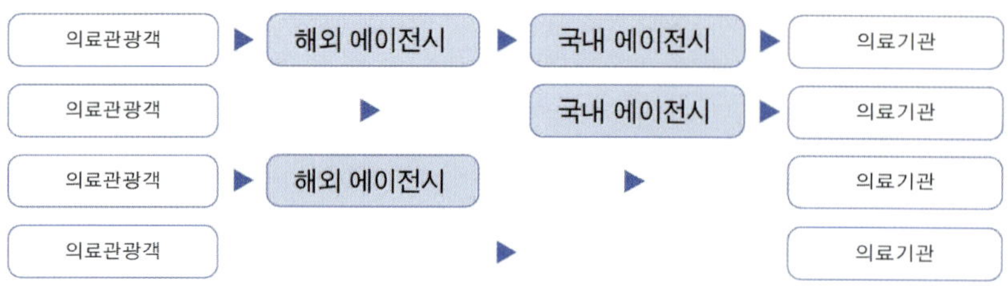

자료 : 한국의료관광마케팅(2016), 문화체육관광부, 한국관광공사

〈그림 2-11〉 의료관광객이 의료기관을 선택하는 방법

(2) 출국 준비 및 출국

의료서비스를 받기 위한 목적지와 체류기간 등이 확정되면 의료관광객은 목적국가로 이동하기 위한 출국준비를 하게 된다. 여권을 준비하고 의료서비스를 받기 위한 기본 서류 등을 준비해야 하며 비자협정에 따라 체류기간이나 진료 성향에 따른 의료관광비자(C-3-M 또는 G-1-M) 등을 신청하고 발급받는 단계이다. 이 단계부터는 국가별, 의료기관별로 요구하는 바가 상이하기 때문에 의료관광코디네이터 등 전문가의 도움이 필요할 수 있다.

또한 체류기간을 고려한 항공권 및 숙박 예약이 사전에 이루어져야 한다. 출국준비에 관한 정보는 한국관광공사와 지자체의 의료관광 홈페이지 등을 활용하면 손쉽게 구할 수 있으며 의료관광비자 발급과 관련된 사항은 '의료관광 관련 법령'에서 확인할 수 있다.

모든 준비를 마치고 한국으로 입국한 의료관광객은 입국수속을 밟고 미리 지정된 숙소로 이동하게 된다. 숙소까지의 이동방법은 여행사 및 에이전시와 사전 협의 시 안내인이 마중을 나오는 경우도 있고 개인적으로 인터내셔널 택시나 공항철도 및 리무진 버스를 이용하는 방법도 있다. 거동이 불편하거나 중환자, 응급환자의 경우 앰뷸런스를 이용하여 공항 내부에서부터 목적지로 이동이 가능하다. 숙소 이동 후에는 짐을 풀고 본격적인 의료서비스에 앞서 사전에 계획한 내용이나 인천국제공항 내 의료관광 안내홍보센터에서 수집한 정보를 바탕으로 휴식 및 관광을 즐긴다.

앰뷸런스 출입 관련 인천국제공항 운영 현황

- 일반(비응급)환자 : 출입국 수속 후 공항외부(랜드사이드) 후송 원칙
- 거동불편 중환자 : 항공사에서 사전출입증 신청 후 공항내부(에어사이드) 출입가능
- 응급환자 : 인천국제공항 표준 운영 절차서에 따라 응급 처치 후 공항소방대 앰뷸런스로 병원 후송

(3) 의료서비스

의료관광객은 이제 이번 관광의 주된 목적인 의료서비스를 받기 위해 해당 의료기관으로 이동한다. 여행사나 에이전시에서 의료기관까지 이동차량을 제공하기도 하고 거동이 불편할 경우 앰뷸런스를 이용하기도 한다. 최근에는 의료관광객의 편의와 사생활 보호를 위하여 호텔 내에 의료기관이 입주하는 경우도 늘고 있으며 숙박시설을 갖춘 검진센터 등도 운영되고 있다. 의료진의 상담 및 의료시술 전 과정에서 의료관광코디네이터가 의료관광객의 모든 예약일정 및 병원업무를 지원하게 된다. 의료보험과 연계할 수 있도록 하거나 사전 미팅을 통해 의료관광객의 요구사항을 파악하여 병원과 의료진에게 전달하는 역할도 이들이 담당하게 된다. 최근에는 외국어가 가능한 의료진이 직접 상담 및 시술을 진행하는 경우도 늘고 있으나 전문통역사나 의료관광코디네이터가 통역을 진행하기도 하며, 필요시 의료관광객 자국의사와의 상담도 진행된다.

(4) 요양 및 관광

시술이 끝났거나 다음 시술을 위한 회복기간 동안 의료관광객은 건강의 호전을 위하여 휴양하면서 몸조리에 들어가게 된다. 이 기간 동안 사전에 계획한 내용이나 의료관광 안내홍보센터, 여행사, 에이전시, 숙소 등을 통해 수집한 정보를 바탕으로 휴양, 체험투어, 시티투어, 엔터테인먼트 관광을 즐긴다.

(5) 귀국

한국 내에서 모든 일정을 소화하고 어느 정도 회복기간을 거친 의료관광객은 자국으로 돌아가게 된다. 입국 때와 마찬가지로 공항까지는 여행사나 에이전시의 환송서비스를 이용하거나 대중교통을 이용하게 되며, 거동이 불편하거나 중증환자의 경우 앰뷸런스를 이용할 수 있다. 출국은 탑승 수속 → 세관신고 → 보안검색 → 출국심사 → 탑승의 과정으로 이루어진다.

(6) 사후관리

의료관광객이 자국으로 돌아간 이후에도 지속적인 건강관리나 추가진료에 대한 상담이 필요하다. 또한 만약의 부작용 및 의료사고 발생 시 이에 대한 대응도 필요하다. 2012년 4월부터는 한국의료분쟁조정중재원(www.k-medi.or.kr, 1670 또는 2545)이 설립되어 의료사고 및 불편사항으로 발생하는 분쟁 시 도움을 주고 있다.

〈표 2-7〉 국내 의료기관의 해외 의료관광객을 위한 의료관광 진행 프로세스

진행과정	구분	내용
초기 준비단계	정보수집	환자의 개인정보, 건강상태, 진료기록, 진료비 지불주체 및 지불방식
	진료계획 수립	진료 의료진 선정, 치료 가능여부, 치료 계획, 진료 일정, 사전 준비사항
	예상 진료비용 산출	환자에게 필요한 검사, 시술 및 치료 계획에 따른 예상 진료비 확인 후 진료비 견적
	회신	신속한 회신, Contact-point 안내, 환자와의 긍정적인 관계 형성

진행과정	구분	내용
확인단계	초청장 작성	방문 목적, 의료관광 서비스 내용
	예약 확인서 작성	방문 목적, 의료관광 서비스 내용
	환자 등록	환자 개인정보, 재진의 경우 개인정보 변경 여부 확인
	예약 일시 확정	진료 과목 및 담당 의료진 선정, 입원치료의 경우 병실 이용기간 및 종류 확인, 예약 일시 확정
	예약사항 안내	진료, 검사/시술에 대한 예약 내용과 사전 준비사항 안내, 예약 변경 및 취소 확인
	진료비 지불방식 안내	보험여부 확인, 진료비 지불보증 범위확인, 개인부담금 확인, 진료에 필요한 서류 확인
영접	공항 픽업	이동차량 준비, 응급환자일 경우 앰뷸런스 준비, 거동이 불편한 중환자일 경우 항공사에 사전출입증 신청, Name Board 준비
	이동	준비된 차량으로 이동, 의료관광 일정 안내 및 조정
의료서비스 과정	병원 도착	병원 안내
	대기	편안한 분위기
	진료 전	언어별 의료관광코디네이터 배치, 환자 기본정보 확인, 지불방법 확인
	진료 중	환자 상태 확인, 진료 및 검사 시 환자의 사생활 노출 최소화
	진료 후	진료 내역 확인, 검사/치료, 처방전 발급, 재진 예약
	귀가 전 준비사항	의료관광 서비스 만족도 설문조사, 출국 항공편 및 교통편 확인
	퇴원	퇴원 프로세스 안내, 수납, 필요한 영문 서류 준비
송영	공항으로 이동	차량 준비
사후 관리		정기적으로 F/U Letter/E-mail 발송

자료 : 기존 자료 활용하여 저자 재구성

앰뷸런스 출입 관련 인천국제공항 운영 현황	• 일반(비응급)환자 : 출입국 수속 후 공항외부(랜드사이드) 후송 원칙 • 거동불편 중환자 : 항공사에서 사전출입증 신청 후 공항내부(에어사이드) 출입가능 • 응급환자 : 인천국제공항 표준 운영 절차서에 따라 응급 처치 후 공항소방대 앰뷸런스로 병원 후송

의료관광 지원제도

의료관광 비자

1. 단기방문비자(C-3-3)

① 1회 부여 체류기간의 상한 : 90일

② 체류자격 : 외국인환자 사증 및 사증발급인정 발급지침 대상자 중 단기 방문자

* 단기방문 자격은 영리를 목적으로 하는 사람에게 발급될 수 없음

③ 발급대상 : 외국인환자 유치기관 중 법무부장관이 '전자 사증 대리신청 기관'으로 지정한 우수 유치기관에서 초청한 외국인환자 및 동반자

④ 제출서류 및 발급 내용 : '외국인환자 사증(C-3-3, G-1-10) 발급 및 체류관리 지침'에 따라 서류제출 및 사증 발급

2. 전자사증 대리신청 기관

온라인으로 사증발급인정서를 신청한 전력이 있는 유치 기관 중 아래 기준을 충족한 유치기관 지정

① 전자사증 대리신청 기관 지정 기준

- 최근 약 2년간 5회 이상, 총 50명 이상 의료관광(C-3-3, G-1-10) 사증발급인정서 발급 대리 신청을 하였을 것
- 사증발급인정서 발급신청자 대비 동 기간 사증발급인정서 발급불허자, 신규불법 체류자, 입국거부자, 재외공간 사증불허자를 합계한 인원의 비율이 20% 미만일 것

② 대리신청 기관 재지정

1년마다 전체 유치기관을 대상으로 지정요건을 재심사하여 매년 7월 중 대리신청 기관 재지정(매년 6월 말 기준, 최근 2년 이내 실적)

③ 대리신청 기관 통보

전자사증 대리신청 기관으로 지정된 유치기관에 이메일 등으로 지정사실을 통보하고 하이코리아(www.hikorea.go.kr) 등 홈페이지에 지정내용 게시(기관명, 대표자명, 사업장 주소)

3. 기타 비자(G-1-10)

① 체류기간의 상한 : 1년

② 발급대상

- 외국인환자 유치기관의 초청을 받지 않고, 국내 의료기관에서 진료 또는 요양할 목적으로 입국하고자 하는 외국인환자
- 외국인환자의 간병 등을 위해 동반입국이 필요한 배우자 등 동반가족 및 간병인

* 국내 병원과 송출국가 간 환자 송출계약을 체결하고 송출국가에서 진료비 등을 지원하는 외국인환자에 대하여 간병인 동반입국 허용

의료관광 지원제도 의료관광 비자	③ 첨부서류 • 사증발급신청서, 여권, 표준규격사진 1매, 수수료 • 국내외 의료기관 또는 요양기관에서 발급한 치료 또는 요양을 소명할 수 있는 병원 진단서, 의사소견서 등 입증 자료 • 국내 의료기관 또는 요양기관에서 치료 또는 요양관련 예약 입증자료 징구 • 치료비, 체재비 등 부담능력 또는 재정능력 입증서류 • 가족관계 및 간병인 입증서류

6. 의료관광 마케팅

(1) 의료관광 마케팅의 배경

경제구조가 산업사회에서 서비스사회로 변해갈수록 서비스 제공자는 고객들에게 고품질의 서비스를 제공하기 위해 그들을 이해하고 세분화할 수 있는 방안을 강구하게 되었고, 경쟁이 치열해짐에 따라 소비자의 선택을 도울 수 있는 능동적인 정보제공과 소비자에게 각인될 수 있는 홍보수단을 강조하게 되었다. 이는 의료산업에서도 동일하게 적용된다. 과거 의료기관은 사회의 공공성을 강하게 띤 단체였으며, 수요가 공급을 초과하는 시장에 속해 있었으나, 현대에는 공공성은 그대로 유지하면서도 시술에 대한 결과와 더불어 만족도, 친절도, 사후관리 서비스, 원활한 의사소통을 중요한 요소로 여긴다. 이러한 요소들을 포괄하여 소비자에게 특정 의료관광상품을 각인시켜 최종 구매 결정을 이끌어내는 것이 의료관광 마케팅의 주요 업무이다.

보건·의료분야에서의 마케팅 도입은 1975년 미국 일리노이주 Evanston시의 Evanston병원에서 공식적으로 마케팅 담당 임원을 임명한 것을 그 시작으로 본다. 그 후 1994년 미국 내 의료기관의 운영기준을 인증하는 의료기관 평가합동위원회(Joint Commission on Accreditation of Healthcare Organization, JCAHO)에서 인증평가기준에 고객만족을 위한 업무수행 개선도를 측정하는 내용을 포함하였고, 이는 의료기관의 마케팅 지향적이고 소비자 대응적인 자세의 필요성을 인식시키는 계기가 되었다.

의료기관의 마케팅 활동은 국내 도입 시에도 의료서비스의 공익적인 목적과 시장에서 최대효과를 얻기 위한 마케팅의 수익적 측면이 상충되는 것이 아니냐는 논란에 휩싸이기도 하였다. 그러나 요즘 버스나 전철 등 공공장소에서 병원 광고를 찾아보는 것은 어려운 일이 아니며, 블로그나 SNS를 활용한 다방면의 의료마케팅 방안이 나오고 있다. 과장광고나 마케팅 비용으로 인한 진료비 상승이라는 부작용도 있지만 의료 마케팅 결과 환자들은 보다 다양한 정보를 손쉽게 접할 수 있으며, 의료서비스 역시 질적으로 높은 성장세를 보이고 있다.

(2) 의료관광 마케팅 추진 과정

의료관광 마케팅은 일반적인 마케팅 수단에 대입하여 '의료관광상품이나 서비스를 공급자로부터 수요자에게 원활히 유통될 수 있도록 조정하는 활동'이라고 광의적으로 해석할 수도 있다. 의료관광 마케팅이 일반적인 마케팅과 차이를 보이는 점은 우선 무형의 상품이라는 점, 상품 생산과정에서 소비자가 참여하여 소비자가 상품의 일부분이 되어 서비스 경험이 결정된다는 점, 품질의 균질성을 유지하기 어렵다는 점 등이다.

의료관광 마케팅의 일반적인 과정은 다음과 같이 4단계의 흐름을 거친다.
1단계 : 시장조사를 통한 사업기획
2단계 : 시장을 세분화하여 표적시장을 선정한 다음 포지셔닝
3단계 : 마케팅 믹스전략 구축
4단계 : 시장 확보 후 평가와 통제, 계획 조정

의료관광 마케팅은 잠재된 의료관광 욕구를 일으키는 활동에서부터 의료관광객의 욕구를 충족시켜 주는 것을 목적으로 하는 의료관광사업 활동이므로 다양한 수단들을 적절하게 섞어 종합적으로 활용하는 마케팅 믹스(Marketing Mix)의 개념을 갖는다. 마케팅 믹스란 표적시장에 대한 각종 마케팅 수단을 결합하여 그 목적 달성을 극대화하는 것 즉, 한국 의료관광상품이 의료관광객에게 선택될 수 있도록 마케팅 수단을 전략적으로 믹스하여 최소의 비용으로 최대의 반응을 불러일으킬 수 있는 방안을 마

련하고 이를 표적시장에 적용함으로써 소비자의 반응을 환기시키는 것이다.

일반적으로 믹스전략은 마케팅의 기본 수단인 4P[상품(Product), 유통(Place), 가격(Price), 촉진(Promotion)]를 통제 불가능한 환경변수(정치적, 경제적, 사회적, 문화적 환경)에 최적으로 혼합시키는 전략이지만, 의료관광 마케팅에서는 전통적인 마케팅 수단인 4P에 사람(People), 물리적 환경(Physical Environment), 과정(Process), 패키징(Packaging)을 더하여 8P로 분류하는 경향이 있다. 이는 의료관광산업의 특성상 사람, 물리적 환경, 서비스 과정 등에 의존하는 부분이 많기 때문이다. 이외에도 프로그래밍(Programming), 제휴(Partnership), 참가(Participation) 등을 포함하여 13P까지 분류하기도 한다.

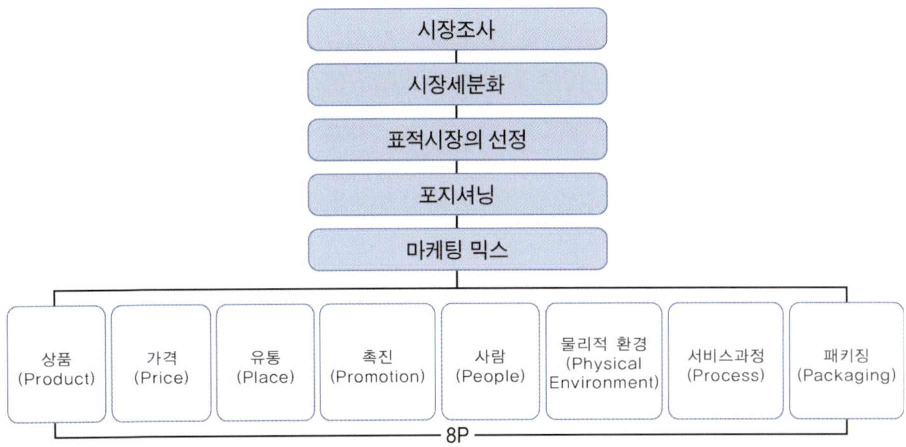

자료 : 한국의료관광마케팅(2016), 문화체육관광부, 한국관광공사

〈그림 2-12〉 의료관광 마케팅 과정

국제의료관광코디네이터

1. 국제의료관광코디네이터란?

외국인환자를 위해 국내 입국에서 출국까지 원무, 의료상담, 진료지원, 관광 등 의료 및 관광서비스를 총체적으로 제공하는 전문가를 말한다.

2. 수행직무

국제화되는 의료시장에서 외국인환자를 유치하고 관리하기 위한 구체적인 진료서비스지원, 관광지원, 국내외 의료기관의 국가 간 진출을 지원할 수 있는 의료관광 마케팅, 의료관광 상담, 리스크관리 및 행정업무 등을 담당함으로써 우리나라의 글로벌헬스케어산업의 발전 및 대외 경쟁력을 향상시키는 직무이다.

3. 진출분야

- 정부 유관기관 : 해외박람회 참여 및 주최를 통해 전 세계에 한국의료관광 홍보와 브랜드 가치 상승
- 종합병원 : 국제마케팅팀, 국제진료소 등 해외환자 유치 및 관리업무 부서
- 병·의원 : 프랜차이즈나 로컬 병·의원의 기획실, 진료실, 상담실에서 해외환자 관리
- 의료관광에이전시 : 해외환자 유치를 위한 마케팅이나 국내외 네트워크 업무
- 여행사 : 의료기관과의 네트워크를 통해 의료관광상품 개발 및 해외 홍보업무·프리랜서/비즈니스 : 해외환자 통역관련 프리랜서나 에이전시에 대한 비즈니스

4. 국제의료관광코디네이터 자격증

- 자격명 : 국제의료관광코디네이터(International Medical Tour Coordinator)
- 관련부처 : 보건복지부, 문화체육관광부
- 시행기관 : 한국산업인력공단(http://www.q-net.or.kr)
- 출제경향 : 보건의료, 관광, 마케팅, 의학용어 등 관련 지식을 가지고 의료관광 상담, 진료서비스 지원관리, 리스크 관리, 관광서비스 지원관리, 의료관광 마케팅, 행정절차 관리 등 실무 업무를 수행할 수 있는 능력을 평가
- 시험과목

시험구분	시험구성	시험과목
1차 필기(객관식)	이론 시험 100% 4지 선다형 100문항 (각 과목당 20문항)	보건의료관광행정, 보건의료 서비스 지원관리 보건의료 관광마케팅, 관광서비스지원관리 의학용어/질환의 이해
2차 실기(필답형)	이론 시험 100% 필답형 20문항	보건의료관광 실무

- 합격기준
  - 1차 필기 : 합산평균 60점 만점 이상인 자, 과목별 40점 미만 과목인 경우 과락
  - 2차 실기 : 60점 이상인 자
- 응시자격
  - 공인어학성적 기준요건을 충족하고, 다음 각 호의 어느 하나에 해당하는 사람(국가기술자격법시행규칙 제5조3항 별표5).
  - 보건의료 또는 관광분야의 학과로서 고용노동부장관이 정하는 학과의 대학 졸업자 또는 졸업예정자
  - 2년제 전문대학 관련학과 졸업자 등으로서 졸업 후 보건의료 또는 관광분야에서 2년 이상 실무에 종사한 사람
  - 3년제 전문대학 관련학과 졸업자 등으로서 졸업 후 보건의료 또는 관광분야에서 1년 이상 실무에 종사한 사람
  - 비관련학과의 대학졸업자로서 졸업 후 보건의료 또는 관광분야에서 2년 이상 실무에 종사한 사람
  - 비관련학과의 전문대학졸업자로서 졸업 후 보건의료 또는 관광분야에서 4년 이상 실무에 종사한 사람
  - 관련자격증(의사, 간호사, 보건교육사, 관광통역안내사, 컨벤션기획사 1 · 2급)을 취득한 사람

출제기준(필기)

직무분야	보건·의료	중직무분야	보건·의료	자격종목	국제의료관광코디네이터	적용기간	2017.1.1.~2020.12.31

- 직무내용 : 국제의료관광 코디네이터는 국제화되는 의료시장에서 외국인환자를 유치하고 관리하기 위한 구체적인 진료서비스지원, 관광지원, 국내외 의료기관의 국가 간 진출을 지원할 수 있는 의료관광 마케팅, 의료관광 상담, 리스크관리 및 행정업무 등을 담당함으로써 우리나라의 글로벌헬스케어산업의 발전 및 대외경쟁력을 향상시키는 직무수행

필기검정방법	객관식	문제수	100	시험시간	2시간 30분

필기과목명	문제수	주요항목	세부항목	세세항목
보건의료 관광행정	20	1. 의료관광의 이해	1. 의료관광의 개념	1. 의료관광(의료관광객)의 정의 및 역사 2. 국제 협정과 의료관광 3. 의료관광의 유형 및 특성 4. 의료관광코디네이터의 역할
			2. 의료관광의 구조	1. 의료관광의 메커니즘 2. 의료관광의 이해관계자 3. 의료관광의 효과
			3. 의료관광 현황	1. 의료관광의 국내외 환경 2. 의료관광의 현황 및 문제점

필기과목명	문제수	주요항목	세부항목	세세항목
		2. 원무관리	1. 원무관리의 이해	1. 원무관리의 개념 2. 원무관리의 필요성
			2. 환자관리	1. 외래관리/예약관리 2. 입 · 퇴원관리 3. 진료비 관리
			3. 의료보험	1. 의료보험에 대한 이해 2. 보험청구업무 3. 국제 의료보험 청구 사례 및 실무
			4. 의료정보관리	1. 의료정보관리의 이해 2. 병원통계관리
		3. 리스크관리	1. 리스크관리의 개념	1. 리스크의 정의 2. 리스크 관리의 개념
			2. 리스크관리의 체계	1. 리스크관리 정책 수립 2. 리스크관리 시스템 구축
		4. 의료관광 법규	1. 의료 관련법규	1. 의료법 2. 의료 해외진출 및 외국인환자 유치 지원에 관한 법률 3. 의료분쟁 사례
			2. 관광 관련법규	1. 관광진흥법 2. 출입국관리법(출입국 절차 및 비자 발급 등) 3. 재외동포의 출입국과 법적 지위에 관한 법률
보건의료 서비스 지원관리	20	1. 의료의 이해	1. 건강과 질병관리에 대한 이해	1. 공중보건의 정의 및 역사 2. 건강의 이해 3. 사고 및 질병관리의 이해 4. 건강증진의 개념과 전략 5. 감염병 및 만성질환의 이해
			2. 의료체계의 이해	1. 의료공급체계에 대한 이해 2. 의료공급체계의 이해
		2. 병원서비스 관리	1. 병원의 이해	1. 병원의 정의 및 분류 2. 병원조직의 기능과 역할 3. 병원업무의 특성
			2. 진료서비스의 이해	1. 환자관리 서비스 2. 진료지원 서비스(약무, 진단방사선, 진단검사, 검사실, 재활의학실, 영양관리 등) 3. 종합검진 서비스

필기과목명	문제수	주요항목	세부항목	세세항목
		3. 의료서비스의 이해	1. 의료서비스 개념	1. 의료서비스의 정의 및 유형 2. 의료서비스의 특성 3. 국가별 의료와 문화 특성
			2. 의료서비스 과정	1. 의료관광 프로세스 2. 초기접촉과정 3. 확인과정 4. 서비스과정 5. 매뉴얼작성법
		4. 의료 커뮤니케이션	1. 의료 커뮤니케이션의 개념	1. 의료 커뮤니케이션의 정의 2. 의료 커뮤니케이션의 이론 3. 의료 커뮤니케이션과 문화
			2. 의료 커뮤니케이션의 유형	1. 환자와의 커뮤니케이션 2. 보호자와의 커뮤니케이션 3. 동선별 커뮤니케이션
보건의료 관광 마케팅	20	1. 마케팅의 이해	1. 의료관광 마케팅의 이해	1. 의료서비스 마케팅의 이해 2. 관광 마케팅의 이해
			2. 환경분석	1. 거시환경 분석 2. 산업분석 3. 내부환경 분석
			3. 시장분석	1. 시장 크기 분석 2. 잠재성장력 분석 3. 경쟁자 분석
			4. 고객분석	1. 고객행동 영향요인 분석 2. 고객 정보처리과정 분석 3. 구매의사 결정과정 분석
			5. STP(시장세분화, 표적시장, 포지셔닝) 및 마케팅 믹스	1. 시장 세분화 2. 표적시장 선정 3. 포지셔닝 4. 마케팅 믹스
		2. 상품 개발하기(의료, 관광)	1. 신상품 아이디어 창출	1. 신상품 아이디어 창출 2. 기존 상품 개선방안 3. 신상품 아이디어 수집
			2. 상품 콘셉트 개발 및 평가	1. 신상품 콘셉트 개발 2. 신상품 콘셉트 평가 3. 신상품 테스트 및 사후평가
			3. 수요예측	1. 판매예측 2. 재무매력도 평가 3. 기존상품 잠식 가능성 분석

필기과목명	문제수	주요항목	세부항목	세세항목
		3. 가격 및 유통 관리	1. 가격결정	1. 신제품 가격전략 2. 유사상품의 가격 분석 3. 가격조정전략 4. 공공정책과 가격결정
			2. 마케팅 경로와 공급망 관리	1. 마케팅경로 설계 2. 마케팅경로 관리 3. 공공정책과 유통경로 결정
		4. 통합적 커뮤니케이션	1. 통합적 커뮤니케이션 이해하기	1. 커뮤니케이션 과정 2. 효과적인 커뮤니케이션 개발 3. 커뮤니케이션 예산 4. 커뮤니케이션믹스 결정
			2. 광고와 홍보	1. 의료광고의 규제와 허용 2. 광고 메시지 개발 3. 광고 및 홍보 미디어 선정
			3. 인적 판매와 판매 촉진	1. 인적판매 및 촉진전략 2. 인적판매자원 관리 3. 인적판매 과정 4. 판매촉진 도구 선정 5. 판매촉진 프로그램 개발
			4. 마케팅 기법	1. 마케팅 모델과 유형(다이렉트, 온라인 등) 2. 웹사이트 구축
		5. 고객만족도 관리	1. 고객만족도 조사	1. 조사계획 수립 2. 자료 수집 3. 자료 분석 4. 결과해석 및 보고서 작성
			2. 고객관계 구축	1. 고객 데이터베이스 구축 2. 고객 분석 3. 구매연관성 분석 4. 유형별 고객관계 구축전략
관광 서비스 지원관리	20	1. 관광과 산업의 이해	1. 관광의 이해	1. 관광의 정의와 관련용어 2. 관광동기와 욕구
			2. 관광객의 이해	1. 관광객의 정의 2. 관광객의 유형
			3. 관광 서비스 이해	1. 관광 서비스의 정의 2. 관광 서비스의 특성 3. 관광 서비스 활동의 유형과 역할

필기과목명	문제수	주요항목	세부항목	세세항목
			4. 관광 활동의 이해	1. 관광 활동의 정의 2. 관광 활동의 특성
			5. 관광 산업의 이해	1. 관광 산업의 정의 2. 관광 산업의 유형 3. 관광 산업의 시스템 4. 관광 산업의 효과
		2. 항공 서비스의 이해	1. 항공 산업의 이해	1. 항공운송업의 정의 2. 항공운송업의 현황과 유형
			2. 항공수배업무의 이해	1. 항공수배업무의 정의 2. 항공수배업무의 특성
		3. 지상업무 수배 서비스의 이해	1. 숙박시설의 이해	1. 숙박업(호텔, 리조트 등)의 정의 2. 숙박업(호텔, 리조트 등)의 종류와 특성 3. 숙박업(호텔, 리조트 등)의 조직구성과 기능 4. 숙박업(호텔, 리조트 등)의 예약시스템 이해
			2. 관광교통의 이해	1. 관광교통 정의 2. 관광교통의 유형과 특성 3. 관광교통 예약시스템
			3. 외식업의 이해	1. 외식업의 정의 2. 외식업의 유형과 특성 3. 국가별 외식문화의 특성
			4. 관광쇼핑과 공연안내 서비스의 이해	1. 관광쇼핑 서비스의 이해 2. 공연안내 서비스의 이해
			5. 관광안내와 정보 이해	1. 관광정보의 정의 2. 관광정보의 매체유형 3. 관광지 안내와 예약시스템
		4. 관광자원 및 이벤트의 이해	1. 관광종사원에 대한 이해	1. 관광종사원의 정의 2. 관광종사원의 역할
			2. 관광자원의 이해	1. 관광자원의 정의와 개념 2. 관광자원의 유형과 특성
			3. 관광이벤트의 이해	1. 관광이벤트의 정의와 개념 2. 관광이벤트의 유형과 특성

필기과목명	문제수	주요항목	세부항목	세세항목
의학용어 및 질환의 이해	20	1. 의학용어 및 질환	1. 기본구조 및 신체구조	1. 의학용어의 어근 2. 의학용어의 접두사 3. 의학용어의 접미사 4. 신체의 구분 및 방향
			2. 심혈관 및 조혈 계통	1. 해부 생리학적 용어 2. 증상용어 3. 진단용어 4. 수술 처치용어 5. 약어
			3. 호흡계통	1. 해부 생리학적 용어 2. 증상용어 3. 진단용어 4. 수술 처치용어 5. 약어
			4. 소화계통	1. 해부 생리학적 용어 2. 증상용어 3. 진단용어 4. 수술 처치용어 5. 약어
			5. 비뇨계통	1. 해부 생리학적 용어 2. 증상용어 3. 진단용어 4. 수술 처치용어 5. 약어
			6. 여성생식계통	1. 해부 생리학적 용어 2. 증상용어 3. 진단용어 4. 수술 처치용어 5. 약어
			7. 남성생식계통	1. 해부 생리학적 용어 2. 증상용어 3. 진단용어 4. 수술 처치용어 5. 약어
			8. 신경계통	1. 해부 생리학적 용어 2. 증상용어 3. 진단용어 4. 수술 처치용어 5. 약어

필기과목명	문제수	주요항목	세부항목	세세항목
			9. 근골격계통	1. 해부 생리학적 용어 2. 증상용어 3. 진단용어 4. 수술 처치용어 5. 약어
			10. 외피계통	1. 해부 생리학적 용어 2. 증상용어 3. 진단용어 4. 수술 처치용어 5. 약어
			11. 감각계통	1. 해부 생리학적 용어 2. 증상용어 3. 진단용어 4. 수술 처치용어 5. 약어
			12. 내분비계통	1. 해부 생리학적 용어 2. 증상용어 3. 진단용어 4. 수술 처치용어 5. 약어
			13. 면역계통	1. 해부 생리학적 용어 2. 증상용어 3. 진단용어 4. 수술 처치용어 5. 약어
			14. 정신의학	1. 기본용어 2. 증상용어 3. 진단용어 4. 치료용어 5. 약어
			15. 방사선학	1. 기본용어 2. 약어
			16. 종양학	1. 기본용어 2. 약어
			17. 약리학	1. 기본용어 2. 약어

출제기준(실기)

직무 분야	보건·의료	중직무 분야	보건·의료	자격 종목	국제의료관광코디네이터	적용 기간	2017.1.1.~2020.12.31

- **직무내용** : 국제의료관광 코디네이터는 국제화되는 의료시장에서 외국인환자를 유치하고 관리하기 위한 구체적인 진료서비스지원, 관광지원, 국내외 의료기관의 국가 간 진출을 지원할 수 있는 의료관광 마케팅, 의료관광 상담, 리스크관리 및 행정업무 등을 담당함으로써 우리나라의 글로벌 헬스케어 산업의 발전 및 대외경쟁력을 향상시키는 직무수행
- **수행준거** : 1. 의료관광마케팅, 관광상담 등 의료관광을 기획할 수 있다.
  2. 진료서비스 관리, 관광관리 등 의료관광을 실행할 수 있다.
  3. 고객만족서비스를 실시하고 관리할 수 있다.

실기검정방법	필답형	시험시간	2시간 30분

실기과목명	주요항목	세부항목	세세항목
보건의료 관광실무	1. 의료관광 기획	1. 의료관광 마케팅 기획하기	1. 의료관광 상품 기획 및 개발할 수 있다. 2. 가격 및 유통관리를 할 수 있다. 3. 통합적 커뮤니케이션을 할 수 있다.
		2. 의료관광 상담 하기	1. 의료관광 상담기법을 적용할 수 있다. 2. 문화별 커뮤니케이션을 할 수 있다.
		3. 의료관광 사전 관리하기	1. 의료관광 상품을 관리할 수 있다. 2. 진료를 사전관리할 수 있다. 3. 관광을 사전관리할 수 있다.
	2. 의료관광 실행	1. 진료서비스 관리 하기	1. 진료서비스 관리를 할 수 있다. 2. 진료비 및 보험관리를 할 수 있다. 3. 병원생활을 관리할 수 있다.
		2. 리스크 관리하기	1. 리스크 확인 및 분석을 할 수 있다. 2. 의료리스크를 확인 및 관리할 수 있다. 3. 관광리스크를 확인 및 관리할 수 있다.
		3. 관광 관리하기	1. 지상업무 수배서비스를 할 수 있다. 2. 고객별로 관광서비스 유형을 알고 관리할 수 있다.
		4. 상담 관리하기	1. 의료관광서비스 단계별 커뮤니케이션을 할 수 있다. 2. 환자 및 보호자와 커뮤니케이션을 할 수 있다.
	3. 고객만족 서비스	1. 고객만족도 관리하기	1. 고객만족도 관리를 할 수 있다. 2. 의료관광상품 만족도 관리를 할 수 있다.
		2. 리스크 사후관리하기	1. 리스크 유형에 따른 관리를 할 수 있다. 2. 리스크 사후관리를 할 수 있다. 3. 의료분쟁 처리를 할 수 있다.
		3. 네트워크 구축하기	1. 의료관광 관련 업체와 협력을 구축할 수 있다.

CHAPTER

03

의료기관의 서비스디자인

CHAPTER 03

의료기관의 서비스디자인

의·료·법·률·비·서·실·무

1. 의료서비스디자인의 이해

의료서비스는 직접적으로 서비스를 제공받는 것과 의료서비스 이용자가 의료행위를 제공받게 될 때까지 경험하는 모든 의료행위까지 포함하며 질병의 퇴치뿐만 아니라 건강을 증진시키고 건강에 대한 장애요소를 제거하기 위한 예방적 노력을 포함하며 이와 관련된 시장은 지속적으로 성장하고 있다.

의료서비스디자인이란 의료서비스산업 전반의 이해관계자가 의료서비스를 통해 경험하게 되는 모든 요소와 경로에 대해 맥락적인 리서치 방법을 활용하여 다양한 이해관계자의 잠재된 요구를 포착하고 이것을 창의적이고 협력적인 디자인 방법을 통해 실체화하는 방법 및 분야라 할 수 있다. 즉, 서비스 산업 중에서도 의료산업을 대상으로 서비스디자인의 특성을 활용한 디자인 개발 분야인 것이다. 의료서비스디자인에는 개발 대상인 의료서비스가 지니는 고유의 특성을 이해할 필요가 있는데, 이에 대한 내용은 아래와 같다.

- 사회적 공익개념이 강한 공공재적 성격을 지닌다.
- 국가의 성격이나 철학에 따라 공급체계가 다양하며, 국가의 개입과 규제로 진입장벽이 높다.
- 고도의 전문성이 요구되기 때문에 공급이 비탄력적이다.
- 노동집약적인 고부가가치 산업이며, 다양한 전문인력이 포함된다.
- 의료서비스의 고객은 신체적, 정신적으로 나약한 '환자'라는 특수한 환경에 놓인

사람이다.

- 의사와 환자 사이에는 정보의 비대칭성이 존재한다.
- '의료'라는 재화의 특수성으로 인해 가격보다 품질이 우선된다.

이처럼 서비스디자인은 다른 어떤 산업보다도 의료산업에 적용되었을 때, 의료산업에 대한 이해를 기반으로 산업적 특성을 고려해야 함과 동시에 이에 대한 이해관계자 및 참여자의 높은 전문성이 요구된다고 볼 수 있다.

2. 의료서비스디자인의 목적

최근 의료계는 의료기관의 과잉공급과 의료 수출 등으로 경쟁이 치열해지고 있고 의료 마케팅 비용으로도 많은 지출을 하고 있다. 이러한 분위기에서 고객유치와 경영개선을 효과적으로 하기 위한 방안으로 의료서비스디자인이 중요한 비중을 차지하고 있다.

성공적인 의료서비스디자인을 위해서는 의료서비스 이용자에게 어떠한 가치를 제공할 것인지에 대한 최고경영자와 구성원 간의 비전공유가 중요하게 작용한다. 또한 개선된 서비스에 대해서도 지속적으로 피드백을 받으며 우선순위를 정해 개선하고 관리하는 것이 필요하다. 의료서비스 이용자에 대한 이해와 배려를 바탕으로 작은 개선이지만 의료서비스 이용자의 경험가치를 증진할 수 있는 특히 전문병원의 서비스가치를 높일 수 있어야 궁극적인 고객만족과 경영개선이 이루어질 것이다.

3. 의료서비스디자인 사례

(1) 분당 서울대병원 건강증진센터 서비스디자인

분당 서울대병원 건강증진센터를 대상으로 검진 이전부터 검진을 받는 과정, 검진 후까지 행위를 확장해 경험가치를 증진하는 서비스디자인이다. 믿음, 알고 있는, 안심과 자부심 있는 경험가치를 증진하는 3가지의 서비스를 다음과 같이 제안했다.

첫째, 환자 특성 알림 서비스인 High-Hi Care는 환자가 두려움을 느끼는 구간에 대해 케어를 선택하여 요청할 수 있는 서비스이다. 둘째, 검사진행 알림서비스 High-Hi Inform은 금식알람 서비스 제공, 개인검사 진척률을 태그(tag)를 통해 가족에게 문자로 알려주는 서비스이다. 마지막으로 생활관리 서비스인 High-Hi Note는 각각의 생활습관 및 목표량을 적을 수 있게 하고 관리할 수 있게 하는 건진 후 생활습관 관리 서비스이다.

지도 보기

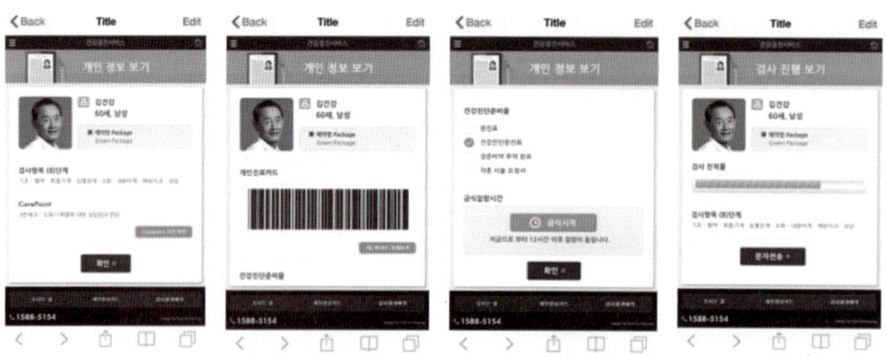

개인정보 보기

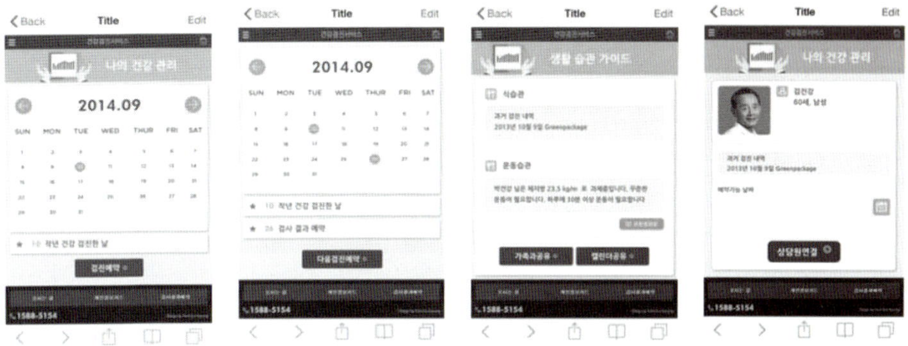

나의 건강관리

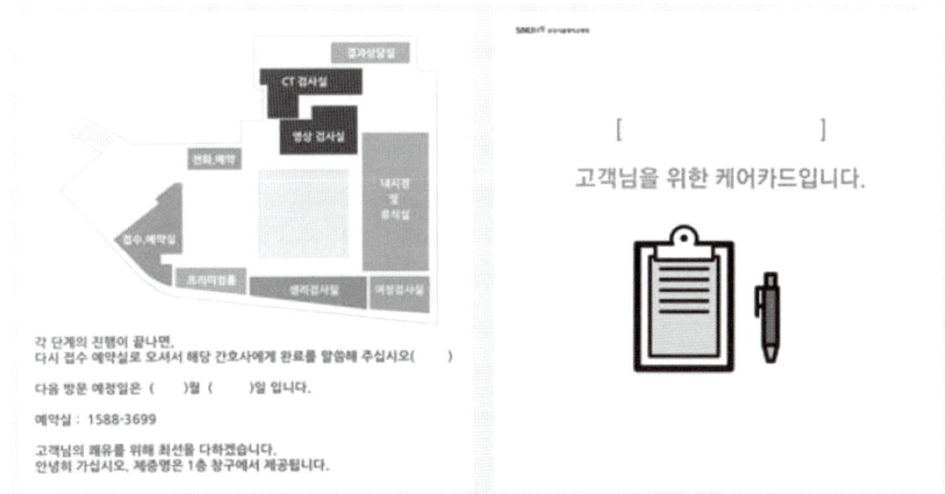

〈그림 3-1〉 분당 서울대병원 건강증진센터 서비스디자인

(2) 함소아한의원

소아대상의 함소아한의원의 가장 큰 성공의 열쇠는 바로 젊은 엄마들에게 '육아 도우미'라는 인식을 각인시켰다는 점이다. 특히 온라인상에서의 육아 도우미 역할은 큰 호응을 얻었다. 함소아의 한의사들은 1999년 개원 초기부터 온라인상에서 엄마들을 대상으로 아이의 질병과 생활에 대한 상담을 해주었는데 이것이 함소아가 전국적인 명성을 얻은 기폭제가 되었다. 함소아가 기존 한의원과 차별화된 또 다른 점은

6개월이 지난 유아들에게, 15일 이상 꾸준히 한약을 처방했다는 점이였다. 유아들에게는 한약이 좋지 않다는 속설을 깨는 계기가 된 것이다. 이와 더불어, 함소아는 한약재의 생산에서 유통까지 전 과정에 걸쳐 품질과 이력을 추적하는 시스템을 갖춰 믿을 만한 한약재의 사용이라는 신뢰를 얻고 아이들에게 먹기 편한 탕약을 제공하기 위하여 컬러 마케팅을 활용, 투명하거나 컬러풀한 한약을 개발하고 한약을 증류하고 천연 향과 맛을 첨가하여 디자인 팩에 담아 먹기 좋은 하마 주스를 개발하였다. 또한 진료 프로세스 이외에도 가정에서 받는 탕약의 택배서비스도 함소아 직원이 직접 배달하여 일관성 있는 서비스를 제공하였다.

자료 : 동아일보(좌), 함소아한의원(우)

〈그림 3-2〉 '하마 주스'라고 불리는 탕약과 동물 파우치 탕약

자료 : 함소아한의원

〈그림 3-3〉 함소아 택배서비스(좌)와 함소아 노랑버스(우)

〈표 3-1〉 함소아한의원의 감성요소

구분	함소아한의원
시각적 요소	• 키즈 카페를 연상시키는 대기실 • 캐릭터를 활용한 패키지와 오색 탕약 또는 투명 탕약
촉각적 요소	• 탕약 배달 시 함소아 전용 택배 직원의 방문
청각적 요소	• 주치의가 친근하게 아이의 이름을 호명하여 진료실로 안내하여 진료에 대한 두려움 완화 • 진료실에서 아이에게 재미난 이야기를 들려주면서 진료
후각적 요소	• 탕약의 쓴 향을 제거하고 천연향 첨가
미각적 요소	• 탕약에 달콤한 맛을 첨가하여 아이들이 복용하기 수월

자료 : 기존 연구 활용하여 저자 재구성

자료 : 머니투데이(좌), 중앙일보(우)

〈그림 3-4〉 함소아한의원 대기실(좌)과 진료실(우)

(3) 싱가포르 래플즈 병원(Raffles Hospital)

싱가포르 도심 한복판에 위치한 래플즈 병원은 380병상 규모의 종합병원으로 2010년 설립되었다. 규모만 보면 중간급 종합병원이지만 아시아 화교거부들이 자주 찾는 부유 계층을 상대로 만들어진 호텔식 초호화 병원이다.

병원에 들어서면 헬스 케어 전문호텔이라는 착각이 드는데 병원로비에서부터 붉은색 유니폼 복장의 프런트 오피서가 환자의 짐을 들어주고 발레파킹 서비스를 제공한다.

로비 정면에는 고객 편의를 위한 서비스 센터가 위치하며 그 안쪽에는 환자와 가족들이 인터넷이나 사무를 볼 수 있는 비즈니스 센터가 마련되어 있다. 암환자를 위해서는 정문 옆 별도의 문을 두어 따로 출입하게 하는 배려도 있다. 이 병원에서는 독한 알코올 냄새는 없으며 휠체어를 타고 복도를 다니는 환자나 사람들로 북적거리는 접수대 또한 볼 수 없다. 팀제로 운영되는 시스템으로 상담과 치료 및 진료를 15분 내에 종료할 수 있도록 하기 때문이다.

자료 : 동아일보(좌), 메디코리아(우)

〈그림 3-5〉 래플즈 병원

병실의 내부 인테리어는 브루나이 왕실을 그대로 본떠 만들었다. 샹들리에와 도금으로 처리한 손잡이 그리고 대리석 욕조 및 영상 회의실은 왕족이 찾는 병원의 이미지를 위해 유지하고 있으며 병원에서 제공되는 음식은 호텔에서 스카우트한 푸드매니저에 의해 제공된다. 이렇게 완벽한 서비스는 의료서비스뿐만 아니라 병을 완전히 치료한 후에도 관광을 올 수 있도록 하는 것이 이들의 목적이다.

의료라는 다분히 보수적인 영역이 소비자들의 감성적 가치를 자극하는 관광과 쇼핑이라는 오락적 요소와 접목하여 래플즈의 창의적 서비스는 '치료 → 관광 → 쇼핑'이라는 싱가포르의 의료허브 모델이라 할 수 있다.

〈표 3-2〉 래플즈 병원의 감성요소

구분	감성요소
시각적 요소	• 브루나이 왕실과 같은 인테리어 • 호텔 입구를 연상하게 하는 정문 앞 빨간 정장의 발레파킹 직원
촉각적 요소	• 카펫이 깔려 있는 조용한 병원의 복도
청각적 요소	• 수술대기실에서 흘러나오는 심신 안정 멜로디
후각적 요소	• 알코올 냄새가 없는 병원
미각적 요소	• 일류 요리사의 병원식 제공

자료 : 기존 연구 활용하여 저자 재구성

CHAPTER

04

의료비서의 이해

CHAPTER 04

의료비서의 이해

의·료·법·률·비·서·실·무

1. 의료비서의 개념

최근 경영환경은 비즈니스 서비스업종의 급성장을 가져왔으며, 의료분야 역시 서비스업종의 대표업종으로 경영전문화와 더불어 시장이 점차 확대되고 있다. 의료서비스 산업은 세계화, 개방화의 물결로 많은 영향을 받고 있으며, 국가별로 의료서비스 산업을 차세대 육성산업으로 인식하고 있어서, 국가 내적으로 산업경쟁력을 확보하는 데 최선을 다하고 있다(배승권, 2005). 또한 인구의 증가, 경제적 소득의 증가, 고령화 사회의 진입으로 좋은 의료서비스에 대한 수요가 증가되고, 이로 인해 IT 기반으로 의료서비스 산업의 중요성이 매우 중요해지고 있다(한국공학한림원, 2009).

의료서비스 산업 중 의료기관인 병원은 의료환경의 경쟁심화, 대형화, 고급화, 의료시장 개방 등에 따라 경영효율화 및 전문경영을 추구하게 되었고, 이에 따라 환자 고객에 대한 질 높은 의료서비스를 제공하고 기업경영과 마찬가지로 의료경영관리 측면에서 의료경영진을 보좌하는 의료비서의 수요가 지속적으로 높아지고 있다.

미국에서는 의료비서가 의료산업의 중요한 인적자원으로 인식되어 의료비서의 개념 및 교육과정이 전문학사 과정으로 개설되어 있으며, 의료비서를 medical secretary로 언급하며, 일반비서와 구별하여 행정적 업무보다 의료관련 업무를 수행하는 직종을 의미하고 있다.

국내에서 의료비서(medical assistant)란 「의료법」에서 규정하는 의원, 병원, 종합병원, 치과병원, 기타 특수병원 등의 의료기관과 보건소, 의학연구소, 정부 및 지역 행정단체 등의 의료관련 부서에 이르기까지 의학 관련 의료분야에서 종사하는 비서를 의미하며, 의사 개인의 비서부터 의료부장비서, 병원부설연구소의 비서까지 광범위하다. 의료비서는 일반 기업체에서 종사하는 비서의 역할이나 능력을 기본으로 하여 의료분야의 보다 전문화되고 세분화된 비서로서 고객 서비스 마인드를 겸비한 사무행정가이자, 의료분야의 경영자 및 관리자인 의사를 경영과 행정, 관리적인 측면에서 보좌 지원하며, 나아가 조직의 효율성을 제고하는 직무라고 할 수 있다.

2. 의료비서의 역량과 자질

(1) 의료비서의 역량

의료비서의 역량은 일반적으로 지적 역량과 기술적 영역으로 분류할 수 있다.

먼저, 지적 역량으로는 업무를 수행하기 위해서 알아야 하는 일반 사무지식, 병원행정 관련 지식, 의학지식과 외국어 능력이다. 의학지식에 대해 기본적인 수준의 의학용어 인지가 필요한 이유는 상사에게 환자의 상태를 전하기 위한 커뮤니케이션에 필수적이며, 병원 내 각 진료과의 담당 진료부위와 의료진의 전공과목을 파악하고 있어야 하기 때문이다. 의료보험과 청구, 의료윤리, 의료행정사무, 의료법률과 같은 의학 관련 직무지식은 기본적인 사항만 이해하고 있으면 되고, 경영 및 회계분야 관련 지식이 필요하다. 의료비서는 상사가 의사라는 특수직군이라 하더라도 비서는 의료적인 부분보다 행정이나 사무, 개인 신상 보좌가 주업무이다. 외국어 능력으로 영어는 Listening, Speaking보다는 Reading, Writing 활용빈도가 높다. 의료관광 특화병원이나 중·대형병원의 경우 원내에 외국인환자 전담 직원 및 부서가 따로 있기 때문에 높은 수준을 요구하지는 않는다.

기술적 능력으로는 컴퓨터를 활용하는 능력으로 인터넷 검색 및 활용, 홈페이지 관리, 다양한 소프트웨어를 활용한 문서 작성 및 편집, 데이터베이스를 관리하는 능력이 필요하며, 병원 홍보업무를 위한 SNS를 활용한 온라인 마케팅 업무 능력이 필요하다.

의료비서의 업무상 핵심 필요 역량을 크게 5가지로 분류해 보았다.

첫째, 보좌능력

다양한 업무를 동시에 수행하는 상사의 부수적인 업무들을 파악하고 이를 쉽게 처리하여 본연의 업무에 집중할 수 있도록 보좌하는 능력이 필요하다.

둘째, 멀티태스킹

국립 대학병원 병원장의 경우 공무원, 경영자, 교수, 의사로서의 업무를 동시에 진행하게 된다. 교수로서 학기별로 강의, 논문평가, 시험 등 처리해야 하는 사항이 있고, 경영을 하면서 교수일 때의 환자 수 등 의사로서의 커리어도 관리해야 하기 때문에 비서도 이러한 상사의 여러 가지 직무에 따른 업무를 진행할 수 있어야 한다.

셋째, 시간관리

병원은 생사가 오가는 곳이며 종합병원의 경우 시간을 다투는 환자가 많기 때문에 그 특성에서 민첩함이 요구되므로 효율적인 시간관리를 통해 신속한 대응을 할 수 있는 시간관리 능력을 가질 수 있어야 한다.

넷째, 커뮤니케이션 능력

일정사항 체크 등의 단순한 커뮤니케이션부터 의견 조율에 이르기까지 상사와의 커뮤니케이션 외에도 환자, 병원 내 직원들과의 의사소통 능력이 중요하다. 병원의 고객은 환자이므로 환자의 불만사항 응대나 VIP환자 응대가 업무 중 높은 중요도를 차지하고 있다. 병원은 다양한 직무의 집합이며 각 직무별 요구와 특성이 다르기 때문에 사람과 상황에 맞는 커뮤니케이션 능력을 통해서 직원들의 의견을 조율할 수 있는 능력이 필요하다. 직군 간의 커뮤니케이션 채널로서 병원의 협업을 도울 수 있어야 한다.

다섯째, 감정관리

병원은 사람의 생명을 다루는 예민하고 복잡한 조직이다. 컴플레인 환자들 중 무조건 상사를 만난다고 하거나 욕을 하는 경우, 폭력을 행사하는 경우도 많기 때문에 그것에 감정적으로 흔들리거나 같이 흥분하지 않는 것이 중요하다.

(2) 의료비서의 자질

의료비서는 정확성, 책임성, 진중함, 신속성과 함께 병원이라는 특수한 환경 속에서 매일 환자들과 접촉해야 하며 병원 내의 의사, 간호사, 의료기사, 고객 등 많은 사람들과 함께 일해야 한다는 점에서 팀워크 역량 및 협동심이 강조되고, 꼼꼼한 일처리와 시간관리, 기밀유지, 멀티태스킹이 요구된다.

더불어, 원만한 대인관계능력과 원활한 언어적·비언어적 커뮤니케이션 능력 및 일관성 있는 환자와의 소통을 위해서 병원 내 다양한 사람들과 긴밀한 협조 및 지식의 공유, 서비스 정신이 필요하다.

〈표 4-1〉 의료비서의 역량과 자질 체크리스트

역량과 자질	5	4	3	2	1
실수 없이 꼼꼼하게 일을 처리한다.					
본인의 시간을 효율적으로 관리한다.					
기밀사항에 대한 보안을 철저히 지킨다.					
여러 가지 업무를 동시에 진행한다.					
다른 직원들과 원활히 소통한다.					
본인의 감정을 다스린다.					
상사의 감정에 동요되지 않는다.					
다른 부서 직원들과 원만한 관계를 유지한다.					
환자의 불만사항에 친절히 응대한다.					
단정하고 세련된 용모를 유지한다.					
맡은 일을 책임지고 끝까지 완수한다.					
영어나 컴퓨터 스킬 등 지속적인 자기 계발에 힘쓴다.					
다른 부서 직원들의 업무 지원 요청에 적극적으로 응한다.					

3. 의료비서의 역할과 업무내용

의료비서의 역할은 크게 의사의 비서, 행정·사무관리자, 회계관리자, 환자관리자, 커뮤니케이션 채널, 정보·문서관리자, 홍보관리자로 분류할 수 있다. 의료비서의 가장 중요한 역할은 환자관리자로서의 역할이며 업무중요도에 따라 스케줄관리, 검사진료·예약 스케줄, 검사·진료 진행사항 설명, 환자진료기록관리, 검사·진료 안내통보와 확인, 출장준비와 수행, 경조사관련업무, 외부업체관련업무, 직원급여업무, 외부업체와의 지출업무 등이 있다. 대형병원 의료비서는 일반적인 업무로 상사의 공식적 일정을 관리하고, 상사의 지시사항을 수행하고 보고하며, 각종 자료를 작성하고 상사의 개인적 모임 관리, 회의비나 연구비 관리 등의 총무 업무, 문서관리 등을 하고 있다는 점은 일반 기업의 비서와 동일하다. 환자관리자로서의 역할에 있어서는 VIP환자 관리, 홍보 관리 업무는 병원 내의 홍보 전담 부서가 따로 있기 때문에 필요시 상사의 홈페이지 업데이트 정도의 업무를 하며, 여성비서의 경우 대부분 수행비서로서의 업무는 하지 않지만 남성비서인 경우 병원 외부행사 및 모임, 출장에 동행하는 수행비서의 역할도 담당하며, 전략비서의 업무를 겸하는 경우 회의배석 및 언론사 기사 작성, 보고서 작성 등의 역할을 한다.

대학병원 소속의 비서일 경우 강의준비, 시험 결과 정리 등 상사가 교수로서 행하는 사항들에 대한 지원업무도 겸한다. 개인병원에서는 환자관리자로서의 역할이 가장 높고, 의사의 비서역할이 낮은 반면에 종합병원에서는 이와 반대로 의사의 비서역할이 가장 높고, 환자관리자 역할이 낮다. 이는 종합병원의 경우 업무와 책임이 세분화되어 있는 반면, 직원 숫자가 적은 개인병원의 비서는 보다 다양한 직무와 역할을 요구받기 때문이다.

의료비서의 일반적인 업무는 크게 사무업무 보좌업무와 의료활동 보좌업무로 나눌 수 있다.

(1) 사무업무 보좌업무

1) 일정관리

병원장은 잦은 회의 출석과 진료일정, 원외활동으로 시간관리가 매우 중요하다. 병원의 특성상 신속성과 정확성이 요구되는 활동에서 시간을 지키는 것은 강조될 수밖에 없고, 그 책임은 비서에게 있다. 그리고 항상 병원장의 바쁜 일정을 고려하여 시간관리의 효율성을 제고해야 한다.

2) Screening

병원에서는 의료서비스에 대한 환자들의 불만이 많고 의료사고로 인한 의료소송 등이 자주 발생한다. 병원장실로 직접 찾아오는 환자들과 보호자들을 중재하는 역할도 비서의 역할 중 하나이다. 대부분의 환자들은 신체적 고통이나 생명과 직결되어 있다는 절박한 상황에 놓여 있으므로 비서는 그들의 입장을 최대한 이해하면서 문제를 해결하도록 노력하고 상황에 따라서는 담당의사, 행정부원장 또는 병원장에게 직접 연락하도록 한다.

3) 기타 업무

병원장은 각종 원내·외 회의에 참석하는 경우가 많다. 따라서 그에 관련된 업무인 회의 일시, 장소, 통보, 회의록, 서류정리 등을 한다. 각종 우편물이나 홍보물을 검토하여 각각의 부서에 속한 내용을 분류하여 전달하고, 중요한 내용은 병원장에게 전달하여 처리한다. 대학병원의 경우 병원장은 교수의 직무도 수행하게 되므로 비서는 수업과 관련된 자료 및 교재준비, 강의일정 등을 관리한다.

(2) 의료활동 보좌업무

1) 연구보좌

의료비서는 병원장의 의학 연구와 관련된 의학전문지나 journal 등 자료를 수집한다. 의학상식에 대한 어느 정도의 기본적인 지식을 갖추고 병원장의 전공분야에 대한 이해가 있어야 하며, 이러한 수준의 업무를 수행하기까지는 상당 기간 동안의 의료비서로서의 경력과 경험이 전제될 때 가능하다. 그 밖에 연구·논문 내용을 조사하고 학회에서 발표할 내용을 요약하는 것도 비서의 임무이다.

2) 진료

병원장을 찾아오는 환자의 경우 비서는 환자를 안내하거나 접수, 진료, 입·퇴원수속 등을 확인하기도 한다.

〈표 4-2〉 의료비서의 역할

의료비서의 역할	업무내용
환자 관리자	검사 및 진료 예약 스케줄
	검사 및 진료 안내통보 및 확인
	검사 및 진료의 준비사항 설명
	의료비와 의료비 내역 상담
	환자 진료기록 관리
	간단한 검사 및 진료 상담
	검사 및 진료의 진행사항 설명
	진료카드 작성
회계 관리자	물품, 기기 구입내역
	은행거래
	세금 및 보험관련 지출업무
	외부업체와의 지출
홍보 관리자	인터넷 검색 및 활용
	병원 관련 보도자료 수집 및 분석
	취재협력(사진, 원고)
	병원 및 상사의 인터넷 홈페이지 관리
	언론, 보도기관과의 접촉
	Letter, Fax, E-mail의 문서 작성, 편집, 발송
의사의 비서	회의자료 준비 및 작성

의료비서의 역할	업무내용
의사의 비서	문서 작성
	수업 조교로서 지원
	스케줄 관리
	경조사 관련
	개인 지인리스트 관리
	연말정산 및 개인 공과금 관리
	출장준비, 수행
의사소통 채널	외부업체, 병원과의 접촉, 교류
	직원의 업무환경 개선
	직원 간의 인간관계 갈등 조정
	환자의 진료불만에 대한 설명
	부서 간의 정보교환, 교류
	조직 분위기 조성
문서 관리자	우편물 관리
	물품 및 기기구입 내역관리
	직원 문서관리
	외부업체, 병원관련 문서관리
행정 및 사무관리자	사무 및 의료물품 구입 및 관리
	사무환경 유지 및 관리
	외부업체 관리
	사무 및 의료기기 구입 및 관리
기타 업무	상사의 시험 채점 또는 결과 정리, 홍보영상 상영, 기념품 준비, 상사의 개인 모임 관리, 학술대회나 심포지엄 진행 지원, 임상연구 보조, 과제 종료 후 보고서 작성

자료 : 기존 연구 활용하여 저자 재구성

의료비서의 작업별 중요도는 문서 작성, 언론·보도기관과의 접촉, 스케줄 관리, 경조사 관련, 회의자료 준비 및 작성 등이 있다. 문서 작성은 의사의 비서로서 일상적인 문서와 홍보를 위해 외부에 발송하기 위한 문서로 높은 중요도를 가진다. 업무 중 난이도가 높은 업무는 직원 간의 인간관계 갈등 조정, 의료비와 의료비 내역 상담,

스케줄 관리, 환자의 진료 불만에 대한 설명, 언론·보도기관과의 접촉이다. 업무 빈도가 높은 작업으로는 스케줄 관리, 문서 작성, 회의자료 준비 및 작성, 경조사 관련 등이 있다.

중요도와 난이도, 빈도가 모두 높은 의료비서의 핵심작업은 언론·보도기관과의 접촉, 병원 관련 보도자료 수집 및 분석, 외부 발송을 위한 문서 작성, 스케줄 관리, 경조사 관련, 회의자료 준비 및 작성, 문서 작성, 개인 지인리스트 관리, 직원 간의 인간관계 갈등조정, 우편물 관리업무이다.

의학약어

- ABR(Absolute Bed Rest) : 절대안정
- AGC(Advanced Gastric Cancer) : 진행성 위암
- AGE(Acute Gastro Enteritis) : 급성 장염
- AIDS(Acquired Immune Deficiency Syndrome) : 후천성 면역 결핍증
- AK(Artificial Kidney/Above Knee) : 인공신장/무릎 위
- BB(Blood Bank) : 혈액은행
- B.Wt(Body Weight) : 체중
- BDM(Bone Densitometry) : 골밀도 검사
- BFS(Bronchofiberscopy) : 기관지 내시경
- BK(Below Knee) : 무릎 아래
- BM(Bone Marrow) : 골수
- BMI(Body Mass Index) : 체질량지수
- BP(Blood Pressure) : 혈압
- BST(Blood Sugar Test) : 혈당검사
- BT(Bladder Training) : 방광훈련
- BT(Body Temperature) : 체온

- Ca(Cancer) : 암
- CNS(Central Nervous System) : 중추신경계
- CO(Carbon Monoxide) : 일산화탄소
- CO(Cardiac Output) : 심박출량
- COM(Chronic Otitis Media) : 만성 중이염
- CPR(Cardio Pulmonary Resuscitation) : 심폐소생술
- C/S(Cesarean Section) : 제왕절개술
- CVA(Cerebrovascular Accident) : 뇌졸중
- CXR(Chest X-Ray) : 흉부X선
- Cx Spine(Cervical Spine) : 경추부
- Cx Ca(Cervix Cancer) : 자궁경부암
- DB&EC(Deep Breathing & Encourage Coughing) : 심호흡과 기침격려
- DM(Diabetes Mellitus) : 당뇨병
- DNR(Do Not Resuscitate) : 심폐소생술 거부
- DOA(Death On Arrival) : 도착 시 사망
- DOE(Dyspnea On Exertion) : 운동성 호흡곤란
- D/T(Due To) : 원인, 이유, ~로 인한
- DU(Duodenal Ulcer) : 십이지장궤양
- DW(Dextrose in Water) : 포도당
- DW(Distilled Water) : 증류수
- Dx(Diagnosis) : 진단
- Dx(Dressing) : 소독
- Dz(Disease) : 질병
- EKC(Epidermic Keratoconjunctivitis) : 유행성 각결막염
- EKG(Electrocardiogram) : 심전도
- FBS(Fasting Blood Sugar) : 공복 시 혈당
- GERD(Gastroesophageal Reflux Disease) : 위식도 역류질환

- GFS(Gastrofiberscopy) : 위내시경
- GU(Gastric Ulcer) : 위궤양
- GW(General Ward) : 일반병동
- HBP(High Blood Pressure) : 고혈압
- HD(Hemodialysis) : 혈액투석
- HD(Hospital Day) : 입원일
- ICU(Intensive Care Unit) : 중환자실
- IV(Intravenous(Injection)) : 정맥주사
- LBP(Lower Back Pain) : 요통
- LBP(Low Blood Pressure) : 저혈압
- MRI(Magnetic Resonance Imaging) : 자기공명영상
- NPO(Non Per Oral, Nothing by Mouth) : 금식
- NSAID(Nonsteroidal Antiinflammatory Drug) : 비스테로이드계 항염증약
- OMI(Old Myocardial Infarction) : 심근경색(과거의 심근경색)
- OP(Operation) : 수술
- PEx(Physical Examination) : 신체검진
- PO(By Mouth(per os)) : 경구로
- PO(Phone Order) : 전화 지시
- POD(Postoperation Day) : 수술 후
- PRN(Whenever Necessary) : 필요시마다
- PT(Physical Therapy) : 물리치료
- S/O(Stitch Out) : 발사(실밥 제거)
- SOW(Sips Of Water) : 물만 조금씩 마시기
- TA(Traffic Accident) : 교통사고
- Tx(Treatment) : 치료
- US(Ultrasonography) : 초음파검사

- WA(Ward Ambulation) : 운동
- Wd(Wound) : 상처
- WNL(Within Normal Limit) : 정상범위
- WT(Weight) : 몸무게
- w/u(Work Up) : 일련의 조사검사를 하다

의학용어

- abrasion : 찰과상
- aggressive behavior : 공격적인 행동
- alert : 명료
- amputation : 절단
- ambulation : 거동
- anesthesia : 마취
- aneurysm : 동맥류
- anorexia : 식욕결핍
- ascites : 복수
- auditory hallucination : 환청
- autism : 자폐증
- bleeding : 출혈
- chilling : 오한
- coma : 혼수
- confusion : 혼돈
- consciousness : 의식
- coughing : 기침
- deformity : 기형

- disturbance : 장애
- dyspepsia : 소화불량
- frequency : 빈도, 빈발, 잦음
- injury : 상해
- incision : 절개
- inflammation : 염증
- labor : 분만
- panic : 공황
- reflux : 역류, 환류
- sensation : 감각
- sign/symptom : 징후, 증상
- stenosis : 협착
- tympanic membrane : 고막
- tremor : 떨림
- urticaria : 두드러기
- violent behavior : 폭력적인 행동
- visual hallucination : 환시
- vomiting : 구토
- weakness : 허약감

의료기관에서 자주 사용하는 용어

- Circulating nurse : 수술실의 순회간호사
- blood sugar : 혈당
- Loading : 수액을 빠른 속도로 주입하는 것
- Pulse, heart rate : 심박동수

- E-box(Emergency kit) : 응급상황에 대처할 수 있는 약품, 기구를 모아놓는 의료장비
- CPR(cardiopulmonary resuscitation) : 심폐소생술
- Burn gauze : 화상부위를 치료하는 데 쓰는 거즈
- Mental status : 의식수준상태
- coma : 혼수상태
- Semicoma : 반혼수상태
- I&O(intake and output) : 투입량과 배출량
- Suture set : 봉합할 수 있는 의료기구모음
- Excision set : 간단한 소수술을 할 수 있는 기구모음
- Cardiology : 순환기내과
- Enema : 관장
- Biopsy : 조직검사
- Admission order : 입원 지시사항
- Postoperative orders : 수술 후 지시사항
- Laboratory test : 검사
- Fluid : 수액
- Arrest : 심장마비
- POD(postoperative date) : 수술 후 며칠째
- Arrest : 심정지

nterview

의료기관 종사자 인터뷰

1. 사서 보조직

Q 의료기관에 취업하게 된 계기는?

[답변] 재학시절부터 대학병원에 취업을 희망하였고 당시 나의 업무능력에 적합한 공고가 나와서 지원하게 되었다.

Q 담당 업무는?

[답변] 의학도서관에서 사서 보조업무 및 도서관 이용자 응대 서비스 업무를 담당하고 있다.

Q 의료기관으로 취업 전 가장 중요한 세 가지가 있으면 좋은 것이 있다면?

[답변] 업무에 관련된 자격증을 취득하는 것이 면접 시 자신을 어필하는 데 도움을 준다고 생각한다. 또한 취업할 병원에 대해 공부하는 것이 면접 질문에 대답할 때 유용하다고 생각하며, 자신이 지원한 분야에 대해서도 사전에 파악하는 것이 좋을 것 같다.

Q 본인 직무에서 가장 필요한 역량은?

[답변] 사무직으로 일하기 때문에 컴퓨터를 주로 사용하였다. 기본적으로 컴퓨터 관련 자격증을 소지하고 있으면 업무를 더욱 효율적으로 할 수 있다고 생각한다.

Q 입사지원을 위해 이것만은 꼭 해야 한다는 점이 있다면?

[답변] 자신이 지원하는 분야에 관련된 기본적인 자격증을 소지해야 한다고 생각한다.

Q 취업준비과정에서 어느 부분을 가장 중점적으로 준비하였는지?

[답변] 지원하는 분야에 대해 미리 검색해 보고 기본적으로 의료기관에 대해 공부하는 것에 중점을 두었다. 그렇기에 면접 시 당황하지 않고 능숙하게 답변할 수 있었다.

Interview

Q 면접 시 가장 어렵거나 곤란하게 느꼈던 질문과 나의 답변은?

[답변] 타 병원의 원무과에서 근무한 후 사서에 지원을 하였는데 당시 면접관께서 원무과 근무 경험이 있는데 왜 사서 분야로 지원을 했는가에 대한 답변이 다소 어려웠다.

Q 취업을 준비하면서 도움이 되었던 자격증이나 교육이 있다면 어떤 것을 추천하는지?

[답변] 어느 분야든 기본적으로 실무에 관련된 컴퓨터활용능력, 워드프로세서, 파워포인트 같은 컴퓨터 관련 자격증을 취득하는 것이 좋을 것 같다.

Q 취업방법은?

[답변] 사람인이나 워크넷 같은 구직사이트에서 공고를 보고 지원하였다.

Q 취업준비생들에게 어떻게 커리어 시작할 것을 추천하는지?

[답변] 학교에서 배우는 과정들을 기본으로 하여 공부한 후 자신의 능력을 더욱 돋보이게 할 수 있는 분야를 찾으면 좋을 것 같다.

Q 다른 업계와 비교했을 때 의료기관만의 특수한 분위기 또는 문화가 있다면?

[답변] 병원은 의료기관이기 때문에 모든 면에서 실수하지 않도록 최대한 확인하고 다시 확인하며 업무를 꼼꼼히 처리한다.

Q 의료기관 면접 시 필수적인 질문으로는 무엇이 있는지?

[답변] 지원한 병원의 비전이나 미션 또는 해당 병원에 대한 질문들을 주로 하는 것 같다.

Q 의료기관 취업 직후에 가장 필요한 관련 지식이 있다면?

[답변] 기초적인 의학지식이나 의학용어를 알아두면 많은 도움이 된다.

Interview

Q 의료기관에서 근무 시 장점과 단점은?

[답변] 장점은 아프거나 무슨 일이 생기면 병원 안에서 해결할 수 있다는 점이 있고, 단점은 병원이니만큼 여러 가지 상황이 발생하기 때문에 문제를 해결하기 힘들다는 점이 있다.

Q 자신만의 업무 노하우는?

[답변] '메모'이다. 내가 소속된 부서가 의학도서관이므로 영어로 된 업무가 많다. 영어는 스펠링이 하나라도 틀리면 다른 의미가 되는 경우가 많기 때문에 업무지시를 받는 즉시 메모하는 습관을 길렀다.

Q 업무를 하면서 힘든 점은?

[답변] 힘들었던 점은 의학도서관에서 근무하기 때문에 논문을 찾는 일이나 지시받는 모든 업무가 의학 관련 용어 또는 약어(영어)로 되어 있으므로 근무 초창기 적응이 어려웠다.

Q 의료기관 취업을 희망하는 취준생을 위한 조언이 있다면?

[답변] 취업은 '자신감'이라고 생각한다. '나는 할 수 있다.'라고 생각하고 취업 준비를 한다면 불가능이란 없을 것이다.

대학병원 의학도서관 사서 보조직

2. 간호조무사

Q 의료기관에 취업하게 된 계기는?

[답변] 학창시절 장래희망이 간호사였다. 간호학과 진학 전 유사직종이지만 다른 간호조무사로 근무를 하면서 간호사라는 직업이 어떤 일을 하는지 옆에서 공부하기 위해 취업하였고, 환자들 간호해 주는 것을 좋아해서 병원에 취업하게 되었다.

Interview

Q 담당 업무는?

[답변] 외래(입원준비실, 야간진료실) 간호조무사로서 수술 전 준비 및 입원 전 검사안내 업무를 하고 있다.

Q 의료기관에 입사할 수 있었던 본인만의 노하우는?

[답변] 실습하였던 병원에 취업하게 되었다. 실습기간에 솔선수범하였고 항상 주위를 살피면서 환자들을 도와주는 모습을 보여주었던 점이 높이 평가되어 입사할 수 있었던 것 같다.

Q 간호조무사로서 취업하기 전 가장 중요한 세 가지가 있으면 좋은 것이 있다면?

[답변] 상황대처능력, 직업에 대한 사명감, 환자를 끝까지 간호해 주는 책임감이라고 생각한다.

Q 본인 직무에서 가장 필요한 역량은?

[답변] 책임감이 우선이라고 생각한다. 환자 가장 가까이에서 간호해 주는 직업인 만큼 늘 책임감 갖고 근무를 해야 하기 때문이다.

Q 의료기관 취업 직후에 가장 필요한 관련 지식이 있다면?

[답변] 본인이 입사한 병원에 대한 정보와 의학상식은 어느 정도 있어야 한다고 생각한다. 또한 멸균술, 무균술, 손 위생에 항상 신경써야 한다.

Q 자신만의 업무 노하우는?

[답변] 근무하는 곳이 병원인 만큼 환자와 보호자가 상당히 예민하다. 대학시절 전공이었던 비서사무행정학과에서 배운 응대방법을 통해 환자와 보호자의 입장에서 그들의 마음을 이해하도록 노력하다 보니 자연스럽게 상황에 따른 문제해결능력이 향상되었으며 환자와 보호자들도 만족한다는 것을 느낀 적이 많다.

nterview

Q 업무를 하면서 힘든 점은?

[답변] 아직 입사 6개월 차이므로 응급상황 중 심한 외상을 입은 환자를 마주하게 되면 당황하게 된다는 점, 주말에는 혼자 근무하다 보니 여러 명이 해야 할 일들을 혼자서 처리해야 할 때 가장 힘든 것 같다.

Q 의료기관에서 근무하는 것에 대한 특별함은?

[답변] 환자 또는 보호자가 나를 좋은 인상으로 기억해 주고, 오랜 시간이 지나도 나를 알아봐줄 때 행복감을 느끼고 가장 특별함을 느끼는 순간이라고 생각한다.

Q 의료기관 취업을 희망하는 취준생을 위한 조언이 있다면?

[답변] 원무과, 간호과 어느 부서에서 근무하더라도 병원에서 일어나는 응급상황, 돌발상황에 대처할 수 있는 능력을 기르는 것이 중요하다고 생각한다. 병원은 항상 무슨 일이 일어날지 모르는 장소인 만큼 항상 주위를 살펴야 하므로 빠른 상황 판단능력과 대처능력은 기본으로 갖추어야 한다고 생각한다.

예손병원 간호조무사 박초원

3. 의료코디네이터

Q 의료기관에 취업하게 된 계기는?

[답변] 일반 기업비서 이외에도 병원, 성형외과, 치과 등 의료코디네이터에 대한 정보를 접하게 되었다. 직접 진료를 보지는 않지만 환자 응대에 있어 진료적인 전문지식이 요구되기 때문에 전문성을 갖추고 있다는 점이 마음에 들었다. 조금이라도 대체 불가한 인력이 안정적으로 일할 수 있겠다는 생각에 의료기관 분야로 취업을 준비하게 되었다.

Interview

Q 담당 업무는?

[답변] 고객상담, 진료 접수 및 안내, 환자 관리, 수납, 병원 내 사용물품 재고 관리 및 발주 등 진료 관련 업무와 병원 홍보, 인사관리, 서비스점검 등 대내외적인 업무를 담당하고 있다.

Q 의료기관에 입사할 수 있었던 본인만의 노하우는?

[답변] 두 가지의 노하우가 있다. 첫 번째는 단순한 취업을 위해서가 아닌 의료코디네이터를 하고 싶다는 주체적인 의지이며, 두 번째로는 직무에 대한 이해이다.

Q 의료코디네이터로서 취업 전 가장 중요한 세 가지가 있으면 좋은 것이 있다면?

[답변] 커뮤니케이션능력, 문서 작성능력, 외국어능력이다. 일반 기업, 병원, 법률 등 어느 곳에 취업을 하던 상사 및 동료들과 커뮤니케이션은 필수이기 때문에 상황에 따라 유연성 있게 적절히 적용할 줄 아는 커뮤니케이션 능력이 중요하다. 두 번째로 문서 작성능력은 업무 시 보고서, 일정표, 공지사항, 소견서 등 여러 문서를 작성할 때 꼭 필요한 능력이다. 마지막으로 외국어능력은 외국인 내방객을 응대할 때나 전화를 받을 때, 안내 시 필수적이다. 외국인 내방객에 대한 나의 작은 행동이 병원의 이미지를 바꾸기도 한다. 취업 시 어학능력이 있다면 자신의 큰 강점이 될 것이다.

Q 본인 직무에서 가장 필요한 역량은?

[답변] 서비스마인드가 가장 중요한 것 같다. 환자 내원 시 접수 및 안내, 수납, 전화응대 등 사무적인 업무가 아닌 환자분과 대면하고 소통하는 업무이기 때문에 의사와 치위생사가 챙기기 힘든 친절한 부분을 만족시키는 점이 중요하다. 항상 밝은 미소로 맞으며, 문의 주신 부분에 대해 친절하게 응대해 드리는 서비스마인드가 의료코디네이터의 가장 주요한 역량이다.

nterview

Q 입사지원을 위해 이것만은 꼭 해야 한다는 점이 있다면?

[답변] 먼저 입사를 원하는 의료기관에 대해 사전조사를 하고 자신의 역량과 직무를 보고 적성에 맞는지 반드시 확인해 보는 것이 필요하다고 생각한다.

Q 취업준비과정에서 어느 부분을 가장 중점적으로 준비하였는지?

[답변] 나는 특히 면접을 중점적으로 준비하였다. 면접이라는 중요한 자리에서는 막상 말이 매끄럽게 나오는 것이 어렵다고 느꼈었기에 모의면접에 많이 참여하였다. 자기소개서를 보고 예상 질문에 대한 답변 키워드를 작성한다거나, 동영상으로 내 모습을 보고 단점을 고치려고 노력하는 등 면접을 중점적으로 준비했다.

Q 면접 중에 가장 기억에 남는 질문은?

[답변] 자기소개서에 있는 형식적인 말이 아닌 솔직하게 자신의 성격이 어떻다고 생각하는지를 여쭤보셨다. 원장님께서 면접을 볼 때, 형식적인 면접이 아니라 그 사람 자체가 어떤지를 편하게 얘기 나누고 싶어 하신다는 점이 느껴져 아직까지 인상 깊게 남아 있다.

Q 면접 시 기억나는 에피소드가 있다면?

[답변] 보통 합격전화를 준다고 하고 면접이 끝나는데 면접 중에 같이 잘 일해보자며 그 자리에서 합격이라고 말씀해 주셨다. 표정과 말투, 열심히 하려는 의지가 마음에 들었다고 하셨다. 얼떨떨했지만 입사하고 싶던 치과에 바로 합격해서 기분이 좋았다. 나에게는 뿌듯하고 잊지 못할 에피소드다.

Q 취업을 준비하면서 도움이 되었던 자격증이나 교육이 있다면 어떤 것을 추천하는지?

[답변] 국회에서 의전도우미를 했던 경험이 몇 번 있었다. 자기소개서를 쓸 때도 그 경험을 바탕으로 작성했었고, 면접에서도 어떤 계기로 가게 되었는지 등 관련 질문을 많이 받았었다. 학과의 행사 및 특강에 적극적으로 많이 참여하는 것이 좋다.

Interview

Q 취업방법은?

[답변] 사람인, 잡코리아 등 알람 설정으로 정보를 많이 찾았다. 의료기관을 고르는 기준은 내가 원하는 급여, 복지, 거리 등 우선순위를 두고 정했었다. 사람마다 기준이 다르기 때문에 혼자서 어렵다면 부모님과 교수님께 조언을 듣는 것도 좋은 방법이다. 그리고 학교 내 취업센터 선생님들과 상담, 자기소개서 첨삭, 취업 추천을 받은 점 등이 많은 도움이 됐다.

Q 취업준비생들에게 어떻게 커리어를 시작할 것을 추천하는지?

[답변] 자격증 준비, 어학성적, 동아리활동 등 공부나 학교 내 활동을 많이 경험해 보는 것을 추천한다. 그중에서도 자신이 부족하다고 느끼는 부분에 집중하면 좋을 것 같다.

Q 다른 업계와 비교했을 때 의료기관만의 특수한 분위기 또는 문화가 있다면?

[답변] 내가 다니는 곳은 일반 기업과 다르게 토요일 진료가 있고, 근무시간이 아주 정확하다. 초과 근무를 하게 될 경우 10분당 초과 수당을 받기도 하고, 토요일에 일하기 때문에 평일 하루는 쉴 수 있다. 병원은 직원 할인으로 본인은 물론 직계가족까지 저렴하게 진료를 받을 수도 있다.

Q 의료기관 면접 시 필수적인 질문으로는 무엇이 있는지?

[답변] 나는 교정치과에 취업을 했는데 면접 볼 때 교정을 했는지 여부를 여쭤보셨다. 교정 경험이 없어서 어떠한 통증이 있는지 무슨 느낌인지는 자세히 모르지만 대략적인 과정은 알고 있다고 대답했다. 입사하려는 병원에서 어떤 분야를 중점적으로 진료하는지 미리 알고 갔던 점이 큰 도움이 됐다.

Q 의료기관 취업 직후에 가장 필요한 관련 지식이 있다면?

[답변] 환자 응대방법이 중요할 것 같다. 진료적인 부분에서 추후 어떤 증상이 나타날 수 있다는 간단한 것들을 숙지하면 환자 응대 시 능숙하게 할 수 있기 때문에 당황하지 않을 수 있다.

nterview

Q 의료기관에서 근무 시 장점과 단점은?

[답변] 장점으로는 9~4시 비교적 짧은 업무시간이라는 점이 있고, 단점으로는 병원 특성상 직장인을 위해 토요일에도 진료하기 때문에 토요일에도 일해야 한다는 점이다.

Q 자신만의 업무 노하우는?

[답변] 나의 업무방법 노하우는 메모하는 습관이다. 특히 입사 후 업무처리를 할 때 메모가 정말 중요하다는 것을 느낀다. 포스트잇, 캘린더로 당일에 처리해야 할 일, 다음주까지 마감해야 할 일 등 우선순위를 정해서 정리하고 잊어버리지 않도록 적어두면 실수를 줄일 수 있다.

Q 업무를 하면서 힘든 점은?

[답변] 아직까지 힘든 점은 없다. 처음 일을 시작할 때는 익숙하지 않은 일들을 배우며 적응하기에도 벅찼지만 2~3개월 업무를 조금씩 배워나가고 적응을 하니 힘든 점은 없다.

Q 병원에서 근무하는 것에 대한 특별함이나 장점은?

[답변] 병원마다 조금씩 다를 수 있지만 오버타임 수당이 있다. 10분이라도 더 근무했을 시 추가 근무수당이 나온다. 또, 내가 다니는 병원은 토요일도 진료가 있기 때문에 토요일에 일하는 대신 평일에 하루를 쉴 수 있다. 평일에 쉬면 은행 등 평일에 하지 못했던 밀린 업무를 보기 수월하다.

Q 의료기관 취업을 준비하는 취준생을 위해 마지막 조언이 있다면?

[답변] 병원이라는 큰 틀에서도 성형외과, 치과, 피부과, 한의원 등등 여러 분야로 나누어진다. 자신이 관심 있고 취업하고 싶은 분야를 정확하게 파악해 보고 그 병원에서는 어떤 사람을 뽑을 것 같은지 생각해 보며 자신에게 부족한 부분을 채우면 좋을 것 같다.

대형치과병원 코디네이터 전소영

Interview

4. 원무행정직

Q 의료기관에 취업하게 된 계기는?

[답변] 의료법률비서실무 수업을 들을 때부터 관심 있었던 병원행정 업무분야로 알아보던 중 채용공고를 보고 지원했고 근무하게 됐다.

Q 담당 업무는?

[답변] 예약관리, 매출회계 등의 업무를 담당하고 있다.

Q 의료기관에 입사할 수 있었던 본인만의 노하우는?

[답변] 이전의 병원 근무경험이 많은 도움이 됐다. 비슷한 업무이므로 면접관들이 좋게 생각했던 것 같다.

Q 본인 직무에서 가장 필요한 역량은?

[답변] 커뮤니케이션 능력이 제일 중요한 것 같다. 진료진과 환자 및 보호자를 연결해 주는 역할이므로 서로의 말을 전하는 일이 많다. 듣더라도 전하지 말아야 할 말, 반대로 살을 덧붙이는 말, 같은 말이어도 어떻게 전하냐에 따라 다르기 때문에 항상 조심스럽게 생각하고 말하는 능력이 중요한 것 같다.

Q 입사지원을 위해 이것만은 꼭 해야 한다는 점이 있다면?

[답변] 외국어 공부를 반드시 해야 한다. 실제 면접 볼 때도 영어회화 능력이 어느 정도인지 확인한다. 실제 근무하며 외국인과 일하는 경우도 많다.

Q 취업준비과정에서 어느 부분을 가장 중점적으로 준비하였는지?

[답변] 면접을 가장 중점적으로 준비했다. 가상질문을 만들어 실제 면접을 보는 것처럼 대답을 준비했다. 주위사람을 상대로 가상면접같이 질문하고 답하고 조언을 듣고 실제처럼 연습했다.

nterview

Q 면접 중에 가장 기억에 남는 질문은?

[답변] 스트레스 해소법에 대해 질문을 받았다. 전혀 생각하지 못하던 질문이어서 당황했지만 일을 하다 보면 스트레스가 쌓이는데 해소하지 못하면 일을 오래하기 어렵다는 면접관의 말에 공감하며 평소 취미활동으로 스트레스를 해소한다고 답했다.

Q 면접 시 기억나는 에피소드가 있다면?

[답변] 동물을 키운 적이나 키우고 싶었던 적이 있었는지 물었을 때 키우고 싶었으나 부모님의 반대로 키우지 못했던 적이 있다고 했다. "고슴도치를 키우고 싶어서 이름도 지어줬었다."라고 하자 면접관들은 웃으며 면접 분위기가 한층 밝아졌던 기억이 남는다.

Q 면접 시 가장 어렵거나 곤란하게 느꼈던 질문과 나의 답변은?

[답변] 이전 근무 중 힘들었던 일과 대처방법에 대한 질문이었다. 근무 중에 힘들었던 사례를 얘기하고 어떻게 대처했는지 답변했다.

Q 취업을 준비하면서 도움이 되었던 자격증이나 교육이 있다면 어떤 것을 추천하는지?

[답변] 서비스경영 자격증과 의료법률비서 수업을 추천한다. 의료법률비서 교육을 받으며 리셉셔니스트란 직업과 병원행정에 대해 알게 되었고, 리셉셔니스트로 근무한 경험이 병원에서 근무하면서 많은 도움이 되었다.

Q 취업준비생들에게 어떻게 커리어를 시작할 것을 추천하는지?

[답변] 관련 컴퓨터 자격증을 준비하는 것을 추천한다. 특히 OA는 사무직에서 빠질 수 없는 부분이어서 충분한 공부가 필요하다고 생각한다.

Q 다른 업계와 비교했을 때 의료기관만의 특수한 분위기 또는 문화가 있다면?

[답변] 기업과 달리 직급이 없다. 호칭은 주로 선생님이라 칭하며 서로 존중해 주는 분위기이다.

Interview

Q 의료기관 취업 직후에 가장 필요한 관련 지식이 있다면?

[답변] 처음 일할 때 가장 낯설었던 부분이 병명, 약 관련 지식이었다. 관련 지식이 전무했기 때문에 적응하기 힘들었지만 전문적인 지식까진 아니더라도 일하다 보면 자연스럽게 알게 되고 더 알아보게 되고 그만큼 편하게 일할 수 있다.

Q 의료기관에서 근무 시 장점과 단점은?

[답변] 가장 큰 장점은 출퇴근 시간이 확실하다는 점이다. 대학병원이다 보니 100% 예약제로 운영되고 진료시간도 오후 3시면 얼추 마무리된다. 3시 이후에 본인 업무를 여유롭게 처리할 수 있기 때문에 야근할 일이 거의 없다. 단점은 아픈 환자들이 오는 곳이라는 점이다. 진료를 받고 좋아지기도 하고 나빠지기도 하므로 같이 기쁘기도 하고 같이 슬프기도 하다.

Q 자신만의 업무 노하우는?

[답변] 일할 때 체크리스트를 만들어 해야 할 목록을 정리한다. 오늘 해야 할 일 순서와, 내일 해야 할 일을 까먹지 않게 적어둔다. 목록으로 정리하다 보면 업무 파악이 한눈에 되고 마감일을 수시로 확인하므로 놓치지 않고 파악할 수 있다.

Q 업무를 하면서 힘든 점은?

[답변] 민원을 대하는 점이 가장 어렵다. 불만을 가지고 화가 난 상대를 진정시키고 이해시켜야 하는데 그 과정에서 상처도 많이 받고 힘들었다.

Q 업무를 하면서 가장 하기 어려운 일이 있다면?

[답변] 좀 더 정이 가는 환자가 있었는데 많이 아픈 강아지였다. 병원을 오래 다니다 결국 먼저 세상을 떠났는데 슬퍼하는 보호자를 보며 같이 마음 아팠지만 어떤 말을 해도 위로가 되지 않을 것 같아서 선뜻 위로의 말을 해주기 어려웠다.

Q 병원에서 근무하는 것에 대한 특별함이나 장점은?

[답변] 출퇴근 시간이 명확한 점과 안정성이 가장 큰 장점이라 생각한다.

Q 의료기관 취업을 희망하는 취준생을 위한 조언이 있다면?

[답변] 취업하면 정말 오래 다니기 좋은 직장이라 생각한다. 영어는 정말 꼭 필요하다. 의료용어들도 영문단어가 많기 때문에 꾸준히 공부해 두면 도움이 될 것 같다.

서울대학교 수의대학과 동물병원 원무행정과

5. 대학병원 병원장 비서

Q 의료기관에 취업하게 된 계기는?

[답변] 대학 재학시절부터 병원코디네이터 및 서비스 교육을 받는 등 서비스 분야에 관심이 많았다. 졸업 후 병원코디네이터 겸 원장님 비서로 일하며 비서직에 매력을 느꼈고 상사의 추천을 받아 대학병원의 병원장 비서직에 지원했다.

Q 담당 업무는?

[답변] 병원장 비서업무를 하고 있다.

Q 의료기관에 입사할 수 있었던 본인만의 노하우는?

[답변] 보건학부를 졸업했지만 학창시절부터 서비스 분야에 관심이 많아 병원코디네이터 자격증 취득을 하거나 서비스 교육을 받았다. 졸업 후 병원코디네이터 겸 원장님 비서로 일했던 경험도 취업 시 도움이 되었다. 경력직이라면 업무 시 본인의 특장점이나 상사에게 인정받았던 부분과 성과를 구체적으로 어필하며 앞으로 어떻게 일할 것인지에 대해 언급하는 것이 좋다고 생각한다.

Q 입사지원을 위해 이것만은 꼭 해야 한다는 점이 있다면?

[답변] 비서자격증을 취득하거나 외국어 공부를 하는 등 꾸준히 준비하고, 지원하는 회사와 상사에 대해 꼼꼼히 살펴보는 노력이 필요하다고 생각한다.

Interview

Q 취업준비과정에서 어느 부분을 가장 중점적으로 준비하였는지?

[답변] 취업 준비 시 비서 업무에 대해 실무적으로 정확히 이해하기 위해 노력했고, 지원한 병원과 상사에 대해 조사 후 맞춤형으로 면접 준비를 했다.

Q 면접 중에 가장 기억에 남는 질문은?

[답변] 일하면서 가장 보람됐었던 일에 대해 질문을 받았다. "제가 모셨던 분이 승진하시면서 계열사 이동 시 제가 있어서 편하고 앞으로도 계속 같이 일했으면 좋겠다고 하셨을 때 가장 큰 보람을 느꼈습니다."라고 답했다.

Q 면접 시 기억나는 에피소드가 있다면?

[답변] 자기소개를 질문받았는데 '비서로서'라고 이야기할 대목에서 '병원코디네이터로서'라고 말실수를 했다. 몹시 당황스러웠지만 겉으로는 내색하지 않고 미소를 지으며 정중하게 "죄송합니다. 제가 긴장해서 실수한 것 같습니다. 다시 하겠습니다."라고 말씀드리고 다시 자기소개를 했다. 이렇게 실수를 했는데도 면접에 합격했던 경험이 있다. 단어 자체의 실수보다는 실수했을 때 태도나 추후 대처능력, 전체적인 이미지와 말씨 등을 더 중요하게 생각하는 것 같다.

Q 면접 시 가장 어렵거나 곤란하게 느꼈던 질문과 나의 답변은?

[답변] "상사를 모시면서 혼났던 적은?"이라는 질문이다. 중요한 업무를 실수하여 혼난 부분을 언급하거나, 혼났던 적이 없다고 하면 솔직하지 못해 보일 수 있다. 솔직하되 상사의 업무에 차질이 있을 법한 사례는 피하고 혼난 상황에 어떻게 대처하고 극복하려 노력했는지의 언급이 중요하다고 생각하여 "입사 초기 모시던 상사께서 부산 사투리 억양이 있으신 분이라 특히 인터폰으로 호출 시 내용 이해에 어려움이 있었다. 정확히 이해하지 못했을 경우 곧바로 직접 상사께 정확히 여쭈어보고 집중해서 빠른 시간 안에 의사소통이 되도록 많은 노력을 했다."라고 대답했다.

Q 취업을 준비하면서 도움이 되었던 자격증이나 교육이 있다면 어떤 것을 추천하는지?

[답변] 비서자격증, 컴퓨터자격증을 추천한다.

대학병원 병원장 비서

의료기관 채용 담당자 인터뷰

Q 비서와 사무직 채용 시 무엇을 가장 중요하게 평가하는지?

[답변] 업무사항 또는 역할별로 조금씩 다른 형태로 가지고 있는 역량 및 소양이 다르나 병원 근무의 특수성을 잘 이해하고 책임감 있는 직무수행능력을 우선시한다. 개인별 성향이 다르다는 인식을 가지고 각 분야 소통인지능력을 중요하게 본다. 비서의 경우 업무이해도, 수행능력, 전문화된 직업의식을 본다. 병원 행정/사무직의 경우 다각화된 업무수행능력, 자발적 책임의식, 문제해결능력, 직원 간의 의사소통을 중요하게 본다. 코디네이터/어시스트(상담사)의 경우 서비스 마인드, 배려 및 이해 능력, 의료지식 이해능력을 우선시한다. 환자들과의 직접적인 의사소통으로 업무하는 과정 중 빠른 관계 형성(라포형성)이 중요하기 때문이다. 상대방과 친밀감을 형성하는 동시에 신뢰감을 주어야 하므로 정확한 전달표현능력과 타인에 대한 이해심이 많이 요구되기 때문이다.

Q 비서와 사무직 채용 면접 시 반드시 물어보는 질문은?

[답변] 가장 기본적인 지원동기를 물어보면서 자신의 비전과 병원 비전 제시와 함께 성장 가능성을 판단한다. 업무환경의 적응력을 확인하기 위한 예시 상황 질문으로 직무 이해 및 문제 해결 능력을 체크한다. 예를 들어 상하갈등상황, 인사이동상황, 업무환경 변화 등을 물어본다. 두 번째는 병원에 대한 정보를 통해 관심도 관련 질문을 한다. 기본적으로 지원한 병원에 대한 이슈 및 기본 정보에 대한 관심 등을 물어본다.

Interview

Q 처음 봤을 때 가장 호감이 가는 지원자의 유형은?

[답변] 남들보다 특별함을 어필하기보다 자신감 있는 모습으로 본인을 PR하는 지원자, 과장하기보다 소신 있는 겸손한 태도를 보이는 지원자, 준비해 온 자기소개를 발표하는 지원자보다 반응(reaction)과 대화로써 어필하는 지원자, 자기관리능력(단정한 복장 등 깔끔한 외모의 지원자), 시간관리능력(면접시간보다 일찍 와서 준비하는 지원자)이다.

Q 지원자의 첫인상을 결정짓는 데 가장 큰 영향을 미치는 요소는?

[답변] 준비된 모습보다는 솔직 담백한 본인의 모습으로 자기를 소개하는 지원자, 장점을 어필하기보다는 단점을 긍정적으로 표현하는 지원자, 자신감 있는 모습으로 아이콘택트를 하며 상대방에게 정확한 전달을 하는 지원자이다.

Q 서류평가 시 무엇을 가장 중요하게 평가하는지?

[답변] 특별활동 내용을 중요하게 본다. 예를 들어 동아리 활동, 경력 활동, 근속기간 등 스펙을 만들기 위한 활동이 아닌 자발적 특별활동을 위주로 본다.

Q 의료기관의 비서와 사무직무를 수행함에 있어서 필요한 역량은?

[답변] 전문화된 프로의식으로 책임감, 문제해결능력, 의사소통 능력이다.

Q 채용 시 고려하는 우선순위 3가지는?

[답변] 의사소통능력(이해력), 다각화된 업무능력, 빠른 업무처리능력이다.

Q 다른 업계와 비교했을 때 의료기관만의 특수한 분위기 또는 문화가 있다면?

[답변] 각 분야별 업무의 특성이 강하다. 서로 핑퐁(업무 토스)하는 경우와 일부 책임 회피를 하는 경우가 있다. 또한 의료직원의 여성비율이 높아 서로에 대한 시기, 질투로 인한 이간질로 진급 누락, 근무 스케줄 불이익 등 다양한 사항이 있다. 특진이나 진료가 많은 일정 후 격려 회식이나 포상에 대한 부분도 특수한 문화이다.

nterview

Q 채용 시 가장 중점적으로 보는 자격증 혹은 관련 지식이 있다면?

[답변] 기본적인 오피스 프로그램과 일정, 고객, 차트, 서류 관리 프로그램 능력이다. 특히 PT & Briefing 능력은 특수한 직무에 필수적이다.

Q 선호하는 직원 유형은?

[답변] "열심히 하겠습니다. 최선을 다하겠습니다."라는 말보다 업무수행능력으로 보여주는 직원, 정확한 업무 공유가 되며 멀티플레이로 일하는 직원을 선호한다.

안과의원 인사담당자

CHAPTER

05

법률서비스의 이해

CHAPTER 05

법률서비스의 이해

의·료·법·률·비·서·실·무

1. 법률서비스의 이해

법률서비스(Legal Service)란 법무서비스와 동일한 의미로 사용되며 미국에서 정립된 개념이다. 변호사직 자체의 공익성을 강조해 온 우리나라의 일반적인 관점과는 달리 법률서비스라는 용어 자체에 직업적 성격이 내포되어 있는 것이 특징이다. 변호사의 주요 업무를 분석해 보았을 때 의뢰인이나 고객사와의 관계에서 서비스라는 측면을 배제할 수 없다는 점이 가장 큰 이유라 할 수 있다. 특히 변호사의 업무 영역 중 기업 상대 업무 및 국제 관련 업무의 영역에서 이러한 서비스적인 측면은 더욱 부각되고 있다(법무부, 1994).

법률서비스에 관한 보다 광의적인 개념은 법무(자문) 및 송무(소송)서비스(판사, 법원서기, 검사, 국가송무수행자 등에 의한)뿐만 아니라 법의 집행(The administration of justice)과 관련된 일체의 활동을 의미한다(신왕철, 2004). 또한, 법률서비스는 전문직 서비스에 포함시키고 있으며 이는 여러 가지 형태로 존재 가능하나 주로 개인의 전문적인 지식에 의존하는 법률, 회계, 의료, 경영컨설팅 등의 서비스를 의미한다(서정두, 2006).

법률서비스 분야는 무역의 증대와 기업법, 무역법 등의 새로운 법률 분야의 발달로 지속적으로 증가하였다. 특히 기업 구조의 재조정, 민영화, 국제적 M&A, 지적재산권 분야는 더욱 세심한 법률서비스를 요구하는 주요 분야라 할 수 있다.

이러한 법률서비스 분야의 변화는 기존의 소송 변호사와는 반대되는 개념의 기업에의 자문을 전담하는 역할을 하는 새로운 형태의 변호사를 등장시켰다. 또한 국제적인 관점에서 아시아 로펌 성장의 주도적인 역할을 하였으며 중국, 홍콩, 싱가포르가 대표적인 국가라 할 수 있다.

2. 세계 법률서비스 시장 현황

21세기는 글로벌 시대다. 글로벌화란 국경을 넘는 이동을 의미하며, 그 대상은 사람, 물건, 사상, 문화 등 다양하다. 21세기 글로벌화의 핵심은 경제적인 측면에 초점이 맞추어져 있다(Lawrence M., Friedman). 국경을 초월한 국제거래가 증가하면서 생산과 소비의 글로벌화가 진행되었고, 다국적기업을 출현시켰다. 그 과정에서 세계 각국의 경제관련 법과 제도가 통일되는 경향이 나타났다. 또한 국제거래 과정에서 다국적기업이 어떤 나라에 진출할 때는 당사자 사이에 법률관계와 분쟁이 발생할 위험에 대비하기 위하여 사업 초기단계부터 변호사가 개입된다.

법의 글로벌화는 법률실무의 글로벌화를 초래하였고, 법률실무의 글로벌화는 로펌의 대형화로 이어진다. 국제거래가 증가하고, 다국적기업의 거래활동과 관련한 인수합병, 기업매각, 증권화, 해외 증시 상장, 공정거래, 조세 등 복잡하고 큰 규모의 프로젝트가 증가하게 되었으며, 기업들은 한곳에서 모든 서비스를 받고 싶어 하였다. 따라서 대형 프로젝트의 수주에는 일시에 얼마나 많은 변호사를 동원할 수 있느냐가 관건이 되었다. 이는 로펌 간의 연합으로 해결할 수도 있지만 연합에 따른 비용증가와 로펌들의 몸집 불리기를 통한 수주경쟁에서 소규모 로펌은 경쟁력이 없다는 점에서 로펌들은 연합보다는 내부성장을 추구하게 되었다(Randall S. Thomas, et al., 2001).

이러한 요인과 함께 세계적으로 법률서비스 시장의 규제 완화가 시작되면서 로펌의 대형화는 더욱 가속되었다. 유럽공동체(EU)의 창설로 유럽 국가 간의 장벽이 사라졌고, 복수전문직 간 동업(MDP : Multidisciplinary partnership)이 허용되었다. 이후 WTO/GATS 협상이 진행됨에 따라 세계 각국의 법률시장 개방이 진행되었다.

유럽공동체가 탄생하면서 국가를 초월한 대형 프로젝트가 늘어남에 따라 자기 지역에만 기반을 둔 유럽의 기존 로펌들은 지역적인 면이나, 일시에 동원할 수 있는 변호사의 수에 있어서 이러한 대형 프로젝트 수요를 충족하기에는 역부족이었다. 이에 영·미의 대형 로펌들은 이 기회를 활용하여 유럽 로펌을 흡수합병하는 전략으로 시장을 장악하였다. 또한 복수전문직 간의 동업이 허용되면서 유럽의 법률시장은 기존 로펌을 흡수합병한 대형 회계법인에 의해 크게 잠식되었다(문재완, 2002). 대형 회계법인의 주요 고객은 기업이기 때문에 회계법인이 회계, 경영컨설팅에 이어 법률서비스까지 제공하게 되면 원스톱서비스를 완벽하게 구현하게 되는 것이다.

로펌의 대형화는 초기에는 늘어나는 대형 프로젝트를 수행하기 위하여 진행되었으나 점차 국가 간의 장벽이 사라지고 초국가적인 프로젝트가 증가하면서 이러한 프로젝트를 일시에 처리할 수 있을 만큼 로펌이 대형화하지 않으면 경쟁력을 갖출 수 없는 상황에 이르게 되었다. 로펌들은 법률서비스 시장 개방이 진행됨에 따라 자국 시장에 진입하는 대형로펌과의 사이에서 국제경쟁력을 갖추고, 이를 바탕으로 세계시장에 진출하기 위하여 의도적으로 대형화를 추구하게 되었다.

3. 국내 법률서비스 시장 현황

세계적 차원의 서비스 개방 확대, 즉 서비스 교역 자유화 논의는 1986년에 시작된 우루과이라운드(이하 "UR")에서부터 이루어졌다. 우리나라는 UR협상 단계에서 상당한 정도의 시장개방 요구에도 불구하고 법률서비스 시장을 개방하지 않았다. 다만 1996년 12월 OECD 가입에 즈음하여 「변호사법」 일부 개정(1996.12.12 개정, 1997.1.1 시행)을 통하여 변호사의 자격요건에서 국적 요건을 삭제하였고, 외국인 투자제한업종에서 법무서비스 분야를 제외하였을 뿐이다. 이후 법률시장 개방에 대한 본격적인 논의는 2001년 11월에 출범한 도하 개발 어젠다 협상(Doha Development Agenda, 이하 "DDA")에서 개시되었다. 그러나 DDA협상은 계속 교착상태에 빠져서 아직까지 타결의 기미가 보이지 않는다. 그런 중에 대한민국 정부는 주요국과의 FTA 체결을 추진하게 되었는데, 그 과정에서 법률시장 개방에 관해서는 DDA 양허안을 포괄하는 규정이 한·미와 한·EU FTA 유보안·양허안에 포함되었으므로, DDA 합의 도출과 무관하게 법률시장 개방은 FTA를 통하여 당사국 간에 이루어지게 되었다. 이처럼 우리나라 법률시장의 개방은 현재까지는 양자 간 통상협정을 체결한 국가에 대해서만 이루어졌다. 이에 반해 독일, 중국, 일본, 싱가포르를 포함한 대부분의 다른 국가들은 통상협정 체결 여부와 무관하게 스스로 또는 경우에 따라서는 부분적으로 통상 압력을 받아 국내법을 통해 법률시장을 전면 또는 일부 개방하였다.

〈표 5-1〉 단계적 법률시장 개방(통상협상에서 합의된 단계적 법률시장 개방)

단계	내용
1단계	협정 발효 시까지 시행 준비 필요 – 외국법자문사법 제정('09.9.26 시행) • 외국 변호사에게 외국법 및 국제공법에 관한 자문을 허용하고, 외국 로펌에게 국내 분사무소 개설을 허용 • 국내 로펌과의 업무제휴, 국내 변호사 고용 불가
2단계	협정 발효 후 2년 내 시행 – 외국법자문사법 개정('11.4.30 시행) • 외국법자문법률사무소가 국내 로펌과 국내법사무와 외국법사무가 혼재된 사건을 공동 처리하고 수익을 분배하는 것 가능 • 2단계 개방을 약속한 한·ASEAN FTA가 '09.5.1 발효
3단계	협정 발효 후 5년 내 시행 – 향후 외국법자문사법 개정('16.6.30 개정) • 외국 로펌과 국내 로펌 간 합작 사업체 형성 허용(다만, 의결권 및 지분권 제한 가능) • 위 합작사업체의 국내 변호사 고용 가능 • 3단계 개방을 약속한 한·EU FTA는 '11.7.1, 한·미 FTA는 '12.3.15 발효

자료 : 법무부(2012)

최근 국내 법률시장이 3단계로 개방되면서 외국 로펌의 국내 로펌과의 동업 및 한국 변호사 고용이 허용되었다. 일반 시민도 외국 로펌에 소속된 한국 변호사를 통해 국내 소송업무를 저렴한 가격으로 의뢰할 수 있게 되었다. 그 결과 법률서비스 수요자의 일상적인 의사결정과 행동에도 법의 영역이 확대될 수 있으며 법을 통한 분쟁해결방식도 일반화될 수 있다. 또한 2017년 12월 28일 헌법재판소 가사법시험 폐지를 정하고 있는 「변호사시험법」 부칙 제2조를 5대 4 의견으로 합헌으로 결정함에 따라 사법시험은 역사 속으로 사라지게 됐다. 사법시험제도의 폐지로 로스쿨 출신 법률가의 수도 증가하고 전통적인 법조분야뿐만 아니라 다양한 분야로의 변호사의 진출이 확대될 전망이다. 국내 로펌과 외국 로펌이 법률서비스를 제공하게 되면서 법률서비스 공급자도 다변화되고 법률가 집단의 질적인 변화도 나타나게 될 것이다.

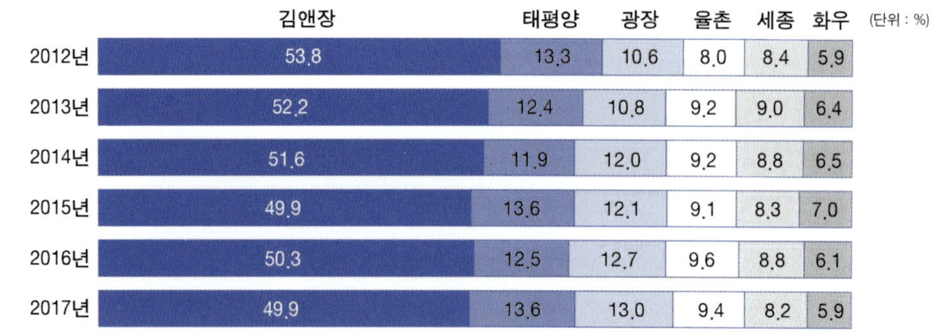

자료 : 매일경제(2018.2.12.) ; 중앙일보(2019.2.11)

〈그림 5-1〉 6대 법무법인·법률사무소 점유율(국세청 부가세 신고실적 기준, 김앤장·태평양은 특허법인 포함)

국내 6대 로펌 매출액 순위를 살펴보면 1위 김앤장, 2위 태평양, 3위 광장, 4위 율촌, 5위 세종, 6위 화우 순이다. 김앤장의 매출액은 2012년 7,944억 원을 기록한 이후 2013년부터는 매년 8,000억 원이 넘는 매출을 올렸고, 2016년에는 9,521억 원, 2017년에는 1조 144억 원, 2018년에는 1조 511억 원(중앙일보, 2019.2.11)으로 매년 지속적으로 증가하고 있으며, 미국 법률전문지 아메리칸 로이어(The American Lawyer)가 최근 발표한 "2018 세계 100대 로펌(2018 The Global 100)" 자료에 따르면, 매출액 순위 세계 51위 로펌에 선정됐다. 우리나라에서는 김앤장 법률사무소(대표변호사 이재후)가 유일하게 100대 로펌에 이름을 올렸으며, 전년도보다 4계단 상승한 세계 51위에 랭크되었다(법률신문, 2018.10.22).

태평양은 2012년부터 2019년까지 2014년을 제외하고 2위 자리를 유지하고 있다. 태평양의 매출액 약진을 두고 법조계에서는 '삼성의 힘'이라는 평가가 나온다. 태평양은 이재용 삼성전자 부회장과 최고 임원들의 국정농단 혐의 관련한 변호를 맡았으며, 삼성바이오로직스 분식회계에 관여한 의혹을 받는 삼정회계법인의 소송을 대리하였다. 삼성 관련 소송은 규모도 크고 내용도 다양하여 어떤 로펌이 맡게 되느냐에 따라 로펌 순위가 달라지기 때문이다.

3위인 광장은 2014년 한 해 태평양을 제치고 2위에 오르는 등 지속적인 성장세를 보여주고 있다. 율촌의 경우 연간 매출은 2012년 1,184억 원으로 5위였지만, 2013

년 1,472억 원의 매출을 올리며 4위에 올랐고 2017년과 2018년에 각각 1,911억 원, 2,062억 원으로 4위 자리를 지켰다. 6대 로펌 간 시장점유율 비율도 꾸준히 8%대를 지키고 있다.

2004년 10월 법무법인 태평양의 중국 베이징 사무소 개소를 필두로 시작된 우리나라 대형로펌의 해외진출이 13년 만에 10개국 13개 도시에 33개 해외사무소를 두는 수준까지 확대됐다. 법률시장 개방 파고와 법률서비스 무역수지 만성 적자상태에서도 미래의 먹거리를 창출하기 위해 해외에서 새로운 파이를 키우려는 노력의 성과라는 점에서 주목된다.

자료 : 법률신문뉴스(2017.11.30)

〈그림 5-2〉 국내 로펌의 해외진출 현황

국내 로펌들이 가장 먼저 관심을 갖고 진출한 곳은 중국이다. 현재 현지 사무소가 운영되고 있는 곳을 기준으로, 가장 먼저 진출한 곳은 2004년 10월 중국 베이징에 사무소를 낸 태평양이며, 이듬해 5월 광장도 베이징에 사무소를 개설했다. 이후 2006년 1월에는 세종이, 2011년 3월에는 율촌이 이곳에 사무소를 냈다. 상하이에는 2007년 지평, 2008년 태평양, 2010년 세종이 잇따라 사무소를 신설했다. 태평양은

2015년 홍콩에도 사무소를 열었다.

베트남도 우리 로펌들이 주력하고 있는 곳이다. 저렴한 노동력을 앞세워 중국이 차지했던 '세계의 공장' 지위를 넘보며 '포스트 차이나'로 떠오르고 있는 베트남은 최근 국내 기업의 대표적인 투자처 가운데 한 곳이다. 2017년 기준 국내 12대 로펌 가운데 무려 7곳이 이곳에 해외사무소를 냈다. 우리나라 로펌의 전체 해외사무소 33개소 가운데 39.4%에 해당하는 13곳이 베트남에 개설돼 있다. 이들은 베트남 투자기업을 주 고객층으로 하고 있는데, 법률서비스의 수요도 많아져 대형로펌들이 현지사무소를 통해 즉각적인 지원에 나서고 있다.

하지만 동남아시아 등에 국한된 해외진출 폭을 더 넓혀야 한다는 지적도 있다. 세계 법률시장을 양분하고 있는 미국과 유럽연합(EU) 지역에는 진출이 미미한 상황이기 때문이다.

4. 변호사의 이해

변호사는 법률서비스를 수행하는 주체라 할 수 있으며, 변호사는 공공성을 지닌 법률 전문직으로서 독립하여 자유롭게 그 직무를 수행하는 역할을 한다(「변호사법」 제2조 "변호사의 지위"). 또한 당사자와 그 밖의 관계인의 위임이나 국가·지방자치단체와 그 밖의 공공기관의 위촉 등에 의하여 소송에 관한 행위 및 행정처분의 청구에 관한 대리행위와 일반 법률 사무를 담당하기도 한다(「변호사법」 제2조 "변호사의 직무").

사업자로서 변호사는 수요자(분쟁당사자)에게 용역 즉 서비스를 제공하며, 변호사가 법률사무를 행한다는 것은 법률서비스(Legal Service)를 제공한다는 의미로 볼 수 있다. 변호사는 서비스의 유통을 담당하고 법률서비스 전달체계(The delivery system of legal service)의 중심적인 역할을 수행하고 있다(황승흠, 2004).

변호사의 구체적인 담당 업무는 소송업무, 법률상담업무, 공증업무, 법률관계 문서작성업무, 상표, 특허업무, 세무업무로 분류하고 있다(조계숙·최애경, 2007). 소송업무는 크게 민사, 형사, 가사, 행정으로 나뉘며 변호사는 의뢰인의 법적 대리인으로서 법정에서 변호를 하게 된다. 법률 상담업무는 고객에게 특정법률 문제에 대한 상담을 제공하는 업무로써 개인 고객 혹은 기업 고객에 따라 변호사가 받게 되는 자문료는 큰 차이가 있다.

반면 공증업무는 당사자 외에 공적 기관이 관여하여 법률적으로 적합한 문서를 작성한 후에 이를 공적으로 증명해 주는 업무를 의미한다. 공증업무는 법무부의 인가를 받은 공증인가합동법률사무소에서 담당한다. 또한 소장, 답변서, 준비서면 등과 같이 소송과 관련된 서류의 작성업무를 소정의 수수료만 받고 담당하기도 하며, 특허청에 특허출원, 실용신안등록 출원, 의장등록 출원, 상표등록 출원 등과 같은 상표, 특허 업무도 변호사가 담당한다.

이외에도 세무사가 담당하는 세금의 신고, 과세 처분에 대한 이의 신청, 국제심판소에 심판청구인의 대리인으로서의 업무 등도 변호사가 행할 수 있다.

미국의 경우 Private Practice 즉 개업한 변호사를 Attorney라 칭하며 담당 업무 분야는 범죄, 항소, 부동산, 가사문제, 불법행위, 도산, 조세, 이민, 지적재산권 등으로 매우 다양하다. 변호사들은 소기업, 다국적기업, 비영리단체, 정부기관 등으로 구성된 고객의 특성에 따라 개인적인 문제부터 기업에 관련된 법률문제까지 다루는 업무범위 또한 다양하다. 미국에서 변호사가 되기 위해서는 일반분야에서 학사학위가 필요하며, 로스쿨을 거쳐 Law(J.D.) degree를 취득한 뒤 여러 명의 고용인에 의한 법률사무원으로서의 인턴십(Law Clerkship)을 거치는 것이 유리하다(Susan, 2007).

반면 국내에서 변호사가 되기 위한 자격요건을 살펴보면 사법시험에 합격한 후 사법연수원에서 소정의 과정을 마치거나, 군 법무관으로서 일정기간 이상 근무한 자, 또한 판사, 검사의 자격이 있는 자에 한하여 변호사의 자격이 주어지게 된다(서울지방변호사회, 2009). 최근에는 국내변호사가 담당하는 업무분야가 기존의 송무업무에서 보다 다양한 분야로 확대됨으로써 특정 영역에서 전문성을 확보한 변호사들이 증가하고 있다(법률신문, 2009).

2019년 7월 31일 기준 국내 변호사 수는 총 26,787명(법무부)이다. 서울소재 변호사 수는 약 19,839명, 지방은 약 6,948명이다. 5대 법무법인의 변호사 수는 세종 약 355명, 케이씨엘 약 65명, 엘케이앤파트너스 약 54명, 양헌 약 48명, 정세 약 46명이고, 5대 법무법인(유한)은 광장 약 481명, 태평양 약 456명, 율촌 약 296명,

화우 약 194명, 바른 약 174명, 김앤장 약 706명이다(법무부).

〈표 5-2〉 변호사 현황

지역	개업 변호사	법무법인/법무법인(유한)		등록 26,787(서울 19,839/지방 6,948)		
		사무소	변호사			
소계	21,814	1,194	11,059	개업변호사 지역별 분포		
서울	16,080	791	8,989	중앙 : 13,638 남부 : 1,096	동부 : 513 북부 : 215	서부 : 612 기타 : 6
경기 북부	377	25	94	의정부 : 213	고양 : 164	
경기 중앙	991	52	261	수원 : 498 평택 : 64	성남 : 149 안산 : 149	여주 : 28 안양 : 103
인천	575	73	430	인천 : 448	부천 : 127	
강원	164	7	32	춘천 : 49 속초 : 13	강릉 : 44 영월 : 5	원주 : 53
충북	167	16	76	청주 : 131 영동 : 6	충주 : 23	제천 : 7
대전	557	35	161	대전 : 388 서산 : 29	공주 : 8 천안 : 102	논산 : 9 홍성 : 21
대구	640	40	206	대구 : 457 경주 : 17 상주 : 9	서부 : 43 포항 : 48 의성 : 3	안동 : 18 김천 : 39 영덕 : 6
부산	846	71	391	부산 : 730	동부 : 76	서부 : 40
울산	199	13	65	울산 : 195	양산 : 4	
경남	334	25	105	창원 : 223 통영 : 38	마산 : 11 밀양 : 8	진주 : 48 거창 : 6
광주	492	25	161	광주 : 384 순천 : 69	목포 : 29 해남 : 7	장흥 : 3
전북	278	16	70	전주 : 198 남원 : 9	군산 : 52	정읍 : 19
제주	114	5	18	제주 : 107	서귀포 : 7	

자료 : 법무부(2019.7.30. 기준)

5. 법률회사의 운영형태

「변호사법」 제21조(법률사무소)에 따르면 변호사는 법률사무소를 개설(개정 2008.3.28)할 수 있으며, 운영형태는 법무법인, 법무법인(유한), 법무조합, 법률사무소, 「외국법자문사법」 제2조제9호에 따른 합작법무법인(제21조의2 법률사무소 개설 요건 등) 중 하나의 형태를 취한다.

(1) 공증인가 합동법률사무소

대한변호사협회는 1968년경부터 변호사의 공증업무 취급을 요구하여 왔는바, 그 노력의 결실로서 1970년 12월 31일 「간이절차에의한민사분쟁사건처리특례법」이 제정·시행되었다. 공증인가합동법률사무소는 동 법률의 시행에 따라 도입된 것이나 1993년 3월 10일 공증제도의 정비를 위하여 위 특례법상 관련 규정이 「변호사법」에 흡수되면서 변호사법에 관련 규정을 두게 되었다. 그러나 변호사 겸업 공증인제도를 폐지한 2005년 1월 27일 「변호사법」 개정에 따라 관련 규정이 삭제되어 더는 설립되지 않고 점차 해산되는 상황이다.

업무는 협업의 형태로 진행되며, 구성원은 독립채산제도를 취한다. 독립채산제란 사무실 운영비를 줄이기 위해 사무실만 함께 쓰고 수입은 분배 없이 각자의 능력에 따라 가져가는 형태를 의미한다. 발전방향으로는 기본적인 업무, 공증업무, 소송업무의 수행, 능률향상을 위한 자체적인 연구와 노력이 필요하다.

(2) 대한변호사협회 회칙에 따른 공동법률사무소

대한변호사협회 회칙 제39조는 사업자등록을 2인 이상이 같이하는 경우와 2인 이상이 개인명의 이외의 명칭을 사용하는 경우 대한변호사협회에 '공동법률사무소'로 신고할 수 있도록 하고 있다. 동 규정은 공동법률사무소의 현황 등을 파악하고 지도·감독을 위하여 1998년 6월 8일 신설·시행된 것이다.

(3) 법무법인

법무법인 제도는 변호사 업무의 개선과 전문화·대형화 등 법률서비스의 발전을 도모하기 위하여 1982년 12월 31일 「변호사법」 개정을 통해 도입된 것으로, 미국의 Law Firm제도와 기존의 공증인가합동법률 사무소 제도 및 상법상의 합명회사 제도를 혼합하여 창안되었다.

법무법인은 5인 이상의 변호사로 구성하되, 그중 1인 이상은 10년 이상 판사·검사·변호사로 근무하거나 변호사 자격이 있는 자로서 국가기관, 지방자치단체, 국·공영기업체, 정부투자기관, 기타 법인에서 법률에 관한 사무에 종사하거나 변호사의 자격이 있는 자로서 공인된 대학의 법률학 조교수 이상의 직위에 있던 자이어야 한다(「법원조직법」 제42조제1항). 법무법인은 시·군·구(자치구) 관할구역마다 1개의 분사무소를 둘 수 있다. 다만, 주사무소에는 상기직에 10년 이상 경력이 있는 자 1인을 포함하여 구성원의 3분의 1 이상이 주재하여야 하고, 분사무소에는 1명 이상의 구성원이 주재하여야 한다.

상법 중 합명회사에 관한 규정이 준용됨에 따라 「변호사법」에 규정되어 있지 않은 구성원의 업무집행과 관련한 책임에 관해서는, 대표변호사가 그 업무집행으로 인하여 타인에게 손해를 가한 때에는 법무법인이 그 대표변호사와 연대하여 배상할 책임이 있고, 법무법인의 재산으로 채무를 모두 변제하지 못하는 경우 각 구성원인 변호사는 연대하여 변상할 책임이 있다. 아울러 법무법인 설립 후 구성원으로 가입한 변호사도 가입 전에 생긴 법무법인 채무에 대하여 다른 구성원인 변호사와 동일한 책임을 진다. 또한 구성원 영입, 지분변경, 정관변경, 해산 등 중요 사항에 대한 의사결정 시 구성원 변호사 전원의 찬성이 요구된다.

업무는 Main 변호사와 Partner 변호사의 팀 형태로 구성되어 법률서비스를 제공한다.

2008년 법무법인 소속 변호사가 개인변호사 수를 처음으로 추월했다. 변호사 수가 늘어난 만큼 사건수임 수도 많아져야 하는데, 현실은 그렇지 않았기 때문에 세금부담이 덜한 변형된 법무법인, 즉 공동법률사무소를 택하는 변호사들이 이때부터 늘어나기 시작했다. 발전방향으로는 법무법인 내 주력 업무부문에 전문 변호사를 배치하고,

변호사업의 대형화, 국제화, 전문화의 실현을 위한 노력이 필요하다.

(4) 법무법인(유한)

법무법인은 내부적인 의사결정의 경직성과 외부적인 무한연대책임 때문에 대형화·전문화하는 데 일정한 한계를 가지고 있다는 비판이 제기됨에 따라, 이를 극복하고 국내 변호사들의 국제경쟁력 강화와 전문적인 법률서비스의 제공을 도모하기 위해 2005년 1월 27일 「변호사법」 개정 시 법무법인(유한)이라는 새로운 형태의 법무법인 제도를 도입하였다. 법무법인(유한)은 7인 이상의 변호사로 구성하되, 그중 2인 이상이 10년 이상 「법원조직법」 제42조제1항 각 호의 어느 하나에 해당하는 직에 있었던 자여야 하며, 구성원 중에서 3인의 이사를 두어야 하고, 감사는 필요시 변호사를 1인 이상 둘 수 있다. 법인의 자본총액은 5억 원 이상이며, 각 구성원은 3천만 원 이상의 출자의무가 있다. 법인의 구성원 가입과 탈퇴, 당연탈퇴, 소속변호사, 주사무소 및 분사무소 설치, 변호사 및 공증인의 직무에 속하는 업무의 수행, 업무집행방법, 구성원 변호사 및 소속변호사의 업무제한 등에 관한 사항은 기존 법무법인 관련 규정을 준용하도록 되어 있다. 법무법인(유한)은 수임사건을 수행하는 과정에서 손해가 발생한 경우 고의 또는 과실이 있는 구성원과 그 지휘·감독자가 법무법인(유한)과 연대하여 책임을 지고, 그 외의 구성원은 책임을 부담하지 않는다. 다만, 지휘·감독자는 지휘·감독을 함에 있어 주의를 게을리하지 않았음을 입증한 때에는 그러하지 아니하다. 그리고 법무법인(유한)은 수임사건과 관련한 손해배상책임을 보장하기 위해 보험 또는 공제기금에 가입하여야 한다. 한편, 수임사건과 관련한 손해배상책무 이외의 일반채무에 대하여는 구성원이 출자금 한도 내에서 유한책임을 부담한다.

(5) 법무조합

법무조합은 법무법인(유한)과 같은 취지와 배경에서 도입된 새로운 법률사무소 형태로서, 7인 이상의 변호사로 구성하되 그중 2인 이상이 「법원조직법」 제42조제1항이 정한 법조경력 통산 10년 이상이어야 한다. 법무조합 역시 구성원 가입과 탈퇴,

당연탈퇴, 소속변호사, 주사무소 및 분사무소 설치, 변호사 및 공증인의 직무에 속하는 업무의 수행, 업무집행방법, 구성원 변호사 및 소속변호사의 업무제한 등에 관한 사항은 기존 법무법인 관련 규정을 준용한다. 법무조합에 관하여 변호사법에 정한 것을 제외하고는 민법 중 조합에 관한 규정이 준용되므로 법무조합의 법적 성격은 민법상 조합에 해당한다. 따라서 법무조합의 구성원에게는 법무법인(유한)과는 달리 출자에 대한 자율권이 보장되어 있으므로 법무법인(유한)과 같은 자본충실의 책임이 부여되어 있지 않다. 수임사건과 관련하여 수임사건의 위임인에게 손해를 발생시킨 경우에는 고의 또는 과실이 있는 담당 변호사와 그 지휘·감독자에 한하여 책임을 지도록 제한하고, 다른 구성원은 책임을 부담하지 않는다. 그러나 수임사건에 대한 손해배상 책임 관련 채무 이외의 법무조합의 채무는 법무조합의 구성원이 그 채무 발생 당시의 손실분담비율에 따라 책임을 진다. 손실분담비율에 따른 무한책임을 진다는 점에서 법무법인(유한)의 구성원이 유한책임을 지는 것과 다르다. 법무조합도 법무법인(유한)과 마찬가지로 수임사건과 관련한 손해배상책임을 보장하기 위하여 대통령령이 정하는 바에 따라 보험이나 대한변호사협회가 운영하는 공제기금에 가입하여야 하며, 의뢰인에 대한 수임사건 관련 손해배상 책임한도는 법무법인(유한)의 경우와 같다.

(6) 기타 : 개인변호사 사무소

가장 일반적인 형태이며, 개업한 변호사의 3분의 2는 이와 같은 개인변호사 사무소의 형태를 채택하고 있다.

업무형태는 변호사 또는 사무장을 통해 의뢰되는 건들에 대해 변호사 개인이 대리인으로서 소송을 진행하는 형태이다. 발전방향으로는 개인사업자의 형태로 변호사의 전문성 및 승소율을 높이기 위한 노력이 필요하다.

6. 법률회사의 개념과 특성

(1) 법률회사(로펌)의 정의 및 개념

법률회사(로펌)는 회사 형태로 운영되는 법률사무소를 지칭하며, 영국에서 시작하여 미국에서 더욱 발달한 제도이다(김진원, 2009). 법무법인 또는 종합법률회사라고도 한다. 변호사들이 전문 분야별로 나뉘어 조직적으로 법률서비스를 제공하며 한 번의 사건 의뢰로 고객이 추구하는 내용을 완벽하게 처리하는 원스톱(one stop) 법률서비스가 특징이다. 국내에서는 김앤장 법률사무소가 처음 생긴 이래 태평양, 세종, 광장, 화우, 율촌 등 대형 로펌들이 활동 중이다.

법률회사(Law Firm)란 법률서비스를 고객에게 제공하는 회사로서 상업적인 이익을 목적으로 설립된 조직이지만, 일반적인 상법상의 회사 개념과는 차이점이 있다. 즉 일반 회사와는 달리 정형화된 구성형태를 필요로 하지 않으므로 반드시 대형화된 조직형태를 갖추지 않고 소수의 변호사가 결합하여 사무실을 내는 경우에도 Law Firm이라는 명칭을 사용할 수 있다(김기장, 1991).

법률회사(Law Firm)에 대한 개념 정의는 개인에 따라 다소 차이가 있으나, 여러 변호사들이 전문분야별로 조직적으로 고객에게 법률서비스를 제공하는 일반 회사형태의 법률사무소를 의미한다(이제원, 2009). 법률회사는 각 분야의 법률을 전공한 변호사들이 국내 변호사뿐만 아니라 국제 변호사들까지 참여하여 파트너십(Partnership)의 형태로 조직을 구성한다.

때로는 해외 법률사무소와의 제휴를 통하여 상호 법률정보교환, 업무협력 등을 통하여 국내외 기업들을 상대로 법률문제 전반에 걸쳐 광범위한 법률 자문을 제공하는 것이 특징이다(홍순이, 2001).

오늘날의 법률회사는 규모와 취급 업무에 따라, 의뢰가 들어오는 모든 문제를 개인적으로 처리하는 소수의 인원으로 구성된 작은 규모의 법률회사부터 전문적으로 수백 명에 이르는 변호사의 업무를 체계적으로 지원하는 직원을 고용하는 대형 법률회사에 이르기까지 그 종류는 매우 다양하다(황정희, 2002).

(2) 법률회사(로펌)의 유래 및 성장

한국에는 1950년대 후반에 소규모 로펌이 등장했지만, 그 본격적인 성장이 이루어진 것은 1980년대부터 1990년대 중반이다. 1990년대 중반에는 50~100명 정도의 조직화된 형태의 로펌 4개가 설립되는데, 로펌이라는 새로운 용어가 인구에 회자되기 시작한 것도 이 무렵이다(국제경쟁 첨병 기업변호사, 동아일보, 1994.5.2).

로펌이 급속히 성장한 것은 1997년 IMF 경제위기 이후이다. 이때 한국의 로펌은 'IMF 특수'라고 표현될 정도로 크게 성장한다. 경제위기를 극복하는 과정에서 시장개방, 노동유연화, 해외자본투자, 민영화, 구조조정, 인수합병 등 다양한 법적 문제들이 등장하게 되었고, 이를 처리하기 위해서는 로펌의 대형화가 불가피했기 때문이다. 이에 따라 기존의 로펌은 변호사를 대거 영입하고, 서로 인수합병을 거듭하며 그 규모를 확대시켰다.

로펌의 숫자도 급증했다. 1996년만 해도 법무법인의 숫자는 100개가 안 되었으나, 2000년에는 185개로 늘어났다(한국변호사백서, 2010, p. 33). 언론에서도 로펌의 성장에 주목했고, 판검사 출신의 로펌행, 사법연수원 성적 우수자의 로펌행, 공직자들의 로펌행, 외국변호사 영입 등도 이슈로 떠올랐다.

2000년대 이후에도 로펌은 성장을 거듭한다. 로펌의 숫자는 2000년 185개에서, 2005년에는 318개, 2009년에는 461개(한국변호사백서, 2010)로 10년 동안 두 배로 늘어났으며 로펌의 규모도 커졌다.

(3) 법률회사의 조직

오늘날의 법률회사는 규모나 특수성 면에서, 사무실로 오는 모든 문제들을 개인적으로 처리하는 1인 변호사 사무실에서부터 일반비서 업무를 담당하는(Clerical) 직원과 전문직을 보조하는(Paraprofessional) 직원들과 함께 수백 명의 변호사들을 고용하고 있고 국내 분점이나 국제 분사무소를 가지고 있는 대규모 법률회사에 이르기까지 매우 다양하다.

법률회사는 대개 구성원 변호사(Partner)를 의미하는 Senior Partner 또는

Partner들, Junior Partner 또는 Partner들, 소속변호사(Associates)들과 회계사나 변리사 등의 기타 전문가들로 구성된다.

법률회사는 규모의 크기와 관계없이, 지정된 Partner 또는 Director는 조직의 순조로운 운영에 책임이 있으며 모든 업무 파트를 관리하는 Partner는 대표변호사(Managing Partner)로 불린다. 반면 파트너들이 아닌 Associate Lawyer들은 급여를 받으며, 회사의 수익을 나누어 갖지 못하고, 회사의 의무사항들에 대해 책임을 지지 않는다(De Vries, 1992, pp. 11-12).

대개 변호사들이 적은 회사일수록 비서들과 사무실 직원들에게 주어지는 업무의 종류가 더욱 다양하며, 특정 직위에 있는 사람들의 수는 회사의 크기와 업무량에 따라 다르다.

법률회사는 규모에 따라 많은 차이를 보이므로 모든 조직의 구성이 일치한다고 볼 수는 없지만, 국내 법률회사의 일반적 조직의 예는 [그림 5-2]와 같다. 법률회사는 업무가 체계적이고 전문적으로 분화되어 있으며, 변호사 및 회계사나 변리사, 기타 전문가들로 이루어진 법률처리 파트와 법률업무를 지원하고 회사를 경영하는 행정 파트로 크게 나누어진다. 행정 파트의 업무는 변호사들의 법률업무를 지원하고 사무실의 전반적인 관리와 행정 및 경영업무를 담당하는 팀들로 이루어져 있다. 사무실 크기와 복잡성에 따라 다르지만, 관리자들에 의해 대개 직원의 채용, 평가, 업무 분담, 직원들의 resources를 극대화하는 인사 담당, 재정 담당, 송무지원 담당, 비서팀, 사무실 기기 및 설비를 담당하는 부서 등으로 나누어진다. 법률회사의 업무는 대표변호사의 관리하에 대표적인 몇 개의 업무분야로 나누어져 각 업무분야에 세분화된 전문분야가 있어 각 분야별 전문변호사들이 한 팀이 되어 해당 업무를 처리하는 구조를 갖고 있는데, 이는 외국 법률회사의 조직구조와 유사해져 가고 있음을 의미한다.

직책들은 회사에 따라 다양하지만 많은 법률회사들에 존재하는 다양한 직위는 Partners 또는 Directors, Associate Lawyers, Managing Clerk, Law Clerks, Docket Clerks, Firm Business Manager, Office Manager, Paralegal(Legal Assistants), Supervisor of secretary, Supervisor of equipment and machine, Secretary, Proofreader, Receptionist(방문인 응대사무원), Bookkeeper, Clerk, File Clerk(문서 관리원), Mail Clerk(우편물 취급 사무원), Telephone Operation(전화 응대 사무원), Computer Operator, Messenger 등과 같다.

이 중에서 Paralegal 또는 Legal Assistants들은 Paralegal 관련 교육을 받았거나 입사 후 Paralegal 교육 프로그램을 마친 사람들이다. 로펌들은 경력 비서들을 Paralegal로 교육시키는 것을 선호한다. Paralegal은 변호사들이 많은 업무들을 수행하는 것을 도우며, 법률 리서치와 분석, 법률문서의 초안 작성 및 준비, 고객 면담과 Docket과 파일의 조직 및 유지관리, Real estate closing을 수행하며 법률 용어, 판례, 소송 절차, 리서치 방법에 대한 지식이 요구된다. Paralegal의 직무는 매우 다양하며, 법률회사, 법원, 기업 및 금융기관, 정부를 포함하여 모든 사회영역에서 일하고 있다(De Vries, 1992, pp. 12-13).

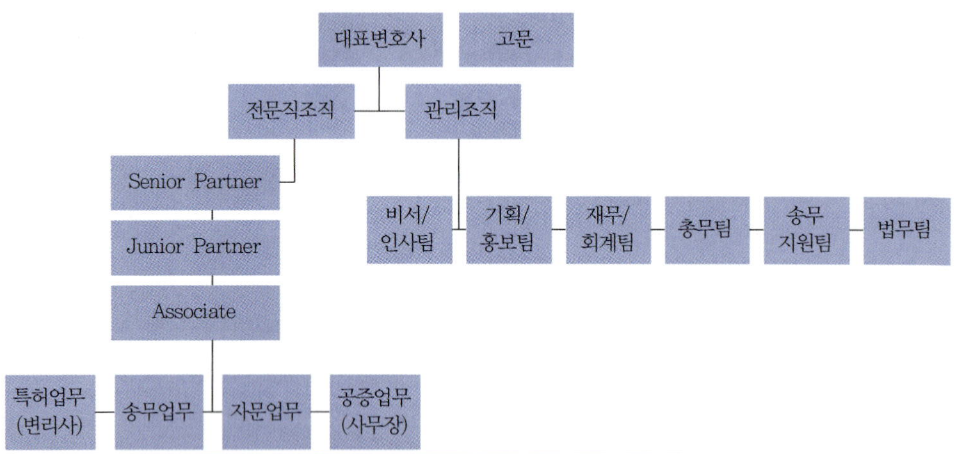

〈그림 5-3〉 법률회사 조직도의 예

일반적으로 한국의 법률회사에서 근무하는 법률비서의 경우 한 명의 비서가 여러 명(2~3명)의 변호사 혹은 기타 전문가인 상사를 지원하게 되는데, 국내 A법무법인의 경우 변호사를 지원하는 비서들은 비서팀에 소속되어 2명(또는 3명)이 하나의 조를 이루어, 1명의 비서가 2~3명의 Professional을 지원하게 되어 있으며, 이때 한 조를 이루는 비서들은 지원하는 Professional을 최우선으로 하되 같은 조에 속해 있는 비서와 특별한 구분 없이 공동으로 책임지고 업무를 수행한다. 각 조에는 선임비서들인 조장들이 있어서 조원들을 리드할 수 있고, 조장회의를 통한 업무 지시사항을 조원들에게 전달한다. 비서팀에 대해서 건의사항이나 업무상 조정해야 할 사항이 발생하면 상사들이 비서팀장과 상의 후, 조장회의나 비서 전체회의를 통해 비서들을 교육하게 된다.

CHAPTER

06

법률비서의 이해

CHAPTER 06

법률비서의 이해

의·료·법·률·비·서·실·무

1. 법률비서의 개념

미국에서는 법률비서가 법률문제와 관련된 업무뿐만 아니라 사무실의 순조로운 운영을 위해 필요한 업무를 수행하는 법률회사나 법률부서에 있는 비서직 종사자이며, 변호사가 법률서비스를 효율적으로 전달할 수 있도록 행정적인 지원과 사무업무를 수행하는 사람을 의미한다(Morton, 2006 ; Susan, 2007). 국내에서는 법률비서를 법률사무소 혹은 회사의 법률부서, 법원 등 법률에 관계된 분야에서 일하는 자로서 재판일정 관리, 법률문서의 작성, 관리, 기록, 비용 계산 등의 업무를 담당하는 변호사의 업무 보조자를 의미한다.

2. 법률비서의 역할

국내에서의 법률비서에 대한 정의를 살펴보면 법률비서는 법률 전문가 혹은 법률 전문부서를 상사로 둔, 일반 비서업무에 약간의 법적인 업무를 함께 수행하는 자(노영상, 1994) 또는 변호사나 기업 법률담당원의 비서로서 법률문서의 작성, 관리, 기록, 비용계산 등의 업무를 담당하는 사람(김원규·조영숙, 2004)이라 정의하였다. 특히 법률비서는 특정 법률용어, 법률 속기, 소송, 변호에 관한 지식, 회사 설립, 부동산 등기 등의 법률 수속에 관한 광범위한 지식을 요구하는 것이 일반 비서의 자격요건과의 차이점이라 언급하였다. 국내에는 법률비서에 대한 개념이 아직 잘 정립되어 있지 않은 상황이며, 일반적으로 법률회사나 대형법률사무소에서 변호사를 보좌하는 비서를 의미하는 용어로 사용하고 있고, 법률 관련 문서를 작성 및 처리하고 고객의 문의에 대한 답변 및 응대 등을 담당하는 비서라 정의한다.

법률비서는 일반 기업비서와는 달리 재판일정관리, 송무, 빌링업무를 주로 담당하는 역할을 하였지만, 현재는 대형 법무법인에서 별도의 송무, 빌링 담당 부서에서 이를 관리하여, 의전비서 역할을 하고 있는 추세이며, 중간규모의 법률사무소의 경우에는 변호사의 법원출입현황 및 소송관련 업무에 대한 전체적 파악이 비서에 의해 이루어지는 것으로 나타났다. 외국 로펌의 국내 진출로 인하여 국제금융업무 및 자문업무와 같은 국제비즈니스 관련 업무 영역에 많이 진출함으로써 비서 또한 고도의 정확성을 갖추고 상당한 수준의 외국어 실력을 갖춘 법률비서에 대한 요구가 증가하는 추세이다.

한국에서는 법률비서의 자격요건으로 아직 특별한 전공이나 자격증을 요구하지는 않지만, 주로 외국어 교육학과, 행정학과, 비서학과, 어문학 혹은 법학 관련학과 등 인문계열 학과의 졸업생들 위주로 선발하였으며 입사 시 면접과 영어테스트, 컴퓨터 활용능력 테스트 등을 통해 선발 후 주로 OJT(On-the-Job-Training)방식으로 교육, 훈련을 하였다. 그러나 최근에는 법률비서로 취업하는 학생들의 전공이 더욱 다양해지고 있는 추세이며, 법률비서의 수가 급격히 늘어남에 따라 입사 후 체계적인 사내교육이 이루어지고 있다.

변호사들이 생각하는 법률비서가 반드시 갖추어야 할 조건 1위는 컴퓨터를 통한 문서처리능력을 선택하였고, 2위는 한자습득능력을 꼽았으며 어학실력은 상대적으로 중요시되지 않았다. 이 점은 다른 일반 비서들이 주로 취업하는 민간 기업체나 사무직에서의 영어 실력이 강조되는 현실과는 대조적이다. 법률사무소에서의 법률에 대한 지식의 요구 수준을 보면 응답자의 70%가 초급 수준을, 30%가 중급 수준을 요구하고 있고 과목에 대해서는 서로 일치되지는 않지만 대체로 법률 이론에 있어서는 법학 개론, 민법, 형법 순으로, 절차법인 소송법에 대한 요구가 많아 법학 이론뿐만 아니라 소송 실무 및 능숙한 컴퓨터 활용을 통한 판례검색과 같은 정보의 활용 및 처리에도 익숙한 비서들을 원한다고 하였다.

로펌은 문서 Format을 맞추고 정리하여 변호사에게 전달만 하는 비서보다는, 내용을 검토하고 적절한 내용인지 기존 진행 내용과 달라진 부분은 없는지 혹은 중복되는 것은 없는지 체크하여 검수하는 작업을 할 수 있는 비서가 필요하다. 기본적으로 로펌업무에 사용되는 법률용어, 관련 기본 지식, 사회적 동향 등에 대한 관심을 가지고 있다면 업무를 효율적으로 진행하는 데 많은 도움이 될 것이다.

3. 법률비서의 직무

로펌의 구성 인력을 크게 변호사와 직원(Staff)으로 구분하고, 변호사는 소송업무, 법률상담, 공증업무, 법률관계 문서 작성, 상표·특허 업무, 세무업무 등을 수행하며, 직원들은 이 업무들을 지원하는 업무를 담당하게 된다. 예를 들어, 소송 관련하여 변호사가 서면을 작성하고, 변론을 준비한다면 이에 필요한 일정 조율 및 확인 등의 일은 비서와 송무 담당자가 진행한다. 로펌비서는 변호사와의 업무가 주업무이기 때문에 본인이 보좌하는 변호사의 전문분야와 담당 업무에 따라 비서의 업무도 달라지게 된다. 소송업무 전담 변호사의 경우, 소송 관련 업무를 지원하게 되고, 자문/고문 업무를 주로 하는 변호사의 경우, 관련 문서 업무 및 비용 집행 관련 업무 등도 지원하게 된다. 따라서 본인이 보좌해야 하는 변호사의 주요 업무에 따라 업무가 달라지기 때문에 갖추어야 하는 지식도 달라진다.

비서 업무의 특징이기도 하지만, 특히 법률비서는 자신이 속한 팀, 부서, 담당하는 변호사가 한국인인지 외국인인지, 시니어 파트너(senior partner)인지, 주니어 파트너(junior partner)나 어소시에이트(associate)인지 혹은 상사가 변호사가 아닌 다른 직종 종사자인지에 따라 담당하게 되는 업무가 크게 달라지며, 소속되어 있는 법률회사의 규모나 담당하고 있는 변호사 업무의 종류 및 성향에 따라 다양하다. 주로 담당하는 업무 성격에 따라 송무비서와 자문비서로 나뉘는데, 송무비서는 재판과 소송에 관련된 소환장, 고소장, 명령신청과 같은 법적 문서 및 서류 준비와 작성, 증거자료 준비, 고객에게 사건 진행상황을 안내하는 것이 주요 업무인 반면, 자문비서는 그 특성에 따라 기업의 계약서 및 자문을 담당하는 상사의 업무에 따라 고객 관리와 스케줄 관리, 기업 리서치 및 정보수집, 정리, 발송, 사무 메모를 더 중요시하며, 외국인 고객과 자주 접촉하는 특성이 있다.

법률비서의 직무는 일정관리·계획조정업무, 고객관리업무, 송무·자문업무, 법률문서 작성·관리 업무, 회의관리·지원업무, 정보관리업무, Office관리업무, 행사관련업무, 홍보관리업무, 회계·총무업무, 개인업무 지원업무 등으로 분류할 수 있다.

주요 업무 중 가장 큰 비중을 차지하는 작업은 서신의 초안 작성, 법률사건 관리, 마감일 체크 등이며, 이외에도 고소장 초안 작성, 사무관리, 고객과의 계약지원 관련 업무지원, 자료분석 및 요약, 고객 인터뷰, 법률 관련 조사작업, 재판 보조업무, 법정관리 업무 등이다.

법률비서의 핵심작업은 ① 제출서류 마감일 관리하기, ② 송무 관련 기일 관리하기, ③ 법원우편물 발송하기(결정문 등), ④ 송무 문건 접수하기, ⑤ 소송 진행상황 보고하기, ⑥ 인지대 및 송달료 계산 및 청구하기, ⑦ 송무, 법무 기록 관리하기, ⑧ 증거 자료 제작하기, ⑨ 일정 조정하기, ⑩ 송무기록 제작, ⑪ 전화 선별하기, ⑫ 상담 전 작성하기(법무, 송무)와 같이 총 12개의 작업으로 분류할 수 있다. 핵심작업을 보면 주로 송무/법무관리 업무에 해당하는 업무가 많기 때문에, 실무에 제대로 전이되도록 해야지만 법률비서가 소송 기일에 맞추어 정확하게 문서를 준비하고, 시스템을 활용해야 착오 없이 제출할 수 있게 된다.

소규모 법률회사에서는 각 부서들의 모든 업무와 책임을 비서들이 맡고 있지만, 대규모 법률회사의 경우에는 비서들과 각 부서의 일반 직원들이 그 책임을 비교적 명확히 나누어서 맡고 있다. 특히 담당 변호사의 업무 영역이나 소속 팀에 따라 비서들의 업무에는 차이가 있기 때문에 관리영역이나 회사에 관한 사무영역에 관한 일이 일반 비서들과는 분명한 차이가 있다.

(1) 법률비서의 직무 영역

〈표 6-1〉 법률비서의 직무 영역

업무 영역	업무 세부내역
1) 일정관리업무	일정 확인(세미나, 학회, 식사), 일정 입력, 일정메일 발송, 기일출석일정 확인, 기일출석 준비(배차), 소송사건일정표, 법원일정표 관리, 변호사 개인의 일정 및 리마인드, 해외출장 준비
2) 고객관리업무	고객정보 DB관리, 전화 연결, 외부전화 메모 작성 및 전달, 전화 선별, 리턴콜 연결, 내부전화 메모 작성 및 전달, 명함 관리, 경조사 관리, 안내장 및 연하장 발송, 선물 발송
3) 송무·법무관리업무	상담 전 작성(=신건 오픈하기), 송무기록 제작 및 관리, 서면 제작(증거자료 제작), 인지대 및 송달료 계산 및 청구, 송무문건 접수, 제출서류 마감일 관리, 송무 관련 기일 관리, 소송진행 상황 보고(보고대상자 : 클라이언트, 담당변호사), 법원 수령문건 처리, 법원 검찰조직도 이해, 전자소송업무처리, 송무기록관리, 수임관련 제안서 초안 작성, 법원 우편물 발송(결정문), 소송기록 이동경로 확인, 법무 기록관리, 보수금 청구안 회람, 법무바이블(프로젝트 관련 서류 모음집) 제작
4) 문서관리업무	담당변호사 이력관련 문서 관리, 상담 전 작성(법무, 송무), 타임시트 입력, 지급품의서 작성(택시비, 교육비, 식사비, 출장비), 자료 수집, 의견서 교정, 의견서 발송, 변호사 조회서 작성, 우편물관리, 통번역 관련업무 처리, 문서 보관 및 폐기
5) 법률문서 작성/관리	법원서류 작성, 반대 심문에 대비한 문서 준비, 계약서 보관, 유지, 배부
6) 정보관리업무	도서의 회람 및 도서관 이용 기준 정리 및 유지 법률 관련 신문, 잡지, 간행물, 서적 등 스크랩, 변호사의 주소록 분류 및 정리, 데이터베이스 작성, 색인 작성, 기록 정보의 작성·축적·검색, 이메일 및 블로그 관리
7) 회의관리(지원)업무	일정 조정, 회의실 예약, 회의 공지, 회의관련 기기 및 물품 준비, 참석자 및 준비자 리마인드, 회의자료 준비, 다과 및 식사 준비, 회의실 정리
8) 사무관리업무	담당변호사 사무실 정리, 필요 물품 타 부서에 요청, 사무용품 관리, 사무실 재배치 협조, 아르바이트 및 인턴 관리
9) 행사관련 업무	경조사 관련 정보수집 및 조치, 연하장 발송, 회사 관련 자료 수집, 행사 및 홍보 관련 업무, 내부행사 Committee 모집, 내부행사 일정계획, 장소 섭외, 식음료 업체점 메뉴선정, 행사장 기자재 확인, 행사 일정 및 주제 공지, 참석여부 확인, 행사 홍보물 최종검토, 행사 관련 비용처리, 외부행사 진행협조, 비서교육 참석, 비서교육 실시, 비서회의 참석
10) 변호사 개인업무 및 지원업무	개인적 모임 관리(식당 예약, 골프, 콘퍼런스), 상사 건강관리(병원예약 등), 은행업무(원천징수, 세금납부, 연말정산), 개인서적 구독신청 및 갱신, 개인적 경조사 관리, 개인서류 관리(여권, 통장사본, 주민등록증), 취미활동 지원, 휴가 지원(호텔 및 항공 예약), 변호사의 유학 및 해외연수 준비 지원(학교 정보수집, 지원서 작성 등), 변호사 공익활동 관리(무료법률 상담, 무료 강의활동 등)

자료 : 기존 연구를 활용하여 저자 재구성

(2) 변호사가 인식하는 법률비서의 직무 중요도

〈표 6-1〉 법률비서의 직무 영역 중 변호사가 인식하는 법률비서의 직무 중요도의 순위를 알아보면, 변호사가 가장 중요하게 인식하는 직무 중 1위는 일정관리 업무로 기일출석 일정 확인하기이다. 이는 재판 진행상 담당 변호사가 법정에 의뢰인과 함께 직접 출두해야 하므로 가장 중요하게 인식하고 있는 것으로 나타났다. 2~4위는 제출서류 마감일 관리하기, 송무 관련 기일 관리하기, 송무문건 접수하기 업무로 1위에서 4위까지는 송무업무에 집중되어 있는 것을 알 수 있다. 송무업무 이외의 업무로는 고객관리 업무 중 외부 전화 메모 작성 및 전달하기가 5위로 나타났다. 이는 변호사가 송무업무와 관련된 기일 및 제출 서류 관련 이외에 고객에게서 걸려온 외부 전화 메모와 전달이 중요하다고 인식하는 것을 보여준다.

4. 법률비서의 업무

(1) 일정관리 업무

모든 일정은 사전 약속을 통해 이루어진다. 상사의 의뢰인과의 면담, 회의 참석, 국내·해외 출장을 위해 비서는 사전에 유관 비서 및 회사 관계자들과 협의해야 한다. 연간일정수립은 전년도 캘린더를 참조하여 연간 계획, 서신 및 이메일, 전화, 지시, 회의 및 모임 등으로 구성한다. 정기적인 행사는 연초에 전년도 캘린더를 참고해 일정표에 미리 기입하여 일정의 중복을 피하며, 행사일이 다가오면 파일링해 둔 전년도 행사와 관련된 자료를 참고해서 대략적인 일정 소요시간을 계획한다. 일정이 확정되면 관련 부서에서 정확한 행사 스케줄을 받아서 상사에게 보고하고, 일정표에 기록한다.

송무비서는 대법원 사이트에서 사건명, 피고인명, 날짜 등을 입력하면 해당 기일 확인이 가능하며, 날짜에 해당하는 사건명, 시간, 관할 법원, 법정을 전자 일정표(아웃룩 등)에 입력하거나 일반 일정표에 기록하여 관리한다. 해당 날짜 전일에 담당 변호사와 의뢰인에게 다시 한 번 리마인드 공지를 하여 일정에 차질이 없도록 한다.

자문비서는 아웃룩 일정표 혹은 전자 일정표로 주로 관리한다. 일정에는 회의명,

시간, 회의 장소 등을 기록한다. 프로젝트 파이낸싱(Project Financing : PF) 같은 장기 프로젝트는 보통 일 년 주기로 일정을 관리한다.

법률비서의 일정관리 업무는 크게 상사 일정관리, 소송일정관리, 기일일정관리, 접견일정관리, 자문(면담)일정관리로 나뉜다.

1) 상사 일정관리 업무

일정관리 업무는 상사의 일정(회의, 미팅, 콘퍼런스콜, 출장, 다이닝미팅, 개인일정, 강연일정 등)을 확인하여 일정관리 프로그램(outlook 등)에 입력하고, 유관자들에게 메일을 발송한다. 입력된 일정을 수시로 확인하며 변경 시 수정하고, 입력된 일정을 확인하여 스케줄 간 충돌이 예상되면 상사에게 보고하여 일정을 조정한다.

상사의 일정은 철저하게 대외비이며 외부로(특히 상대측) 유출되지 않도록 각별한 주의가 필요하다. 접대관련 일정의 경우, 지정된 사람 외에는 공유하지 않는다.

대형로펌의 경우, 당직제를 시행하기도 하기 때문에 상사의 일정에 맞게 비서의 일정도 조율한다. 또한 회의 발생 시 담당자의 일정을 조정하여 적절한 장소를 섭외하고 일정을 공지한다. 참석 인원과 회의 특성에 따라 모두가 만족할 만한 장소를 정해야 한다. 법률회사의 경우 변호사의 서열에 따라 회의실을 확정하는 경우가 많으므로 이를 주의한다. 아울러, 회의 일정이 확정되면 사용할 자료를 준비하고 기기를 설치한다. 회의 성격 및 각종 참석 인원에 맞추어 다과 및 행사 홍보물을 준비하며 외부 업체와 공동업무를 할 경우 효율적인 협조를 통해 성공적인 회의가 개최되도록 노력해야 한다.

- 확정된 회의 스케줄을 검토하여 다른 회의와 시간적·장소적 충돌이 발생되지 않도록 조정한다.
- 대다수의 회의 참석 인원에게 편리한 위치를 고려하여 회의실이나 행사 장소를 섭외한다.
- 변호사의 요청사항에 따라 회의장소를 섭외하여 참석자에게 공지한다.
- 회의 내용을 고려하여 자료 및 기기가 필요한지 사전에 확인한다.
- 회의 참석자 및 내용을 고려하여 준비한 기기(노트북, 프로젝터, OHP)를 설치한다.

2) 기일일정관리 업무

기일일정관리하기는 법원 출석의 시작을 알리는 업무이다. 재판에 출석하기 위하여 필요한 실질적인 첫 직무이며 자칫 기일을 확인하지 못해 불출석하는 경우 피고측의 입장에서는 불리하지 않지만 원고측의 경우 2회 불출석하면 소송 진행에 부정적인 영향을 줄 수 있기 때문에 항상 유념해야 하는 직무이다. 또한 기일이 수시로 변경될 수 있으므로 사전에 기일을 정확히 확인함으로써 만약의 상황에 대비할 수 있다. 대부분의 비서는 모든 재판기일을 정리하여 담당 변호사에게 보고하고 있다.

소송 기일의 관리

- 평소 배포된 재판 일정표 및 상사의 재판 일정을 숙지하여 관리한다.
- 변호사의 상대방 대리인과의 재판시간 예약(법정 및 기일 재확인) 및 배차를 신청한다.
- 재판 후 소송기록의 정리(법원수령, 서면정리 등) 및 차회 기일을 입력한다.
- 차회기일 입력방법 : 사건관리 → 소송정보 → 소송관리 → 업무정보 → 정보수정 → 차회기일입력 → 진행상황처리(첨부서류 및 협조사항) → 저장 → 출력 → 담당 변호사의 확인을 받아 의뢰인에게 전달

3) 소송일정관리 업무

소송일정관리 업무는 소송일정을 확인하여 준비하는 업무이다. 매주 소송일정을 확인하여 업데이트 후에 유관부서와 공유한다. 소송일정에 따른 준비서류를 기한에 맞게 준비하며, 소송사건 기일지정 알림문을 작성한다. 소송일정은 관련 건에 한해 의뢰인과 공유한다. 특히 상대방 재판 연기신청여부를 확인하여 서류 준비를 차질 없이 하고, 공판기일을 변경하여야 할 경우 이를 연기하기 위한 공판기일연기신청서를 작성하여 법원에 제출하여야 한다.

〈표 6-2〉 공판(선고)기일 연기 신청서

공판(선고)기일 연기 신청서

사　　건 :

피 고 인 :

위 사건에 관하여 아래와 같은 사유로 공판(선고)기일을 연기해 주실 것을 신청합니다.

— 아　　래 —

연기신청사유 :

.　　.　　.

신 청 인　　　　　　㊞

관　　계 :

전　　화 : (　　)　　—

○○○○법원 ○○지원 형사 제___(단독,부)귀중

4) 접견일정관리 업무

접견은 의뢰인이 구속되어 있는 구치소나 경찰서, 교도소의 담당자에게 이메일로 신청한다. 신청 이후 교정기관에 접수 완료를 확인하며 소송일정 및 피고인의 검찰조사 시간과 접견일정이 겹치지 않는지 확인한다. 상사의 이동시간을 고려하여, 일정을 정하고 지방의 경우, 출장으로 처리할지 여부를 확인한다.

접견신청방법

① 변호인이 접견신청서를 작성, 해당 교정기관 대표 E-Mail로 발송

② 해당 기관 담당자가 이메일 확인 후, E-Mail로 접수 여부 통지

※ 화상 변호인 접견일 경우에는 '접견신청서(화상)' 작성, 송부 해당 교정기관 담당자가 이메일 확인 후, 접수 여부를 이메일로 회신함

※ 이메일 접수 여부의 별도 전화 확인 불필요

접 견 신 청 서

□ 대상 수용자 인적사항

수용자번호 : 수용자성명 :

□ 접견신청인 인적사항(회차 호실)

성 명	관계	주민번호	주 소	연락처 (휴대폰)	서명
※ 허가없이 접견실 내에서 녹음·녹화하시면 고발 등 법적조치 됩니다.					

※ 민원인 개인정보는 교정 관련 업무를 위해 수집·활용되며, 개인정보 보호에 최선을 다하고 있습니다. 본인의 개인정보는 교정기관 민원실에서 소정의 절차에 따라 확인하실 수 있습니다.

20 . . .

구 치 소 장 (교 도 소 장) 귀하

〈그림 6-1〉 접견신청서

〈표 6-3〉 변호인 접견신청서

접 견 신 청 서

수용번호	성 명	사 건 명	사건번호	선임여부	국·사선	신청일시
1234	홍길동	폭력	11고단11	선임	국선	12.04.26 13:00
5678	김갑돌	절도등	12고단22	비선임	사선	12.04.26 15:00
		예		시		

위 수용자를 변호인 접견하고자 합니다.

주 소 :	
전 화 :	생년월일 :
변호사신분증 발급번호 :	변호사 등록번호 :
소속법률사무소 :	

※ 1. 정당한 사유없이 비선임 접견을 계속하는 경우 접견이 제한될 수 있습니다.
2. 교정관련 업무(청렴도 조사 등)를 위한 위 주소, 전화번호 등 개인정보 수집·활용에 동의합니다.

20 . . .

위 변호인 변호사 (서명 또는 날인)

○○구치소장 귀하

접 견 신 청 서(화상)

수 용 기 관	수용 번호	성 명	사건명	사건 번호	선임 여부	국·사선	신청 일시	방 문 기 관
부산 구치소	1234	홍길동	폭력	11고단 11	선임	국선	12.04.26 13:00	서울 구치소
대구 구치소	5678	김갑돌	절도등	12고단 22	비선임	사선	12.04.26 15:00	서울 구치소
			예		시			

위 수용자를 변호인 접견하고자 합니다.

주　　　　　소 :	
전　　　　　화 :	생년월일 :
변호사신분증 발급번호 :	변호사 등록번호 :
소속법률사무소 :	

※ 1. 정당한 사유없이 비선임 접견을 계속하는 경우 접견이 제한될 수 있습니다.
2. 교정관련 업무(청렴도 조사 등)를 위한 위 주소, 전화번호 등 개인정보 수집 · 활용에 동의합니다.

20　.　.　.

위 변호인 변호사　　　　(서명 또는 날인)

○○구치소장 귀하

5) 자문(면담)일정 관리 업무

자문일정 관리는 면담 전 계약서 작성, 면담약속, 면담 후 관리로 나눌 수 있다. 면담 전 계약서 작성은 단건계약(case by case)과 고문계약으로 분류할 수 있는데 단건계약은 일회성으로 프로젝트계약서를 검토하거나 법률의견서를 작성하는 것이고, 고문계약은 로펌과 의뢰인 간에 일정 기간 동안 계약을 하여 법률서비스를 제공하는 것을 의미하며 단위기간 동안 얼마만큼의 법률서비스를 제공하는가에 따라 계약금이 달라진다.

면담약속은 내부면담과 외부면담으로 구분하며 내부면담일 경우 5WH를 확인한다. 5WH는 회의일시(When), 회의장소(Where), 면담자와 배석자(Who), 안건(What), 회의목적(Why), 면담형식과 진행방식(How)을 말한다. 외부면담은 정확한 미팅시간과 장소를 확인하고, 필요시 미팅장소예약(필요시), 교통편 준비, 자료준비를 한다.

면담 후 관리는 면담대장 관리, 면담 결과에 따른 회의자료 준비, 사후 일정 공지, 필요시 회의록 작성, 감사장 작성, 회의 중 특정인이 다음 회의 때까지 어떠한 사안에 대해 조사할 때에는 회의 종료 후 해당 본인에게 확인서 형식의 메모(memorandum)를 상사의 이름으로 발송한다.

(2) 출장지원 업무

로펌비서의 출장지원 업무는 국내출장과 해외출장으로 나눌 수 있다. 공통 준비사항은 출장관련 내부규정(좌석 및 호텔/객실 등급 등) 검토 후 교통편(항공편, 기차, 차량섭외 등) 및 숙박예약을 한다. 출장관련 사내규정 서류 작성 및 결재를 받은 후 출장경비(실비, 환전 등)를 준비하고, 면회인 정보를 작성한다.

상사 출장 중 법률비서의 업무는 아래와 같다.

- 전화 응대 및 클라이언트를 접대할 때에는 상사의 부재 여부를 공개할지 여부를 상사와 상의하여 대응한다.
- 중요한 안건은 직접 상사에게 연락하거나 대리인과 상의하여 처리한다.
- 이메일 체크 후 Urgent Case는 보고한다(업무의 우선순위 판별 필요).

- 부재중 전화, 업무 등은 상사 출장지의 일정 및 시차를 고려해서 보고하도록 한다.
- 항공, 교통, 숙박은 전일 재확인한다.
- 필요한 자료를 지원한다.
- 상사의 교통, 숙박변경, 식당 예약 요청 시 이행한다.
- 부재중 보고서(일정, 부재중 전화, 우편물, 내방객 등)를 작성하여 귀국 전일 이메일로 보고한다.
- 휴대전화 및 메신저를 수시로 확인한다.

〈표 6-4〉 출장지원 업무

국내출장	해외출장
• 교통편(항공, 기차, 차량 등) 예약 (※ 교통편, 숙박 등급은 내부규정 확인 후 예약 진행) • 숙박(필요시) 예약 • 출장비(내부규정 확인 후) 준비 • Lump sum의 경우 계약서 규정 유무 확인 • 면담자료, 면회의 정보, 소송서류 등 준비 • 명함 준비 • 비상약 키트 준비	• 여권 및 비자 만료일 • 도착비자 필요 국가 유무 확인 (※ 미국의 경우 여권은 최소 6개월의 유효기간이 남아 있어야 하고, 중국은 비자 필요국가임) • 교통편, 숙박 예약(내부규정 참조) (항공은 Transit Time 최소시간, 최소 환승으로 확인하며, 총 비행시간이 최단시간인 것이 좋음) • 공항 라운지 이용여부 및 위치 확인 • 출장비(실비, 환전) 준비 (※ 환전 시 Tip을 고려하여 권종은 골고루 환전한다.) • 일정표 작성(날씨 등 기본사항, 항공 출/도착일정, 미팅일정, 장소, 차량정보, 기사정보, 의전원, 연락처, 면회인 정보 등) • 출장국가 비즈니스매너, 테러 등 현지상황 파악, 문화·주의할 점 확인(대사관, 영사관) • 여행자보험 가입 • 기념품 준비여부 확인 • 기후, 사용 화폐, 환율, 전압 확인 • 바우처(이티켓, 호텔, 식당, 차량 등) 준비 • 식당, 관광지 조사 • 명함 준비 • 비상약 키트 준비 • 면담자료, 면회의 정보, 소송서류 등 준비 • 학회 참석일 경우 사전 등록 및 자료 준비

(3) 정보관리업무

법률비서가 관리해야 하는 정보는 상사(변호사)의 이력관련 문서관리, 신상카드 관리, 고객정보 관리, 송무/빌링 업무 관련서류 관리, 모임리스트 관리, 경조사 정보관리로 나눌 수 있다.

1) 담당변호사 이력관련 문서 관리

담당 변호사의 이력 정리는 중요한 업무이다. 각 비서는 해당 변호사의 주요 사건 담당 분야 및 승소사례를 소개할 수 있어야 하며 문서화하여 타인 요청 시 언제든 제공할 수 있는 상태를 만들어야 한다. 아울러 대형 법무법인의 경우 많은 수의 변호사가 존재하므로 담당 변호사의 출신학교(로스쿨) 및 사법시험, 연수원 수료 기수를 숙지하여 전화 연결 및 결재서류 작성에 실수가 없도록 한다. 또한 담당 변호사의 주요 사건 담당분야를 파악하여, 주요 사건 담당분야와 승소 사례를 설명할 수 있어야 한다.

2) 고객정보 관리

법률회사에서 상사인 변호사와 더불어 법률비서가 가장 많이 대면하게 되는 것이 의뢰인이다. 수임회의 발생 시 의뢰인에게서 전달받은 명함이나 신상 관련 정보는 수령 즉시 날짜를 기재하여 연락처 저장 폴더에 저장하고, 유관자들에게 공유한다. 이 경우 많은 양의 내용을 입력할 때 자칫 오류가 생길 수 있으므로 정확도에 만전을 기하도록 한다. 변호사의 요청에 따라 변경된 고객 정보(승진 및 이직, 담당자 변경)를 저장된 연락처에 업데이트한다. 고객의 신상에 변경사항이 발생할 경우 본인뿐 아니라 법인 내의 다른 비서들에게 회람함으로써 내용을 공유한다.

소송 진행 시 필요한 기본 정보는 아래와 같다. 사전에 반드시 확인하도록 한다.

- 의뢰인/피의뢰인 기본정보
- 사업자등록번호/주민번호
- 주소

- 기존 소송진행 여부(타 로펌에서 소송하던 것을 인계받아 진행하는 경우) : 사건명/증거유무 확인
- 비슷한 판례 유무

3) 모임리스트 관리

상사의 모임관리업무는 별도의 모임리스트를 작성해서 관리하는 것이 좋다. 모임의 주요 이슈와 변동사항 등을 수집하여 보고하며, 모임의 총무 및 간사 연락처는 필수적으로 알아두고, 주요 연락처는 휴대전화에 저장한다.

업계와 관련된 협회나 단체에 대한 조사 및 상사의 개인 관심사와 관련된 모임에 대한 조사도 병행한다. 상사가 모임의 리더나 스태프를 맡을 경우에 대비한다.

4) 경조사 관리

법률비서의 경우 일반 기업비서보다 경조사관리 업무를 빈번하게 수행하지는 않지만 각종 매체(인사이동 및 경조, 부고란)를 활용하여 예상되는 경조사를 상사에게 보고하여 처리하고, 각 경조사별로 지원되는 금액 및 휴가사항을 숙지하여 각각의 경우에 맞도록 신속히 처리한다.

경조사관리 업무는 크게 경사와 조사 관리, 인사·동정 관리, 행사관리로 나눌 수 있다.

경조사 및 행사관련 업무에서는 상사의 참석여부 확인, 불참할 경우 대리인 참석여부 확인, 준비사항 확인 및 준비, 경조금이나 기념품의 경우 회사명의인지 상사의 명의인지를 확인하여 준비한다.

〈표 6-5〉 로펌비서의 경조사관리 업무

	경사	조사
상사 (담당변호사)	취임, 결혼, 졸업, 승진/영전, 입사일, 생일, 결혼기념일, 출산, 돌잔치, 환갑, 회갑 등	장례식, 추도식, 애도식, 제사, 병문안, 좌천 등
전사 (로펌)	연중행사, 일반행사, 특별행사, 이전식, 비전선포식, 확장식, 근속기간 하례식, 이/취임식, 창립기념일	장례식, 추도식, 퇴임식

행사관리 업무로는 행사의 종류 파악, 행사관련 준비사항 확인 및 행사 진행사항 준비, 은행업무(행사비용 송금), 구매업무(행사 시 기념품, 협찬품 등 구매), 상사의 행사관련 네트워크 관리 등이 있다. 특히 의뢰인 관련 행사나 경조사 등을 상시 확인하여 보고하도록 한다.

법률비서의 역할 중 하나인 법조계 동향분석은 법률신문(대한변호사협회, 로이슈, 로앤비, 법률신문) 등을 통하여 가능하고, 정치·경제 분야 및 타 로펌·외국계 로펌분야에 대한 뉴스클리핑을 통해 법조계 소식을 파악하도록 한다.

(4) 송무/빌링업무 관련서류 관리

1) 수임제안서 초안 작성하기

수임제안서 초안 작성하기 업무의 경우 주로 파트너 변호사 담당비서가 수행하게 되는 업무이다. 기업 법무팀 등의 요청으로 해당 사건에 대한 제안서를 제출하게 되는데 이때 사건의 분석 내용과 수임료, 성공보수 제안 등을 하며 사건 수행에 투입되는 변호사의 프로필 등을 정리하여 제출하게 된다. 업무 진행 시 제안서 작성 변호사의 담당비서는 사건에 투입되는 변호사들의 이력서를 확인하여 수임제안서에 첨부하게 되며 제안서 발송 후 법인 내 담당 부서로 송부하여 저장되도록 한다.

- 기제출된 수임제안서를 확인하여 해당 사건과 비슷한 성격의 제안서를 찾는다.
- 초안 작성에 필요한 회사 이력 및 담당 변호사 이력을 정리하여 보고한다.
- 변호사의 요청에 따라 제안서를 양식에 맞게 편집한다.

2) 신건 오픈하기

상담 전 작성하기란 신건 오픈하기와 동일한 표현이며 새로운 사건이 생성됨에 따라 법인 내부적으로 거치는 행정절차를 말한다. 의뢰인으로부터 수령한 자료를 바탕으로 사건의 종류를 구분할 수 있어야 하며 수령한 자료를 확인하여 누락자료를 정리해야 한다. 아울러 대법원 사건검색을 통해 해당 사건의 진행상황을 파악하여 불변기한을 확인 후 담당부서 및 변호사에게 보고하여 사건 종료의 위험을 방지한다.

- 신건 오픈 후 사건에 대한 정보를 확인(대법원 사건검색)하여 불변기한 등을 담당부서 및 변호사에게 보고한다.
- 변호사에게서 제공받은 자료 이외에 누락된 자료를 확인하고 의뢰인에게 요청한다.

3) 계약서 작성하기

소송사건의 경우 소송물 가액에 따라 수임료 및 성공보수를 결정하게 되며 법인 내부적으로 그 기준이 마련되어 있다. 송무비서는 사건의 내용과 소가를 통해 착수금 하한선을 계산할 수 있어야 한다.

- 소가(사건의 경제적 이익)를 확인하여 그에 따른 수임료 하한선을 산출한다.
- 수임료 산정 시 내부 기준을 미리 숙지하여 변호사에게 즉시 보고한다.
- 변호사에게 제공받은 자료는 재확인 후 사건 위임 계약서를 작성한다.

4) 송무기록 제작하기

송무기록은 사건 수임 시 의뢰인에게 받은 자료를 토대로 제작한다. 송무비서는 의뢰인에게서 수령한 자료 중 누락된 사항을 '대법원 사건검색'을 통해 확인하고 법원에 등사신청 또는 상대방 변호사실에 요청하여 완벽한 기록상태를 유지할 수 있도록 해야 한다.

- 전달받은 자료 중 누락부분 발생 시 상대방 변호사실 및 고객에게 요청하여 기록을 직접 제작한다.

- 자료를 전달받아 누락된 부분 검토 후 담당부서에 기록등사를 요청한다.
- 고객에게 전달받은 자료를 재확인하여 담당부서에 기록 제작을 요청한다.

5) 송무기록 관리하기

제작이 완료된 송무기록은 완료된 상태로 보관되는 것이 아니다. 사건 진행에 따라 준비서면, 답변서, 참고서면 등이 제출됨에 따라 올바른 방법에 따라 파일링되어야 한다. 이 단계에서 오류가 있을 경우 담당 변호사의 서면 작성에 커다란 영향을 미치게 되며 자료 누락 시 사건의 진행에 부정적 영향을 줄 수 있으므로 완벽을 기해야 한다. 또한 송무사건은 크게 민사사건과 형사사건으로 분류하며 민사기록은 다시 본사건과 신청사건으로 분류한다. 대부분의 민사사건은 본기록, 갑호증, 을호증으로 나누어진다. 법인에 따라 보관형태는 다소 차이가 있지만 대부분 형사사건 및 민사 신청사건은 따로 기록을 분류하지 않고 한 권으로 보관한다. 위와 같은 실무지식들을 모두 업무에 적용하여 자료를 분류하고 관리한다.

- 사건의 종류(민사, 형사, 신청사건 등)에 따라 기록의 특성을 파악하여 관리한다.
- 본기록, 갑호증, 을호증의 차이점을 이해하고, 기록을 관리한다.
- 결제 완료 후 해당 기록에 오류 없이 편철한다.

6) 증거자료 제작

증거자료란 서면에 포함되어 제출되는 사건 관련 자료로서 원고측이 제출하는 증거는 '갑호증', 피고측이 제출하는 증거는 '을호증'으로 호칭한다. 증거자료는 대부분 담당 변호사가 정리하여 서면에 첨부되지만 숙련된 비서의 경우 관련 사건에서 직접 증거자료를 발췌하여 증거자료를 만든다.

- 관련 사건에서 증거를 발췌하여 직접 증거자료를 만든다.
- 변호사에게서 받은 자료를 토대로 증거목록을 작성한다.
- 변호사에게서 전달받은 자료를 재확인하여 담당부서에 전달한다.

7) 서면 제작

서면이란 법원에 제출되는 문서를 통칭하는 것으로 종류는 준비서면, 답변서, 참고서면 등이 있다. 주로 변호사의 지시에 따라 제작되어 법원에 제출된다. 송무비서는 서증(증거자료) 제작 및 서면 출력을 수행하게 되는데 소송에 참여한 당사자나 상대방의 숫자에 따라 법원에 제출하는 서면의 개수가 달라진다. 원고와 피고의 당사자 상태에 따라 출력하는 용지의 색상이 달라지기 때문에 주의해야 한다. 형식적인 형태의 답변서나 기일변경신청서와 같은 서면은 담당 변호사의 요청으로 비서가 직접 작성하여 제출 준비한다.

- 형식적 답변서나 기일변경신청서와 같은 간단한 서면은 직접 작성한다.
- 서면형태에 따른 문서의 양식을 이해하여 편집한다.
- 변호사에게서 받은 파일을 편집 및 재확인 후 출력하여 담당 부서에 전달한다.

8) 인지대 및 송달료 계산 청구하기

인지대는 소송을 수행함에 있어서 법원에 제출하는 수수료와 같은 성격이며 소가 및 심급 단계에 따라 그 기준이 마련되어 있다. 송달료는 우편료의 개념으로 소송서류가 사건 당사자 및 이해 관계인에게 송달될 때 사용할 금액을 말한다. 인지대는 금액이 10만 원을 넘을 경우 각 법원에 상응하는 은행에 납부한 후 영수증을 제출하며 10만 원 미만인 경우 정부 수입인지를 구입하여 서면 뒷장에 첨부한다. 또한 인지대 및 송달료의 금액이 과다하여 일시에 제출하지 못할 경우 소송의 계속을 위해 일정 기간을 법에서 유예하여 주고 있는데 이 기간이 지나면 소송은 계속될 수 없으므로 송무비서는 납부여부 및 기한을 확인해야 한다.

- 인지대 및 송달료 개념을 이해하여 직접 산출하고 그 내역을 의뢰인에게 설명한다.
- 인지대 및 송달료 개념을 이해하고 보고된 비용을 청구한다.

9) 송무 문건 접수하기

서면 제작이 완료되면 법원에 제출하게 되는데 송무비서는 이 과정에서 서면 제출의 긴급도가 얼마나 높은지 파악한 후 제출 수단 및 방법을 결정하여 담당 부서에 공지하게 된다. 변호사의 변론 요지가 담긴 서면이 제출기한까지 법원에 접수되어야 담당 재판부로 전달되게 되고 주심 판사의 검토 후 재판에 반영되기 때문에 문건 제출시기를 결정하는 것은 매우 중요하다. 종종 제출된 서면이 주심 판사에게 전달되지 못하고 기일이 시작되는 경우도 있기 때문에 송무비서의 주의가 필요하다.

- 사건의 긴급 정도를 파악하여 결재 완급과 제출시기를 스스로 결정한다.
- 기일을 확인하고 부본영수 필요 여부를 확인하여 처리한다.
- 서면 결재 완료 확인 후 담당 부서에 제출 요청한다.

10) 제출서류 마감일 관리하기

소송을 진행함에 있어 불변기한이라는 기간이 있다. 이는 법률에 의거하여 일정 기간이 지나면 법률적인 효과를 인정하지 않는 것으로 송무비서가 주의하여야 할 것은 주로 실질적인 불변기한과 형식적인 불변기한을 구분하고 상소기간을 체크하는 것이다. 상소기한은 민사소송과 형사소송이 다르게 적용되기 때문에 그 차이점을 인지해야 하며 판결문 수령 후 의뢰인에게 지체하지 않고 그 문서의 수령을 알려야 한다.

- 각종 불변기한(민사, 형사, 신청사건 등)을 확인하고 중요도를 판단하여 형식적, 실질적 불변기한을 구분한다.
- 문건 수령 후 상소기한을 직접 정리하여 변호사에게 보고한다.
- 보고된 불변기한을 다시 확인하여 변호사에게 리마인드(remind)한다.

11) 송무관련 기일 관리하기 : 변론기일

소송이 진행됨에 따라 여러 종류의 기일이 발생하게 되는데 송무비서는 각종 기일의 개념을 이해하고 기일에 따라 일어나는 업무를 파악해야 한다. 변호사가 재판정에 출석하여 사건 관련 진술을 하는 것을 변론기일이라고 하는데 변론기일의 불출석 효과를 이해하여 의뢰인 질문 시 응답할 수 있어야 한다.

12) 송무관련 기일 관리하기 : 감정기일

감정이란 소송법상 특별한 학식이나 경험이 있는 제3자의 보고를 요구하는 증거조사이다. 반면 검증은 법관이 직접 자신의 감각에 의지하여 사물의 성질이나 상태를 실험하여 하는 증거조사이다. 이러한 검증과 감정은 어감이 유사하여 혼동을 일으킬 수 있으므로 구분하여 숙지하고, 감정기일의 필요성과 진행과정을 고객에게 설명할 수 있도록 한다.

13) 송무관련 기일 관리하기 : 증인신문기일

변론기일 중 증인의 출석을 통해 사건의 진실을 파악하는 기일을 증인신문기일이라 한다. 증인신문기일을 위해 원/피고 당사자는 주신문사항과 반대신문사항을 준비해야 한다. 주신문사항은 상대방에 송부하는 것이 원칙이며 송부받은 신문사항을 토대로 반대신문사항이 작성된다. 반대신문사항은 소송의 전략이 집약되어 있는 문서이므로 상대방에 송부하지 않는다.

- 증인 출석 여부를 확인하여 상대방에게 신문사항을 요청하고 변호사에게 반대신문사항 준비를 리마인드한다.
- 주신문과 반대신문을 구분하고 재판부 구성원 숫자에 맞도록 신문사항을 출력한다.
- 작성된 증인신문사항을 재확인 후 담당부서에 제출 요청한다.

14) 송무관련 기일 관리하기 : 선고기일

사건의 심리가 종료된 후 재판부에서 판결하는 날을 선고기일이라고 한다. 선고기일의 경우 주심판사의 판단에 따라 선고연기나 변론이 재개될 수 있으므로 대법원 사건검색을 수시로 하여 기일을 확인해야 한다. 판결선고의 결과는 의뢰인보다 먼저 입수하여 담당자에게 전달하도록 한다. 형사사건의 경우 판결선고 시점을 기점으로 상소기한이 기산되므로 더욱 주의를 기울이며 민사사건과 달리 판결문이 자동적으로 송달되지 않기 때문에 변호사에게 미리 확인하여 필요한 경우 판결문 등본을 요청하도록 한다.

- 형사사건의 경우 판결문이 자동 송달되지 않음을 이해하여 판결 등본을 신청한다.
- 변호사의 요청 전에 직접 확인하여 보고하고 의뢰인에게 공지한다.
- 담당 부서에서 보고된 선고 결과를 변호사에게 보고한다.

15) 소송진행상황 보고하기 : 기일 진행 경과

일반적인 소송에서는 수차례의 기일이 지난 후 판결선고를 하게 된다. 사건 당사자는 대리인이 존재하는 경우 필수적으로 기일에 출석할 필요가 없으므로 담당 변호사는 각종 기일에 참석한 이후 의뢰인에게 다음 기일에 대한 안내를 하게 된다. 이러한 것을 기일 진행 경과 보고라고 하며 주로 해당 기일에 진술된 서면이 무엇인지, 다음 기일이 언제인지와 다음 기일이 시작되기 전까지 제출해야 할 서면 등을 의뢰인에게 안내하고 있다.

- 기일진행경과를 확인하여 추후 재판의 진행상황을 예상한다.
- 기일진행경과 초안을 작성하여 변호사에게 보고한다.
- 변호사 작성 기일 진행 경과 파일을 의뢰인에게 송부한다.

16) 소송진행상황 보고하기 : 사건배당보고

소송이 시작되면 해당 사건을 주로 담당하여 진행할 부서와 주심판사가 정해진다. 이러한 내역을 확인하여 의뢰인과 담당 변호사에게 보고하는 것을 사건배당보고라고 하며 소장 제출 후 사건배당이 결정된다. 또한 인사이동 기간에 수시로 해당사건의 주심판사 이동 내용을 확인하여 모든 사항을 담당자에게 공지함으로써 사건에 영향을 미칠 수 있는 내용을 미리 파악하도록 한다.

- 인사이동 시 담당 재판부 프로필을 직접 확인하여 변호사 및 사건 관여자에게 보고한다.
- 담당 재판부의 프로필 확인을 담당 부서에 요청한다.
- 대법원 홈페이지를 통해 담당사건의 재판부를 확인한다.

17) 법원 수령문건 처리

소송 진행 시 법원에 제출되는 문서는 원칙적으로 각 당사자에게 우편으로 전달되며 이를 송달이라고 한다. 하지만 소송 서류 중 모든 서면이 송달되는 것이 아니기 때문에 담당 비서는 대법원 홈페이지의 사건검색 내역 중 송달내역을 주시하여 필요한 서면 접수 시 입수하여야 한다. 법원에서 문건을 수령하면 그 일자를 기재하고 서면의 종류에 따른 불변기한을 관리한다. 우편 송달 이외에 소송 진행을 위해 긴급한 상황인 경우에는 팩스로 문건을 송부하기도 한다. 전자소송의 도입으로 인하여 우편송달 이외에 인터넷을 통한 송달이 도입되었고 그 효력 및 기타 사항은 전자소송 범주에서 다루기로 하겠다.

- 서면 송달 누락 시 상대방에게 송부 요청 또는 법원에 등사 요청한다.
- 결제 완료된 서면을 의뢰인에게 송부 후 사내 문서 시스템에 저장한다.
- 법원에서 수령한 문건을 정리하여 변호사에게 결재를 올린다.

18) 법원 검찰 조직도 확인

법원 및 검찰의 구조를 이해하고 법원 및 검찰 사무 분담표를 이용하여 자신이 담당하는 사건의 주심판사 및 재판부 구성을 확인하고, 인사이동 사항을 체크하여, 조직도를 업데이트한다. 아울러, 우리나라 사법제도는 3심 제도로 운영되는데 각 심급이 지닌 특성을 파악해야 하며, 문서 작성 시 실수가 없도록 한다.

- 심급에 따른 상응 법원, 검찰청을 비교하여 문서를 작성하고 의뢰인에게 설명할 수 있도록 한다.
- 사건번호를 보고 심급을 파악하여, 문서 작성을 한다.

19) 전자소송업무 처리하기

과거에는 단 한 장의 서면을 제출하기 위해 멀리 떨어진 법원까지 직접 방문하거나 우편접수를 하였는데 전자소송제도의 도입으로 시간적·금전적 낭비를 줄일 수 있게 되었다. 현재 전자소송은 국가 정부부처 및 공기업 공사 등 필수적 적용 대상 및 신청자를 대상으로 운영되고 있다. 이 경우 인지대 및 송달료가 10% 감액되며 양 당사자 중 한 당사자만 전자소송을 진행할 수 있다.

- 필수적 전자소송 당사자를 숙지하여 의뢰인에게 설명한다.
- 일반 소송과 전자소송 송달의 차이를 이해하여 문건 다운로드 및 작성을 진행한다.

(5) 문서관리 업무

1) 타임시트 입력하기

타임시트란 변호사의 근무시간 기록표를 의미하며 시간당 청구 사건의 경우 청구서 작성의 기준이 되는 자료이다. 타임시트 작성하는 방법은 국제법률사무소 표준 기준에 따라 한 시간을 1/60로 나누어 소수점 첫째 자리까지 표기한다. 입력이 자동으로 되는 프로그램을 사용하는 회사도 있지만 그렇지 않은 경우 비서가 수동으로 프로그램에 입력하게 되는데 비슷한 케이스가 많기 때문에 다른 케이스로 입력되지 않도록 주의한다.

- 타임시트 국제표준 형식을 숙지하며 해당 케이스 변동의 경우 스스로 사건 코드를 변경한다.
- 타임시트 기재의 국제표준 형식을 이해하여 각 해당시간을 1/60로 변경한다.

2) 변호사 조회서 작성하기

변호사 조회서란 회계법인의 요청에 따라 법인 내 해당 사건의 진행여부 및 승패에 대한 전망을 조회서의 형식으로 발송하는 것을 말한다. 주로 회계 감사 시기에 수령하게 되며 변호사 조회서 수령 후 담당사건을 조회하여 변호사 결재 후 담당 회계사에게 발송하게 된다.

- 작성된 변호사 조회서의 오류를 찾아낸다.
- 담당 사건 중 요청 들어온 변호사 조회서에 해당하는 사건을 찾아서 회신한다.

3) 송달지원

법률회사에서 송달업무는 전체 업무 진행에 중요한 역할을 한다. 문서를 이메일로 전달 시, 보안(편집불가 포함) 설정 후 송부해야 한다. 문서 수·발신 시, 반드시 문서대장/전산에 기록한다. 문서 수·발신 대장에는 수·발신 해당 일자를 기입하거나 도장을 날인하고, 사본은 반드시 보관한다. 운송서비스별로 (DHL, 등기, 전보, 퀵서비스 등) 분류하여 관리한다.

유관부서에서 문서가 신속하게 전달될 수 있도록 처리한다.

〈표 6-6〉 문서 수·발신 대장

NO.	접수일자	발신기관	문서번호	제목	처리과	인수자(서명)	비고
07-163	2018.2.3	ABC증권	06-01	보험증권	총무팀	김영희	

4) 우편물 관리하기

우편물 관리하기 업무는 법원 등기 우편물 수령과는 별도로 사무실 관리에 관련된 서류나 및 담당 변호사와 관련된 우편물에 대한 업무이다. 연하장 및 감사장을 발송하는 경우 미리 명단을 파악하여 무분별하게 낭비되는 것이 없도록 하며 우편물 발송 시 메일 머지 기능을 이용하여 라벨지를 사용할 줄 알아야 한다. 송무비서의 경우 내용증명 우편을 보내는 경우가 많은데 그 개념과 효과를 이해해야 하고 발송 후 남은 우편을 분실하지 않고 효율적으로 보관해야 한다. 그러나 상사의 개인적인 우편물을 무분별하게 개봉하여 전달하는 것은 지양해야 한다.

- 개봉 완료된 우편물을 수거하여 폐기할 문서와 보존할 문서를 구분하고 분실 없이 보존한다.

- '親展(친전)'으로 표시된 우편물은 개봉하지 않고 바로 담당자에게 전달한다.

또한 문서의 직접 전달이 어려운 경우 우편으로 제출하게 된다. 이때 배달증명우편과 내용증명우편을 활용하면 편리하고 정확하다.

배달증명우편이란 등기취급을 전제로 우편물의 배달일자 및 수취인을 배달 우체국에서 증명하여 발송인에게 통지하는 특수취급제도이다(「우편법」 제15조제2항, 「우편법시행규칙」 제25조제1항). 계약의 해약통지, 채무이행독촉의 통지, 채권양도통지 등 의사통지를 하는 경우에 내용증명 겸 배달증명우편으로 보내면, 편지의 내용, 수취인이 수령한 사실 여부까지 증명되므로 소송에 매우 편리하다. 배달증명우편 발송 시 필수기재사항은 수신인과 발신인의 성명, 연락처, 주소이고, 봉투 가운데 빨간색 라인을 그리거나, 봉투 왼쪽상단에 '배달증명'이라 기입한다. 배달증명우편을 수신하였을 경우에는 정확하게 배송된 우편인지 확인하고, 수신인의 이름을 명확히 작성한다. 발송한 편지의 답장이 수신되었을 경우 발신했던 편지의 사본을 첨부해서 보관한다. 편지 속 발신인 주소와 봉투의 주소가 다를 때와 편지 속 발신인 성명이 없을 때, 소인 찍힌 입찰이나 계약서 등의 서류봉투를 법적 증거로 이용할 필요가 있을 때에는 내용물과 봉투를 함께 보관한다.

내용증명우편이란 등기취급을 전제로 우체국창구에서 또는 전산망을 통하여 발송인이 수취인에게 어떤 내용의 문서를 언제 발송하였다는 사실을 우체국이 증명하는 특수취급제도이다(「우편법」 제15조제2항, 「우편시행규칙」 제25조제1항). 즉 편지 3통을 작성하여 우체국에 제출하면 우체국에서는 3통 모두 우체국 일부인을 찍어서 1통은 우체국에서 보관하고, 1통은 발송인이 소지하고, 나머지 1통은 봉투에 넣어서 상대방에게 보내는 것을 말한다. 내용증명 발송 시 준비부수는 총 3부(원본 1부 + 사본 2부)이며, 필수작성사항은 수신인과 발신인의 성명, 연락처, 주소와 전달할 내용, 발송일자, 발신인 기명날인이다. 내용증명은 수취인에게 고지할 내용만 정확하게 적으면 되는 것이기 때문에 특별한 양식이 필요하지 않다. 수신인과 발신인이 명확하게 표시되어 있어야 하고, 수신인과 발신인의 주소지가 표시되어 있어야 하며, 내용에는 구체적인 요구사항을 기입해야 한다. 작성 후 발송인의 서명을 하고, 각 장마다 간인을 찍어

2부를 복사하고, 내용증명서 3부를 가지고 우체국에 방문해 내용증명을 송부한다. 주의할 점은 내용증명서와 봉투에 적힌 수신인/발신인의 성명과 주소가 동일해야 한다는 것이다. 만약 문서를 모두 작성하여 우체국 방문 시 오류가 발생한 경우에는 정정, 삽입, 삭제한 후에 정정, 삽입, 삭제한 글자 수를 여백에 기재하고 발송인의 인장이나 지장을 찍어야 한다.

내용증명 수신 시 법적 문제 또는 근거가 없는 내용일 경우, 명확한 회신을 주도록 한다. 잘못이 인정되는 경우, 조속히 조치를 취한다.

내용증명은 우체국 방문 없이 24시간 인터넷우체국을 통하여 내용증명을 신청할 수 있다(배달증명도 가능). 내용증명을 보내는 행위만으로는 법률적 효력이 발생하지 않지만 수취인에게 내용증명을 보냈다는 사실은 입증할 수 있는데 이는 우편물이 발송되었음을 국가기관인 우체국에서 공인하였기 때문이다.

5) 문서 보관 및 폐기

법률사무소에는 수많은 문서가 발생한다. 문서의 관리는 비서의 중요한 직무 중 하나이므로 효율적으로 보관 및 폐기할 수 있어야 한다. 특히 회의실이나 변호사 사무실 내의 메모라도 일정기간 폐기하지 않고 보관해야 한다.

소송사건과 관련된 문서는 중요도에 따라 보관기한이 다르다. 또한 보안 관리에 철저해야 하기 때문에 책상 위에 중요 문서를 남긴 채 자리를 비우지 않아야 한다.

- 보관된 서류 중 타인의 요청 시 필요 정보를 즉시 제공한다.
- 사건 관련 서류를 일정기간 보관하고 파일링한다.

(6) 고객관리 업무

1) 전화응대 업무

법률비서 업무에서 가장 많은 비중을 차지하는 것이 바로 전화응대 업무이다. 단순 업무의 연결로 보이지만 정보의 수집과 소통의 가장 기본이 되는 수단이다. 또한 법원 및 검찰에 제출하는 서면의 첫 페이지에는 담당 변호사 사무소의 연락처를 기재하게 되어 있으므로 각종 사건 진행과 관련하여 법원 및 검찰로부터 전화를 수신하는 경우가 많다. 이러한 경우 대부분 담당자를 찾아 연결함으로써 업무는 종료되지만 담당자가 부재중이거나 해당 사건을 상대방이 메모로 전달하여 주기를 원하는 경우에는 사건 내용을 우선 파악한 후에 내용을 전달해야 한다. 이를 위해서는 사건 전반적인 내용 숙지와 소송사건 흐름에 대한 완벽한 이해가 선행되어야 하며, 반드시 전화 수·발신 대장을 기록하여 관리한다.

- 수신된 전화의 의뢰인이 신분을 밝히기 전, 비서가 먼저 파악하고 사건 담당자에게 연결한다.
- 수신 전화의 담당자 부재 시 착오 없이 전화메모를 전달한다.

〈표 6-7〉 전화 수·발신 대장

일시	발신자	소속	내용	연락처	통화희망자	전화수신자	비고
2018.01.23 14:00~15:40	김대한 검사	서울중앙 지방검찰청	법원기일 관련	02-123-1234 (010-1234-1234)	김민국 변호사	이비서	전화 요망

2) 내방객응대 업무

법률비서의 내방객응대 프로세스는 Reception Desk에서 약속여부 확인 후 사전 약속이 되어 있는 고객이면 접견실로 안내 후 담당 비서실로 연락을 한다. 만약, 사전 약속이 되어 있지 않은 내방객일 경우 Reception Desk에서 담당 비서실에 확인 전화 후 의전가능여부를 확인한다. 비서는 접견실에서 내방객을 응대하는 것부터 의전이 시작된다. 내방객응대 후 상사와 면담연결을 한다. 면담 종료 후에는 내방객을 배웅함으로써 내방객응대 업무는 마무리된다.

가. 사전 약속이 되어 있는 내방객

- 내방객을 Reception Desk에서 처음 응대할 경우, 비서는 약속된 내방객의 정보(이름, 소속, 직급, 방문시간, 차량정보)를 Reception Desk 직원에게 사전에 알려준다. 내방객이 중요한 고객일 경우 비서가 반드시 직접 Reception Desk로 가서

접견장소까지 의전한다.

- 내방객 도착 안내를 받으면, 상사에게 보고한다(상사가 통화 중이거나, 회의 중, 혹은 미팅 중일 경우 메모 전달 후 지시에 따라 고객을 안내한다).
- 내방객이 접견실에 도착하면 상사에게 다시 한 번 보고한다.

나. 약속이 되어 있지 않은 내방객

상사가 꺼리는 고객은 사전에 파악한다.

내방객의 이름, 소속, 직급, 연락처, 내방 사유, 소요시간 등을 확인하여 상사에게 보고 후, 상사가 면담을 승낙할 경우 내방객응대 프로세스에 따라 진행하고, 거절할 경우 상사가 부재 중이거나 회의 중인 관계로 면담이 어렵다는 것을 정중히 설명한다.

다. 내방객의 대기가 필요한 경우

내방객에게 오전에 회의 혹은 재판이 길어진 관계로 일정이 원활히 진행되고 있지 않음을 정중히 설명하고, 양해를 구한 후 신문 등 읽을거리를 제공한다.

라. 내방객 배웅 후

내방객(의뢰인)과의 상담 혹은 미팅 시간을 정확히 기록하여 둔다. 내방객의 특이사항, 기호 등을 메모하여 추후 재방문 시 참고한다. 상담 혹은 미팅에 관하여 상사에게 지시받은 사항이 있을 경우 이행하며, 관련 내용은 기록한다. 내방객응대도 전화응대와 마찬가지로 내방객 관리 대장을 만들어 관리한다.

〈표 6-8〉 내방객 관리 대장

방문일시	방문자	회사명	직급	방문목적	연락처	수행원정보	비고
2019.01.24 17:30~18:00	김한국	A회계 법인	회계사	L사 세무관련	02-123-1234 (010-1234-1234)	없음	대학 동기

3) 안내장 및 연하장 발송

고객 관리 업무의 한 분야인 안내장, 연하장 발송업무는 고객 명단을 정리하여 발송할 수치를 예상하며 기존 고객 이외에 잠재적인 고객을 상사에게 보고하여 법인의 사건 수임에 긍정적인 영향을 줄 수 있도록 한다. 해외로 연하장을 보낼 경우 크리스마스 일주일 전에 발송하도록 한다.

- 잠재적 고객을 예상하여 해당연도 리스트를 업데이트한다.
- 기발송된 연하장을 토대로 해당연도의 발송 대상자를 예상한다.
- 변호사의 요청에 따라 준비하여 발송한다.

4) 선물 발송하기

선물 발송 전 고객의 취향을 고려하여 정리한 선물 리스트를 상사(변호사)에게 보고하여, 컨펌받은 후 개인명으로 보낼 것인지, 법인명으로 보낼 것인지를 확인하고, 선물 내에 상사의 명함을 반드시 동봉한다. 동일 선물이 재발송되지 않도록 발송 리스트를 관리하고, 선물 수신 시에도 선물관리 대장에 기록하여, 상사가 선물할 때 비슷한 금액대로 선물하는 것이 좋다. 주의할 점은 김영란법에 위배되지 않는지, 수신인 회사의 윤리규정에 위배되지 않는지 반드시 확인하는 것이다.

(7) 상사의 개인업무 지원

법률비서의 경우 기업에서 근무하는 비서보다 상사의 개인적인 업무를 보좌하는 경우는 적다. 그러나 사무실 근무에 필요한 기타 행정적인 업무를 보좌하고 기타 업무를 취급하는 경우가 있다. 구체적인 예로는 회사에서 지원하는 취미 활동 및 금융 업무에 필요한 서류 업무 취급 등의 정리를 할 수 있다. 이전에 수행된 개인 업무를 참고하여 업무 수행 시 취향과 일정을 고려한다.

(8) 변호사 유학 및 해외연수 준비하기

법무법인에 입사하여 일정 기간 근무한 변호사는 해외 로스쿨로 유학을 가는 경우가 많다. 이는 갈수록 복잡해지는 국제 소송에 대비하고 개인적인 역량의 향상을 위한 것으로 유학을 준비하는 변호사를 위해 법률비서가 주로 하는 업무는 법인 내 동문 리스트를 작성하며 유학 서류에 제출할 에세이 타이핑 및 내용 수정 등이다. 또한 로스쿨 입학 자료를 확인하여 상사에게 보고하는 것이다.

(9) 변호사 공익활동 관리하기

국내의 모든 변호사는 주어진 시간에 맞추어 연수를 받아야 하며 공익활동에 참여할 의무를 가진다. 비서는 담당 변호사가 이수한 교육과정 및 완료한 연수 시간을 체크해야 하며 참여한 공익활동 내역에 대해 파악하고 있어야 한다. 위 내역은 매년 산출되며 의무시간 미이수 시 과태료 처분을 받기 때문에 주의해야 한다.

- 변호사 의무연수 시간을 확인하고 미이수 시간 발생 시 변호사에게 보고한다.
- 공익활동(프로보노)에 필요한 자료를 준비한다.
- 변호사 의무연수 시간을 확인하여 미이수 시간 발생 시 적정 커리큘럼을 신청한다.

5. 송무업무

(1) 송무(訟務)의 개념

송무(訟務)란 소송(訴訟)에 관한 사무(事務)를 의미하며, 소송을 위한 소장을 작성하거나 준비서면을 작성하는 업무를 뜻한다. 소송과 관련된 업무에는 소송관련 문서 작성, 편집, 발송, 수신 및 그 외 소송 진행을 위해 필요한 업무를 모두 포함한다고 볼 수 있다. 법률회사는 다양한 분야의 송무를 맡아서 처리한다.

(2) 송무비서의 개념

송무비서는 소송업무를 담당하는 변호사의 업무를 지원하는 역할을 하며 재판이나 소송에 관련된 소장, 답변서, 준비서면, 고소장, 각종 상소장 작성 업무를 주로 담당하는 비서를 말한다.

모든 법률비서가 송무업무를 한다고 볼 수는 없다. 대형로펌이나 조직이 구분되어 있는 경우, 담당부서에서 전담하여 진행하고 비서는 지원해 주는 업무로 구분되므로, 비서의 송무비율은 낮은 편이나 송무업무에 대한 이해도 유무의 차이에 따라 업무의 진행속도와 효율성은 달라질 수 있다.

소송업무 전문 변호사를 보좌하는 경우, 소송의 종류 및 절차, 필요 서류, 발생 비용 등에 대한 전반 사항 이해 및 숙지가 필요하며, 법정 대리인으로서의 변호사의 역할을 잘 수행할 수 있도록 지원해 줄 수 있어야 한다. 보좌하는 변호사의 일정관리를 위해서도 진행내역을 알아야 순조롭게 보좌할 수 있기 때문이다.

또한 소송을 의뢰하고자 의뢰인이 찾아오면, 상담 후 소송절차를 시작하게 된다. 이때, 변호사와의 만남 전에 비서를 통해 법률상담을 진행하기도 하고, 송무 담당직원을 통해 하기도 하는데, 비서가 하게 되는 경우라면 기존 판례들도 알고 있어야 하고 Client의 마음을 잘 헤아려 상담하는 능력이 필요하므로 관련 지식은 필수적으로 습득하고 있어야 한다.

송무비서의 업무는 크게 소송관련 업무와 기타 지원업무로 구분할 수 있다.

〈표 6-9〉 송무비서 업무

소송관련 업무	기타 지원 업무
• 담당 변호사 또는 근무 법인의 전문분야에 따라 업무가 주어질 수 있다. • 의뢰인 정보는 철저하게 대외비로 외부에 노출되지 않도록 한다. • 재판 절차에 맞도록 서류를 준비하도록 한다. • 위임하는 순간부터 의뢰인에게 신뢰를 줄 수 있도록 업무에 임해야 한다. • 소송관련 서류 접수, 우편업무 등을 진행한다. • 소송관련 비용 집행에 대한 준비 및 관리가 필요하다.	• 송무 담당자와 협업할 경우, 적극적으로 도움을 줄 수 있도록 한다. • 송무 담당자를 대신(또는 지원)하여 업무를 진행하는 경우에 대비하여 기본적인 사항은 알고 있도록 한다. • 자문/고문업무 지원 시, 정확한 Time sheet 작성이 필요하다. • 문서별 도장 날인의 방식을 잘 숙지하여 진행하도록 한다(간인, 확인 도장 등).

송무절차는 소송 수임 → 소송 진행 → 소송 종결로 진행되는데 소송 수임단계에서는 소송위임계약서 작성, 소송위임장 작성, 안내문 교부 등의 업무를 진행하고, 소송

진행단계에서는 변호사가 의뢰인의 대리인으로서 소송을 진행하며, 소송 종결 후에는 결과에 따른 업무를 진행한다.

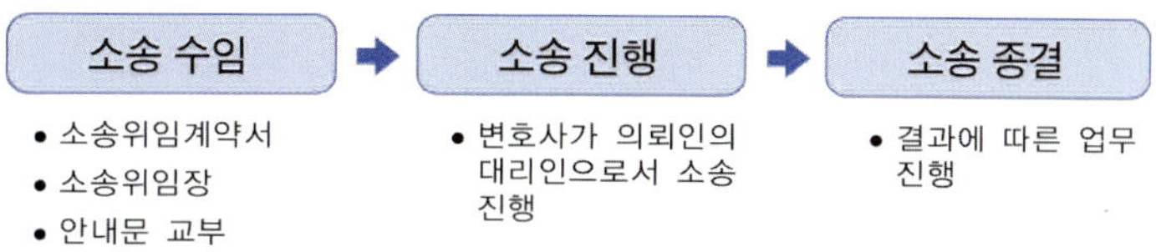

〈그림 6-2〉 송무절차

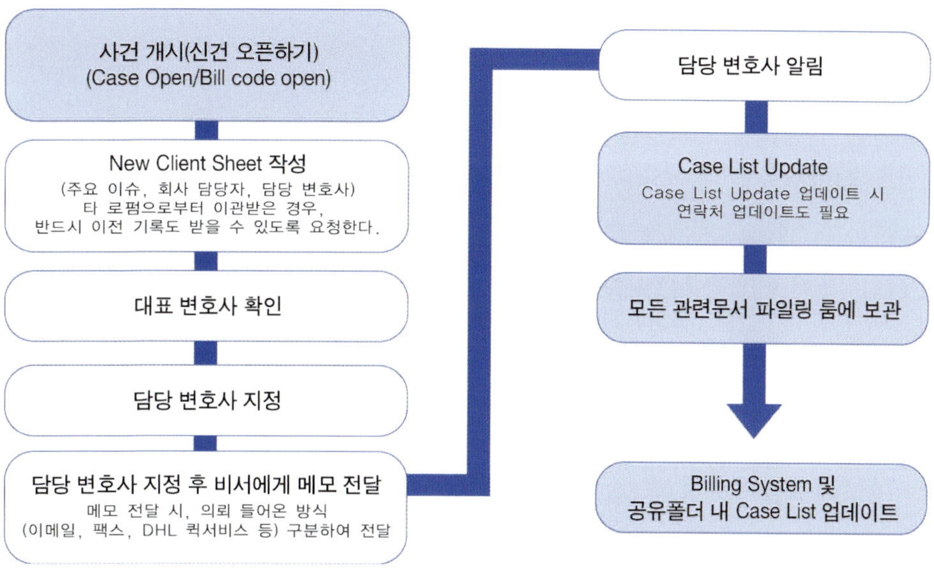

〈그림 6-3〉 로펌의 사건 위임 절차

(3) 법원의 조직

1) 법원의 개요

가. 법원의 권한

헌법에 따라 법원은 원칙적으로 모든 법적 분쟁을 심판한다. 예외적으로 헌법재판소가 헌법분쟁 중 일부를, 국회가 국회의원에 대한 자격심사와 징계처분을 담당한다.

법원은 분쟁에 대한 심판권한 이외에 부동산 및 동산·채권담보등기, 가족관계등록, 공탁, 집행관 및 법무사에 관한 사무를 관장 또는 감독할 권한이 있다.

나. 법원의 종류

법원에는 대법원, 고등법원, 지방법원, 특허법원, 가정법원, 행정법원, 회생법원 등이 있고, 그중 일반법원인 대법원, 고등법원, 지방법원이 기본적인 3심 구조를 이룬다. 전문법원 중 특허법원은 고등법원과, 가정법원·행정법원·회생법원은 지방법원과 동급의 법원이다.

다. 법원의 재판절차

재판은 단독판사나 3인의 법관으로 구성된 합의체에서 진행된다. 재판의 심리와 판결은 원칙적으로 공개한다. 국가의 안전보장·안녕질서 또는 선량한 풍속을 해할 우려가 있는 때에는 심리를 공개하지 않을 수 있으나, 이 경우에도 판결은 공개하여야 한다. 법정 안에서 녹화·촬영·중계방송 등을 하기 위해서는 재판장의 허가를 받아야 한다.

군사법원을 제외한 재판의 심리와 판결은 그동안 전적으로 법관이 담당하였으나 2008년 1월 1일부터 국민참여재판이 시행되면서 일반 국민도 형사재판에 참여하는 길이 열리게 되었다. 국민참여재판은 형사합의부 사건에 관하여 피고인의 신청이 있는 때에 한하여 진행된다.

2) 법원의 조직

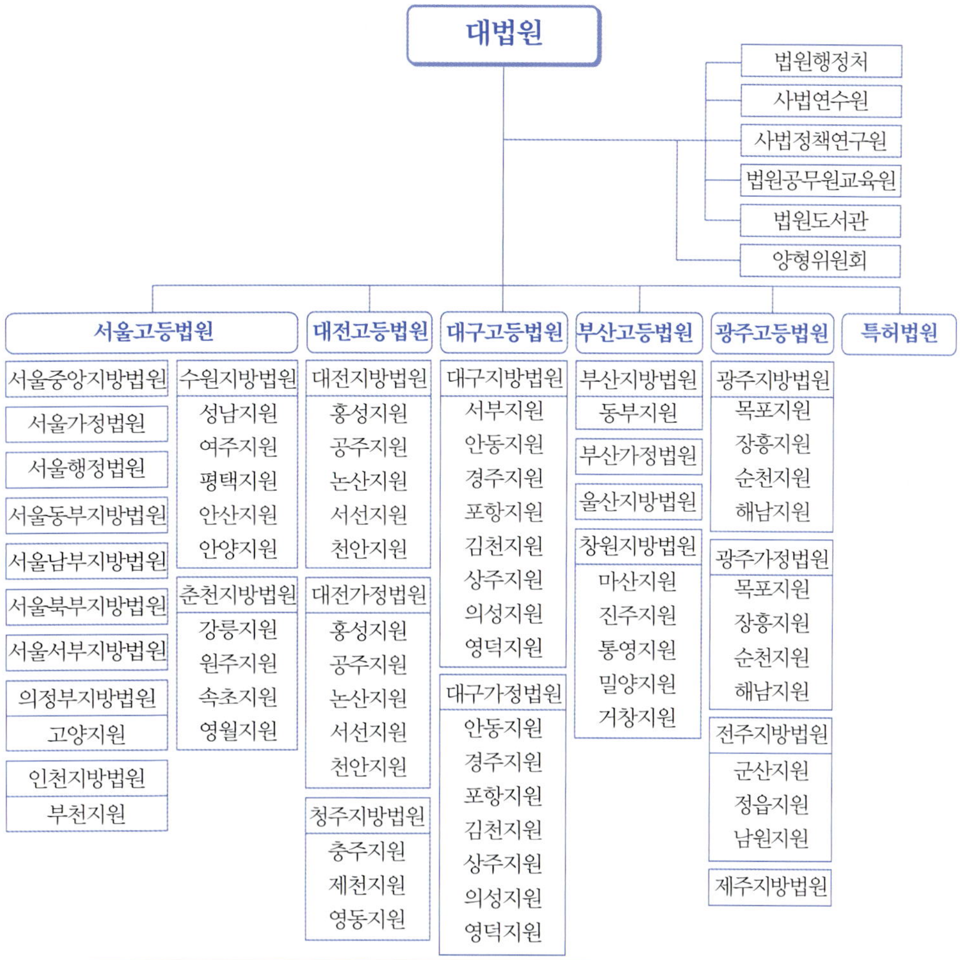

자료 : 대한민국 법원

〈그림 6-4〉 법원의 조직

가. 대법원

① 구성

대법원은 대법원장을 포함하여 14인의 대법관으로 구성된다. 대법관 중에서 보임되는 법원행정처장은 재판에 관여하지 않는다.

② 조직

서울 1개소

③ 심판권

대법원은 고등법원, 특허법원, 지방법원 또는 가정법원의 민사·형사·행정·도산·특허 및 가사사건 판결에 대한 상고사건과 결정·명령에 대한 재항고사건을 종심으로 심판하고, 특별한 경우 지방법원의 제1심 판결에 대한 비상상고 사건도 재판한다. 또한 대법원은 「해양사고의 조사 및 심판에 관한 법률」에 따른 중앙해양안전심판원의 재결에 대한 소송, 대통령 및 국회의원 선거 및 당선의 효력에 관한 소송에 관해서 전속관할권을 가진다. 명령·규칙·처분 또는 행정기관의 조치가 헌법이나 법률에 위반되는지는 대법원에 최종적인 심사권한이 있다.

④ 심판권의 행사

대법원의 심판권은 전원합의체와 대법관 3인 이상으로 구성된 부(部)에서 행사한다. 전원합의체는 대법원장이 재판장이 되고, 대법관 전원의 3분의 2 이상으로 구성된다. 부는 대법관 4인으로 구성되고, 3개 부가 있다. 부에서는 구성원인 대법관 전원의 의견일치에 따라 재판하고, 전원합의체에서는 출석 과반수의 의견에 따라 재판한다. 대법원에 상고되는 사건은 주로 부에서 심판하지만, 부에서 의견이 일치되지 못한 경우 혹은 다음에 해당하는 경우에는 전원합의체에서 재판한다.

- 명령·규칙이 헌법 또는 법률에 위반된다고 인정하는 경우
- 종전에 대법원에서 판시한 헌법·법률·명령 또는 규칙의 해석적용에 관한 의견을 변경할 필요가 있다고 인정하는 경우
- 부에서 재판함이 적당하지 않다고 인정하는 경우

대법원의 심리절차에 관해서는 「상고심절차에 관한 특례법」에 따라 특례가 인정된다. 즉 대법원은 당사자가 주장하는 상고이유가 법률이 정한 일정한 사유에 해당하지 않을 때에는 더 나아가 심리하지 않고 판결로 상고를 기각하고 그 판결에는 이유를

기재하지 아니할 수 있는데, 이를 심리불속행제도라고 한다. 이러한 특례는 형사소송의 상고사건에 대하여는 적용되지 않는다.

나. 고등법원

① 조직

고등법원은 서울, 부산, 대구, 광주, 대전 등 5개 주요 도시에 설치되어 있다. 재판 당사자의 사법 접근성을 높이기 위해 춘천, 청주, 창원, 전주 및 제주 등에 원외재판부를 설치하여 운영하고 있다.

② 심판권

고등법원은 지방법원 합의부, 가정법원 합의부, 회생법원 합의부 또는 행정법원 제1심의 판결·결정·명령에 대한 항소 또는 항고사건을 심판한다. 고등법원의 심판권은 판사 3인으로 구성된 합의부에서 행사한다.

다. 지방법원

① 조직

현재 전국에는 18개의 지방법원이 있다. 지방법원에는 행정사무를 관장하는 사무국을 둔다. 지방법원의 관할구역 내에 지원과 시·군법원 등을 둘 수 있으며, 현재 전국에 40개의 지원이 있다.

② 심판권

지방법원 및 그 지원은 기본적으로 민사 및 형사사건을 제1심으로 재판한다. 제1심 재판은 원칙적으로 단독판사가 심판하지만, 특히 중요하다고 법률이 정하고 있는 다음 사건 등은 합의부가 심판한다.

민사사건

소가가 2억 원을 초과하는 사건 및 그 소가를 산출할 수 없는 사건이다.
단, 수표금, 약속어음금청구 사건과 금융기관의 대여금청구 사건 등은 소가에 관계없이 단독판사가 재판한다.

형사사건

사형·무기 또는 단기 1년 이상의 징역 또는 금고에 해당하는 사건. 단, 수표위조, 상습폭력, 상습절도 등의 사건은 단독판사가 재판한다.

또한 지방법원 본원 합의부는 지방법원·지원 혹은 시·군법원 단독판사의 판결·결정·명령에 대한 항소 또는 항고사건을 제2심으로 재판하기도 한다. 이러한 재판부도 일반 합의부와 같이 3인의 판사로 구성되고 이를 항소부라 부른다. 시·군법원은 경미한 사건에 대하여만 제1심 관할권을 가진다. 시·군법원이 관할하는 사건은 소가가 2천만 원을 초과하지 않는 소액사건, 20만 원 이하의 벌금 또는 구류나 과료에 처할 범죄사건 등이다.

라. 전문법원

① 특허법원

종전에는 특허권, 실용신안권, 디자인권, 상표권 등을 둘러싼 분쟁에 관하여 특허청에서 2단계 행정심판을 거친 후 여기에 불복이 있는 경우 바로 대법원에 상고하도록 되어 있었다.

그러나 사법제도개혁 일환으로 1998년 3월 1일 고등법원급으로 창설된 특허법원이 특허심판원의 심결에 대한 불복소송을 제1심으로 관장하고 그 판결에 불복이 있는 경우 대법원에 상고할 수 있도록 하면서, 특허심판원의 심결에 대한 불복소송은 2심제로 운영하게 되었다.

또한 「법원조직법」 개정으로 2016년 1월 1일부터 특허권 등 침해사건의 항소심사건을 관할하게 되었고, 특허권 등 침해사건은 지방법원 합의부(서울중앙, 부산, 대구, 광주, 대전지방법원)에서 1심을, 특허법원에서 2심을 관장하고, 불복하는 경우 대법원에 상고할 수 있어 3심제로 운영하고 있다. 특허법원에는 자연과학이나 공학을 전공한 기술심리관을 전문 기술분야별로 배치하여 특허, 실용신안사건의 기술적인 사항에 관해 재판부의 이해와 판단을 보조하도록 하였다.

② 가정법원

가사사건과 소년보호사건 등을 전문적으로 처리하기 위하여 1963년 10월 1일에 설치된 가정법원은 지방법원과 동급 법원으로서 서울에만 설치되어 있었으나, 2011년 4월 11일 부산가정법원, 2012년 3월 1일 대전, 대구, 광주가정법원과 산하 16개 지원이, 2016년 3월 1일 인천가정법원과 부천지원이 각각 개원하였다. 가정법원 또는 가정법원의 지원이 설치되지 않은 지역에서는 지방법원 또는 지방법원의 지원이 그 역할을 한다.

가사사건은 법관 3인으로 구성된 합의부 또는 단독판사가 담당하고, 소년보호사건, 가정보호사건, 아동보호사건은 단독판사가 담당한다. 가정법원에는 가사조정사건을 다루기 위한 조정위원회와 필요한 사항을 조사하는 조사관이 있다.

③ 행정법원

행정법원은 1998년 3월 1일 서울에 처음 설치되었다. 행정법원이 설치되지 않은 지역의 행정사건은 행정법원이 설치될 때까지 해당 지방법원 본원이 이를 관할한다. 서울행정법원은 조세, 토지수용, 근로, 일반행정 등의 사건을 심판한다. 과거에는 행정적 구제절차를 모두 거쳐야 법원에 행정소송을 제기할 수 있었으나, 행정법원 설립에 따라 법에 달리 규정되어 있지 않은 한 행정심판을 거치지 않고 곧바로 행정소송을 제기할 수 있게 되었다.

④ 회생법원

2017년 3월 1일 우리나라 최초의 회생·파산 전문법원인 서울회생법원이 설치되어 재판에 대한 국민의 신뢰를 증진하고 구조조정과 개인채무 조정절차에서 실질적인 법치주의를 구현하는 데 큰 기여를 할 것으로 기대하고 있으며, 회생법원이 설치되지 않은 지역의 도산사건은 회생법원이 설치될 때까지 해당 지방법원 본원이 관할한다.

다만, 예외적으로 춘천지방법원 강릉지원의 경우 개인회생 및 개인파산사건에 대한 관할권(강릉시·동해시·삼척시·속초시·양양군·고성군)을 가진다.

회생법원은 법인회생·법인파산·일반회생·개인회생·개인파산·국제도산 사건과 그 관련사건을 관장한다.

3) 재판과 심급제도

가. 상소절차 개요

제1심 판결에 불복하는 당사자는 항소할 수 있다. 항소심은 고등법원에서 심리하는 것이 원칙이지만, 단독판사가 심리하는 사건은 지방법원에 설치된 항소부에서 심리한다. 항소심 판결에 대하여 불복하는 당사자는 최종심인 대법원에 상고할 수 있다. 대법원은 법률심이므로, 「민사소송법」 및 「형사소송법」 등에서 정한 상고이유가 있는 경우에만 상고를 제기할 수 있다. 다만, 행정단독사건에 관한 항소심은 고등법원에서 심리한다.

고등법원급에 속하는 특허법원은 특허심판원의 심결 또는 결정에 대한 특허소송을 관할하는데, 특허소송은 '특허법원 → 대법원'으로 이어지는 2심제로 운영되고 있다.

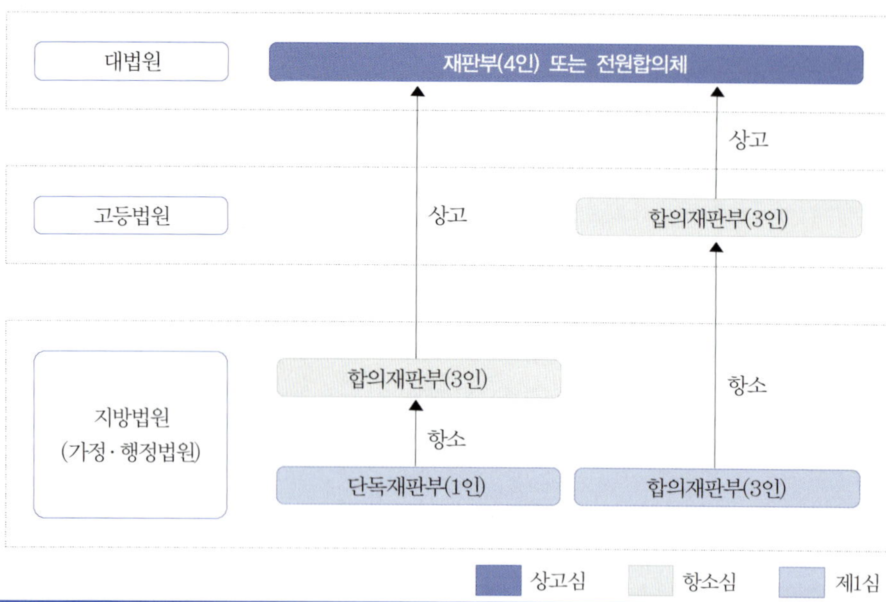

자료 : 대한민국 법원

〈그림 6-5〉 상소절차 개요

나. 재판절차

우리나라의 심급제도는 '3심제'를 취하고 있어, 한 사건에 대하여 세 번 심판을 받을 수 있다. 3심제도는 하나의 사건에 대하여 세 번까지 심판을 받을 수 있는 심급제도이다. 1심 판결에 불복하는 경우 다시 판결을 내려줄 것을 신청(항소)할 수 있으며, 2심 판결에 불복하는 경우 다시 판결을 신청(상고)할 수 있는 것을 말한다. 다만, 예외적으로 기관소송·선거소송 등은 대법원을 제1심으로 하는 단심제(單審制)이다.

〈표 6-10〉 심급절차도

1심(지방법원)		
소액사건	2,000만 원 이하	가소
단독사건	2,000만 원 초과 1억 원 이하	가단
합의사건	1억 원 초과	가합

↓

2심(고등법원, 지방법원, 항소부)		
지방법원 합의부	1억 원 이하	나
고등법원	1억 원 초과	나

↓

3심(대법원)

* 3심은 소가에 무관하게 대법원에서 진행한다.

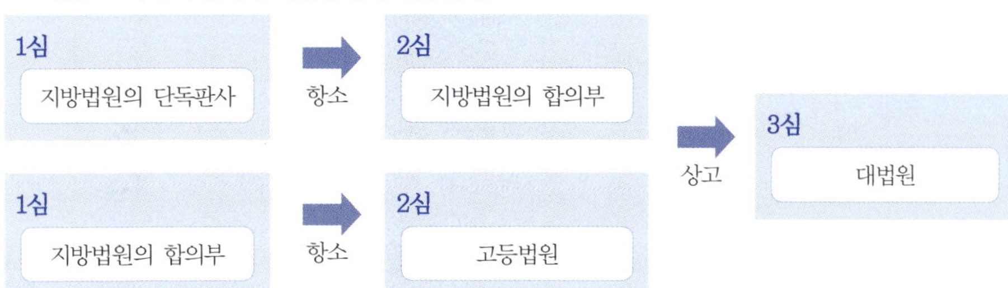

자료 : 대한민국 법원

〈그림 6-6〉 3심제도

세부적으로 살펴보면, 민사·형사·가사 사건 중 판사 1명이 처리하는 단독사건은 지방법원(지원) 단독판사 → 지방법원 본원 합의부(항소부) → 대법원의 순서로, 판사 3명이 처리하는 합의사건은 지방법원(지원) 합의부 → 고등법원 → 대법원의 순서로 각 심급제를 이루고 있다.

행정소송은 과거에는 소송 제기에 앞서 반드시 행정심판을 거쳐야 했기 때문에 고등법원 → 대법원의 2심급으로 운영되었으나, 1998년 3월 1일부터 다른 법률에 특별한 규정이 없는 한 행정심판을 거치지 않고, 곧바로 행정소송을 제기할 수 있도록 하고 1심법원으로 행정법원을 설치하여 3심제가 되었다.

1998년 3월 1일 특허법원이 신설됨에 따라 특허심판원의 심결 또는 결정에 대한 불복의 소를 특허법원의 전속관할로 하고 특허법원의 판결에 대하여 대법원에 상고할 수 있도록 함으로써 특허소송에 관하여는 특허법원 → 대법원의 2심제가 채택되었다.

이렇게 하나의 사건에 대해서 법원의 판단을 여러 번 받아볼 수 있게끔 한 이유는 국민들의 권리를 최대한 보장하기 위해서이다. 혹시라도 있을 수 있는 잘못된 판단으로 인한 피해를 막기 위한 것이다.

(4) 소송

1) 소송의 개념

"소송"이라 함은 법원이 사회에서 일어나는 이해의 충돌을 공정하게 처리하기 위하여 대립하는 이해관계인을 당사자로 관여시켜 심판하는 절차를 말한다(대한민국 법원). 표준국어대사전에는 "재판에 의하여 원고와 피고 사이의 권리나 의무 따위의 법률관계를 확정하여 줄 것을 법원에 요구함. 또는 그런 절차"라고 되어 있다. 소송에는 민사소송, 형사소송, 행정소송 등이 있다고 소송의 의미에서 규정하고 있다.

2) 소송의 유형

소송은 크게 민사소송, 형사소송, 행정소송, 특허소송, 가사소송의 유형으로 구분된다. 각기 다른 대상원리 및 절차에 의해 분쟁해결 수단으로서의 역할을 담당하고 있다.

〈표 6-11〉 소송의 유형

소송의 유형	특징
민사소송 (民事訴訟)	개인 사이에 일어나는 사법상의 권리 또는 법률관계에 대한 다툼을 법원이 국가의 재판권에 의하여 법률적·강제적으로 해결하기 위한 절차 (예 재산권 분쟁, 개인권 분쟁 등)
형사소송 (刑事訴訟)	형법위반자에게 국가가 형벌을 부과하기 위한 소송 범죄를 인정하고 형벌을 과하는 절차이다.
행정소송 (行政訴訟)	행정청의 위법한 행정처분을 법원에서 정식으로 다투는 소송 국가나 행정기관 또는 지방자치단체가 당사자인 소송이다. (예 인허가 등의 행정법관계)
특허소송 (特許訴訟)	특허와 관련된 소송 일종의 행정쟁송(행정심판과 행정소송을 포괄하는 개념)이지만 소송절차는 다르다. 특허심판은 산업재산권(특허·실용신안·의장·상표 등)에 관하여 분쟁이 있을 경우, 특허심판원의 3인 심판관 합의체에 의하여 그 분쟁을 심리·결정하는 쟁송의 해결절차이다.
가사소송 (家事訴訟)	가족관계(결혼과 이혼), 친족과 상속 등에 관련된 소송 넓은 의미의 가사소송은 가정법원의 전속관할에 속하는 소송으로, 가사사건을 그 성질에 따라 가사소송사건과 가사비송사건으로 나눈다.

(5) 민사소송

1) 민사소송의 개념

민사소송은 민사사건에 관한 소송을 말하며 민사사건이란 민법·상법 등 사법(私法)에 의하여 규율되는 대등한 주체 사이의 신분상 또는 경제상 생활관계에 관한 사건을 말한다. 그러나 사법상의 생활관계가 모두 민사소송의 대상이 되는 것은 아니고 대등한 주체 사이의 법률관계에 관한 것이어야 한다. 예를 들어 국가와 개인 간의 분쟁이라고 하더라도 그것이 서로 대등한 관계에서 발생한 경우에는 민사소송의 대상이 된다. 하지만 국가가 공권력의 주체로 우월적 지위에서 국민과의 관계에서 맺은 법률관계에 관한 분쟁은 행정소송의 대상은 될 수 있어도 민사소송의 대상은 되지 않다.

즉 민사소송이란 사법상의 법률관계에 관한 분쟁이나 이해의 충돌이 발생하였을 때 국가공권력을 통하여 법률적 또는 강제적으로 이를 해결하기 위한 절차를 말한다.

민사소송에서는 원고(소를 제기하는 자)가 소송에 청구하는 내용(청구취지)에 따라 대여금청구의 소, 양수금청구의 소, 매매대금청구의 소, 물품대금청구의 소, 임대차보증금청구의 소 등 무수히 많은 유형으로 분류된다.

2) 민사소송절차의 흐름

소송은 원고가 소장을 제출하는 것으로 개시된다. 법원에 제출된 소장을 간단한 심사를 하여 하자가 없는 한 즉시 피고에게 송달하고 이를 검토한 피고는 원고의 주장에 응답하는 답변서를 30일 이내에 법원에 제출한다. 제출된 답변서는 해당 재판부에서 검토하여 사건을 처리하는 것이다. 만약 피고가 일정 기한 내에 답변서를 제출하지 않았거나 원고의 주장을 인정하는 자백을 담은 답변서가 제출되면 해당 사건은 '무변론판결대상'으로 분류된다. 그러므로 송무비서는 수임한 사건이 '무변론판결대상'으로 분류되어 재판의 기회도 얻지 못하고 종결되는 것을 방지하기 위해 위임장과 지정서를 정확히 제출하여야 한다.

해당 사건의 재판장은 가능한 최단기간 내에 제1회 변론기일을 지정하여 양 당사자에게 통지하여 사건을 진행한다. 양쪽 당사자의 주장내용이나 증거관계는 매우 복잡하여 준비절차기일을 통해 정리할 수 있다. 준비기일은 서면에 의한 준비절차(사건기일에 서로 준비서면을 주고받는 것)와 준비기일에 의한 준비절차(법원에서 만나 주장과 증거를 정리하는 방법)로 분류할 수 있다. 관련 서증은 원칙적으로 준비서면에 첨부하며, 문서송부촉탁, 사실조회신청, 검증 및 감정신청, 증인신청 등을 통해 양측 당사자의 주장을 입증할 수 있다.

1회 변론기일 이후 사건을 진행하며 필요한 증거조사(증인신문, 각종 증거 제출)를 통해 사건을 파악하며 몇 차례의 변론기일을 진행한다. 이러한 과정을 통해 소송을 진행하다 언제든지 화해권고결정이나 조정을 통해 소송을 원만히 해결할 수 있지만 양 당사자의 입장이 뚜렷한 경우 판결로 해당 심급을 종료한다.

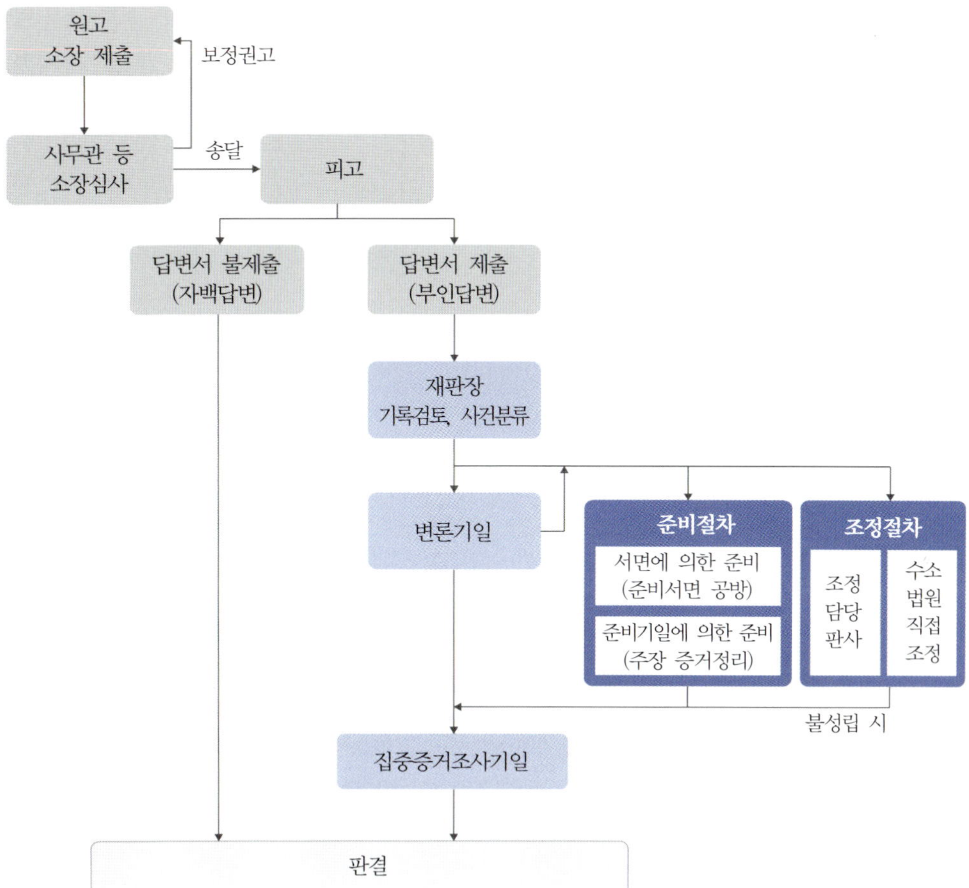

자료 : 대한민국 법원

〈그림 6-7〉 소송 진행절차

3) 소장 제출

가. 소장의 개념

일상적인 생활에서 발생하는 문제 중 원만하게 해결되지 않는 문제가 있는 경우 법적 절차를 고려하게 된다. 이러한 법적 절차를 진행하려면 먼저 법원에 소를 제기해야 하며 소의 제기는 소장의 제출로부터 시작된다. 소장이란 소송절차를 진행하기 위한 정보가 기재된 서류이다. 소장에는 당사자, 청구취지, 청구원인, 입증방법, 첨부서류 등이 기재된다. 소장에 기재된 내용은 법적 절차의 과정에서 매우 중요하므로 정확하고 신중하게 작성해야 한다.

〈표 6-12〉 소장 양식

접수인

소 장

사건번호	
배당순위번호	
담당	

원고(이름) (주민등록번호 -)
(주소) (연락처)

1. 피고(이름) (주민등록번호 -)
(주소) (연락처)

2. 피고(이름) (주민등록번호 -)
(주소) (연락처)

사건명

2019. 0. 0.
원고 김철수의 대리인
법무법인 대한민국

소송목적의 값	원	인지	원
(인지첩부란)			

청구취지

1. (예시)피고는 원고에게 55,000,000원 및 이에 대하여 소장부본 송달 다음날부터 다 갚는 날까지 연 15%의 비율로 계산한 돈을 지급하라.
2. 소송비용은 피고가 부담한다.
3. 제1항은 가집행할 수 있다.

라는 판결을 구함.

청구원인

1.
2.

입증방법

1. 계약서
2.

첨부서류

1. 위입증서류 각 1통
1. 소장부본 1부
1. 송달료납부서 1부

2019. 1. 8.

위원고김철수의 대리인
법무법인 대한민국
변호사 김영희(서명)

○○지방법원 귀중

나. 소장 작성방법

① 중요 기재사항

- 원·피고 당사자의 성명, 명칭 또는 상호와 주소, 주민등록번호
- 법정대리인이 있는 경우 대리인의 성명과 주소
- 연락 가능한 전화번호, 팩스번호, E-Mail 주소
- 청구취지(청구를 구하는 내용, 범위 등을 간결하게 표시)
- 청구원인(권리 또는 법률관계의 성립원인 사실을 기재)
- 부속서류의 표시(소장에 첨부하는 증거서류 등)
- 작성 연월일
- 법원의 표시
- 작성자의 기명날인 및 간인

② 소장입력항목 및 항목별 작성방법

당사자

소장에는 당사자를 기재해야 한다. 당사자란 소송의 주체로서 법원의 재판권 행사를 구하는 자와 이에 대립하는 상대방으로서 원고와 피고가 당사자이다.

제1심에서는 원고와 피고로 구분되며, 2심(항소심)에서는 항소인과 피항소인, 3심(상고심)에서는 상고인, 피상고인으로 지칭된다. 또한 독촉, 가압류, 강제집행절차 등에서는 채권자, 채무자라고 하며, 화해절차에서는 신청인과 상대방으로 지칭한다.

〈표 6-12〉 소장입력항목 및 작성방법

	소송을 제기하거나, 권리를 주장하는 자	소송을 제기당한 자
1심	원고	피고
2심(항소심)	항소인	피항소인
3심(상고심)	상고인	피상고인
독촉, 가압류, 가처분, 강제집행	채권자	채무자
화해절차	신청인	상대방

Ⅰ. 원고(原告)

주로 민사소송법에서 쓰이고 소송을 제기하는 자를 의미하며, 소송사건에서 법원에 자신이 가진 재판권을 행사하여 판결이나 집행을 요구하는 사람이다. 그러므로 원고는 소송 당사자가 되며, 자신이 직접 소송을 수행하거나 대리인(변호사, 법정대리인 등)을 통해 소송을 수행하게 할 수 있다. 원고와 피고의 제출 서면을 구분하기 위해 붉은 용지를 사용하여 서면을 제출하고, 서증을 제출할 경우 '갑호증'이라고 지칭한다.

「형사소송법」상 원고는 검사이고 그 상대방은 피고인이다.

원고의 반대 개념인 피고에 대해 알아보자.

Ⅱ. 피고(被告)

민사소송 등에서 원고의 상대방으로서 원고가 낸 소를 받는 당사자가 피고이다. 그러므로 피고는 소송 당사자가 되며, 자신이 직접 소송을 수행하거나 대리인(변호사, 법정대리인 등)을 통해 소송을 수행하게 할 수 있다. 피고 측에서 제출하는 증거를 '을호증'이라고 하며, 제출 서면은 푸른색 용지를 사용하여, 원고 제출 서면과 구분한다.

「형사소송법」상 피고는 '피고인'으로 지칭하므로, 형사사건에서 '피고'라고 지칭하지 않도록 주의한다. 「형사소송법」 당사자는 검사와 피고인을 지칭하며 변호사는 당사자가 아니다.

소장 작성 시 유의사항	• 의뢰인의 입장에 맞는 용지 선택이 중요하다. • 용지에 맞는 문서작업Tool의 여백/Format 설정이 필요하다. • 문서제목/사건정보/주제/내용별 Font Size 조절이 필요하다.

청구취지와 원인

청구취지는 소송을 통해 청구하는 판결의 주문 내용을 말하는 것으로 소송의 결론 부분이다. 즉 청구원인에 대한 결론으로 원고가 이 소송을 통해 이루고자 하는 목적이다. 청구원인은 원고가 주장하는 권리 또는 법률관계의 성립원인인 사실을 말한다. 청구취지는 판결의 기준이 된다. 판사가 5,000만 원을 지급해야 할 의무가 있다고 판단되어도 원고가 청구취지에서 1,000만 원의 지급을 구하고 있다면 판결은 1,000만 원을 지급하라고 결정된다. 따라서 청구취지는 정확하게 기재하여야 하며, 청구원인은 6하 원칙에 따라 일목요연하게 작성한다.

청구원인의 작성방법은 아래와 같다.

청구원인 작성 예시	1. 피고는 원고로부터 2017.1.1. 금 1,000,000원을 변제기일은 같은 해 10.1.로 정하여 대여받았습니다. 2. 그러나 피고는 원고에게 위 금원을 지급하지 아니하므로 이 사건 청구에 이른 것입니다.

작성자의 날인 및 서명

소장을 작성한 작성자의 성명을 기재하고 서명을 해야 한다. 변호사가 소장을 기재한 경우 담당 변호사의 이름을 기재 후 날인한다.

다. 인지

소장 작성이 완성된 후 법원에 접수하게 되는데 접수 사무 단계에서 중요한 개념이 인지와 송달료이다. 인지란 소송을 수행함에 있어서 법원에 제출하는 수수료와 같은 성격이며 소가 및 심급 단계에 따라 그 기준이 마련되어 있다. 즉 인지는 법률의 규정에 따라 각 소송절차 진행에 따라 납부하게 된다. 인지는 10만 원을 중심으로 금액이 10만 원을 넘을 경우 각 법원에 상응하는 은행에 현금 납부한 후 영수증을 제출하며, 10만 원 이하는 정부 수입인지를 구입하여 인지를 첩부(우표와 같이 생긴 것을 소장 뒷면에 부착하는 것)한다. 현금수납 기관은 송달료 수납은행에 납부하며 대부분 법원구내에 위치하고 있다.

소장 제출 시에도 소송물가액에 따라서 인지액을 산출하며 이는 〈표 6-13〉을 참고한다. 인지 및 송달료 제출 후 소송 진행단계에서 사용하고 남은 금액은 당사자에게 반환하여 주므로 당사자가 법인인 경우 사업자등록번호와 회사 통장사본(계좌)을 미리 받아두면 유용하다. 당사자가 개인인 경우는 주민등록번호와 통장 계좌를 미리 확보하여야 한다. 또한 인지대 및 송달료의 금액이 과다한 경우 혹은 일시에 제출하지 못할 경우 소송의 계속을 위해 일정 기간을 법에서 유예하여 주고 있는데 이 기간이 지나면 소송은 계속될 수 없으므로 송무비서는 납부여부 및 기한을 반드시 확인해야 한다. 2011년 7월 18일 이후 전자소송으로 진행하는 사건은 제시된 인지액에서 10% 할인된 금액을 납부한다.

- 인지납부의 부족 : 소장 제출 시 납부한 인지 금액이 규정보다 부족한 경우 접수 사무관은 해당인에게 이를 통지하고 보정을 권고한다. 이를 '인지보정명령'이라 하며 정해진 기한 내에 보정해야만 한다(인지보정명령에 납부기한이 기재되어 있다). 만약 인지를 기한 내에 보정하지 않으면, 소장의 경우 소장이 '각하'되며 소장부본이 피고에게 송달된 경우에는 변론기일 없이 소를 각하한다.
- 인지납부의 과다 : 규정보다 인지를 더 많이 제출한 경우 반환받을 수 있다. 이러한 경우에 대비하여 소장 제출 시 당사자의 주민등록번호 및 반환계좌를 미리 확인하여 기재하도록 한다.

〈표 6-13〉 인지액 산정방법

비고	소가 청구금액	인지액 계산법
1심 소가	1,000만 원 미만	소가 × 0.005
	1,000만 원 이상~1억 원 미만	소가 × 0.0045 + 5,000
	1억 원 이상~10억 원 미만	소가 × 0.004 + 55,000
	10억 원 이상	소가 × 0.0035 + 555,000
	부동산(토지/건물)	공시지가 × 30/100 × 면적 = 소가
항소심 소가	1심 첨부액의 1.5배	
상고심 소가	1심 첨부액의 2배	

라. 송달료

송달료는 소송상의 서류를 당사자 또는 상대방에게 송달하기 위하여 소요되는 비용이다. 즉 송달료는 소송을 진행함에 있어서 당사자가 납부하는 우편료의 개념이다. 소송이 진행되면 법원에 제출하는 상대방 측 서면이나 법원에서 발급하는 각종 통지서가 우편을 통해 도착하는데(송달) 이 행위를 가능하게 하는 금액이다. 따라서 송달료가 부족하거나 남아 있지 않은 경우 해당 서류는 당사자가 수령할 수 없게 된다. 송달료는 수납은행에 현금으로 납부하게 되는데 제출 시 송달료 납부서를 기재하며 법원 송달료 조건표를 기준으로 계산한다. 소장을 제출할 때에는 당사자 수에 따른 계산방식에 의한 송달료(우편비용)를 송달료 수납은행(대부분 법원구내 은행)에 납부한 뒤 은행으로부터 교부받은 송달료 납부서를 소장에 첨부하여야 한다. 송달료 납부서는 법원제출용, 영수증, 은행보관용 총 3매 1세트로 구성하며, 송달료 납부 후 영수증과 법원제출용 납부서를 수령하여 법원제출용 납부서 1매를 소장을 제출할 때 첨부한다. 송달료 납부서에는 소송이 종료되어 송달료 잔액환급을 받을 수 있도록 납부자 잔액환급계좌번호를 기재하여야 한다.

〈표 6-14〉 송달료 납부기준

적용사건	당사자 1인당 납부기준	수송달자
민사제1심합의(가합)	15회	원고, 피고
민사제1심단독(가단)	15회	원고, 피고
민사소액(가소)	10회	원고, 피고
민사항소(나)	12회	항소인, 피항소인
민사상고(다)	8회	상고인, 피상고인
민사항고(라)	5회	항고인, 상대방
민사재항고	5회	재항고인, 상대방
채권 등 집행사건(타채), 기타 집행사건(타기)	2회	채권자, 채무자
민사조정(머)	5회	신청인, 피신청인

마. 송달

① 송달의 개념

송달이란 법원이 재판에 관한 서류를 법정 방식에 따라 당사자 및 기타 소송관계인에게 교부하여 그 내용을 알리거나 알 수 있는 기회를 제공하고 공증하는 것을 말한다. 소장부본의 송달은 소장 심사를 거쳐 흠결이 없는 것으로 인정되면 특별한 사정이 없는 한 바로 피고에게 송달한다. 송달내역은 대법원 웹사이트에 접속하여 '나의 사건검색'을 이용하면 해당 서면이 언제, 누구에게 송달되었는지 송달내역의 확인이 가능하다. 각종 서면은 변론기일 전 당사자가 송달받아 확인할 수 있는데 법원 실무상의 문제 또는 물리적인 시간 부족으로 해당 기일 전에 상대방이 서면을 받아볼 수 없을 경우 팩스나 이메일 또는 교부를 통해 서면을 송부해 주는 경우가 있다. 이러한 경우 그 해당 서면의 송달 완료를 재판부에 확인해 주는 표식을 받아두는 것을 부본영수라고 한다. 실무에서는 서면을 제출하면서 부본영수를 함께 제출하거나 재판부에 팩스로 제출한다. 때로는 해당 변론기일에 법정에서 제출하기도 한다.

또한 증인신문이 예상되어 있는 경우 해당 기일 전에 상대방에게 주신문사항을 송부하고 그에 대한 영수를 받는다. 주의할 점은 반대신문사항은 절대로 상대방에게 송부해서는 안 된다는 것이다. 이러한 실수는 상대에게 전략을 노출하는 것과 같다.

② 주소보정

송달을 실시한 결과 수취인불명, 주소불명, 이사불명 등의 사유로 법원 문건이 수취인에게 전달 불가능할 경우 송달 가능한 주소로 다시 송달을 신청한다.

구분	내용
주소불명 또는 이사불명	번지를 기재하지 않았거나, 같은 번지에 호수가 많아서 주소를 찾을 수 없는 경우 및 이사를 한 경우에는 새 주소를 정확하게 파악하여 주소보정서를 신청하여야 한다.
수취인불명	수취인의 주소나 성명의 표기가 정확하지 않아 송달이 불능된 때에는 정확한 주소 및 성명을 기재한 주소보정서를 제출해야 한다.

③ 재송달

수취인부재, 폐문부재, 수취인거절 등으로 송달받을 수 없는 경우 또는 고의로 송달을 거부한 경우에 같은 주소지로 다시 송달을 신청하는 것이다. 주민등록등본 등 소명자료와 함께 법원에 제출하여야 한다.

④ 특별송달

수취인부재, 폐문부재 등으로 송달되지 않는 경우에 우편집배원이 아닌 법원의 집행관이 직접 주소지로 방문하여 송달하는 것이다. 주말송달, 야간송달, 휴일송달 등이 있으며 주민등록등본 등 소명자료와 함께 법원에 제출하여야 한다.

⑤ 공시송달

일반적인 통상의 조사를 다하였으나 소송 당사자의 주소, 거소, 영업소, 사무소와 근무장소, 기타 법정의 송달장소 중 어느 한 곳도 알지 못하여 송달이 불가능한 경우 소송지연을 방지하고 소송 당사자의 권리를 보호하기 위하여 공시송달을 인정한다. 송달의 최후적인 방법이며 신청에 의하여 최초의 공시송달은 법원 인터넷 게시판에 게시한 날로부터 2주일이 지나야 송달의 효력이 생기며(외국은 2개월), 이후의 공시송달은 게시한 다음날부터 송달의 효력이 발생한다. 신청 시 송달받을 사람의 최후 주소지를 확인할 수 있는 자료(주민등록 등·초본)와 신청인이 송달받을 사람의 주거 발견에 상당한 노력을 한 사실 및 그럼에도 불구하고 이를 찾아낼 수 없었던 사실에 관하여 신빙할 만한 소명자료(집행관에 의한 특별송달 결과 등)를 첨부하여 신청한다.

바. 소장 접수 전 확인사항

① 부본 준비

법원제출용 1부, 상대방 숫자에 따른 부본, 우리 측 보관용 1부

② 위임장 준비

당사자가 법인인 경우 위임도장이 날인된 위임장을 소장 제출 전에 미리 준비한다. 소장 제출에 필수적인 서류이므로 누락되지 않도록 한다.

③ 담당 변호인 지정서

해당 사건을 담당할 변호사가 지정되면 지정서를 준비한다. 사건 진행 중 담당 변호사가 새로 지정되는 경우 추가지정서를 제출한다. 만약 담당 변호사가 법정에 출석하는데 지정서에 이름이 없는 변호인의 경우라면 해당 기일에 진술할 수 없으므로

추가지정서 제출여부를 반드시 확인한다.

〈표 6-15〉 민사 접수증명원

접 수 증 명 원

사 건 20 가

원 고

피 고

위 사건에 관하여 20 . . . 귀원에 ○○장을 접수한 사실을 증명하여 주시기 바랍니다.

20 . . .

위 원인(원고) (날인 또는 서명)

○○지방법원 귀중

사. 소장 접수 후 절차

- 접수증명원에 기재된 사건번호를 확인한다.
- 부여된 사건번호를 대법원 '나의 사건검색 리스트'에 저장한다 : 사건은 50개까지 저장되므로 담당 사건은 업데이트 내역을 수시로 확인한다.
- 사건 재판부로 배당 시 : 재판부 주심 및 배석판사를 정리하여 담당 변호사에게 보고한다(법원 정기 인사이동 기간은 1년에 2차례 있다. 법원 배치표 확인 시 일자를 정확히 확인하여 인사이동 이전의 재판부를 확인하는 일이 없도록 한다).
- 기록봉투 작성 : 기록봉투에 사건번호, 법원, 해당 기일을 표기한다. 해당 기일 옆에 법정도 표기하여 장소로 어려움을 겪지 않도록 한다. 법정 및 기일은 법원이나 재판부 사정으로 변경되는 경우가 있으므로 기일 출발 전에 반드시 확인한다.
- 서증목록 정리 및 증거 편철 : 제출된 서면을 본기록, 갑호증, 을호증으로 분류 후 제출된 서증목록 내역을 정리한다. 각 서증을 분류하는 목적은 사건의 진행을 파악하기 위함이다. 제출된 서증목록을 잘 정리하여 누락되는 일이 없도록 한다. 만약 서증번호가 누락되거나 제출된 번호가 다시 서증에 쓰이는 경우가 발생하면 반드시 정정해야 한다.
- 소장 및 각종 서면을 당직접수로 제출하는 경우 접수번호가 즉시 부여되지 않는 경우가 있으므로 누락하지 말고 반드시 정리하여 둔다. 다음날 아침이 재판인 경우 전일 당직접수를 하는 경우도 있는데 이러한 경우 재판부까지 제출 서면이 전달되지 않을 가능성이 높으므로 주의한다.

아. 소송 진행 중 확인사항

- 일정표에 각 사건의 기일을 기재한다.
- 증인신문이 예정된 기일에는 증인 출석 여부를 사전에 확인하며 주신문사항을 상대방과 교환한다. 반대신문은 상대방에게 송부하지 않는다(신문사항을 상대방과 교환 시 해당 서류를 수령하였다는 표시로 '영수증'을 주고받는데 이를 '부본영수'라고 한다. 상대방에 영수증을 송부하여 부본영수를 받도록 한다).
- 해당 기일 종료 시 : 기일진행사항 의뢰인에게 통지하여 기일 동안 진행된 내용

을 정리하며 다음 기일이 언제인지 고지한다.

자. 판결문 및 결정문 수령 이후 확인 내용

- 판결문과 결정문은 해당 심급이 종료되었음을 알려주는 서류이다. 사법제도는 3심제도를 인정하기 때문에 상소기한을 정확히 계산하여 상소심으로 진행할 기회를 놓치지 않도록 한다.
- 종결서류 송달받은 날짜를 기재하고 송달된 날로부터 2주 이내에 상소장을 제출하도록 한다. 결정문의 경우 즉시항고, 특별항고는 1주일 이내에 항고한다.
- 송달받은 종결서류는 대리인에게만 송달되기 때문에 의뢰인에게 신속히 전달한다. 이 경우 상소기한을 정확히 계산하여 함께 공지한다.
- 대법원 홈페이지를 지속적으로 확인하여 상대측 상소장이 제출되었는지를 확인한다. 각 당사자의 종결서류 송달 날짜가 상이하므로 적용되는 상소기한도 다름을 이해한다.

차. 소송 종결 이후

- 증명원 발급신청 : 확정증명원, 집행문 신청
- 소송비용확정결정 절차진행
- 의뢰인에게 소송기록 반환 시 동일 내용 남겨두기, 영수증 수령하기

4) 기일

가. 기일의 의의 및 종류

기일이라 함은 사건 당사자들 및 소송관계인들이 일정한 장소(대부분 법원 내 정해진 법정)에 모여 소송에 대한 논의를 함께하기 위해 미리 서로 약속해 정한 날짜와 장소를 말한다. 소송이 진행되면 여러 가지 기일이 있지만 대표적으로 다음의 기일이 있다.

- 변론준비기일
- 변론기일

- 증인신문기일
- 판결선고기일

기일은 법원에서 직권으로 지정하지만 당사자의 신청에 따라 지정될 수 있다(「민사소송법」 165조). 이를 기일지정신청이라고 한다(소장 제출 후 시간이 지난 후에도 기일지정이 되지 않으면 당사자가 기일지정신청서를 제출한다).

- 기일의 통지 : 소송 당사자에게 기일을 알리는 것을 기일의 통지라 하는데 우편송달을 통해 받을 수 있다. 기일이 임박하여 우편으로 송달이 불가능할 경우에는 유선상이나 팩스로 통지받고 법원에 영수증을 송부한다.
- 기일의 변경 : 이미 정해진 기일을 시작하기 전에 새로운 기일로 바꾸는 것을 의미한다. 첫 기일은 당사자 합의가 있는 경우 허가한다. 두 번째 기일부터는 변경할 만한 사유가 명확히 있는 경우(다른 재판과 시간 중복 등) 신청에 의하여 변경 가능하다. 상대방의 동의를 받아서 제출하는 경우도 있고 동의 없이 제출하는 경우도 있다. 이 서면을 변론기일변경신청서라고 한다(변론기일변경신청서에는 신청 사유 및 희망기일을 기재하는데 송무비서는 변론기일신청 전에 상대방 대리인과 희망기일을 조율하여 차회기일을 결정한다). 종종 재판부의 직원으로 기일변경을 하는 경우가 있기 때문에 재판이 임박해지면 '나의 사건검색'을 확인한다.

나. 각종 기간

「민사소송법」에는 꼭 그 기한을 지켜야 할 것들이 있다. 이를 불변기간이라고 하는데 불변기간은 그 기간이 도과되면 돌이킬 수 없으므로 기일표에 반드시 입력하여 기한을 지킨다. 기간의 말일이 공휴일인 경우 그 기간은 익일을 만료일로 본다. 말일이 공휴일인 경우 마감일 이전에 해당서류를 제출하여 기한이 도래되는 일이 없도록 한다.

불변기한 정리

- 항소, 상고 : 판결문을 수령한 날로부터 2주
- 즉시항고, 재항고 : 결정문 수령한 날부터 1주

• 화해권고, 조정에 갈음한 결정 의의 신청기간 : 결정문 수령한 날부터 2주

5) 송달(送達)

가. 송달의 정의

송달은 재판에 관련된 서류를 소송 당사자에게 전달하여 그 내용을 알리는 것을 의미한다. 대부분 등기우편을 이용하여 전달하며 팩스, 이메일, 집행관송달, 경위송달 등의 방법도 존재한다. 전자소송 도입 후 많은 소송에서 사용되고 있어서 요즘은 이메일로 송달받는다.

나. 송달시기

- 소장부본 : 바로 피고에게 송달한다.
- 판결정본 : 법원 사무관 등이 그 판결서를 받은 날로부터 2주 이내에 사건 당사자에게 송달한다(「민사소송법」 201조 1항).

다. 서류 제출 시 준비

반드시 송달되는 서류 : 소장, 반소장, 당사자참가신청서, 보조참가신청서, 항소장, 상고장, 상고이유서 등이다.

〈표 6-16〉 각종 서류 제출 시 준비해야 할 서면의 수

구분	내용
준비서면 및 서증	상대방 숫자 + 1부(법원용) *상대방이 다수일지라도 소송 대리인이 있을 경우에는 1명으로 계산
증인신문사항	상대방 숫자 + 3부(합의부는 4부) *넉넉하게 7~8부 준비
대법원	상대방 숫자 + 6부
중재사건	5부(정부가 당사자로 들어가 있는 경우 2부 더 제출)

라. 송달 불능

대법원 홈페이지에서 '나의 사건검색'을 진행하다 보면 소송서류 송달내역을 확인할 수 있다. 정확한 날짜에 누가 송달받았음을 조회할 수 있는데 송달할 수 없는 경우 수취인부재, 폐문부재, 수취인불명, 주소불명, 이사불명 등으로 기재한다.

- 수취인부재 : 장기여행, 군입대, 구치소 및 교도소 수감
- 폐문부재 : 온 가족이 문을 잠그고 집에 있지 않은 경우
- 수취인불명 : 송달장소에서 만난 사람이 송달받을 사람으로 기재된 자가 누구인지 알 수 없다고 하는 경우
- 주소불명 : 주소가 불분명하여 알 수 없는 경우
- 이사불명 : 서류받을 사람이 이사를 가서 새 주소를 알지 못하는 경우

마. 답변서 및 준비서면

답변서는 원고가 제출한 소장에 응답하는 의미로 피고가 제출하는 서면이다. 소장부본을 받은 날로부터 30일 이내에 제출하며 답변서 내용을 뒷받침하기 위해 제출하는 서증을 '을제0호증'으로 표기하며 제출은 1호증부터 순서대로 2, 3, 4 숫자를 붙인다(예 을제1호증, 을제2호증 등).

준비서면이란 당사자가 변론에서 진술하고자 하는 사항을 기일 전 미리 정리하여 법원에 제출하는 서면이다. 기일에 임박하여 법원에 제출하는 경우 상대방은 우편으로 송달받을 수 없기 때문에 부본을 상대방에 팩스 및 이메일로 전송하여 부본영수를 받도록 한다. 부본영수를 받은 서면을 법원에 제출하면 법원에서는 그 부본은 별도로 상대방에게 송달하지 않는다. 부본영수란 준비서면 표지에 부본영수라고 기재된 박스 속에 담당변호사의 이름과 서면을 수령한 날짜를 기재하고 변호사 도장을 날인하여 상대방에게 송부하는 것이다.

아래의 영수증은 다음의 경우에 사용한다. 상대방에게 준비서면이나 증인신문사항을 수령받은 경우 또는 법원에서 기일이 촉박한 경우 팩스로 수령한 준비서면 및 신문사항 등이 있으면 해당 사건정보를 기입하고 팩스로 송부한다.

〈표 6-17〉 영수증 양식

영 수 증

사　건　　2018가합1234손해배상

원　고　　김철수

피　고　　김영희

위 사건에 관하여 피고는 다음의 문서를 영수하였습니다.

다음

1. 증인 나서기에 대한 증인신문사항

2019. 1. .

피　고

영수인

수소

〈표 6-18〉 준비서면 양식

기일 2019.1.16. 14:30

주심	가	(나)	다

사건 2019나1234 손해배상
원고(피항소인) 김철수
피고(항소인) 박영희

부본영수
2019. 1. .

준 비 서 면

2019. 1. .
원고의 소송대리인
법무법인 대한민국

서울고등법원 제1행정부 귀중

연락처 : 123-1234(변호사 김검사)asd@law.com
123-1243(담당직원 박비서)dfds@law.com

바. 조서(調書)

조서란 소송절차의 경과 및 내용을 공증하기 위해 법원 또는 그 이외 기관이 작성하는 문서로서 대표적인 것으로 변론조서, 증인신문조서 등이 있다. 변론조서는 민사소송 및 형사소송에서 모두 작성되며 해당 기일의 재판 시작부터 종료까지 어떠한 일이 있었는지 기록하는 문서이다. 증인신문조서는 증인신문기일에 해당증인이 어떠한 발언을 했는지 기술해 두는 문서로, 녹취록과 비슷한 개념이다. 특히 형사사건에서 많이 찾아볼 수 있다. 담당 변호사의 조서입수 요청이 있을 경우 몇 회 기일(재판날짜)인지 확인하여 조서등본신청을 할 수 있도록 한다. 형사 공판단계에서 수사단계의 진술이 필요한 경우가 있다. 이러한 경우에는 수사기록 첫 권의 '목록'을 활용하면 찾고자 하는 내용이 어디에 위치하는지 쉽게 찾을 수 있다.

사. 증거조사

① 정의

각 소송 당사자가 자신의 주장을 뒷받침하기 위해 제출하는 자료를 증거라고 하며 그 종류는 인적증거(인증 : 人證), 물적증거(물증 : 物證) 등으로 나뉜다. 원고 제출 서증은 '갑제0호증', 피고 제출서증은 '을제0호증'으로 표기한다. 제출된 서증번호가 겹치지 않도록 사건마다 기록 정리를 누락하지 않는다. 가처분, 가압류 사건의 경우 제출하는 서증은 '소갑0호증', '소을0호증'으로 표기한다. 심급이 올라가도 이전 심급 서증번호를 계승한다.

② 신청방법

- 서면 또는 구두로 신청 가능
- 증인 : 이름, 주소, 연락처, 직업, 당사자와 관계, 사건관여 경위, 주신문사항 첨부, 대동인지 소환인지 기재, 증인신문사항은 법원에 상대방 수 +3부(합의부 사건은 4부)를 더한 개수를 제출한다.
- 문서제출명령신청 : 문서의 표시와 취지, 문서 소지자, 증명사실, 문서제출 의무원인 기재

- 증거 조사비용 예납 : 위에 기재한 증거를 법원이 채택하는 경우 당사자는 이에 필요한 비용을 예납한다.

아. 소송의 종료

소송이 진행되어 재판부에서는 심리가 더는 필요 없다고 생각하는 때 선고기일을 지정한다. 선고기일에 종국판결을 통해 소송이 종료된다. 하지만 법정에서 선고를 통해 해당 심급이 바로 종결되는 것은 아니다. 선고기일 이전에 법원은 해당 사건의 선고 결과를 서면으로 작성하는데 이를 판결서라고 한다. 재판부는 선고기일이 지정된 경우 당사자에게 반드시 기일통지서를 송달한다.

선고는 원칙적으로 선고기일에 재판장이 판결원본을 읽어야 한다. 선고기일에 당사자는 필수적으로 법정에 출정할 필요는 없지만 선고 결과를 즉시 확인할 수 없으므로 빠른 결과 확인을 위해서는 법정에 출석하여 선고 결과를 청취한다.

민사소송의 경우 판결서는 당사자에게 필수적으로 송달된다. 판결문이 송달되는 날로부터 2주 동안 상소할 수 있다. 수령한 날짜를 잘 기록하여 상소할 수 있는 기한을 놓치지 않도록 한다.

소의 취하

원고가 소의 전부 또는 일부를 철회하는 행위이다. 소의 취하는 상소의 취하와 구분된다. 상소의 취하는 원판결을 그대로 유지, 확정시키지만 소 취하는 이미 행한 판결도 실효하도록 한다. 청구하는 범위 자체가 다르다는 의미이다. 소 취하는 상대방의 동의를 받아야 효력이 생긴다.

조정사건

소송이 진행되다가 재판부의 권고로 조정기일이 잡히는 경우가 있다. 일반적인 경우 조정기일통지서를 발송하지만 최근 전자소송 도입으로 인하여 우편송달 비율이 줄어들게 되어 조정사건으로 회부되었는지 모르고 조정기일에 참석하지 않는 경우가 많이 발생된다(조정사건은 사건표기가 '머'로 기재되며 번호가 변경되므로 이미 전자소송 당사자로 기입해 둔 담당자에게 통지서가 발송되지 않는 경우가 많기 때문이다). 이러한 경우에 대비하여 대법원 '나의 사건검색'을 수시로 확인한다. 관련 사건 내역에 조정사건이 기재되어 있는지 확인한다.

〈표 6-19〉 재판절차상 유의해야 할 불변기간(법원 제출서류 마감일)

구분	대상업무	불변기간(법정기간)	참고
민사소송	소장	원고가 제출하는 날	
	항소/상고 제기 기간	판결문 송달된 날로부터 2주 이내(불변)	판결문을 송달받은 요일을 메모한다. 2주 후 같은 요일이 상소장 제출 마감일임
	답변서의 제출	소장부본 송달받은 날부터 30일 이내	
	상고이유서 제출 기간	대법원의 소송기록접수통지서 송달일로부터 20일 이내	대법원 페이지에서 소송기록접수통지서 날짜를 확인한다. 기한이 도래되면 상고기각이 됨
	상고이유에 대한 답변서 제출	상고이유서 부본 수령일부터 10일 이내	
	부대항소	변론이 종결되기까지	
	보조참가인의 상소기한 및 상고이유서	피참가인의 상소기간, 상고이유서 제출기한과 동일	
	즉시항고	재판이 고지된 날로부터 1주 이내(불변)	
	특별항고		
	재심제기	① 판결확정 후 재심사유를 안 날부터 30일 이내(불변) ② 판결확정일부터 5년 이내 ※ 재심사유가 판결확정 후에 생긴 때에는 그 사유 발생일부터 5년 이내	
	제권판결에 대한 불복의 제소	판결이 있음을 안 날부터 1월 이내(불변)	

구분	대상업무	불변기간(법정기간)	참고
민사 소송	화해권고결정 이의신청	화해권고결정에 대한 그 조서 또는 결정서의 정본을 송달받은 날부터 2주 이내(불변)	*최근 전자소송을 시행함에 따라 주의할 점은 본안소송에서 조정사건으로 변동되는 경우 사건번호가 재부여되므로 기일통지가 누락되는 경우가 있음. 조정사건으로 이행될 가능성이 있는 사건은 주의해서 관찰 필요
	이행권고결정에 대한 이의신청	이행권고결정서의 등본을 송달받은 날부터 2주일 내(불변)	
	소취하부동의	소취하 서면이 송달된 날로부터 2주 이내	
	공시송달의 효력발생일	① 첫 공시송달 : 게시한 날부터 2주 후 ② 같은 당사자에 대한 그 뒤의 공시송달 : 게시한 다음날부터 ③ 외국거주자에 대한 첫 공시송달 : 게시한 날부터 2개월 후	
	기일지정신청	변론기일 2회 쌍불일로부터 1월(기일 지정된 후 1회 추가 쌍불 시 소취하로 간주되므로 주의) 변론 준비기일의 불출석은 변론기일에 영향을 미치지 않음(승계되지 않음)	
	제소 전 화해불성립에 대한 소제기신청	조서등본이 송달된 날부터 2주 이내(불변)	
	지급명령에 대한 이의신청	지급명령 송달일부터 2주 이내(불변)	
	조정결정에 대한 이의신청	조정조서 정본송달일부터 2주 이내	
민사 집행	즉시항고	재판이 고지된 날부터 1주 이내(불변)	
	부동산 인도명령신청	대금을 낸 뒤 6월 이내	
	채무자의 배당표(채권·채권순위)에 대한 서면이의	법원에 배당표원안이 비치된 이후 배당기일이 끝날 때까지	
	배당이의의 소 제기사실증명서류	배당기일부터 1주 이내(제출하지 않을 경우 → 이의취하 간주)	
	청구이의의 소 제기사실증명서류와 그 소에 관한 집행정지재판 정본 제출		

구분	대상업무	불변기간(법정기간)	참고
민사 집행	가압류에 대한 재판의 집행	채권자에게 재판을 고지한 날부터 2주 이내	
	가처분에 대한 재판의 집행		
신청 사건	즉시항고	재판을 고지받은 날부터 1주 이내	
	즉시항고사유서	항고장 제출한 날부터 10일 이내(원심법원에 제출)	
형사 소송	항소/상고 제기 기간	판결선고일 또는 고지일부터 7일 이내	형사사건의 경우 판결문 송달일을 기준으로 기산하지 않음을 주의 형사사건 판결문은 신청을 해야만 발급받을 수 있다(민사사건의 경우 자동으로 발급됨).
	상고이유서 제출 기간	대법원 소송기록접수통지서 받은 날로부터 20일 이내	
	항소이유서 제출 기간	항소법원 소송기록접수통지서 받은 날로부터 20일 이내	
	약식명령에 대한 정식재판청구	약식명령 고지받은 날로부터 7일 이내	
	즉결심판에 대한 정식재판청구	즉결심판 선고, 고지받은 날부터 7일 이내	
	즉시항고, 준항고	결정 또는 고지일로부터 3일 이내	
	범죄피해자 구조금 지급신청	① 구조대상 범죄피해의 발생을 안 날부터 3년 이내 ② 구조대상 범죄피해가 발생한 날부터 10년 이내	
행정 소송	행정소송	① 처분 등이 있음을 안 날부터 90일 이내 ② 처분 등이 있은 날부터 1년 이내	
	상고, 항고, 특별항고, 재심	민사소송법준용	
	취소소송 제소기간	처분 등이 있음을 안 날로부터 90일, 처분 등이 있는 날부터 1년	
	제3자 재심청구	확정판결이 있음을 안 날부터 30일, 판결이 확정된 날부터 1년	
	행정심판청구	처분 있음을 안 날부터 90일 이내 처분 있은 날부터 180일 이내	

구분	대상업무	불변기간(법정기간)	참고
헌법소원	헌법소원심판청구	① 사유가 있음을 안 날부터 90일 이내 ② 사유가 있은 날부터 1년 이내 ③ 최종결정을 통지받은 날부터 30일 이내(다른 법률에 의한 구제절차를 거친 경우)	
	위헌법률제청기각에 대한 헌법소원심판	위헌법률심판의 제청신청이 기각된 날부터 30일 이내	

참고사항	
	• 항소장 제출법원 항소장에는 항소심 법원명 기재, 제출은 1심 법원(단, 접수 증명원은 1심 법원명으로 받음) • 상고장 제출법원 상고장에는 상고심 법원명 기재, 제출은 2심 법원(단, 접수 증명원은 2심 법원명으로 받음)

법률비서가 다루는 서류 중에는 제출기한이 정해져 있어서 제출기한이 넘으면 문제가 발생하는 것들이 있으며 정해진 기한을 반드시 지켜야 하는 것을 불변기한이라고 한다.

법원제출 서류는 기본적으로 3부 준비한다(법원용, 상대방용, 보관용).

6) 소송 불복

이제 판결에 대한 불복절인 항소, 상고, 항고에 대하여 알아보자.

가. 항소

① 항소의 정의

항소 : 1심 → 2심(판결문을 송달받은 날부터 2주 이내에 항소)

항소란 1심 판결의 사실인정이나 법률판단에 대하여 불복하여 당사자가 재판 확정 전에 그 재판의 취소, 변경을 신청하는 것이며 항소장은 원심 법원에 제출한다. 항소장에는 1심의 1.5배 인지액을 제출하며 항소는 판결문을 송달받은 날로부터 2주 이내에 제기해야 한다. 2주는 불변기한이므로 그 기한이 도과되면 항소할 수 없다. 1심의 대리인이 2심을 대리하지 않아도 원심대리로 항소장을 제출할 수 있다. 2심에 별도의 위임장을 제출하지 않은 경우에는 항소장 부본부터 대리인이 아닌 당사자에게 송달하므로 사건 진행에 익숙하지 않은 당사자에게 사전에 이를 고지하여 법원에서 우편물이 도착하면 반드시 대리인에게 전달하여 줄 것을 요청한다.

② 항소이유서

항소장 제출 후 20일 이내에 제출하는 것으로 항소에 대한 자세한 이유를 기술하는 서면을 뜻하며 준비서면으로 표기하기도 한다.

나. 상고

① 상고의 정의

상고 : 2심 → 3심(판결문을 송달받은 날부터 2주 이내에 최종심인 대법원에 상고)

상고란 항소심의 종국판결에 법령 위반이 있을 경우 그 심판을 구하는 것이다(2심판결에 불복하여 3심으로 가는 것을 의미). 상고심은 법률심이라고 하며 특별한 경우가 아니면 심문기일을 따로 열지 않는다. 상고장은 판결문이 송달된 날로부터 2주 이내에 원심법원에 제출한다. 상고장 제출 시 인지금액은 소장에 붙인 인지액의 2배이다.

② 상고심 진행

항소법원에서 기록을 정리하여 상고심으로 보내면 대법원에서는 사건번호를 부여한다. 대법원에서는 기록을 받는 즉시 그 사유를 당사자에게 통지하는데 이를 '상고기록접수통지서'라고 한다. 상고기록접수통지서란 상고심법원에 해당 기록이 도착되었다는 통지로 통지서가 도착한 날짜를 잘 기록하여 둔다. 상고기록접수통지서를 받은 지 20일 이내에 상고이유서를 제출해야 한다. 이는 불변기한이기 때문에 20일 이내에 상고이유서를 제출하지 않으면 상고는 기각된다.

상고이유서는 법원용을 제외하고 상대방 숫자 +6부를 제출한다. 법원에 접수된 상고이유서는 상대방에게 송달된다. 송달받은 상고이유서 검토 후 10일 이내에 상고

이유답변서를 제출한다. 제출기한이 경과 후 제출된 답변서는 따로 상대방에게 송달하지 않으므로 법원에 등사신청 또는 상대방 요청을 통해 입수한다.

③ 상고심 판결

- 파기자판 : 원판결을 파기하고 대법원 스스로 판단하는 것
- 파기환송 : 원심법원에 환송하여 다시 재판하도록 하는 것
- 상고기각 : 상고를 한 것에 이유가 없다고 인정하는 것

다. 항고

① 정의

판결을 제외한 결정과 명령에 대한 불복신청이며 재판 진행 중에 신청할 수 있다. 즉시항고는 재판의 고지를 받은 날로부터 7일 이내에 제기한다. 항고심은 '라' 사건번호를 부여받으며 변론을 열어서 심리할 것인지는 재판부의 재량에 달려 있다.

② 재항고

재항고는 항고법원의 결정, 명령, 고등법원 또는 항소법원이 제1심으로 한 결정, 명령에 대해 대법원에 하는 불복신청이다.

7) 소송비용액 확정신청

가. 정의

소송비용액이란 당사자가 소송절차를 수행할 때 사용된 모든 비용을 말한다. 소제기 이전, 소송계속 중, 소송에 부차적으로 소요된 비용이 모두 포함된다. 소송에 사용된 비용은 패소당한 당사자가 부담하는 것이 원칙이다.

나. 청구방법

소송비용액 확정결정신청서를 법원에 제출하면 사건번호가 부여되며 일정 수식에 의하여 금액을 신청하면 이를 토대로 법원에서 소송비용액에 대한 금액 결정을 한다.

8) 강제집행

가. 정의

사법상의 이행청구권을 국가권력을 이용하여 강제적으로 실현하는 것이다. 판결문에 나와 있는 내용을 상대방이 이행하지 않는다면 강제집행절차를 사용한다.

나. 종류

부동산 : 부동산경매신청

채권 : 채권압류추심명령

유체동산 : 유체동산 강제집행 신청서

다. 강제집행 필요서류

집행력을 갖춘 집행권원이 필요하다. 즉 판결문, 화해조서, 인낙조서, 조정조서, 확정된 지급명령, 공정증서 등을 준비한다. 집행권원이 있으면 집행문 발급이 가능하다(판결문은 소송기록이 있는 법원/화해·조정·인낙조서는 해당법원/공정증서는 공증인사무소에 집행권원을 첨부해서 집행문부여신청을 한다).

9) 전자소송

가. 전자소송의 개요

전자소송은 법원이 운영하는 전자소송시스템을 이용하여 소를 제기하고 소송절차를 진행하는 재판방식이다. 소송수행에 필요한 모든 서비스를 법원 방문 없이 인터넷으로 처리 가능하며, 소장, 준비서면, 답변서, 각종 신청서 등의 서류제출, 송달문서 확인, 소송비용납부, 사건기록열람, 나의사건관리 등을 이용할 수 있다.

2010년 4월 26일 특허법원에 제기되는 사건을 대상으로 한 특허전자소송서비스를 시작으로, 2011년 5월 2일 민사전자소송을 실시하였고, 현재는 모든 사건이 전자소송으로 진행 가능하다. 전자소송시스템을 이용하면 소송절차가 신속해지고 투명해지며 소송문서 제출 시 직접 법원을 방문하지 않아도 된다. 전자소송으로 사건을 진행할 경우 인지대가 10% 절약된다.

국가기간 및 공사·공단의 경우 필수적으로 전자소송을 진행해야 한다.

〈표 6-20〉 전자소송홈페이지 제공서비스

구분	설명	주요 서비스	
서류제출	법원을 방문하지 않고 인터넷을 통해 소장을 제출하고, 진행 중 소송서류를 쉽고 편리하게 제출 가능	• 서류검색 • 특허서류	• 민사서류 • 제출내역
송달문서확인	법원에서 전자송달한 각종 부본, 통지서, 명령문, 결정문, 판결문 등을 온라인으로 확인 가능	• 전체송달문서 • 판결문전자송달신청	• 미확인송달문서
열람/발급	인터넷으로 사건기록을 열람하고, 송달받은 정본, 등본 문서의 온라인발급 가능	• 나의사건열람	• 정(등)본발급
납부/환급	소송비용(인지액, 송달료, 보관금)을 은행 방문없이 온라인으로 직접 납부하고, 인지의 경우 환급청구 가능	• 소송비용납부 • 가상계좌내역	• 전자납부내역 • 인지액환급청구
나의전자소송	나의소송 진행현황을 조회하고 사건과 작성 중 서류 관리 가능	• 나의사건현황 • 작성중서류 • 전자소송사건등록	• 나의사건관리 • 알림서비스

〈그림 6-8〉 전자소송홈페이지

나. 전자소송의 특징

① 신속성

전자소송이 도입되기 이전에는 법원에서 제출된 문서를 각 당사자에게 우편으로 송달해야 하는 번거로움이 있었다. 당사자가 해당 서류 저장소에 접속하여 송달을 받거나 사전에 등록된 이메일로 송달받으면 등기를 통해 법원 서류를 수령하였던 시절보다 훨씬 더 경제적이고 신속한 사건 진행이 가능하다. 사건 진행에 필요한 인지대 및 송달료 제출도 은행에서 제출하고 그 증빙서류를 업로딩하면 된다.

② 편의성

과거에는 각종 사건 서류접수 및 수령을 위해 해당 법원을 직접 방문해야 했다. 하지만 전자소송시스템에 등록된 공인인증서만 있다면 어디서든 해당 사건의 송달 및 서면접수가 가능하다.

③ 투명성

대법원 홈페이지에 '나의 사건검색'을 활용하는 것과 같이 사건이 진행됨에 따라 제출되는 모든 서류들이 공개된다. 소송에 제출된 모든 자료들이 공개되므로 재판절차가 보다 투명하게 진행된다.

④ 안정성

전자소송홈페이지에서는 서류제출 과정을 진행하는 중에 임시저장 기능을 제공한다. 개인정보와 전자문서가 보호되므로 안심할 수 있다.

다. 전자소송시스템 이용방법

- 전자소송시스템을 이용할 경우 공인인증서가 필요하다.
- 전자소송홈페이지에서는 모든 서류를 전자문서로 제출해야 한다.
- 전자소송시스템에 등록 가능한 문서 형식 : PDF, HWP, DOC, DOCX, XLS, XLSX, TXT(멀티미디어 형식 : AVI, WMV, MP4, MPG, MPEG, ASF, MOV, PPT, MP3,

WMA)

- 소장(반소장, 재심소장), 항소장, 상고장, 주소보정서 등의 서류는 전자소송홈페이지에 접속하여 빈칸 입력 방식으로 직접 작성하는 방식이며, 작성한 문서를 원본 그대로 첨부하여 제출할 수 없다.
- 제출할 서증이나 첨부서류의 원본이 종이서류인 경우에는 해당 종이서류를 스캐너로 스캔한 후에 저장된 파일을 제출해야 한다(PDF파일 형식으로 변환 필수). 소송위임장과 같이 날인이나 서명이 필요한 문서의 경우에는, 서명이나 날인이 포함된 상태에서 스캔하여 제출한다.
- 파일 하나의 크기는 10메가바이트(MB)를 초과할 수 없으며(멀티미디어 자료는 50MB), 10메가바이트를 초과하는 전자문서는 여러 개의 파일(5개까지)로 분리하여 제출한다.
- 전자소송화가 불가능한 서류의 경우 법원에 직접 제출하여 상대방이 송달받을 수 있도록 조치한다.

송무비서의 문서 업무 시, 주의사항	• 표지/목차/내용 순차별로 기록을 정리한다. • 기록이 업데이트될 때마다 '사건진행상황표'에 업데이트한다. • 공판이 종료된 기록은 보관실에 잘 정리하여 보관한다. • 의뢰인의 입장에 맞는 용지 선택이 중요하다. • 용지에 맞는 문서작업 Tool의 여백, Format 설정이 필요하다. • 문서제목, 사건정보, 주제, 내용별 Font Size를 확인한다. • 간인을 확인한다.

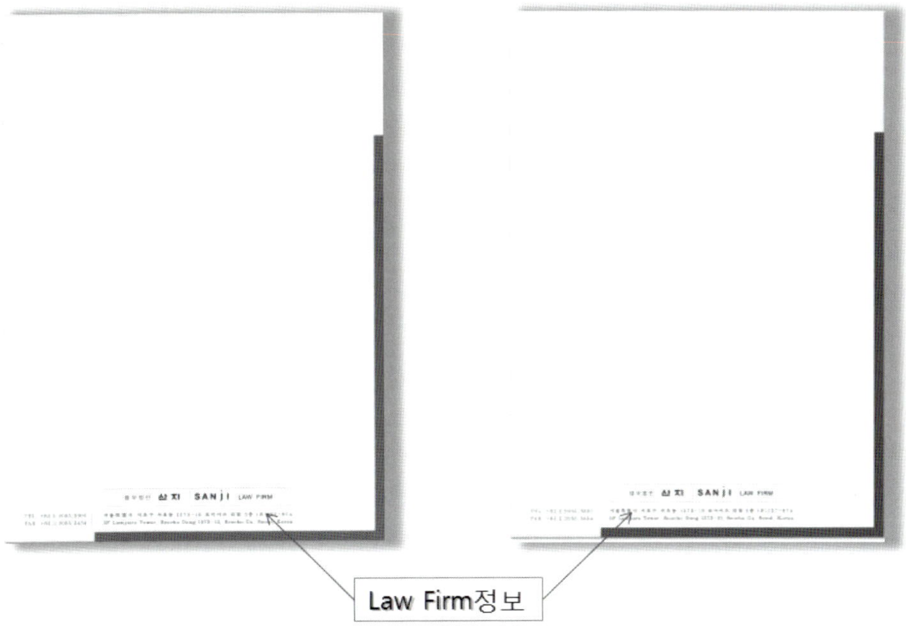

〈그림 6-9〉 원고용지(좌), 피고용지(우)

법원 제출서류 마감일

소장		원고가 제출하는 날
답변서		소장 송달일로부터 30일 이내
보정명령		재판장이 지정한 일정 기간 이내
조정 결정에 대한 이의		결정문 송달일로부터 14일 이내
민사	항소 제기 기간	판결문 송달일로부터 14일 이내
	상고 제기 기간	판결문 송달일로부터 14일 이내
	상고이유서 제출 기간	대법원의 기록접수통지서 송달일로부터 20일 이내
형사	항소 제기 기간	선고일로부터 7일 이내
	항소이유서 제출 기간	항소법원 기록접수통지서 송달일로부터 20일 이내
	상고 제기 기간	선고일로부터 7일 이내
	상고이유서 제출 기간	대법원의 기록접수통지서 송달일로부터 20일 이내

법률기본용어

- 원고(갑) : 소송을 제기하는 사람. 소송사건에서 법원에 자신이 가진 재판권을 행사하여 판결이나 집행을 요구하는 사람
- 피고(을) : 소송을 당하는 사람. 소송사건에서 원고의 상대방으로서 재판권의 행사를 요구받는 사람
- 피고인 : 법을 어긴 혐의가 있는 사람
- 사건번호 : 대한민국 법원에서 사건에 붙이는 번호. 일반적으로 연도와 부호, 접수번호의 순서대로 한다.
- 서증목록 : 당사자의 주장을 입증할 자료를 목록으로 작성하여 제출하는 것
- 변론기일 : 재판받는 날짜
- 선고기일 : 선고란 판결의 선고를 의미하는데 재판 후 판사가 모든 자료를 검토하고 최종확정판결을 피고인에게 알리는 것. 선고 내리는 날을 '선고기일'이라고 한다.
- 판결문(결정문) : 재판에 대한 판결 내용이 기재된 문서. 판결문에는 재판 결과를 요약한 주문과 판결에 대한 이유가 명시되며, 판결의 근거 및 적용법조문 등이 함께 기재된다.
- 판례 : 법원이 특정 소송사건에 대하여서 법을 해석·적용하여 내린 판단·판결례(判決例)
- 공판 : 형사소송에서 공소가 제기되어 판결이 날 때까지 재판이 진행되는 것. 재판정(법정)에서 재판이 열리는 것
- 공판일 : 재판이 진행되는 일자
- 고소장 : 고소인이 내는 고소의 서류. 원고/피고용지가 아닌, 일반용지에 작성하여 제출하며 제출처는 경찰서 수사과 혹은 검찰이다.
- 소장 : 민사소송법상 소(訴)를 제기하기 위해서는 법원에 제출해야 하는 서면 원고용지에 상대방용과 법원용으로 작성하여 법원에 제출한다.
- 판결 : 변론을 거친 후, 재판결과의 판결문을 선고기일에 법정에서 선고함으로써

효력이 발생. 승소판결은 원고주장을 받아들이는 것(인용판결), 패소판결은 청구이유가 없다고 받아들이지 않는 것(기각판결), 각하판결은 소청구의 형식적 요건을 결여한 경우 심리를 거절하는 것이다. 불복 시 항소, 상고(예 유/무죄 판결, 공소기각판결)

- 결정 : 소송절차가 비교적 경미하고 신속을 요하는 사항에 관한 재판. 소송절차 아닌 절차에 관한 재판에 대한 결정이며 불복 시 항고, 재항고(예 파산, 회생, 신청(가압류/가처분))
- 명령 : 법원 외의 재판기관(재판장, 수명법관, 수탁판사)이 행하는 재판. 불복 시 준항고, 이의(예 공판기일지정/변경 명령, 구속영장발부명령)
- 판결과 결정 : 변론을 거쳐 법정에서 선고하는 것이 '판결', 그보다 간단한 형식으로 판사가 도장만 찍어 보내면 효력이 생기는 것이 '결정', 파산, 회생, 신청(가압류, 가처분) 등은 '결정' 형식으로 선고한다.
- 항소 : 1심 판결에 불복해 2심 법원에 제기하는 소송. 지방법원 단독부의 판결 → 지방법원 항소(합의)부, 합의부 판결 → 고등법원
- 항고 : '결정'이나 '명령'에 대한 상소
- 상고 : 2심 판결에 불복, 대법원에 상소하는 것. 1심 판결에 대해 고등법원에 항소하지 않고 직접 대법원에 상소하는 비상(비약)상고도 있음
- 상소 : 항소, 상고, 항고 등 상급법원에의 불복신청을 통틀어 이르는 말

〈표 6-21〉 공판기록 열람·등사 신청서

<table>
<tr><td colspan="5" rowspan="2">열람·등사 신청서
(「형사소송법」 제266조의3제1항제1호 및 제2호)</td><td>접수시각</td><td>처리시한</td></tr>
<tr><td>:</td><td>48시간</td></tr>
<tr><td rowspan="3">신
청
인</td><td>성 명</td><td colspan="2"></td><td>주민등록번호</td><td colspan="2"></td></tr>
<tr><td>주 소</td><td colspan="3"></td><td>전화번호</td><td></td></tr>
<tr><td>피고인과의 관계</td><td colspan="5">□ 피고인의 본인 ■ 변호인
□ 피고인의 ( )
※ 피고인의 법정대리인, 특별대리인, 배우자, 직계친족, 형제자매인 경우에는 위임장 첨부
※ 변호인이 있는 피고인은 열람만 신청 가능</td></tr>
<tr><td rowspan="2">사
건</td><td>사건번호</td><td></td><td>피고인</td><td colspan="3"></td></tr>
<tr><td>죄 명</td><td colspan="5"></td></tr>
<tr><td colspan="2">신 청 사 유</td><td colspan="5">■ 당해 사건 소송 준비</td></tr>
<tr><td colspan="2">신 청 내 용</td><td colspan="5">■ 위 사건에 관한 서류 등의 목록의 열람·등사
■ 검사가 증거로 신청할 서류 등의 열람·등사(제1호)
□ 검사가 증인으로 신청할 사람의 성명·사건과의 관계 등을 기재한 서면의 교부 또는 그 사람이 공판기일 전에 행한 진술을 기재한 서류 등의 열람·등사(제2호)</td></tr>
<tr><td colspan="7">「형사소송법」 제266조의3제1항에 따라 위와 같이 열람·등사, 서면의 교부를 신청합니다.

2019 . 8 . .

지방검찰청 검사장 귀 하</td></tr>
</table>

<table>
<tr><td rowspan="3">검사
결정</td><td>서류 등 목록</td><td colspan="3">제1호 서류 등</td><td colspan="2">제2호 서면 및 서류 등</td></tr>
<tr><td>허 가</td><td>허가</td><td>거부</td><td>범위제한</td><td>교부(허가)</td><td>불교부(거부)</td></tr>
<tr><td>(인)</td><td>(인)</td><td>(인)</td><td>(인)</td><td>(인)</td><td>(인)</td></tr>
</table>

수 수 료 납 부 서

일 금 오백원정(₩500)

내 용

구 분	수 량	산 출 내 역	금액
열람 수수료	건	열람을 사건 1건당 500원	원
등사 수수료	1건 장	등사를 부분이 속해 있는 사건 1건당 500원, 검사설비를 이용한 경우 등사문서 1장당 50원	500원
등본 수수료	장	원본 5장까지 500원, 초과1장당 50원 (단, 검찰복사기사용시 1장 50원씩 추가)	원
초본 수수료	건	1건당 500원	원
합 계 금			500원

위 금액은 기록(열람, 등사, 등본, 초본)의 수수료로서「사건기록 열람·등사의 방법 및 수수료 등에 관한 규칙」제8조에 따라 아래에 붙인 수입인지로 납부함.

2019 . . .

위 납부인

수입인지 붙이는 곳

(여백이 모자라면 뒷면에 붙여 주세요)

서　　약　　서

귀 청　　　　　　　호 소송기록을 열람 또는 등사함에 있어, 「형사소송법」 제59조의2제5항에 따라 열람·등사과정에서 알게 된 사항을 함부로 이용하여, 공공의 질서 또는 선량한 풍속을 해하거나, 피고인의 개선 및 갱생을 방해하거나, 사건관계인의 명예 또는 생활의 평온을 해하는 행위를 하지 아니할 것을 서약합니다.

2019년　　월　　일

주 소(전 화) :
주민등록번호 :
성　　　　명 :

지방검찰청　　검사장 귀하

〈표 6-22〉 사건기록 열람 등사신청서 ([별지 제5호서식] 〈개정 2013.12.17〉)

사건기록 [ ] 열람 [ ] 등사 신청서

※ [ ]에는 해당되는 곳에 ✓표를 합니다. (앞쪽)

<table>
<tr><td colspan="2">접수번호</td><td colspan="3">접수일</td><td>처리기간 1일</td></tr>
<tr><td rowspan="3">신청인</td><td colspan="3">성 명</td><td colspan="2">주민등록번호</td></tr>
<tr><td colspan="3">주소</td><td colspan="2">전화</td></tr>
<tr><td>사건과의 관계</td><td colspan="2">[ ] 피의자(피고인, 피고소인)
[ ] 피해자(고소인, 고발인, 진정인)
[ ] 참고인(증인)
[ ] 이해관계가 있는 제3자
[ ] 이해관계가 없는 제3자</td><td colspan="2">[ ] 변호인
[ ] 피고인의 보조인
[ ] 피고인의 배우자
(직계친족, 형제자매)
[ ] ( )의 대리인</td></tr>
<tr><td rowspan="3">사건기록</td><td>사건번호</td><td></td><td>기록종별</td><td colspan="2">수사중, 불기소(혐의없음, 공소권없음, 기소유예, 기소중지, 참고인중지, 각하), 재판중(법원제출전), 공소제기 후 법원에 제출하지 아니한 수사기록, 재판확정</td></tr>
<tr><td>피고인등</td><td colspan="4"></td></tr>
<tr><td>죄명</td><td></td><td colspan="2">확정(처분)일 자</td><td></td></tr>
<tr><td colspan="2">신청사유</td><td colspan="4">사실확인, 교도소 제출, 민사소송 이용, 변호사 사무실 제출, 별건고소, 항고, 재심청구, 학술연구( ), 공익적 목적( ), 기타( )</td></tr>
<tr><td colspan="2">신청부분※</td><td colspan="2">①
②
③</td><td colspan="2">④
⑤
⑥</td></tr>
<tr><td colspan="2" rowspan="3">부수</td><td rowspan="3">부</td><td rowspan="3">대리 수령인</td><td colspan="2">성 명</td></tr>
<tr><td colspan="2">주민등록번호</td></tr>
<tr><td colspan="2">연락처</td></tr>
</table>

위와 같이 사건기록 열람 등사 을(를) 신청합니다.

년 월 일

신청인 (서명 또는 인)

○ ○ 지방검찰청검사장 귀하

<table>
<tr><td>첨부서류</td><td colspan="3">없음</td><td>수수료 뒤쪽 참조</td></tr>
<tr><td rowspan="2">검사 결정</td><td rowspan="2">허가
㊞</td><td rowspan="2">불허가
㊞</td><td rowspan="2">일부허가
㊞</td><td>일부허가시 허가부분※</td></tr>
<tr><td>위 신청부분 중 제 항에 대하여 허가합니다.</td></tr>
</table>

※ 별지사용 가능 210㎜ × 297㎜(백상지 80g/㎡)

(뒤쪽)

※ 다만, 학술연구 목적의 불기소사건기록 열람·등사는 검사가 소속 지방검찰청의 장의 허가를 받아 할 수 있습니다.

수수료 안내

1. 열람 : 열람을 구하는 사건 1건당 500원
2. 등사 : 등사를 구하는 부분이 속해 있는 사건 1건당 500원, 1장당 50원
3. 특수매체기록[도면, 카드, 녹음(오디오자료)·녹화(비디오자료)테이프, 영화필름, 슬라이드, 마이크로필름, 사진·사진필름, 전자문서 등] : 「공공기관의 정보공개에 관한 법률 시행규칙」 별표 수수료 규정 준용

※ 기록의 등사가 열람과 동시에 또는 열람 후 즉시 이루어지는 때에는 1건의 등사로 봅니다.

비 고 (업무처리 지연 또는 수령 지체 사유 등을 기재합니다)

※ 정당한 사유 없이 등사문서 등을 수령할 수 있는 날부터 1개월간 그 수령을 지체하는 경우에는 그 등사문서 등을 폐기할 수 있습니다.

처 리 절 차

신 청 인	처리기관(담당부서)
	각급 검찰청(사건기록담당부서)

■ 사건기록 열람 · 등사의 방법 및 수수료 등에 관한 규칙 [별지 서식] 〈개정 2013.12.17〉

수 수 료 납 부 서

일 금 원 정(₩)

내 용			
구 분	수 량	산 출 내 역	금액
열람 수수료	건	열람을 사건 1건당 500원	원
등사 수수료	장	등사를 부분이 속해 있는 사건 1건당 500원, 검찰설비를 이용한 경우 등사문서 1장당 50원	원
등본 수수료	장	원본 5장까지 1,000원, 초과 1장당 50원	원
초본 수수료	건	원본 5장까지 1,000원, 초과 1장당 50원	원
합 계 금			원

위 금액은 기록(열람, 등사, 등본, 초본)의 수수료로서 「사건기록 열람·등사의 방법 및 수수료 등에 관한 규칙」 제8조에 따라 납부함.

. . .

위 납부인 : 서명 또는 인

수입인지 또는 수수료 납부 증명서면 붙이는 곳

(여백이 모자라면 뒷면에 붙여 주세요)

210㎜ × 297㎜(백상지 80g/㎡)

〈표 6-23〉 사건위임계약서(민사, 행정 등)

사건위임계약서(민사, 행정 등)

위임인(갑) :
수임인(을) : 변호사 / 법무법인

사건의 표시

사건번호		사 건 명	
당 사 자		상 대 방	

위 당사자들은 위 표시 사건의 제___심에 있어서의 사건처리에 관한 위임계약을 다음과 같이 체결한다.

제1조【목　　적】 갑은 을에게 위 표시 사건의 처리(이하 "위임사무"라 한다)를 위임하고, 을은 이를 수임한다.

제2조【위임한계】 갑이 을에게 위임하는 위임사무의 한계는 당해 심급에 한하고, 파기 환송된 사건이나 상소의 제기, 강제집행, 강제집행정지, 보전처분 등 부수적 절차에 관한 사항은 따로 정한다. 보전처분 사건의 경우, 이의사건 또는 취소사건은 별개의 위임사무로 한다.

제3조【수권범위】 갑은 을에게 따로 작성하여 교부하는 위임장 또는 선임서에 적은 자격과 권한을 수여한다.

제4조【수임인의 의무】 을은 변호사로서 법령에 정한 권리와 의무에 입각하여, 위임의 내용에 따라 선량한 관리자의 주의를 다하여 위임사무를 처리한다.

제5조【자료제공 등】 을이 위임사무를 처리하는데 필요하다고 인정하여 요구한 자료 또는 조회한 사항에 대하여 갑은 지체 없이 이에 응하여야 한다.

제6조【착수보수】

① 갑은 을에게 위임계약의 성립과 동시에 착수보수로
금________원(**부가가치세 별도**)을 지급한다.

② 제1항의 착수보수는 을이 위임사무에 관한 연구, 조사, 서면작성을 하는 등 위임사무에 착수한 후, 을에게 책임 없는 사유로 인한 당사자의 소의 부제기 또는 취하, 상소의 부제기 또는 취하, 청구의 포기, 인낙, 소송상 화해, 조정, 소송물의 양도, 당사자의 사망 등의 경우에는 갑이 그 반환을 청구하지 못하는 것을 원칙으로 하되, 필요한 경우 갑과 을의 협의하에 이를 조정할 수 있다.

③ 을이 위임사무를 착수하기 이전이라도 을에게 책임 없는 사유로 인한 갑의 일방적인 위임계약 해지, 또는 제9조에 의한 위임계약의 해지 등의 사유가 발생한 경우에는 이로 인하여 을이 입거나 입게 되는 손해 혹은 손실에 해당하는 금액을 공제한 나머지 금액을 반환하기로 한다.

④ 갑과 을이 합의로 위임계약을 해지 또는 을이 부득이한 사유로 위임계약을 해지하는 경우에는, 당시까지 을의 변호사 및 전문보조인력들이 갑을 위하여 일한 일체의 시간(수임을 위하여 상담하거나 연구한 시간 포함)에 을이 정하고 있는 시간당 보수율을 곱하여 산출된 금액을 착수보수에서 공제하고 잔액이 있을 경우 이를 반환한다.

제7조【성과보수】

가. 성과보수

위임사무가 판결, 재판상 내지 재판외 화해(화해권고결정 포함), 조정(조정에 갈음한 결정 포함) 등으로 성공한 때에는 다음 구분에 의하여 성과보수를 지급하기로 한다.

① 전부 승소한 경우 : 금____________원(부가가치세 별도)
일부 승소한 경우 : 위 금액을 승소비율로 계산한 금액(부가가치세 별도)

② 승소로 얻은 경제적 이익가액의______%에 해당하는 금액(부가가치세 별도)

③ 상소심의 경우 달리 정함이 없는 한 상소심의 심판의 대상 전부를 기준으로 하여 승소 비율을 정한다.

나. 승소로 보는 경우 : 다음의 경우에는 승소로 보고, 위 가항에 정한 성과보수액을 지급하여야 한다.

① 을이 위임사무처리를 위하여 상당한 노력을 투입한 후 갑이 임의로 청구의 포기 또는 인낙, 소의 취하, 상소를 취하한 경우

② 을의 소송수행 결과로 인하여 상대방이 청구의 포기 또는 인낙, 소의 취하, 상소를 취하한 경우(상대방이 이러한 사정으로 청구취지 또는 항소취지를 감축하는 경우에도 감축된 부분에 관하여 성공한 것으로 본다.)

③ 을의 소송수행 결과로 인하여 소송대상인 행정처분이 직권취소되거나 경정처분된 경우

④ 을이 위임사무 처리를 위하여 상당한 노력을 투입한 후 갑이 정당한 사유 없이 위임계약을 해지하거나, 제9조에 따라 을이 위임계약을 해지한 경우

다. 전항 제1호 사유 중 갑이 아무런 경제적인 이득 또는 기타 이득이 없이 청구의 포기, 소의 취하, 인낙, 상소를 취하한 때에는 을의 노력 및 업무 수행 경과를 감안, 갑과 을이 상호 협의하여 성과보수를 조정할 수 있다.

제8조【비용부담】

① 을이 위임사무를 처리하는데 필요한 인지대, 송달료, 감정료, 예납금, 보증금, 등사료, 여비, 기타 필요한 실비는 그 전액을 갑이 부담한다.

② 갑은 제1항의 비용에 충당하기 위하여 금__________원을 예치한다.

③ 출장 일당으로 1일 금__________원을 비용 발생 때 지급한다.

④ 전항의 비용은 제2항의 예치금 중에서 충당할 수 있다.

제9조【계약해지】 갑이 이 위임계약에 정한 의무를 이행하지 아니하거나 위임사무의 내용에 관하여 진술한 사실이 허위인 때에는, 고의가 아닌 경우라도 을은 이 계약을 해지하고 사임할 수 있다.

제10조【통지의무】 을은 위임사무의 중요한 처리상황 및 그 결과를 갑에게 통지하고, 위임이 종료한 때에는 그 결과를 갑에게 지체 없이 통지하여야 한다.

제11조【보수지급의 지체】

① 갑이 이 위임계약에 정한 비용 또는 보수의 지급을 지체한 때에는, 을은 위임사무에 착수하지 않거나 그 위임사무의 처리를 중단하거나 사임할 수 있다.

② 전항의 경우 을은 신속하게 갑에게 그 취지를 통지하여야 한다.

제12조【자료의 보관책임】 을이 위임사무를 처리하기 위하여 갑으로부터 제공받은 자료는 위임 종료시 갑에게 수령할 것을 통지한 후 3개월 내에 별다른 의사표시가 없을 경우 을은 이를 임의로 폐기할 수 있다.

제13조【지급보장】

① 을은 이 위임계약에 정한 비용 또는 보수의 지급을 확실하게 보장하기 위하여 갑에게 필요한 조치를 요구할 수 있다.

② 을은 갑이 제1항의 비용 또는 보수의 지급의무를 이행하지 아니하는 때에는, 위임사무의 처리에 관련하여 보관하게 된 금전, 문서 또는 자료 등을 유치하거나 상계처리할 수 있다.

③ 전항의 경우 을은 신속하게 갑에게 그 취지를 통지하여야 한다.

제14조【인장조각】 이 위임계약의 수행 상 필요한 경우, 을은 갑 또는 당사자의 인장을 조각하여 사용할 수 있다. 단, 을은 사후에 인장조각 및 사용사실을 통지하여야 한다.

제15조【비밀유지】 을은 업무상 취득한 갑의 모든 비밀정보를 비밀로 유지하고, 업무수행상 필요하거나 법적으로 공개가 요구되는 경우 이외에는 갑의 동의 없이 제3자에게 공개하지 아니한다.

제16조【민법과의 관계】 기타 위임사항에 관하여 이 위임계약서에 특별히 규정되어 있는 사항을 제외하고는 민법상 위임에 관한 규정이 정한 바에 의한다.

* 특약사항

이 계약의 성립을 증명하기 위하여 이 계약서 2통을 작성하고, 갑과 을이 각 1통씩 보관한다.

20 . . .

갑 : 위임인 전화

주 소

주민등록번호 또는 사업자등록번호

을 : 수임인 변호사 / 법무법인

담당변호사

6. 빌링업무

(1) 빌링업무의 이해

빌링(Billing)이란 법률서비스에 대한 대금을 청구하는 것을 의미한다. 소송 관련 비용을 송무사건의 빌링이라고 하며, 자문사건의 빌링을 법률 자문료라고 한다.

(2) 송무사건의 빌링

법률소송 사건이 종결되면 의뢰인은 로펌에 소송위임계약서의 약정에 의거하여 계약서에 기재한 위임사건 처리에 대한 성공보수금을 지급한다. 비용은 변호사 및 직원들이 위임사무 처리를 위해 사용한 일체의 시간(의뢰인과의 상담, 연구, 출장시간) × 로펌이 정한 시간당 보수 = 산출된 금액(부가세 별도)을 지급한다.

로펌은 지방 출장비, 교통비, 법원 인지대, 서류비용, 식사 및 음료, 복사비 등의 부대비용 발생 시 이를 별도로 청구한다. 단, 의뢰인과 로펌이 상호 합의하는 경우에는 보수 한도액을 정할 수 있으며 이러한 합의가 있는 경우에는 소송위임계약서의 특약사항란에 기재한다.

소송위임계약 체결과 동시에 의뢰인은 일정 금액의 계약금을 지급한다. 로펌은 매월 말(매 분기별) 이전에 전월(전 분기)에 사용한 시간에 대해 계산한 보수 및 발생한 비용 내역과 함께 추가 청구할 금액이 있는 경우에는 그 금액을 청구하고, 클라이언트는 청구받은 날로부터 15일 이내에 그 금액을 지급하게 된다.

의뢰인이 청구 내역에 이의가 있는 경우에는 청구받은 날로부터 7일 이내에 제기해야 하며, 클라이언트와 로펌은 그 이의를 상호 협의해서 해결하는 과정을 거친다.

의뢰인은 위임사무의 성공이나 실패에 무관하게 보수금을 지급한다. 단, 의뢰인과 로펌이 합의하는 경우 성공이나 실패에 따라서 금액을 조정할 수 있으며 이러한 합의가 있는 경우에는 소송위임계약서의 특약사항란에 기재한다. 로펌에서 의뢰인에게 보수금 청구서를 보낼 때에는 세금계산서와 자문 내역서를 첨부한다.

〈표 6-24〉 단계별 소송관련 비용

소송의 단계		소송관련 비용
1단계	소송위임계약	법률회사에서 기준하는 바에 의해 계약 시 착수금, 성공보수금 및 관련 소송진행 시 발생 비용 등에 대한 내용을 함께 고려하여 계약한다(법률비서는 착수금 관련 청구서(또는 영수증)를 발급할 수 있도록 준비한다).
2단계	사건 접수	사건접수 시 인지액, 송달료가 발생하고, 지방의 경우 우편료가 발생한다.
3단계	소송 진행	소송진행 시 서류 발급 관련하여, 서류비, 교통비, 출장비 등이 발생한다.
4단계	소송 종결	소송 종결 후 승소 시 성공보수금이 발생한다.

〈표 6-25〉 소송비용관련 용어

구분	용어	내용
소송 관련	착수금 (계약금)	변호사가 소송을 시작하여 종료될 때까지 그 노력의 대가로써 받는 것인데 약 200만 원~500만 원 사이다. 착수금은 특별히 변호사에게 책임이 있는 사유가 발생하지 않는 한 되돌려받지 못한다.
	성공 보수금	변호사가 승소하게 되면 착수금 외에 따로 성공대가로 받을 것을 약속하는 돈이다. 성공보수금은 사건의 중요도, 난이도, 소가, 지역 등의 제반 여건을 고려하여 결정되는데 보통 승소한 금액의 5%에서 10% 내로 결정된다. 그리고 가압류 및 가처분 등의 신청사건 등 사안이 중대하지 않은 경우에는 착수금만 받고 성공보수금은 받지 않는 경우가 많다.
	소송비용	기록복사비용, 출장여비, 보석보증금, 인지대, 송달료, 감정료, 예납금, 보증금 등과 같이 사건 진행에 필요한 제반 소요비용을 말한다.
기타 업무 관련	보수금	변호사와 법률상담을 하거나 변호사가 문서를 검토하고, 작성·감정하는 등의 사무를 한 대가이며, 비용은 주로 1시간을 기준으로 보통 10만 원~30만 원 정도이다.
	부가 가치세	1999년 1월 1일부터는 변호사도 부가가치세를 납부하도록 되었기 때문에 원칙적으로 의뢰인은 수임료 외에 수임료의 10%에 해당하는 금액을 변호사에게 지급해야 하지만, 법인이 아닌 개인 의뢰인의 경우에는 서로 절충하여 부가가치세를 수임료에 포함시키는 경우도 많다.

(3) 소송관련 비용

1) 소송목적의 값(소가)

소송은 소의 제기에 의하여 개시된다. 소장을 법원에 제출할 때에는 소가에 따른 인지액을 산출하여, 산출된 인지액을 납부하거나 인지를 첨부해야 하며, 송달료납부서도 첨부하여야 한다. 또한 관할법원에 소장을 제출하지 않을 경우에는 이송 등의 문제로 소송지연 등이 발생할 수 있으니 반드시 관할법원을 확인하여 제출하여야 한다.

가. 소가의 개념

원고가 소로 주장하는 이익, 즉 청구취지로써 구하는 범위 내에서 원고의 입장에서 전부 승소할 경우에 직접 받게 될 경제적 이익을 객관적으로 평가하여 정한 금액을 말한다(「민사소송법」 제26조 및 민사소송등 인지규칙 제6조). 민사재판에서 재판권 분담(단독 또는 합의)관계를 정하는 기준이 된다.

1. 소가는 사물관할을 정하는 기준이 된다(「민사소송법」 제26조).
   *소가가 2천만 원 초과 1억 원 이하이면 "단독판사"의 관할이 되고, 1억 원을 초과하면 "합의부"의 관할이 된다.
2. 소가는 소장, 신청서 등을 제출할 때 납부할 인지액을 정하는 기준이 된다.

〈표 6-26〉 소가에 따른 담당 재판부

구분	내용
소액사건	소가 3천만 원 이하인 경우
단독재판부	소가 2억 원 이하의 범위의 사건(2016년 10월부터 개정)
합의재판부	소가 2억 원을 초과하는 범위의 사건 (합의사건의 경우 소가에 관계없이 고등법원에서 항소심이 이루어짐)

나. 소가 산정방법

소송목적의 값은 소송목적에 따라 산정표준이 〈표 6-27〉과 같이 다르다.

〈표 6-27〉 소가 산정표준

확인의 소(소극적 확인의 소 포함)	권리의 가액
증서진부확인의 소	• 유가증권 : 그 가액의 2분의 1 • 기타 증서 : 200,000원
금전지급 청구의 소	청구금액(이자, 손해배상, 위약금 또는 비용)의 청구가 소송의 부대 목적이 되는 때에는 가액에 산입하지 않는다.
기간이 확정되지 아니한 정기금	기발생분 및 1년분의 정기금 합산액
소유권 이전등기	목적물건의 가액
지상권, 임차권	목적물건 가액의 2분의 1
담보물권, 전세권	목적물건의 가액을 한도로 한 피담보채권액 (근저당권의 경우에는 채권최고액)
지역권	승역지 가액의 3분의 1

2) 인지대

인지대는 일종의 법률수수료로서 민사소송을 위해 서류 접수 시(소장 제출 시) 반드시 붙여야 하는 인지 금액이다.

〈그림 6-10〉 인지대

〈표 6-28〉 민사소송 인지대 산출법(전자소송)

소송목적의 값/청구금액	인지액 계산법
1,000만 원 미만	(소송목적 가액 × 0.50%) × 0.9
1,000만 원 이상~1억 원 미만	(소송목적 가액 × 0.45% + 5,000원) × 0.9
1억 원 이상~10억 원 미만	(소송목적 가액 × 0.40% + 55,000원) × 0.9
10억 원 이상	(소송목적 가액 × 0.35% + 555,000원) × 0.9

* 산출된 인지액이 1,000원 미만인 때에는 이를 900원으로 하고 1,000원 이상인 경우 100원 미만의 단수가 있으면 그 단수는 계산하지 않는다.
* 전자소송으로 소장을 제출하는 경우에는 종이소송에 비하여 10% 할인된 인지액을 납부한다(시행일자, 2011.7.18).

3) 송달료

인지를 붙인 서류 접수 시, 송달료를 함께 예납한다. 예납한 납부서는 법원제출용, 보관용으로 구성되어 있으며, 보관용은 기록에 붙여서 잘 보관한다.

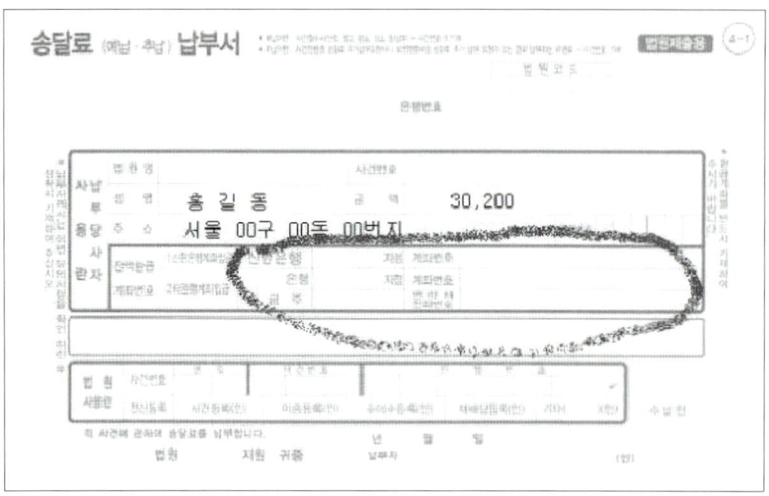

〈그림 6-11〉 송달료 납부서

납부내역은 소장에 표시하여 제출한다.

소 가	원
첨부할 인지액	원
첨부한 인지액	원
송 달 료	원
비 고	

4) 소송 진행 중 발생 비용

소송 진행기간 중 발생하는 비용은 계약서상의 내용에 의거하여 의뢰인에게 청구할 수 있다. 청구를 위해 영수증 및 내역서를 정확하게 관리한다.

소송 진행 중 발생하는 비용은 소장 작성 시 등기부 발급비용, 변론기일의 출장비용(항공, KTX, 버스, 택시, 숙박비, 식비 등), 법원 기록 열람 등 사비용, 인지대, 송달료, 법원이 지방인 경우 송무 직원 유류비 등의 여비 등이 포함된다.

5) 소송 종결 후 발생 비용

소송 종결 후 승소 시 계약서상의 성공보수금을 청구한다. 정확한 금액을 산정해야 하며, 재판 결과와 함께 청구 문서를 의뢰인에게 전달한다.

소송비용 청구서에 들어가야 할 내용에는 소송 결과에 따른 성공보수금 산정식(착수금은 없고 승소율에 따름), 부가가치세, 입금계좌, 세금계산서(전자발급의 경우 별도 송부하겠다는 언급) 등이 포함된다.

(4) 자문사건의 빌링(법률 자문료)

자문빌링도 송무와 마찬가지로 변호사 및 직원들의 위임사무 처리를 위해 사용한 일체의 시간 × 로펌이 정하고 있는 담당 변호사의 시간당 보수율 = 산출된 금액(부가세 별도)을 청구한다. 의뢰인과의 전화 상담, 면담을 비롯해 해당 자문 건에 소요된 모든 업무시간을 기록하여 청구하고 교통비, 복사비 등 부대비용은 별도로 청구한다. 단, 의뢰인과 로펌이 상호 협의하는 경우에는 보수 한도액을 정할 수 있으며 이러한 합의가 있는 경우에는 소송위임계약서의 특약 사항란에 기재한다.

법률자문료 청구를 위한 빌링업무 중 Time Sheet에 따른 법률 자문료는 변호사가 직접 작성하고, 정기적인 법률자문료를 청구하는 자문 혹은 고문계약은 1년, 3년, 5년마다 갱신한다.

법률비서는 의뢰인(또는 기업)에게 법률적 자문을 제공하는 변호사의 시간관리 및 문서관련 업무를 수행하므로, 계약서상의 기준(시간별 금액)에 따라 자문료를 청구할 수 있도록 Time Sheet관리를 철저히 해야 한다.

2017 국내진출 영미 로펌 서울사무소 현황

2017년 3월 15일부터 미국 로펌들에게 시장개방 3단계가 적용되어 한국 로펌과의 합작 법무법인 설립을 통한 한국법 자문이 가능해졌으며, FTA가 먼저 발효된 유럽지역 로펌들은 2016년 7월 1일부터 3단계 시장개방이 시작됐다. 2018년 1월 현재 국내에는 약 27개의 외국 로펌이 진출하여 활동 중이다.

영미 로펌	설립인가일	본점소재국
롭스앤그레이(Ropes & Gray)	2012-07-19	미국
쉐퍼드멀린(Sheppard, Mullin, Richter & Hampton)	2012-07-19	미국
클리포드 챈스(Clifford Chance)	2012-07-19	영국
코헨앤그레서(Cohen & Gresser)	2012-09-14	미국
심프슨 대처(Simpson Thacher & Bartlett)	2012-09-14	미국
맥더모트 윌 앤 에머리(McDermott Will & Emery)	2012-09-26	미국
폴 헤이스팅스(Paul Hastings)	2012-09-26	미국
클리어리 고틀립(Cleary Gottlieb Steen & Hamilton)	2012-09-26	미국
스콰이어 패튼 보그스(Squire Patton Boggs)	2012-09-26	미국
커빙턴앤벌링(Covington & Burling)	2012-10-18	미국
오멜버니앤마이어스(O'Melveny & Myers)	2012-11-06	미국
케이앤엘 게이츠(K&L Gates)	2012-11-15	미국
허버트 스미스 프리힐즈(Herbert Smith Freehills)	2013-02-20	영국
그린버그 트라우리그(Greenberg Traurig)	2013-02-20	미국

2017 국내 로펌순위 : 업무분야별 평가(영국, 체임버스앤파트너스)

영국의 법률매체인 '체임버스앤파트너스(Chambers and Partners)'는 한국을 포함한 전 세계 로펌의 경쟁력을 평가해 매년 발표하는 것으로 유명하다. 체임버스의 평가에 따르면, 김앤장이 금융 등 전 18개 업무분야에서 최우수 등급인 '밴드 1(Band 1)'에 이름을 올리며 한국 최고의 로펌임을 다시 한 번 입증했다. 김앤장이 전 분야 1등급의 높은 경쟁력을 자랑하는 가운데 국제중재는 태평양, 보험과 IP, 구조조정과 파산, 선박금융, TMT는 광장, 노동과 조세 분야는 율촌과 양강구도를 형성하는 모양새다. 메이저 로펌들 사이에서도 업무분야에 따라 경쟁력 평가에 미묘한 차이가 있다.

2017 국내 로펌 업무분야별 평가순위

업무분야	Band 1	Band 2	Band 3	Band 4	Other Noted Firms
Banking & Finance	김앤장, 광장, 세종	태평양	화우, 율촌	지평	대륙아주
Capital Markets	태평양, 김앤장, 세종	광장	율촌		화우
Competition/ Antitrust	김앤장, 세종, 율촌	태평양, 광장, 화우	지평		
Corporate/ M&A	태평양, 김앤장, 광장, 율촌	세종	KL 파트너스, 화우	지평	
국제중재	태평양, 김앤장	광장, 율촌	세종	KL 파트너스, 화우	
소송	태평양, 김앤장, 광장, 세종	바른, 율촌	화우	지평	
화이트칼라 범죄	김앤장, 광장	세종, 율촌	태평양, 화우		바른
Employment	김앤장, 율촌	태평양, 광장, 세종	화우		지평
Insurance	김앤장, 광장	태평양, 세종, 율촌	세경		지현
Intellectual Property	김앤장, 광장	태평양, 율촌	조앤파트너스, 다래, 세종, 화우		특히법인 AIP, 리인 터내셔널
International Trade	김앤장, 광장, 세종	태평양, 화우	율촌		
Projects & Energy	태평양, 김앤장, 광장, 세종	율촌			
Real Estate	김앤장, 세종, 율촌	태평양, 광장	리인터내셔널, 화우		
Restructuring/ Insolvency	김앤장, 광장	태평양, 세종	율촌	대륙아주, 화우	

2017 국내 로펌 업무분야별 평가순위					
업무분야	Band 1	Band 2	Band 3	Band 4	Other Noted Firms
Shipping	세경, 김앤장, 광장	태평양, Kwon & Co., Moon & Song, 청해	지평, 정동국제		지현
Shipping : Finance	김앤장, 광장	세종, 율촌			
Tax	김앤장, 율촌	태평양, 광장	세종, 화우		
Technology, Media, Telecoms(TMT)	김앤장, 광장	태평양	세종, 율촌		

자료 : LegalTimes, 2017.5 ; 체임버스앤파트너스

nterview

현직 비서 인터뷰

1. 국내 6대 S로펌비서

Q 비서 직무에 가장 필요한 역량은?

[답변] 커뮤니케이션 능력이라고 생각한다. 아무래도 상사를 보필하는 것이 주업무인 비서 직무에 있어서, 사람을 대하는 화법이 가장 중요하다고 생각한다.

Q 로펌에 입사할 수 있었던 본인만의 노하우는?

[답변] 이 직무를 얼마나 하고 싶은지, 로펌비서를 위해 얼마나 꾸준히 준비해 왔는지 보여드리려고 노력했다. 비서교육과정 이수는 물론이고, 다소 관계없는 것 같은 스펙도 로펌비서의 역량에 어떤 도움이 될지 연관성을 찾으려 했다.

Q 입사지원을 위해 이것만은 꼭 해야 한다는 점이 있다면?

[답변] 입사 전에는 아무래도 비서의 업무가 모호하다고 생각할 수 있기 때문에 직무 관련 특강이나 교육을 찾아 들으면서 꿈을 구체화하는 것이 좋다고 생각한다. 다른 직업에 비해 인터넷을 통해 얻을 수 있는 정보도 적은 편이고, 무조건 스펙을 쌓으면서 부딪치기보단 전문가의 도움을 조금이라도 빌리는 게 나을 것 같다.

Q 취업준비과정에서 어느 부분을 가장 중점적으로 준비하였는지?

[답변] 면접 준비를 가장 중점적으로 했다. 커뮤니케이션 능력과 차분하고 꼼꼼한 이미지가 중점이 되는 만큼, 혼자 연습할 때 제 모습을 카메라로 찍으면서 표정 관리와 자세, 말투 등에 정말 신경을 많이 썼다. 면접 때 나올 수 있는 모든 가능한 질문들을 미리 적어놓고 그에 대한 답변을 준비했다.

Q 면접 중에 가장 기억에 남는 질문은?

[답변] 가장 기억에 남는 질문은 제가 가장 자신 있게 대답했던 지원동기이다. 정말 간절하게 원했던 곳이었기 때문에 저의 절박함이 그대로 드러났다고 생각한다.

nterview

Q 면접 시 가장 어렵거나 곤란하게 느꼈던 질문과 나의 답변은?

[답변] '여행을 가서 어렵거나 힘들었던 기억은 없는가?'라는 질문이다. 딱히 떠오르는 게 없었던 저는 당황했지만, 그대로 솔직히 없다고 말씀드렸다. 이런 경우에 일부러라도 지어내는 것보다는 솔직하게 대답하는 것이 좋다고 생각한다.

Q 본인의 면접 시 기억나는 에피소드가 있다면?

[답변] 마지막으로 하고 싶은 말을 준비했는데, 질문을 받지 못하고 면접을 종료한다는 말을 듣고 당황하였다. 나는 그 말을 꼭 하고 싶었기 때문에, 먼저 마지막으로 드리고 싶은 말이 있다고 자신감 있게 말씀드렸다.

Q 취업을 준비하면서 도움이 되었던 자격증이나 교육이 있다면 어떤 것을 추천하는지?

[답변] 보통 외국어 실력이 매우 중요하다고들 하는데, 나는 비서 준비에 있어서 실용적이고도 조금 남다른 자격증을 생각하다가 한국어능력시험을 준비하였다. 내가 중요하다고 생각하는 커뮤니케이션 능력에는 말하기뿐만 아니라 쓰기, 읽기도 포함되는데, 한국어능력시험을 통해 이 모든 역량을 통합적으로 기를 수 있다고 생각한다. 실제로 자기소개서 및 면접에서도 자격증을 어필하며 준비된 비서임을 보여드렸고, 지금 업무를 하는 데 있어서도 도움이 많이 된다고 생각한다.

Q 어떤 계기로 비서업무를 시작하였는지?

[답변] 처음에 단순히 취업에 도움이 될 것 같아서 학교에서 비서직무교육을 듣게 되었는데, 로펌비서가 정말 매력적인 직업으로 느껴졌다. 로펌에서 수임한 사건의 진행에 보조를 한다는 점에 있어서 전문성도 갖출 수 있다고 생각하였고, 무엇보다 안정적으로 오랜 기간 일할 수 있다는 점에 지원을 결심하게 되었다.

Q 로펌비서의 장점과 단점은?

[답변] 장점은 워크라이프밸런스가 최고인 직업이라고 생각한다. 9 to 6 업무시간을 거의 지키는 편이기 때문에 취미생활이나 공부도 가능하고, 출산 후에는 육아와 병행하는 데도 어려움이 없다.

단점은 아무래도 일반 기업과 달리, 업무상의 드라마틱한 변화가 있는 것은 아니기 때문에 쉽게 안주할 수도 있다고 생각한다. 그래도 로펌비서가 처리해야 하는 범위가 폭넓기 때문에, 연차가 쌓일수록 업무처리능력이나 노하우가 발전하는 것은 분명하다고 생각한다.

Q 이직을 희망한다면 처우가 좀 더 좋은 로펌으로 가고 싶은지 아니면 기업비서로 가고 싶은지?

[답변] 지금 직장에서 이직하고 싶은 생각은 없지만, 굳이 질문에 따른 선택을 하자면 다른 로펌으로 갈 것 같다. 로펌이라는 조직에 별다른 불만이 없기도 하고, 지금까지 체득한 업무 및 환경이 비슷한 곳으로 가야 적응이 수월할 것 같기 때문이다.

Q 로펌비서로의 취업방법은?

[답변] 특별한 지름길은 없는 것 같다. 다만 누구나 다 알고 있듯이 기본적인 외국어 실력을 갖춰놓고, 직무교육을 한 번이라도 이수하면 좋을 것 같다. 거기에 상사의 지시를 따르고 구성원과 협업을 해보았던 인턴경험 등이 있다면 자신의 조직 융화력을 더욱 잘 어필할 수 있을 것이라고 생각한다.

Q 취업준비생들에게 어떻게 커리어를 시작할 것을 추천하는지?

[답변] 무작정 경력부터 쌓겠다고 어디든 입사하려고 서두르는 것은 추천하지 않는다. 높은 곳부터 두드려보되, 그동안 차근차근 실력을 기르고 준비하다 보면 본인에게 맞는 회사가 나타날 것이라고 생각한다.

Q 다른 업계와 비교했을 때 로펌만의 특수한 분위기 또는 문화가 있다면?

[답변] 법조계의 보수적인 문화를 가지고 있긴 하지만, 오히려 이 덕분에 상대방을 더욱 배려하고 존중해 주는 분위기가 형성된다고 생각한다.

Q 로펌비서직 면접 시 필수적인 질문으로는 무엇이 있는지?

[답변] 지원 동기 및 비서로서의 역량은 가장 필수적인 질문이다. 자신이 이 직무에 왜 맞는지 평소에도 항상 생각해 보면 좋을 것 같다.

Q 로펌비서로서 취업 직후 가장 필요한 관련 지식이 있다면?

[답변] 일단 법체계가 어떻게 돌아가는지 기본적으로 알아야 한다고 생각한다. 저도 입사할 때까지는 단순한 법적 용어조차 몰라 인수인계를 받으면서도 많이 힘들었는데, 조금씩 배우다 보면 일하는 데 큰 도움이 되는 것 같다.

2. 국내 6대 K 로펌비서

Q 로펌비서의 장점과 단점은?

[답변] 장점은 출퇴근 시간이 일정하고, 휴가 사용이 자유로우며 출산휴가와 육아휴직이 보장되어 있다. 또한, 업무 강도에 비해 보수 조건이 좋으며 강제적이지 않은 회식문화와 자리마다 다르기는 하지만 함께 일하는 프로와 클라이언트들이 대체적으로 젠틀하다. 송무비서의 경우 승소판결을 받을 경우 보람도 얻을 수 있으며 외부에서 생각하는 것보다 이원조직에서 오는 차별적인 대우를 느끼지 않는다.

단점은 생각보다 업무범위가 다양하여 업무를 익히는 데 비교적 많은 시간이 소요된다. 하지만 업무를 익히고 연차가 쌓일수록 단조로워지는 패턴으로 타성에 젖을 수 있다. 높게 시작하는 초봉에 비해 연봉 상승률이 높지 않고, 법률가들이 모인 로펌 자체가 굉장히 보수적이고 경직된 조직이므로 스태프의 내부규정, 복장 등이 타이트한 편이다. 또한, 비서가 속하는 팀이나 담당하는 프로에 따라 업무강도, 분위기, 직무 만족도가 다르다. 법률시장 개방, 경기악화 등 대형로펌들도 경기가 어려워지면서 비서 한 명당 담당하는 프로 수가 늘어나면서 업무 강도가 예전에 비해 높아지고 있다. 높은 초봉과 여성들이 오래 다니기 좋은 안정적인 부분들만 생각하고 입사하여 직무와 특유의 조직문화에 적응하지 못하여 퇴사하는 경우가 많다.

Interview

Q 이직을 희망한다면 처우가 좀 더 좋은 로펌으로 가고 싶은지 아니면 기업비서로 가고 싶은지?

[답변] 처우가 좋은 로펌으로 이직을 희망한다. 대부분의 로펌 조직문화와 업무가 비슷하기 때문에 로펌비서가 가지는 장점을 그대로 누리면서 처우가 좋은 로펌에서 익숙한 업무를 계속하는 게 좋을 것 같다.

Q 로펌비서에서 커리어를 시작한 이유는?

[답변] 대학시절, 각종 서비스직 아르바이트를 하며 누군가에게 서비스를 제공하고 이로 인해 고객에게 도움이 되고 상대방이 행복해 할 때 굉장한 성취감과 뿌듯함을 느꼈고, 조력자의 역할을 하는 것이 나에게 더 잘 맞다고 느꼈기 때문에 비서로 취업하는 것을 목표로 정했다. 그러나 이른 출근과 상사의 삶에 완벽히 맞추며 업무를 수행해야 하는 기업비서보다 퇴근 이후의 삶이 있고 상사의 퇴임 등에 상관없이 지속할 수 있는 안정적인 직장생활을 원했기 때문에 로펌비서로 커리어를 시작하였다.

Q 로펌비서로의 취업방법은?

[답변] 서점에서 비서 관련 책들을 읽어보며 비서 직무에 대한 이해도를 높이고자 우선 노력했다. 로펌비서 선배들을 찾아다니며 로펌비서가 정확히 어떤 업무를 하는지, 필요한 역량 등을 집중적으로 물어보고, 지금까지 내가 했던 경험들을 나열하여 면접 및 자기소개서에 어필할 수 있는 나의 장점들을 정리하여 나만의 노트를 만들었다. 이를 토대로 주로 비서 직무에서 면접 시 주로 물어보는 기출 질문들에 예상답변들을 다는 연습을 하여 어떠한 질문을 받아도 가지고 있는 자료 내에서 잘할 수 있도록 연습하였다. 또한, 비서는 면접 시 이미지가 매우 중요하기 때문에 카메라로 찍어보는 연습과 모의면접에 집중하였고 면접자리 경험을 쌓는 것도 중요하다고 여겨, 면접기회가 주어지면 기업의 평가 등에 관계없이 무조건 참석하고자 노력하였다. 혼자 카메라로 답변하는 자신의 모습을 찍어보면 순간적으로 생각하면서 눈을 옆으로 흘겨보거나, 고개가 기울어지거나 지나친 제스처 등

면접관이 볼 때 그다지 보기 좋지 않은 행동들을 나도 모르게 하고 있을 수 있으므로 이 또한 비서 취업 준비 시 매우 중요하다고 생각한다.

Q 취업준비생들에게 어떻게 커리어를 시작할 것을 추천하는지?

[답변] 비서 면접을 다녀보니 면접관들이 '경험'을 매우 중요시하는 걸 느꼈다. 영어 점수와 필요한 스펙들을 갖추면 백화점이나 올리브영 아르바이트라 할지라도 고객응대 방법, 서비스 마인드 등을 배울 수 있기 때문에 작은 경험이라고 해도 무시하지 않고 무엇이라도 먼저 시작하여 나만의 스토리를 만들어내는 것이 중요하다고 생각한다. 정규직으로 바로 입사를 하면 좋겠지만 정규직 비서를 채용하는 기업이나 로펌에서는 경력이 있는 비서를 선호하기 때문에 파견직이나 아르바이트일지라도 비서가 자신에게 맞는지, 직무 경험을 조금이라도 해보는 것을 추천한다.

Q 다른 업계와 비교했을 때 로펌만의 특수한 분위기 또는 문화가 있다면?

[답변] 로펌 자체가 매우 보수적이고 높은 지위의 전문가들이 모여 있는 집단이기 때문에 '서열'이 중요한 문화로 형성되어 있다. 그렇기 때문에 단어 사용, 메일의 양식, 예의 등 지켜야 할 부분이 엄격한 편이다.

Q 로펌비서직 면접 시 필수적인 질문으로는 무엇이 있는지?

[답변] 비서를 하고 싶은지, 복사나 전화받는 일 등 단조로운 업무일지라도 기쁘게 할 수 있을지 등은 필수적인 질문이다. 상황 질문으로는 담당변호사가 현재 바쁘니 고객이 찾거나 해도 절대 연결하지 말고 방해하지 말라고 했는데, 매우 중요한 클라이언트가 담당변호사님을 찾는다. 어떻게 응대할 것인지? 등의 질문이다.

Q 로펌비서로서 취업 직후에 가장 필요한 관련 지식이 있다면?

[답변] 간단한 영어회화 능력, MS 프로그램 사용법, 눈치와 센스가 정말 중요한 직업인 것 같다. 예를 들어 담당변호사가 매우 바빠 보이는데 급하게 곧 어떠한 서면이 제출되어야 한다. 그럴 때 비서가 할 수 있는 바운더리 내에서 미리 초안을

작성하여 변호사님이 시간을 절약하실 수 있도록 보내드린다거나, 담당 프로의 취향을 파악해 두거나, 업무의 흐름을 민감하게 캐치하여 비서가 챙길 수 있는 부분은 미리 챙겨두는 것이 중요하다. 또한, 선배 비서들과 기타 스태프 부서들과 원만한 관계를 유지하는 것 등이 로펌이라는 조직에서 비서 직무를 수행하는 데 관련 지식보다 더욱 필요하다고 생각한다.

3. 국내 6대 로펌 B비서

Q 비서 직무에서 가장 필요한 역량은?

[답변] 꼼꼼함이라고 생각한다. 실수하지 않도록 항상 모든 일을 두세 번 확인하는 습관이 필요하다. 로펌의 업무 특성상 상사들은 실수를 매우 싫어하므로 한번에 모든 일을 제대로 확실하게 해야 할 필요가 있다.

Q 로펌에 입사할 수 있었던 본인만의 노하우는?

[답변] 면접을 잘 본 것 같다. 사실 학점도 다른 지원자들에 비해서 좋지 않았고, 대학시절 1년의 휴학기간 동안 딱히 한 일이 없었는데 면접관이 1년의 공백기에 무엇을 했느냐에 대한 질문을 계속 받았는데 당황하지 않고 미소를 유지하면서 사소한 이야기들을 잘 대답하였다. 아마도 비서직이다 보니 차분하게 대답하려고 노력했던 면을 잘 봐주신 것 같다.

Q 입사지원을 위해 이것만은 꼭 해야 한다는 점이 있다면?

[답변] 문서작업이 많다 보니 워드와 엑셀을 잘 다뤄야 하며, 기본적인 법률용어는 숙지하고 있어야 할 것 같다. 나는 법대 출신이라 법률용어들이 익숙했는데 다른 전공을 한 친구들을 보면 원고, 피고의 의미도 파악하지 못하여 고생하는 것을 많이 보았다.

Q 취업준비과정에서 어느 부분을 가장 중점적으로 준비하였는지?

[답변] 면접 준비와 외국어 공부에 가장 중점을 두고 준비하였다. 나는 영어를 많이 준비하였는데, 막상 입사해 보니 영어보다는 한자 사용이 많아서 다시 중국어 공부를 하고 있다.

Q 면접 시 가장 어렵거나 곤란하게 느꼈던 질문과 나의 답변은?

[답변] 학점이 낮다는 질문이 가장 곤란하였다. 변명의 여지가 없기 때문이다. 하지만 그러한 질문에 거짓으로 답하거나 우물쭈물하지 않고 내가 좋아했던 일, 활동들을 최대한 좋게 어필하기 위해 노력하였다. 카페에서 아르바이트했던 일, 여행을 다녀왔던 일들 거기서 느꼈던 점 등을 준비하여 답변을 하였다.

Q 면접 중에 가장 기억에 남는 질문은?

[답변] 심폐소생술 자격증이 있었는데 특이했는지 여쭤보셨다. 사실 승무원을 준비하면서 취득하였는데, 그렇게 대답할 수 없어서 아버지가 예전에 심장이 좋지 않으셔서 쓰러진 적이 있으셔서 아버지 이야기를 하면서 취득했다고 하였다. 그리고 주위에 도움을 드릴 수 있는 상황이 있을 것이라 생각했다고 답변 드리니 많이 놀라시면서 좋게 봐주셨다.

Q 취업을 준비하면서 도움이 되었던 자격증이나 교육이 있다면 어떤 것을 추천하는지?

[답변] 컴퓨터 관련 자격증은 필수이다. 가능하다면 외국어 1개 정도(영어 또는 중국어)를 한다면 좋을 것 같다. 외국 기업과도 계약이 많은데 통역 직원이 없다 보니 중국어나 영어를 잘하는 직원들을 선호하는 것 같다.

Q 입사 첫날, 어떤 업무를 하였는지?

[답변] 입사 첫날 회사분들의 얼굴을 익히려고 정말 많이 노력했다. 성함과 사진을 보면서 변호사님들 얼굴을 기억하려 노력하였고, 어디서 누구를 만나든 인사를 잘하려고 노력하였다.

Interview

Q 로펌비서의 장점과 단점은?

[답변] 장점은 전문성이 있는 점이다. 법원에 제출해야 하는 서류작업이 로펌비서의 일 중에 가장 큰 부분을 차지하므로 변호사의 보조역할이라고 보면 될 것 같다. 단점은 항상 같은 일의 반복, 단순업무, 과장 또는 차장이 할 수 있는 일은 사원도 한다는 것 등 매너리즘에 빠질 수 있는 것이 단점인 것 같다.

Q 이직을 희망한다면 처우가 좀 더 좋은 로펌으로 가고 싶은지 아니면 기업비서로 가고 싶은지?

[답변] 이직을 한다면 로펌비서로 가고 싶다. 법원이 마치는 시간이면 비서는 딱히 그 후에 일을 하지 않기 때문에 퇴근시간이 일정하다. 변호사들은 자리에 남아 일하는 경우도 있지만 비서가 필요 없으므로 함께 남지는 않는다. 하지만 기업비서는 임원분들이 퇴근하지 않으시면 나갈 수 없고, 출근도 일찍 해야 한다고 알고 있다. 그것이 조금 부담스러울 것 같다.

Q 로펌비서의 취업방법은?

[답변] 특별한 지름길은 없는 것 같다. 다만 누구나 다 알고 있듯이 기본적인 외국어 실력을 갖춰놓고, 직무교육을 한 번이라도 이수하면 좋을 것 같다. 거기에 상사의 지시를 따르고 구성원과 협업해 보았던 인턴경험 등이 있다면 자신의 조직 융화력을 더욱 잘 어필할 수 있을 것이라고 생각한다.

Q 취업준비생들에게 어떻게 커리어 시작할 것을 추천하는지?

[답변] 어디든 입사하려고 서두르는 것은 추천하지 않는다. 면접에서 탈락하더라도 소신 있게 지원할 것을 추천한다.

Q 다른 업계와 비교했을 때 로펌만의 특수한 분위기 또는 문화가 있다면?

[답변] 법조계의 보수적인 문화를 가지고 있긴 하지만, 오히려 이 덕분에 상대방을 더욱 배려하고 존중해 주는 분위기가 형성된다고 생각한다.

우리 로펌은 대다수의 프로가 판검사 출신이기 때문에 보수적인 문화를 가지고 있다. 함부로 말이 오가지 않는다. 하지만 분위기 자체는 부드럽다.

Q 로펌비서직 면접 시 필수적인 질문으로는 무엇이 있는지?

[답변] 꼼꼼한 성격인지, 온순한 성격인지 그 두 가지 면을 파악하기 위한 질문을 많이 하는 것 같다.

Q 로펌비서로서 취업 직후에 가장 필요한 관련 지식이 있다면?

[답변] 컴퓨터 관련 지식은 필수이고, 최소한의 법률용어, 민사소송법, 형사소송법 등의 최소한의 법률지식은 반드시 필요하다.

4. 국내 4대 로펌 T비서

Q 비서 직무에서 가장 필요한 역량은?

[답변] 꼼꼼함과 융통성, 순발력이라고 생각한다.

Q 로펌에 입사할 수 있었던 본인만의 노하우는?

[답변] 단정하고 깔끔한 이미지를 어필하였고, 업무적인 면에서 꼼꼼함을 어필하였다.

Q 입사지원을 위해 이것만은 꼭 해야 한다는 점이 있다면?

[답변] 로펌비서는 변호사뿐만 아니라 많은 클라이언트를 접하기 때문에 밝고 단정한 이미지를 전달하기 위하여 이미지 트레이닝이 필수적이라고 생각한다. 또한, 문서작업이 많으므로 보고서 작성요령 등을 파악하여 준비하는 것이 좋을 것 같다.

Interview

Q 취업준비과정에서 어느 부분을 가장 중점적으로 준비하였는지?

[답변] 지원하는 로펌의 업무성향, 사내 분위기 등 정보를 많이 얻고 이에 적합한 사람이라는 것을 어필하였다.

Q 취업을 준비하면서 도움이 되었던 자격증이나 교육이 있다면 어떤 것을 추천하는지?

[답변] 비서자격증, 컴퓨터 자격증과 중국어 교육을 추천한다.

Q 입사 첫날, 어떤 업무를 하였는지?

[답변] 전체적인 업무관계를 파악하였고, 상사와 자주 연락하는 분들의 성함과 연락처를 외웠으며 전임자의 인수인계 보고서를 꼼꼼히 읽어보았다.

Q 로펌비서의 장점과 단점은?

[답변] 장점은 안정적인 근무환경이고, 단점은 보수적인 분위기이다.

Q 이직을 희망한다면 처우가 좀 더 좋은 로펌으로 가고 싶은지 아니면 기업비서로 가고 싶은지?

[답변] 좀 더 업무가 폭넓은 기업비서로 근무해 보고 싶다.

Q 로펌비서에서 커리어를 시작한 이유는?

[답변] 인턴으로 근무하던 로펌에서 비서실 공석으로 업무를 시작하게 되었다.

Q 다른 업계와 비교했을 때 로펌만의 특수한 분위기 또는 문화가 있다면?

[답변] 점심회식과 조용한 근무환경이라고 생각한다.

Q 로펌비서로서 취업 직후에 가장 필요한 관련 지식이 있다면?

[답변] 법률용어 암기, 비즈니스레터 쓰는 방법이 필요하다.

5. 국내 6대 로펌 K 변리사 비서

Q 비서 직무에서 가장 필요한 역량은?

[답변] 융통성과 순발력이라고 생각한다.

Q 회사에 입사할 수 있었던 본인만의 노하우는?

[답변] 단정하고 깔끔한 이미지 어필, 업무적인 면에서 꼼꼼함을 어필하였다.

Q 취업준비과정에서 어느 부분을 가장 중점적으로 준비하였는지?

[답변] 지원회사의 업무성향, 사내 분위기 등 정보를 많이 얻고 이에 적합한 사람이라는 점을 어필하였다.

Q 취업을 준비하면서 도움이 되었던 자격증이나 교육이 있다면 어떤 것을 추천하는지?

[답변] 대한상공회의소에서 주관하는 비서자격증이다.

Q 로펌비서의 장점과 단점은?

[답변] 장점은 안정적인 근무환경, 단점은 보수적인 분위기이다.

Q 이직을 희망한다면 처우가 좀 더 좋은 로펌으로 가고 싶은지 아니면 기업비서로 가고 싶은지?

[답변] 좀 더 업무가 폭넓은 기업비서로서 근무해 보는 것도 좋을 것 같다.

Q 로펌비서의 취업방법은?

[답변] 인턴으로 근무하던 곳에서 비서실 공석으로 지원하게 되었다.

Q 다른 업계와 비교했을 때 로펌만의 특수한 분위기 또는 문화가 있다면?

[답변] 점심회식, 조용한 근무환경이다.

Q 로펌비서 취업 직후 가장 필요한 관련 지식이 있다면?

[답변] 법률용어 암기, 비즈니스레터 쓰는 법이 필요하다.

CHAPTER

07

의전

CHAPTER 07

의전

의 · 료 · 법 · 률 · 비 · 서 · 실 · 무

1. 의전

(1) 의전의 이해

1) 의전의 정의

의전은 과거부터 행해지던 일정한 규범의 형태이다. 사전적 의미의 의전(儀典)은 예(禮)를 갖추어 베푸는 각종 행사와 연회 등에서 기준이 되는 일정의 방식으로 '인간관계 상호 간의 관계를 질서 있고 평화롭게 하는 기준과 절차'라고 할 수 있다. 근래 들어서는 인간관계의 영역을 벗어나 국제 외교관계, 사회, 정부, 일반 기업, 학교, 가정 등 모든 사회활동에 영향을 미치고 있다. 오늘날의 의전은 일정한 사회적 규범으로 다양한 예가 제도화된 것이며 사회의 통합과 화합을 조성하는 데 있어 중요한 역할과 기준이 되고 있다고 정의할 수 있다. 하지만 이러한 역할과 기준은 변하지 않는 것이 아니라 상황과 장소 그리고 시기에 따라 달라질 수 있다.

국내를 비롯한 동양권 문화에서는 특수한 관계라고 한정하기보다 인간이라면 보편적으로 지켜야 할 예절이라는 개념으로 이해되는 경우가 하나의 사회적인 규범으로 인지된다. 의전은 사람과 사람, 사람과 조직, 조직과 사회 등 다양한 곳에서 활용되고 있으며 최근 들어 그 의미와 역할이 중요해지고 있다.

서양권 문화에서는 동양권 문화와는 조금 다르게 인간관계의 중심이기보다 비즈니스관계의 중심으로 활용되고 있으며 실제로 다양한 행사와 연회에서 의전이 활용되고 있다. 의전은 동양문화권에서 시작되기는 했지만 발달의 꽃을 피우고 실제 활용가치를 극대화한 곳은 바로 서양이다. 서양문화권에서의 의전은 사회적인 질서로 작용하고 있다.

의전(Protocol)이란 단어는 그리스어의 Protokollen에서 유래된 것으로, 이는 Proto(맨 처음)+Kollen(붙이다)이 합성된 단어다. 이는 원래 공증문서에 효력을 부여하기 위해 문서 맨 앞장에 붙이는 용지를 뜻하는 것이었는데, 이후 외교관계를 담당하는 정부의 공식문서 또는 외교문서의 양식을 의미하게 되었다.

이처럼 의전은 조직과 사회가 원만하게 운영되고 질서를 잡는 데 있어 반드시 필요한 하나의 규범으로 인식되고 있으며 그 중요성은 시간이 지날수록 높아지고 있다. 사람 간의 소통이 줄어들고 조직 간의 소통이 줄어드는 소통부재의 시대에 살고 있는 오늘날 우리에게 필요한 것은 바로 의전이라 할 수 있다.

2) 의전의 역사

국내 의전은 조선시대 9대 왕인 성종 때 완성된 ≪국조오례의(國朝五禮儀)≫(1474)에서 시작되었다는 의견이 지배적이다. ≪국조오례의≫는 나라에서 행하는 각종 의식인 길례, 흉례, 군례, 빈례, 가례의 5가지 예법을 적은 책이다. 오례는 크고 작은 여러 가지 제사를 지내는 것에 관한 '길례'와 자기 나라나 이웃 나라의 왕이 죽은 경우의 국상이나 죽은 왕의 장례를 치르는 국장에 관한 '흉례', 다른 나라를 정벌하러 가거나 군대의 각종 훈련이나 조직의 관리에 필요한 '군례', 국가적인 손님을 맞이하고 보내는 예의에 관한 '빈례', 새로운 임금의 즉위 혹은 왕이나 세자들의 직위를 인정하는 절차인 책봉, 그리고 왕실의 결혼인 국혼, 크게 잔치를 베풀고 선물을 내려주는 등에 관한 기쁘고 좋은 행사에서 행해지는 '가례' 등을 말한다. 조선시대에는 전례(典禮)문화도 발달하였다. ≪경국대전(經國大典)≫의 6전 가운데 '예전(禮典)'에는 의장(복식), 의주(국가의 전례절차), 조정의 의식, 국빈을 대접하는 연회, 중국 및 기타 외국 사신을 대접하는 방식, 제례, 상징 등 의전에 관한 사항이 두루 규정되었다. 근래 들어서는 정부를 중심으로 의전에 대한 다양한 연구활동이 활발하게 진행되고 있으며 과거 우수한 사료들을 복원하는 현대화 작업도 진행 중에 있다. 기업들의 비즈니스 영역이 국내에 한정되지 않고 우리나라의 국가경쟁력이 높아지고 있는 만큼 의전이 필요한 경우가 많아지고 있어 의전에 대한 연구와 고증이 어느 때보다 활발해지고 있다.

서양권에서 의전 역사를 말할 때 반드시 살펴봐야 하는 것이 나폴레옹 전쟁 후에 개최된 1815년의 '비엔나 회의(Vienna Congress)'이다. 1815년 비엔나 회의 이전까지는 국가 간의 서열이나 서열 기준에 맞는 행사 원칙 등이 없다 보니 국가 간의 모임이 생기면 무질서한 모습이었다. 거의 대부분이 강대국들 중심의 외교관계이거나 일정한 기준으로 정의한 국가 간의 서열이 아니라 힘의 논리에 의한 서열이 기준이었다. 이는 국가 간의 분쟁이나 전쟁으로 번지기도 했다. 행사장에서의 단순한 자리싸움으로 인해 프랑스와 스페인은 외교관계를 단절한 경우도 있었고 프랑스와 러시아의 외교관들은 몸싸움을 벌인 적도 있었다. 이와 같은 문제점은 의전상 서열이 정해지지 않았기 때문인데 비엔나 회의에서 국가 간 의전에 관한 원칙을 처음으로 정하게 되었다. 그로부터 140여 년이 지난 1961년에 체결된 '외교관계에 관한 비엔나 협정'에서 구체화되어 오늘날과 같은 의전 관행이 전 세계로 널리 보급되었다. 이 원칙에는 국가 간의 행사와 의식이 진행될 때 필요한 의전 정보들이 담겨 있고 현재도 이 원칙은 의전의 기준이 되고 있다.

3) 의전의 종류

가. 의전요소

순수의전행사

의전요소가 많은 행사로서 기념행사, 공식연회 등이 대표적이다. 의전행사 중에서도 의전요소가 대단히 높은 의식은 혼합의전행사와 구별하여 순수의전행사에 해당된다. 단위 의전행사가 병렬적으로 연합하는 경우에는 병합 의전행사(combined protocol event)라 할 수 있다. 이러한 전문적인 의전행사는 독립된 의전부서 또는 전문적인 의전 담당관에 의하여 운영되는 것이 바람직하다.

혼합의전행사

행정요소(정무, 비즈니스 등)와 의전요소가 혼합되어 주무부서와 의전부서의 상호협조가 필요한 행사로써 오찬간담회, 특수행사 등이 이에 해당된다. 의전행사 중에서도 국빈 교환방문, 귀빈지방출장과 같이 의전행사가 연속적으로 이루어지는 종합의전행사(integrated protocol event)로 분류된다.

나. 의전행사

정부행사와 민간행사

정부행사는 정부기관에서 주관하는 각종 의식, 기념행사, 준공식들이 여기에 해당되며, 정부행사의 관행 및 사례는 근거규정을 중심으로 발전되어 왔으며 민간단체에서 거행되는 많은 행사의 기본이 되므로 매우 중요하다. 민간부문의 의전행사에는 개인을 중심으로 하는 가정예식(관혼상제)과 사회를 중심으로 하는 단체행사 등이 있다.

국제행사와 국내행사

국제행사는 두 나라 이상의 의전업무를 조화시켜야 되는 행사로서 국제회의 외교행사 등이 여기에 해당된다. 따라서 국제행사의전은 각각 자국의 국가의례를 바탕으로 한 상호 간 국제의례를 이해하고 상충되는 부분을 절충하는 데 중점이 주어지고 있다. 국내행사는 민간의 관습과 정부의 절차를 중심으로 한 국가의 예의범절을 바탕으로 체계화된 행사이다.

특수행사와 연회행사

특수행사는 축제, 전시회, 박람회, 문예행사, 공연, 체육행사(체육대회), 종교행사 등과 같이 특정목적을 위하여 대체적으로 많은 인원과 예산이 동원되는 행사다. 연회행사는 음식을 차려 놓고 손님을 청하여 즐기는 일로, 이것 역시 의전행사화되면 연회행사의 운영요령에 따른 의전행사와 기본적으로 동일하다. 다만 연회행사에는 술과 음식에 대한 준비가 필요하고 식탁매너가 요구되며 많은 준비가 수반된다. 따라서 연회행사와 특수행사는 모두 혼합행사이지만 그 규모가 커짐에 따라 부문별로 의전요소가 증가하게 된다.

4) 의전의 예우

가. 직위기준

의전을 학습할 때 가장 먼저 배우는 것이 사람과 사람이 다르다는 것이다. 여기에서 '다르다'라는 표현은 사람마다의 성향적인 차이가 아닌 서열이 존재할 수 있다는 것이다. 물론 의전을 할 때에는 성향적인 차이도 반영되어야 하지만 서열을 우선시한다. 서열은 각종 행사를 주최하는 곳에서 임의적으로 정하는 경우도 있으나 정부의 의전 예우기준에 맞춰서 예우하는 것이 관례이다.

내빈 서열기준

- 직급(계급)자 순위
- 부서 순위
- 부서장 선순위
- 공적 직위가 없는 인사의 서열(전직/연령/행사 관련성)

외빈 서열기준

- 직급(계급)자 순위
- 헌법 및 정부조직법상의 기관순위
- 기관장 선순위
- 상급기관 선순위
- 국가기관 선순위

단, 국회의원이 참석할 경우 당대표는 국회의석 수에 따르며 개인 의원자격일 경우는 국회 내 직급에 따르고 동일할 경우 다선에 따른다.

5) 의전 좌석배치

의전을 진행할 때 잘못된 좌석배치로 인해 참석자로 하여금 불쾌감을 유발하는 경우가 있다. 이러한 결례는 국제행사 시 외교적인 문제로 비화되기도 한다. 일정한 기준은 없으나 직위의 높고 낮음, 나이, 직위가 같을 때는 정부조직법상의 순서 등에 의한다.

단상 좌석배치는 행사에 참석한 최고위자를 중심으로 하고 최고위자가 배우자를 동반하였을 때에는 단 위에서 아래를 향하여 중앙에서 우측에 최고위자를, 좌측에 부인을 각각 배치한다. 그다음 인사는 최상위자 자리를 중심으로 단 아래를 향하여 우·좌의 순으로 교차 배치하는 것이 원칙이다. 단하의 일반 참석자는 각 특징별로 일정한 좌석군(座席群)을 정하는 것이 무난하며 행사와의 관련성과 참석자의 사회적 비중 등을 감안하여 단상을 중심으로 가까운 위치부터 배치하도록 한다. 주최 및 주관기관의 소속직원은 뒤쪽에 위치하고 초청인사는 앞쪽으로 배치한다. 행사진행과 직접 관련이 있는 참여자(공연인력 등)도 앞쪽으로 배치한다.

회의에 참석하는 참석자 간의 좌석배치 순서는 이미 정하여진 서열이 있으면 그에 의하여 사회자석을 기점으로 배열한다. 특별히 정해진 서열이 없으면 가나다순에 의한 성명 순서에 따라 배치한다. 외국인이 다수 참석하는 경우와 국제회의의 경우에도 영어의 알파벳순으로 국명 또는 성명의 순서에 따라 배치한다.

가. 좌석배치 예시

단상 좌석(대표자 참석)

연대

5	3	1		대표	2	4

단상 좌석(VIP)

연대

5	3	1		대표	2	4

단상 좌석(VIP 배우자 참석)

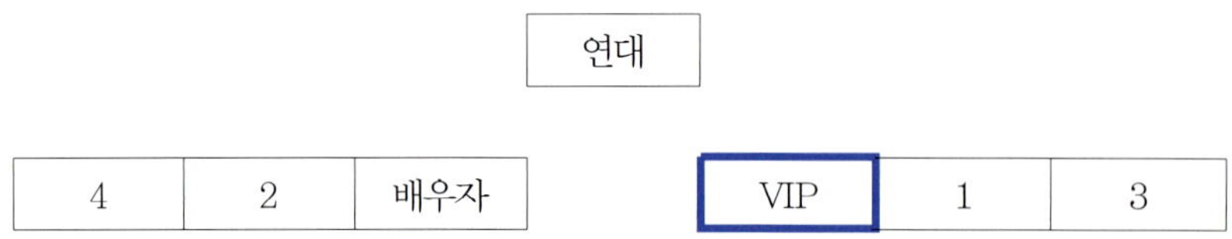

단상 좌석(VVIP)

양분이 어려운 경우

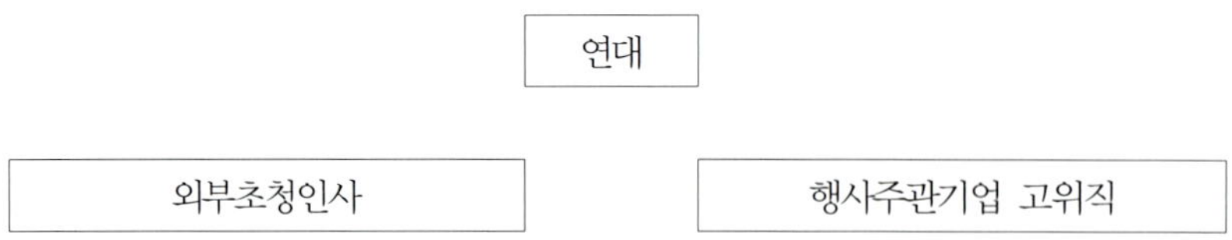

단상 좌석(좌석이 홀수인 경우)

단상 좌석(좌석이 짝수인 경우)

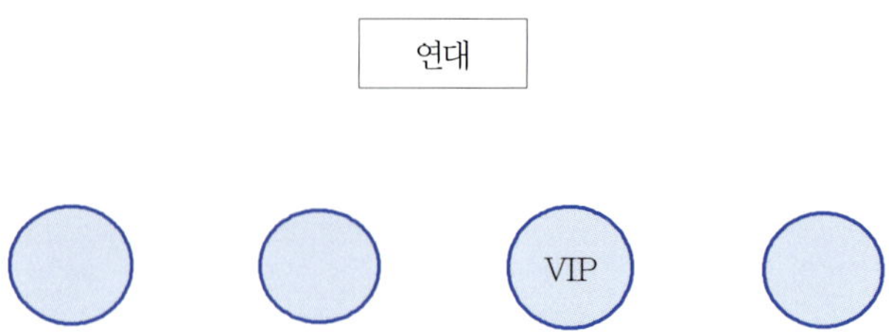

나. 각종 회의 시 좌석배치

각종 회의 좌석배치는 회의의 규모와 장소에 따라 일정하지 않으나 좌석의 배열형태 및 참석자 간의 좌석배치 순서는 다음의 관례에 의한다.

배치형태

회의에 참석할 인원이 5명 내지 7명인 경우에는 원형으로, 9명 내지 10명 정도의 경우에는 장방형으로, 그리고 12명 이상일 경우에는 U자형으로 좌석을 배치하는 것이 일반적이다. U자형의 배치에는 세로 길이가 가로 길이의 2배를 넘지 않도록 하는 것이 적당하다.

〈원형〉

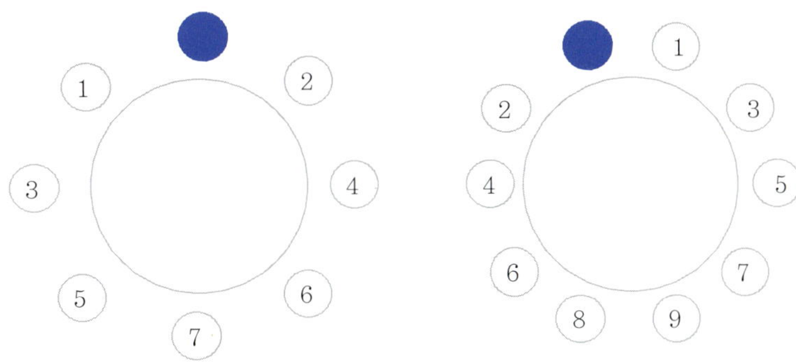

〈타원형〉

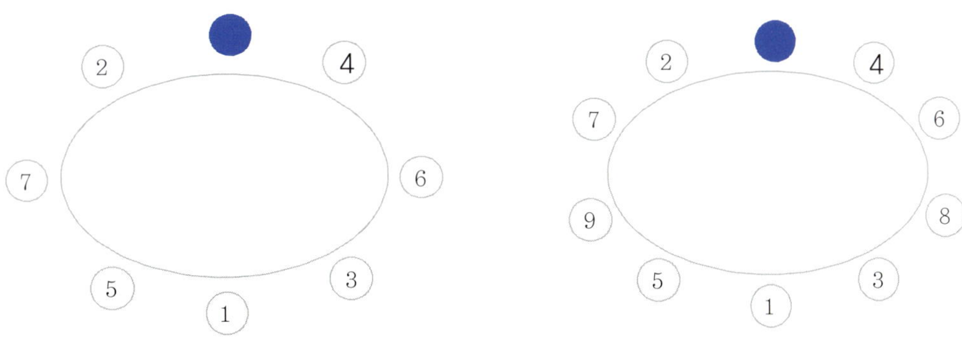

〈장방형 : 종장방형〉

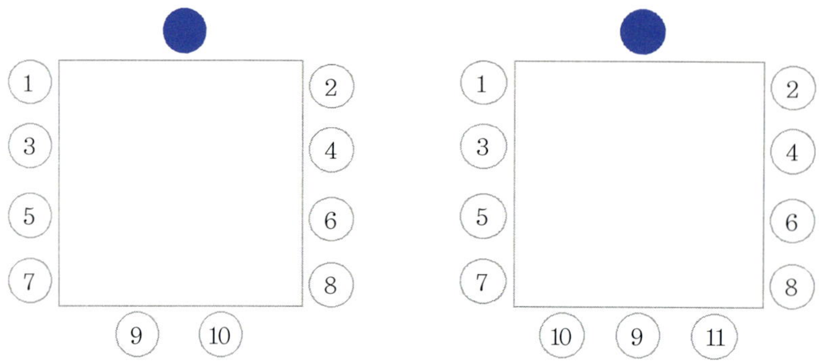

〈장방형 : 황장방형〉

• 일반적인 경우

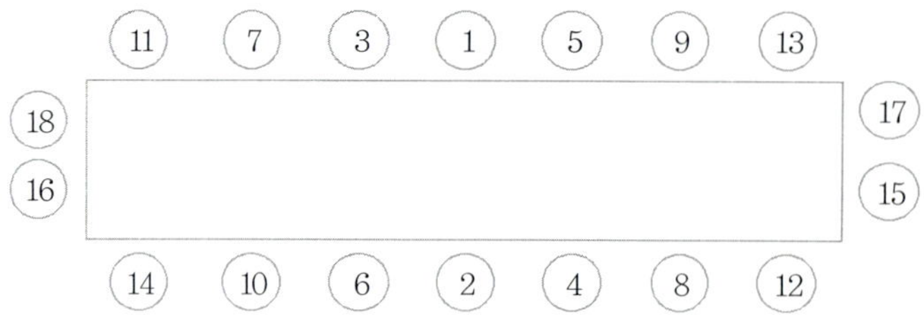

• 대좌형의 경우(홀수)

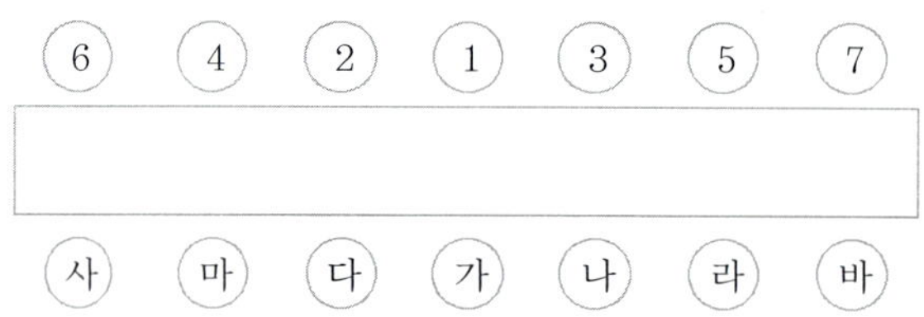

• 대좌형의 경우(짝수)

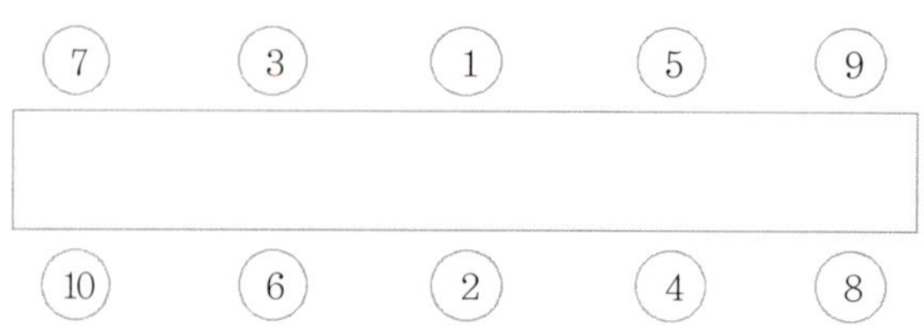

〈∪자형〉

∪자형의 배치에는 세로 길이가 가로 길이의 2배를 넘지 않도록 하는 것이 적당하다.

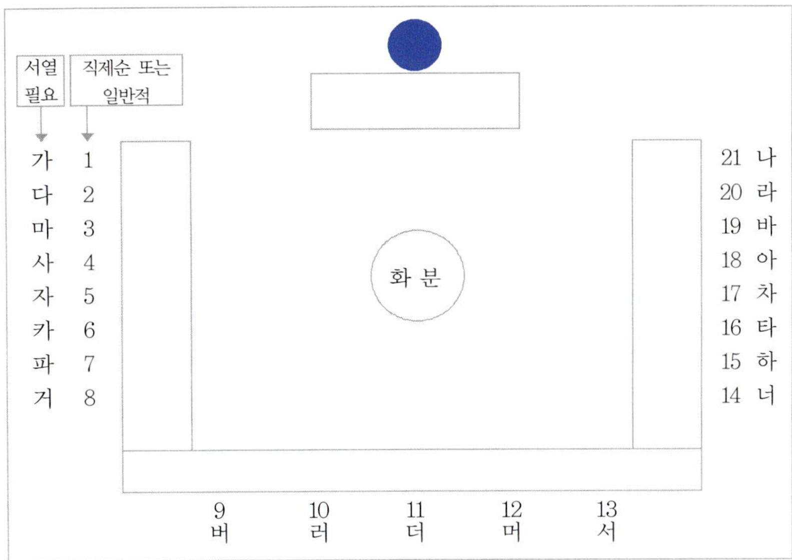

〈∩자형〉

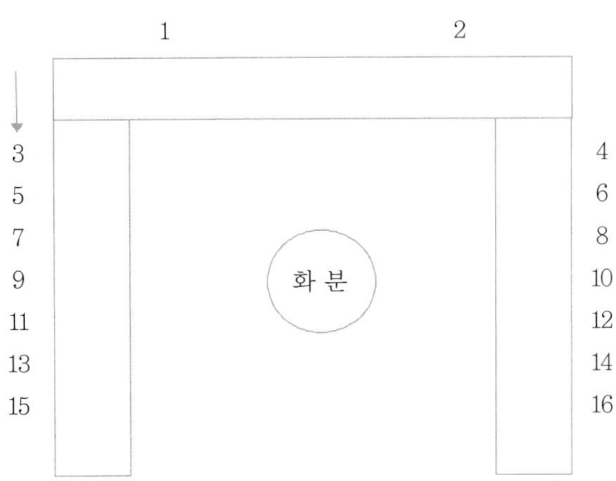

〈원탁(사각) 줄줄이형〉

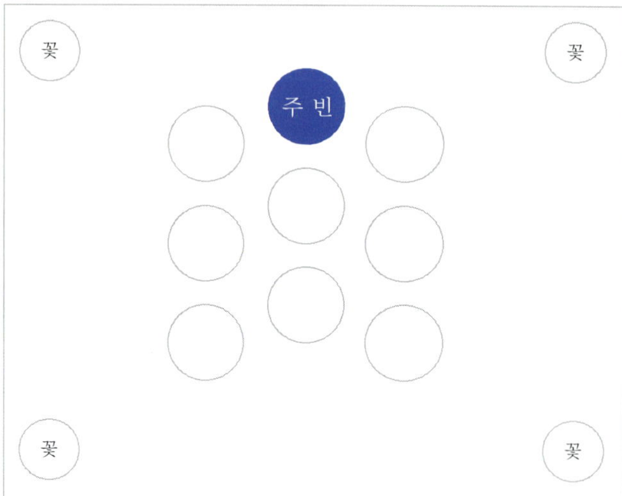

- 주빈석을 마련하고 그 외 인사는 순서 없이 앉게 할 때
- 조별(분임별)로 앉게 할 필요가 있을 때, 이때는 식탁 위에 번호판을 놓으면 좋음
- 식탁별 환담 등 부드러운 분위기를 조성하고자 할 때
- 의자 사용이 적정하며 가급적 식탁치마를 두름
- 식탁별로 중앙에 소형 꽃병을 놓으면 좋음
- 연회장 구석에 적정한 크기의 화분을 배치

〈칵테일 다과형〉

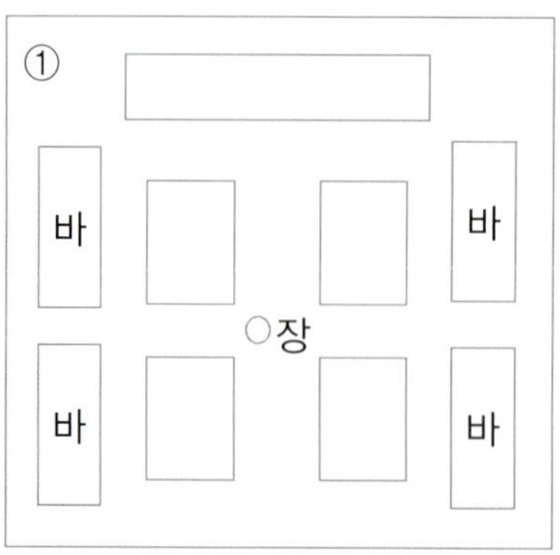

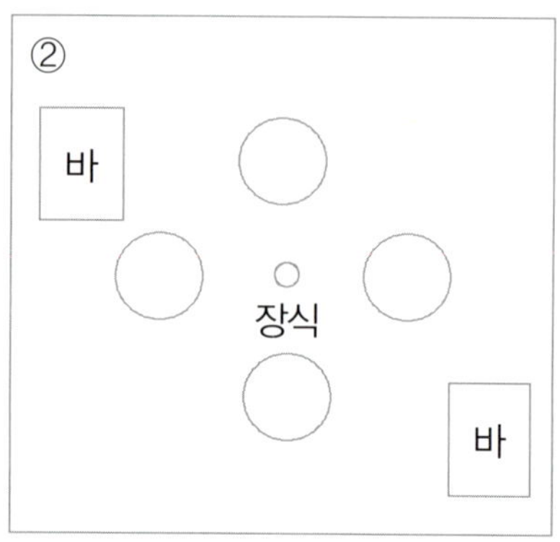

- 기립식 다과·칵테일 연회에 좋음
- ①형은 1식탁당 30~40명, ②형은 20~30명 규모가 적정
- 중앙에 적절한 규모의 얼음조각으로 장식하면 좋음
- 식탁에는 식탁치마를 두름
- 바(Bar)는 수용인원에 따라 적정하게 설치
- 연회장 가에 쉴 수 있는 의자를 적절히 놓는 것도 좋음

〈응접용 의자〉

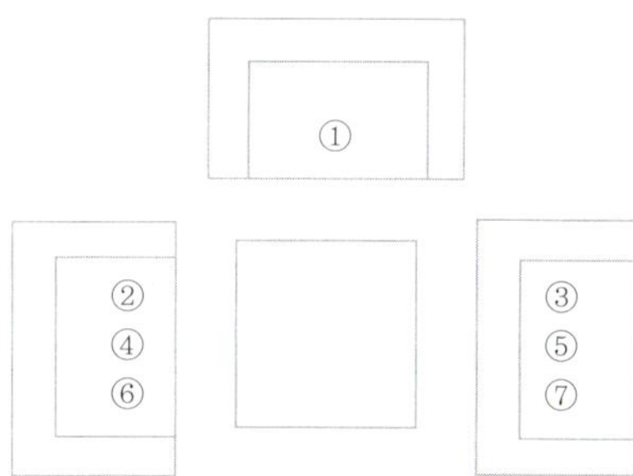

2. 의전의 실전

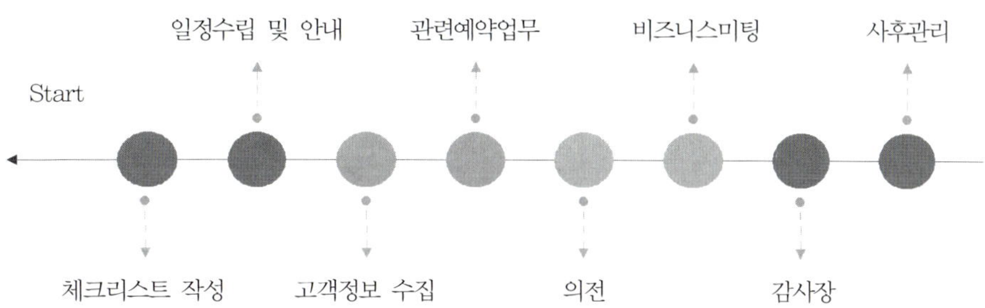

1) 의전 체크리스트

의전 체크리스트				
Date	항목	내용	비고	체크
D-30	내한 날짜 확인	내방객의 방문 예정일 확인		□
D-30	의전 대상 정보 수집	의전 상대방의 정보 수집 (음식, 숙소)	내방객이 선호하는 음식, 숙박 조사	□
D-30	의전 기능 인원/차량 파악	의전 가능한 인원과 차량 파악	의전 시 필요한 의전차량 지원 및 동행인원 파악	□
D-30	일정 수립	의전 활동계획을 수립	회의시간 확인 및 조정	□
D-20	일정 보고 및 조정	일정 수립 후 상사에게 보고 후	가능한 일정을 여러 가지 제시할수록 좋음	□
D-20	의전 일정 전달	의전 상대방에게 구체적인 일정 전달		□
D-15	회의 장소 예약			□
D-15	호텔 예약	방문객이 숙박할 호텔 예약	ㅇㅇ호텔(02-000-0000)	□
D-15	레스토랑 예약		ㅇㅇ레스토랑 (02-000-0000)	□
D-15	비용 결제	예약 간 발생한 비용 결제	영수증 보관 및 첨부	□
D-7	문화공연/ 볼거리 조사	의전 당일 볼 만한 문화공연이나 볼거리 조사	뮤지컬 콘서트, 전시회 등	□
D-7	회의 장소 탐사	회의장 이용에 불편 여부 확인	회의장 크기, 장비 확인, 다과 준비여부	□
D-1	내방객 도착 정보 확인	내방객 도착시간, 항공편 재확인 및 차량 지원안내		□
D-1	의전가능인원/차량 차질여부 확인	의전 수행 시 필요한 인원/차량 가능여부 재확인		□
D-1	회의장/호텔/레스토랑 예약 재확인			□
D	공항 내방객 마중		명함, 꽃 준비/의전 직원 인솔예정	□
D+	감사장 및 감사 선물 전달	내방객 귀국 시 감사장 & 감사선물 전달		□

2) 호스트/게스트로서의 응대요령

가. 국가원수의 외국방문

외국방문 준비절차

대통령의 해외 방문 시 공식의전은 도착공항에서부터 시작된다. 보통 외교부 장관이 직접 나와 영접을 하나, 더러 국가 수반급이 모습을 보일 때도 있으며 국력에 따라 예우가 달라진다. 그러나 대통령의 외국방문은 많은 의전사항을 수반한다. 대통령의 외국방문 추진은 외교부가 대통령실과 협의를 거친 다음 방문국 정부당국과 방문 자격(state, official, working), 방문기간 등 제반사항에 관하여 협의하여 추진한다.

대통령의 해외방문 시 의전행사는 점점 간소화되는 경향이 있다. 그러나 전통적으로 외교부에서는 일정, 수행원, 행사, 출입국, 여비, 항공기, 승무원, 숙소, 화물, 훈장, 선물, 경호협조, 공보협조, 선발대, 공관지원, 자료, 국내행사, 보고 및 회의, 예산 등에 관하여 전반적인 사항을 점검표에 의거 철저하게 준비한다. 그러나 공항행사 및 훈장과 국기에 관하여 행정안전부와 상호 협조하여 결정하고, 그 밖의 사항도 관련 부처와 협의하여 다음과 같이 업무를 분담한다.

구분	조치 내용
방문일자 및 기간	외교부가 방문국 정부 관계당국과 협의
실무위원회 구성	외교부, 대통령실(경호처) 관계관으로 구성
부처별 협조사항	행정안전부, 문화체육관광부
재외공관 보고사항	방문국의 외빈영접관례, 일정, 출입국 절차 등
외교부본부 통보사항	주요 일정, 수행원 명단, 숙소, 특별기, 선발대 등
의전관련 준비사항	일정 안, 주요 인사명단, 국별 개황, 복장, 특수한 의전관행
선발대 조치사항	선발대 파견일정, 선발대 점검표, 초청장, 악보, 차량, 숙소
현지공관 추가준비	주요 인사 인적사항, 현지 환·송영계획, 공관원 업무분담 등
환·송영 공항행사	국내 환영행사, 국내 환송행사

방문일정 및 실무위원회 구성

대통령 외국방문은 방문대상국과 방문자격(state visit, official visit, official working visit), 방문기간 및 일정 등의 제반사항에 관하여 협의, 추진함으로써 이루어진다.

정상회담 때 정상들의 일정은 분 단위까지 쪼개서 합의하는 것이 상례이다. 그러나 합의된 일정을 변경하려면 상대방 정상이 놀라거나 불쾌해 하지 않도록 미리 알려주고 양해를 구해야 한다.

방문 해당지역 방문기간 및 일자에 관하여 방문국 정부관계당국과 협의하여 결정하게 되며, 이러한 절차를 거쳐 방문일자가 확정되면 외교부, 국가원수의 대통령실(경호처) 등의 관계관으로 구성되는 실무위원회를 구성하여 방문과 관련된 제반문제를 협의, 조정한다.

나. 준비실무 분장 및 의전관계 준비

업무 분장

방문 준비업무와 관련 해당부처는 일정확정 및 항공기 결정, 연설문, 성명서 작성, 선물, 기념품 준비(청와대 대통령실, 외교부), 공보활동 계획(문화체육관광부), 방문국에 대한 의전설명 및 예산편성(외교부), 회담 및 교섭자료 작성(외교부, 관계부처), 훈장 준비(교환할 경우 외교부, 행정안전부), 국내 공항행사(행정안전부), 기념우표 및 전화카드(산업통상자원부) 등을 업무분장에 따라 준비업무를 추진한다.

방문 준비 기본자료

해당 재외공관은 방문기간 및 일자가 확정되면 방문국의 외빈 영접관례, 외국 국가원수 방문 때 주재국에서의 각 행사의 일시, 소요시간 및 장소, 참석범위(방문국 측, 자국 측), 행사장별 복장, 성명, 연설 등 필요 여부, 행사의 세부진행 절차, 국가원수 부인의 별도일정, 우천 시 일정, 행사장 약도, 행사장 간 거리, 소요시간, 훈장 교환 여부, 자서존영 교환여부, 선물 교환여부, 교환 때 품목 건의, 방문국 출입국 수속절차, 방문국 주요 인사 명단 및 약력, 방문국 내의 기후(방문기간 중 최저·최고 기온, 기온에 적절한 복장, 방문기간 중 일출·일몰시각 등), 방문국 내의 교포 분포, 방문국의 외환제도·환율·환금절차, 주요 연락처 전화번호, 기타 필요한 안내서 등의 자료를 입수하여 전문으로 보고하여야 한다.

다. 의전관계 준비

일정 안 작성

일정 안 작성은 실무위원회와의 협의를 거친 후 방문예정국의 영접일정 안에 자국의 희망사항이 포함되도록 교섭하고, 늦어도 방문 40일 전(선발대 출발 전) 국가원수에게 보고하여야 한다. 일정 안에는 ① 여정(발착지, 발착일시, 비행시간, 시차 표시 등) 및 지도, ② 일정(각 행사의 일시, 장소, 각 행사의 참석범위, 각 행사의 복장, 성명, 연설 등의 필요 여부, 각 행사의 세부절차, 국가원수 부인의 별도일정 등), ③ 방문국 내의 주요 인사 명단 및 약력, ④ 방문국 내의 기후, 지세, 정치·경제사항, ⑤ 방문국 내 교포분포, ⑥ 환율, 환금절차, ⑦ 주요 연락처 전화번호, ⑧ 기타 필요한 안내사항 등이 포함되어야 한다. 그러나 방문국에서의 일정 자체는 방문국 측에서 준비한 바에 따라야 한다.

국가원수 존영, 선물, 훈장 준비

방문 예정국의 정부관계 당국과 합의한 내용에 따라 필요한 수의 자서전 및 훈장을 제작하고, 선물교환은 방문국의 관행을 존중하여 대상자 및 품목을 선정한다.

미국의 경우 외국지도자가 주는 305달러 이상의 선물은 개인이 가질 수 없도록 하고 있다. 훈장 교환비율은 대개 자국 측 3개, 접수국 1개의 비율로 한다.

복장

방문 예정국과의 합의에 따라 필요한 복장을 준비하고, 수행원에게도 통보한다. 그리고 복장은 언제나 방문국의 관행에 따르는 것이 원칙이다.

의전설명서 및 방문국 개황

일반적인 사교의례의 요점과 방문국의 특수한 의전관례 등을 기술한 책자를 제작, 참고한다.

선발대

국가원수의 외국 방문 때에는 출발 20~30일 전에 반드시 선발대를 방문예정국에 파견하여 방문국 정부당국과 일정에 관하여 협의하고 현장을 직접 답사하게 한다.

선발대 구성

선발대는 외교부 직원, 국가원수 대통령실(경호처)의 관계관 및 항공관련 직원으로 구성된다.

선발대 파견

선발대 파견은 희망일정에 따라 선발대를 접수하도록 주재국 정부와 교섭하고 합의된 바에 따라 선발대 일정을 작성한다.

선발대 지참자료

선발대는 ① 일정 안(세부설명서 포함), ② code(전보, 전화용), ③ check list, ④ 방문지별 고정 의전관 배치, ⑤ 행사별 현지담당관 지정(화물, 출입국담당 포함), ⑥ 국가원수 및 국가원수의 부인 국·영문 이력서 및 존영(보도용 또는 비치용), ⑦ 공식수행원 국·영문 명단, 사진, 이력서, ⑧ 기자단 포함 비공식 수행원 명단(숙소, 차량배치), ⑨ 애국가, 국가원수 찬가 및 민요 수록의 악보(밴드용 : 악기별 연주용 국가 안보 및 카세트테이프 2개, 민요 또는 대중가요 5곡 악보, 가사 및 테이프(음반도 가능) 각 3개), ⑩ 국가원수의 주최 연회 초청장, 명찰, 좌석표, 명찰 케이스, ⑪ 특별기 이착륙허가, 무전기 주파수 사용허가, 경호용 무기 반출·입, 간이통관 요청을 위한 자료, ⑫ 각 행사장 답사 때 공관원 지원, 제반문제 협의자료 등을 지참한다.

선발대 현지 확인사항

선발대가 현지에서 확인할 사항은 ① 정사회담 형식, 테이블 형식, 좌석배치, 탁상기, 의장기 설치, 통역방법, ② 국가원수 존영 교환여부, ③ 각 행사담당원(특히 연회) 분장업무 파악 또는 지정, ④ 방문지별 방명록 서명여부, 서명방법(국문 또는 영문), ⑤ 경유지별 기온확인, 복장준비, ⑥ 카메라맨 취재범위, ⑦ 각 행사장 간 거리, 소요시간, ⑧ 방문지별 특별행사 내용, 절차확인, ⑨ 각 행사장 도면, 수행원 위치 등을 확인한다.

그리고 환영, 환송 및 영예수행에 있어서 각 경유지별 영접 및 환송절차(공항 국기게

양, 군 의장례, 회환, 행운의 열쇠 증정 등), 경유지별 기상, 영접시간, 출영인사 및 인사교환 범위, 도착 또는 고별 remarks 유무, 국가원수 및 국가원수 부인의 영외수행원 유무를 확인한다.

또 차량과 관련하여서는, 차량소요 판단(방문국 제공 대수 : 대통령 차량과 운전자 등은 항상 방문국이 책임지도록 돼 있다. 임대차량 대수), 경유지별 도착 때와 체재기간 중 차량배치, 차량기(국기 또는 국가원수)게양 여부, 의전관용 차량 및 보도용 차량 특별배정 여부를 확인한다.

연회를 위한 확인사항은 ① 연회장 도면, 식탁형태, 식탁배치, 메뉴(기호 또는 기피음식 고려), 복장, 실내기온, 연회 취재범위, 참석범위 확인(헤드테이블 포함), Place Card, Your Seat Card, 초청장, 명찰, 명찰 케이스, ② 국가원수 기호식품, 음악, 경유지 공관통보, ③ 연회통역 자국 측 또는 주재국 측 제공여부 통역배치(좌석 마이크), ④ 각종 연회(주재국 주최, 자국 주최) 때 주재국 의전장(관) 수행여부, ⑤ 조찬 또는 자유오찬, 만찬계획 수립 등을 확인한다.

숙소와 관련한 확인사항으로는 각 숙소별 평면도 입수, 수행원 숙소 배치, 각 숙소별 텔렉스, 전화번호 확인, 각 숙소별 직통전화, 프레스센터 가설확인, 각 숙소별 명패준비 요청, 숙소 태극기 게양, 숙소에 의전 사무기기, 사무용품 비치지시(국·영문 가능한 컴퓨터, 복사기, 파지기, 국가원수 친서용지, 결재용지, 전화증설 등), 호텔 종업원에 대한 tipping 여부, 숙박비 부담한계 확인(자국 측 또는 상대측), 국가원수의 기호음식·기피음식 통보, guest house(구조, 수용능력, 통신시설 확인, 투숙 수행원 결정, 기타 수행원 투숙호텔 점검 등) 등을 확인한다.

화물관련 사항으로는 ① 화물통관, 운송절차 확인, ② 화물 운송차량(차종 및 대수) 지원확인, 사이드카 지원요청, ③ 화물담당 공관원 지정, ④ 공항과 숙소 간 화물운송 소요시간 확인, ⑤ 화물집결시간(D-1일 수집, 3시간 30분 전까지 공항에 이송), 장소 등이 있다.

기타 확인사항으로는 ① 주재대사 행사개요 브리핑(안)점검, ② 국제기구 관계인사 등 예방여부·절차, ③ 국가원수 휘장준비, ④ 각종 국기(차량기, 의장기, 탁상기, 호텔 게양기, 전용비행기 게양기 등) 제작·게양법 확인, 교민 환송용 수기 소요매수, ⑤ 구급차,

국가원수 내외분 혈액형에 따른 혈액준비 확인, ⑥ 비표, ⑦ 감사장 대상자 소요판단, ⑧ 선물대상자 소요판단 등을 확인한다.

그리고 현지 국가의 경호와 관련하여 당사자 사이에 사용되는 은어(隱語) 등을 파악할 필요가 있다. 즉 미국의 경우 백악관 취재기자와 당사자 사이에 통하는 은어로 ① POTUS(President of The United States의 약자)는 대통령을 지정하고, ② Gaggle(여자들의 수다)은 백악관 대변인이나 고위인사가 방송카메라의 전원을 끈 채 출입기자들에게 정책을 설명하는 자리를 지칭하며, ③ Pebble Beach(샌프란시스코 외곽에 있는 세계최고의 골프장 이름)는 방송뉴스의 배경으로 지정해 둔 장소를 지칭하며, ④ Flur는 기자단을 대신해서 대표 취재에 나선 소수의 기자를 가리키는 은어이다.

라. 외국귀빈 영접준비

⊙ 외국귀빈 영접절차

외국의 국가원수 또는 행정수반의 영접에 관한 외국의 제도를 보면, 외빈영접에 관하여 미리 일정한 기준을 명문화하여 시행하는 국가(대륙법계 : 독일 등)와 과거로부터 관례에 따라 적절히 예우하는 국가(영미법계 : 영국 등)도 있다.

외국의 국가원수, 수상급 공식방문 관련업무 중 의전관계 업무는 외교부 주관으로 처리한다.

외빈은 그 목적에 따라 공식방문(Official Visit)과 준공식방문(Informal Visit) 및 사적방문(Private Visit), 공식실무방문(Official Working Visit) 등으로 대별되는바, 공식방문의 경우 외빈의 지위에 따라 국가원수, 수상급 A, 수상급 B로 구분하여 그에 상응한 기준을 정하여 영접한다.

대한민국에서 국빈의 공식 환영식은 행정안전부 주관으로 청와대 대정원에서 거행하고 있다.

마. 외국 귀빈영접의 일반사항

⊙ 방문기간 및 일자

외빈의 방문기간은 3박 4일간을 원칙으로 하고 구체적인 방문일자는 방문국의 정부관계 당국과 협의, 잠정합의하고 내부재가를 득하여 최종 확정한다.

◉ 영접준비 의뢰

방문일자가 확정되는 대로 외빈방문 재가문서 사본을 첨부하여 외빈 영접준비를 의뢰한다.

◉ 교섭창구

외빈 영접업무는 자국에 상주공관을 통하여 교섭하는 것이 원칙이나 필요한 경우 방문국가 주재 자국공관을 이용할 수도 있으며, 자국에 상주공관이 없는 경우 방문국가 주재 자국공관을 통하여 교섭한다.

바. 외국귀빈의 영접기준

〈공식방문 시 외국귀빈의 영접기준〉

◉ 기타 주요 외국귀빈 영접기준

외국의 대통령 및 수상 등의 당선자, 전직 국가원수 및 황태자 등 왕족의 방문은 비공식방문 또는 사적 방문으로 되는 경우가 대부분이나, 공식방문에 해당되는 의전 예우를 갖추어 영접하는 경우도 있다. 즉 1984년 7월 파나마 대통령 당선자의 경우가 그 예이다.

위의 주요 외빈에 대한 영접기준은 확립되어 있지 않으므로 방문경위 및 자국과의 관계 등을 고려하여 영접한다. 즉 전직 국가원수 등 주요 외빈이 사적으로 방문하는 경우 확립된 영접기준은 없으나, 대체로 경호 및 사이드카 지원, 도착 및 출발지 공항에 레드카펫 설치, 외빈용 승용차 제공 등의 예우를 한다.

◉ 국빈의 영접준비

외국의 국가원수가 공식방문 때 준비할 사항으로 국가원수 외에 각급 외빈의 경우는 이를 준용하면 된다.

기본자료 입수

국가원수의 방문일자가 확정되면 ① 도착 및 출발일시(외빈의 환영·송식 개최를 위하여 외빈의 도착일시를 가급적 주중의 일출 후, 일몰 전으로 사전 교섭), ② 일정에 관한 방문국 정부의 희망사항, ③ 주재국 출발 후 귀국 때까지의 전 항공 일정, ④ 국가원수의 존칭·호칭, 약칭의 한글 및 영문 표기와 공식 영문이력서{요약 정리된 성명, 생년월일, 학력, 경력, 가족관계, 취미, 종교, 저서, 몸무게, 신장, 건강상태 및 혈액형, 기호 및 기피음식 등(흡연 또는 음주 여부 포함) 국문 번역본의 내용을 첨부}, ⑤ 부인 동반여부(국가원수 내외에 대한 존칭의 한글, 영문 표기), ⑥ 국기{국기견본(4매) 및 제작법 등}, ⑦ 수행원의 명단은 서열 순으로 국문과 영문의 성명, 직위, 각료급 수행원의 이력서 사진, 명단은 공식 및 비공식 수행원, 경호원(Member of The Presidential Security Service), 기자단(Press Corps), 승무원(특별기 이용하는 경우), 기타 수행원(수행 경제인단 등) 등으로 구분하고, 의전, 출입국, 화물담당 수행원의 성명과 직책, 경호원 무기반입 여부, 반입하는 경우 소지자 성명, 무기의 종류, 일련번호, 수량, 탄환 수량 사항, 무전기를 휴대하는 경우 주파수, 전파형식, 송수신기 모델, 일련번호 사항 등, ⑧ 국가원수 간 훈장교환 희망여부, 교환하는 경우 주재국 측이 지참할 주재국 최고 훈장명, 등급(국·영문) 및 내용, 기타 인사와의 훈장교환 희망 여부, ⑨ 선물은 양국 원수(내외) 간 교환할 선물품목, 기타 선물대상자, 존영은 주재국 측의 교환 희망여부, 교환 희망하는 사진의 종류{단독사진(5매 : 16cm×20cm), 부인 동반사진, 흑백, 컬러 등}, ⑩ 공식현판 문안은 국·영문 및 현지어로 작성하고, ⑪ 기본차량 대형구성에 대한 주재국 측 의견을 고려하여 공식수행원에 대하여는 승용차(차관급 이상 공식수행원 2인에 대해 승용차를 각 1대씩 제공하고 기타 공식수행원은 승합차 제공)를, 비공식수행원에 대하여는 버스를 제공한다(단, 상호주의원칙 우선적용), ⑫ 국가원수(내외) 숙소에 대하여 특별히 희망하는 사항과 수행원 숙소배치에 대한 의견, 숙소에 hot line, press center 등 특별한 통신시설 설치(통신시설 설치 및 사용료)는 방문국 측(국빈 측)에서 부담하는 것을 원칙으로 함, ⑬ 특별기편으로 방문여부(특별기편으로 방문 시 이착륙 허가에 필요한 기종, 등록번호, 호출부호, 승무원명단, 항공일정 사항), ⑭ 선발대를 파견하려는 경우 선발대의 방문시기, 구성(성명, 직위)협의·희망사항 등의 자료를 보고한다. 그리고 방문국가에 대한민국의 공관이 없는 경우 질문표를 국내공관에 송부하여 기본자료를 입수한다.

미국의 경우 국빈의 경호를 위하여 국토안보부의 요인경호과에서 담당하도록 되어 있다. 국빈의 내방이 결정되면 수주일 전부터 사전준비에 착수, 먼저 국토안보부가 주체하여 관계기관 전체회의가 개최되고, 내방하는 국빈에 대한 국민의 여론, 국민에 대한 불온한 행동을 계획 또는 행할 위험성이 있는 단체, 개인에 대한 정보연락 등을 행한다. 이러한 경우 문제가 있으면 그 나라의 관계자를 만나서 위험정보를 교환한다.

일정작성 및 영접준비

국가원수 및 수상(Prime Minister) 방문 때 일정은 필수일정과 선택일정으로 구분, 일정확정에 앞서 주재국 측 희망사항을 빠른 시일 안에 타진한다. 그리고 주재국 측 희망사항을 고려 일정 안을 작성하여 이를 해당공관에 송부, 주재국 측과 협의하여 확정하고, 수행원의 일정별 참석자 명단과 직위를 파악한다.

필수일정

필수일정은 공항환영식, 총리 내외 접견, 국립서울현충원 헌화, 국가원수 예방, 정상회담과 공식만찬, 민속공연 및 공항 환송식 등이다.

선택일정

선택일정은 대통령(내외분) 작별예방, 경제단체장 공동주최 오찬과 외교단 및 자국 교민 접견, 기자회견, 산업시설 시찰, 문화유적지 시찰 등이다.

연설문

공식만찬 및 경제단체장 공동주최 오찬 때에는 만찬사 및 오찬사를 하는 것이 대한민국의 관례로서, 연설문은 방문국가 정부관계 당국으로부터 미리 입수하여야 한다.

⊙ 유관부처 관계관회의

기본일정 및 수행원 명단 등이 어느 정도 결정되면, 유관부처 관계관회의를 개최한다. 국빈방문과 관련하여 각 부처의 분담업무를 재확인하고 상호 업무협조 문제를 토의·결정한다.

⊙ 선발대 접수

통상 선발대는 국빈방문의 최소 20일 내지 30일 전에 방문하여 일정 세부사항을 협의, 결정하여 행사장(Event site)을 답사하고, 선발대 구성원의 성명과 직책, 도착 및 출발일시, 항공편을 보고한다. 그리고 선발대 일정을 작성하는 등 일정에 따라 선발대와의 업무를 협의, 결정된 사항을 통보한다.

⊙ 영접계획서 결재

일정, 수행원 명단 및 만찬 초청대상자 등이 결정된 단계에서 최소한 외빈방문 20일 전에 외빈 영접계획서를 작성하여 최고통치권자의 재가를 받고, 재가가 나는 대로 관계부처에 공문을 보내 분장업무를 집행토록 한다.

국가원수 방문 시에는 기념우표·전화카드 및 기념담배 제작발매를 위하여 방문 약 50일 전에 산업통상자원부와 KT&G에 협조하며, 기념우표 및 담배는 방문국가 국가원수 및 수행원에게 배포한다.

⊙ 영접계획서 작성

국가원수, 수상방문 때의 일정은 영문(불문)과 국문책자의 2종으로 제작한다.

⊙ 의전관계관 점검회의

국빈방문의 2일 전에 의전관계관 전 직원 회의를 소집하여 일정에 따라 각자의 분담업무를 최종 점검, 확인한다.

호스트로서의 응대요령

〈술 접대〉

- 애프터 비즈니스(After business)로도 불리며 비즈니스의 중요한 업무로 인식되는 나라도 있을 만큼 국제 비즈니스에서는 중요한 요소로 인식되기도 한다.
- 나라마다 술의 종류가 다양하고 마시는 법도 다르므로, 각국의 음주문화를 미리 알아두는 것이 좋다.
- 러시아는 보드카를 스트레이트로 마시고, 상담차 방문해도 커피 마시듯 보드카나 브랜디를 권하기도 한다.
- 이탈리아, 프랑스, 중국인은 고급 레스트랑에서 술과 음식을 즐긴다.

〈초청비용 처리〉

- 초청자 측은 피초청자가 한국에 왔을 때 모든 비용을 부담해야 한다는 부담을 갖지 말고 개인적 소비나 관광은 부담하지 않아도 된다.
- 항공권은 초청자가 부담하고 비즈니스석으로 왕복 항공권을 준비한다.
- 호텔의 경우 숙박비용을 초청자가 부담하고 투숙자 개인적으로 소비하는 사항은 본인 부담으로 한다.
- 투숙자의 국제전화, 세탁료, 팁 등 개인적 비용은 투숙자가 부담하도록 한다. 다만, 투숙 첫날 welcome drink와 과일바구니에 초청자의 명함을 붙여 객실에 넣어두면 좋다.
- 피초청자의 개인쇼핑 비용도 개인이 부담하도록 하며, 호스트가 쇼핑을 안내할 때 한국 토산품숍 등으로 안내하는 것이 좋다.
- 국내 체류기간 중 이동할 대중교통 수단은 초청자가 제공할 수도 있으나 피초청자가 대중교통의 이용을 원하면 이용안내만 돕도록 한다.

사. 게스트로서의 응대요령

초대 수락

초대에 응할 때는 분명하게 의사표현을 하여 모호한 답변은 피하는 것이 좋다. 상대방을 잘 모를 경우 즉답을 피하고 제반사항을 파악한 후에 회답하는 것이 필요하고, 서신을 통한 제의에는 답장을 보내도록 하며 전화로라도 연락하는 것이 기본 에티켓이다. 거절은 정중하고 완곡하게 하도록 하며 초대해 줘서 고맙다는 인사를 하는 것이 좋다.

참석

약속시간에 늦지 않도록 하여 적어도 5분 전에 도착하는 것이 좋다. 불가피하게 늦어지거나 초대받지 않은 사람과 동행 시 사전통보나 허락을 받도록 한다. 특히 동성끼리의 모임에서는 이성의 동반을 자제하는 것이 좋다.

방문 전 준비

사전에 방문 일시와 장소를 약속하고 필요한 서류와 명함 등을 확인한다. 방문 전 상대방에게 변동사항 여부를 전화로 확인한다.

도착 및 안내 시

늦어도 약속시간 5분 전까지 도착하며 차량을 이용할 때는 정해진 주차공간에 주차하고 주차질서를 지킨다. 화장실에 들러 용모를 다시 한 번 점검하고, 부득이한 사정으로 늦어지는 경우에는 도중에 상대에게 양해를 구하여 대응한다. 코트 등은 사무실에 들어서기 전에 벗고 들어간다.

미팅 시

앉기 전에 명함을 건네고 받은 다음 권하는 좌석에 조심스럽게 앉으며 통행에 불편이 없도록 배려한다. 서류가방은 의자의 측면이나 발 아래 놓고 테이블이나 소파 위 또는 무릎 위에 놓지 않는다.

방문을 마치고 돌아갈 때

미팅에 대한 감사표시를 한다.

3) 레스토랑 예약방법

예약은 즐거운 식사를 위한 기본이다. 예약에 앞서 우선 식사할 사람의 취향, 예산, 인원 또는 모임의 목적을 고려하여 이용하고자 하는 레스토랑이 그 기준에 적합한지를 확인하는 것이 필요하다. 예약 시에는 이름, 연락처, 일시, 인원에 대하여 알려 그에 적합한 자리를 준비할 수 있도록 한다. 예산과 메뉴에 대해서 알려주고 또는 특별한 서비스를 부탁하면 더욱 편안하고 즐거운 서비스를 제공받을 수 있다. 또한 고급 레스토랑의 경우 드레스코드를 확인하여 참석자들이 그에 대하여 준비할 수 있도록 해야 한다. 일반적으로 레스토랑은 예약시간에 맞추어 테이블과 요리를 준비하기 때문에 예약한 시간은 가급적 잘 지켜야 하며 늦어질 경우 미리 연락을 해야 한다. 15~20분 이상 늦어질 경우 레스토랑에서는 예약이 취소되어 레스토랑을 이용할 수 없는 상황이 발생할 수도 있음에 유의해야 한다.

가. 레스토랑 찾기

- 인터넷 블로그 : 인터넷 블로그에는 레스토랑 블로그가 많아 검색을 하면 많은 레스토랑 정보를 확인할 수 있고 실제로 방문해서 사진이나 평가를 확인할 수 있으므로 다양한 정보를 얻을 수 있다.
- 레스토랑 커뮤니티 앱 : 앱을 다운받으면 지역을 손쉽게 검색할 수 있고 해당지역의 레스토랑을 찾을 수 있다.
- TV 프로그램 : TV 프로그램을 통해서 레스토랑을 확인할 수 있다. 평상시 이러한 프로그램들을 관심있게 시청한다면 레스토랑에 대한 정보를 많이 얻을 수 있다.
- 럭셔리 매거진 : 매월 발행되는 럭셔리 매거진을 통해 신규 오픈 레스토랑 및 파인다이닝 레스토랑에 대한 정보를 얻을 수 있다.

나. 레스토랑 예약하기

- 모임에 참석하는 인원 수, 추가로 더 참석할 수 있는 인원도 감안한다.
- 남녀 각각의 수도 파악하고, 어린이도 참석하는지 알아본다.

- 모임이 시작되는 시각과 예상 소요시간을 파악한다.
- 별도로 조용한 룸과 룸타입(일식의 경우 다다미룸 혹은 다다미 테이블룸)을 확인한다.
- Food Allergy, Vegetarian 여부, 종교, 음주 여부, 선호·비선호 음식, 커피 기호, Tea 기호(디카페인 선호 여부 등), 선호하는 좌석 등을 확인한다.
- VIP 고객을 위한 Special Menu를 별도로 구성해 주기도 하므로 필요시 가능 여부를 확인한다.
- 외국인 VIP의 경우 영문메뉴판이 있는지 확인한다.
- 유선결제 가능여부, Corkage 가능여부 및 비용을 확인한다.
- 전용엘리베이터 이용가능여부를 확인한다.

다. 레스토랑 예약 시 주의사항

무리 없이 섭외하려면 적어도 일주일 전에 예약해야 한다. 예약할 때에는 예약 담당자의 이름과 음식점 전화번호, 주차 가능 여부, 영업시간 등을 확인한다. 예약일 하루 전에 다시 한 번 예약사항을 확인한다.

4) 교통편 예약방법

가. 항공편

- 자주 거래하는 여행사가 있으면 편리하다.
- 항공권 예약 시 일정과 좌석종류를 정확하게 확인한다.
- 예약 전 방문하는 나라, 날짜와 출발 & 도착 시간, 좌석 클래스, 경유인지 직항인지를 체크한다.
- 예약 시 항공사별 멤버십번호를 함께 안내하여 마일리지를 적립할 수 있도록 한다.
- 발권시한을 확인한다. 예약 시 즉시 결제해야 하는 경우도 있지만 대부분의 항공권은 발권시한이 정해져 있다. 발권시한에 발권을 하지 않으면 자동적으로 예약이 취소되므로 주의한다.
- 수하물의 중량도 확인한다. 또한 기내 반입 가능 수하물의 수량과 크기도 확인

한다.

- 비자 : 최소 일주일 전 여권과 여권 사진을 준비하여 미리 발급받는다. (국가별로 비자가 필요한지 사전에 확인한다.) 국가별로 연휴기간이 다르므로 해당국가의 연휴를 대사관에 확인하여 비자를 준비한다. 중국의 경우 연휴기간 1~2주 정도 대사관이 휴무이기 때문에 기간을 놓치면 비자를 받지 못할 수도 있다.
- 전자항공권(이티켓), 미국의 경우 ESTA를 인쇄 후 여권 복사본과 함께 준비한다.
- 출국 전일과 당일 날씨, 항공사 사정으로 인한 결항여부와 지연여부를 꼭 확인한다.
- 기내영화프로그램을 사전에 입수해서 안내한다.
- 나이별, 종교별, 체질별로 기내식의 사전선택을 확인한다.
- 미성년자가 동반할 경우 주민등록등본을 소지한다.
- 세관신고서와 출입국신고서를 사전입수 후 작성하여 준비한다.
- 동행 시 가급적 같은 클래스에 탑승한다.

나. 좌석을 업그레이드하는 방법

- 일찍 체크인하자. 일찍 도착하면 비어 있는 비즈니스석으로 좌석을 옮길 수 있는 경우도 있다.
- 항공사를 꾸준히 이용해 주는 고객들에게 서비스로 좌석을 업그레이드해 주는 경우가 많다.
- 이메일을 확인해 보자. 항공사에서 보내주는 이메일들을 귀찮게 생각하지 말고 확인해 보는 것이 좋다. 저렴한 가격으로 좌석을 업그레이드해 주는 프로모션 안내를 해주기도 한다.
- 생일에 비행기를 타보자. 생일날 비행기를 타면 업그레이드를 기대해도 좋다.

다. 철도예약

- 코레일에 회원가입을 해둔다.
- [대신 받는 분 등록/결제]를 이용하여 의전원의 명의로 예약하고 VIP의 이름으

로 발권한다.

- KTX가 정차하는 지역인지 확인한다.
- 출발 1개월 07:00~출발 20분 전까지 예약 가능하다.
- 장소, 날짜, 시간대 등을 선택한 후 열차의 종류와 좌석의 종류, 인원 등을 체크(좌석방향은 순방향으로)한다.
- [SMS티켓] 승차권 발권을 이용하면 승차권을 문자로 받아볼 수 있는데 반드시 코레일(글로리) 애플리케이션을 다운받아야 한다.
- 파격가할인 등의 혜택을 확인한다.(1개월 전에 가능하다.)
- 패널티규정을 확인한다. 특히 도착 전까지는 시간대비 환불이 가능하다.

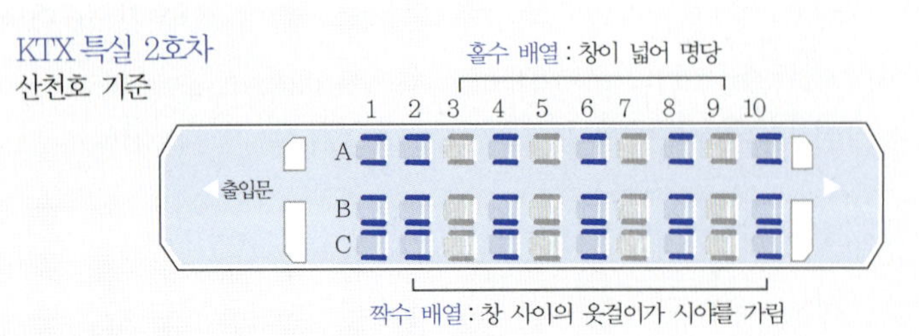

라. 렌터카 예약

일반적으로 차량 렌트 시 보증금을 지불하고 차량 반납 시 본인의 서명과 함께 결제를 한다. 인원수, 수하물 개수, 선호차량, 내비게이션 여부 등을 확인하여 예약하도록 한다. 이때 픽업한 장소와 돌려준 장소가 다르면 렌트요금에 차이가 발생하기도 하므로 유의한다.

- 자차보험 : 대부분 렌터카 요금에 포함되며 임차인 과실로 차량손상 발생 시 차량가격에 임차인이 책임을 진다. 단, 불가항력이나 제3자에 의한 사고 등에 따른 손상은 계약조건을 위반하지 않는 한 면책이 된다.
- 자손보험 : 이 보험은 선택사항이며, 임차인 또는 탑승자에 대한 상해보험으로, 보험료는 지역마다 다소 차이가 있다.
- 대인대물보험 : 이 보험은 선택사항이며, 임차인의 과실로 사망, 부상 또는 재산피해 발생 시에 대비한 보험이다.

5) 숙박시설 예약방법

- 예약일정과 인원을 정확하게 체크한다.
- 선호하는 호텔 브랜드, 호텔 멤버십 여부, 객실의 종류를 체크한다.
- 요즘에는 숙박업소들이 전 세계적으로 체인화되어 있는 경우가 많으므로 세계 어디를 가든 체인호텔들은 유사한 서비스를 제공하고 있다. 그러나 지역별로 차이가 있기도 하므로 호텔의 등급, 가격, 서비스 등을 잘 알아보고 선택하도록 한다.
- 동일 체인호텔을 이용할 경우 항공사의 마일리지와 같은 포인트 적립 혜택을 받을 수 있다. 일반적으로 체인호텔에서 제공하는 포인트 누적 및 할인 등의 혜택을 받기 위해 동일한 호텔을 이용하는 경우가 많다. 피초청자가 묵을 호텔의 회원카드를 소지하고 있는 경우 예약 시 회원번호를 등록해 포인트가 누적되도록 하고, 회원할인 및 혜택사항들을 확인한다.
- 항공시간 및 일정과 비교하여 호텔의 Early Check-in, Late Check-out 가능여부 및 그에 따른 비용을 확인한다.
- Express Check-In을 요청한다. Express Check-In이란 손님이 호텔에 도착하면 기다리지 않고 키가 든 봉투를 받고 바로 올라가도록 하는 서비스이다.
- 선호하는 베드 타입, 매트리스 타입, 미니바 제거 등을 확인한다.
- 객실 내 추가 구비시설을 확인한다.
- Special Request가 있을 경우(예를 들어 벽지 타입, 침실 내 개인화장실, 자사 전자제품 등) 호텔과 협의하여 선호하는 사항으로 변경한다.
- 조식 등 식사가 가능한 숙박시설인지 체크(영업시간 포함)한다.
- 부대시설(운동시설, 세탁소, 식당, 환전소 등)에 대한 체크를 한다.
- 가능하다면 사전에 피초청자에게 룸쇼를 해준다.
- 호텔 주변약도를 사전에 확보한다.
- 호텔 예약 인보이스 출력 후 피초청자에게 전달한다.
- 냉장고와 금고 등 내부시설을 체크한다.
- 선호하는 물의 브랜드를 확인하여 준비한다.

- 객실 내 Welcome Drink를 준비한다. Welcome Drink란 꽃, 과일, 케이크, 샴페인 등을 말한다.

중국 시진핑 주석의 영국 국빈 방문 시 영국 버킹엄궁에서 준비한 숙소를 풍수지리에 따라 가구의 재배치를 요구한 中 방문단

중국 시진핑 주석의 국빈방문을 준비하는 중국 대표단은 영국의 호텔 침실에 전용 화장실이 없다는 것으로 불만을 표시했다. 해당 호텔은 윌리엄 왕세손과 케이트 왕세손비가 첫날밤을 보냈을 정도로 왕실에 의미가 있고 호화로운 것으로 유명하다. 그러나 중국 대표단은 이 모든 것보다 침실에 화장실이 없다는 것이 큰 문제였다.

중국 대표단은 시 주석 수행원들이 묵는 방도 양기의 조화를 중시하는 중국 풍수지리를 적용하여 침대와 쇼파, 의자 등을 풍수지리에 따라 재배치를 요구하였고, 거울과 그림 등을 치울 것을 요구하기도 했다.

심지어 옷장을 중국인들이 선호하는 빨간색으로 다시 칠할 것을 요구하기도 한 것으로 알려졌다. 뿐만 아니다. 이들은 만찬 음식에도 불만을 가졌다. 만찬메뉴는 사전에 승인을 받아 결정된다. 하지만 중국 대표단은 이후 만찬 때 따로 음식을 준비한 것으로 알려졌다.

중국 대표단은 이 밖에 주차요원이나 객실 담당 직원들이 자신들의 방을 정리하거나 짐을 옮겨주러 들어오는 것도 반대한 것으로 알려졌다. 중국 대표단은 또 밤이 되면 만찬장 대표단 자리에 마련된 이름표의 이름을 바꿔달라고 요구하여 영국 관계자들은 이로 인해 보안에 혼선을 빚었지만 국빈 맞이를 준비하는 영국 측은 요구한 모든 것을 들어준 것으로 전해졌다(News1, 2016.5.14).

6) 의전 동선별 준비사항

의전 동선은 고도의 수학이다.

의전팀은 수차례에 걸쳐 시운전, 사전답사를 하며 목적지까지 소요시간과 상황별 동선을 체크한다. 여러 명의 피초청자를 의전할 경우 한 사람을 맞이하고 다시 입구로 나오기까지의 거리, 피초청자의 보폭까지 고려해 분 단위로 시간을 쪼갠다. 주빈일수록 행사시간에 맞춰 나중에 도착하도록 하는 것이 예우이다. 하지만 다른 피초청자에게 불만을 살 수 있으므로 호텔로 돌아갈 때는 먼저 온 순서대로 출발하도록 하는 것이 관례이다.

가. 공항 의전 준비

공항 영접 인사는 피초청 손님의 카운터 파트너가 하는 것이 좋으며, 부부동반인 경우 공항 영접 때 부인에게 꽃을 선사해 환영의 예를 갖춘다. 환영 인사와 함께 피케팅을 하는 것도 좋다.

나. 공항 영접을 위한 사전준비사항

네임보드, 명찰(사진, 단체명 등), 명함, CIQ출입허가증(CIQ 안에 들어가서 통관절차를 대행해 주거나 편의를 제공할 때만 지방항공관리국에서 발급받고, CIQ 밖에서 영접할 때는 불필요), Banner

- 도착 공항청사, 여객편, 도착 예정시간을 확인한다.
- 항공사 및 공항 의전 신청을 한다.
- 입국 시 공항의 VIP 주차등록 가능여부 확인하고 가능하면 등록하도록 한다.
- 항공편과 가장 가까운 출구의 gate 번호를 확인 후 기사에게 안내하여 피초청자가 걷는 것을 최소화한다. 출국 시에도 항공편 카운터와 가장 가까운 gate를 확인한다.
- 피초청자의 캐리어 크기와 개수, 일반 가방 개수를 확인하여 차량 트렁크에 수하물 공간 확인 후 부족하면 수하물용 차량을 추가 확보한다.
- 차량은 금연차량으로 준비하며 최고 컨디션의 차량을 준비한다.
- 별도의 운전원 없이 수행원이 운전해야 하는 경우 앞좌석(조수석)의 의자를 앞으로 당겨놓아서 피초청자가 공간을 최대한 넓게 활용하도록 한다.
- 정확한 호칭은 의전의 기본이다. 의전에서 가장 주의를 기울여야 하는 것 중 하나가 호칭이다. 정확한 호칭으로 상대방을 부르는 것은 의전의 기본이며, 상대에게 자신에 대해 정확히 알고 있는 듯한 느낌을 준다. 유럽 귀족들은 자녀들이 어릴 때부터 테이블 매너와 함께 호칭을 주의깊게 가르친다.
  - 왕(여왕) Your Majesty
  - 왕비 Queen Consort
  - 대통령 Mr. President

- 대사나 장관 Ambassador 혹은 Excellency Minister
- 공사 Minister
- 참사관 Counsellor
- 공작 Duke/Duchess(공작부인)
- 백작 Lord/Lady(백작부인)
- 일반적 경칭 Sir/Madame

공항의 미팅 서비스를 위해 직원의 특징을 알리는 서한 예시

Dear Mr. Kennedy,

With regard to your forthcoming visit, our Mr. A will be meeting you at Incheon Airport on the 21st of June to assist you.

Your schedule indicates you will be flying on Asiana Airlines 007 scheduled to arrive at 6:20 p.m. Seoul. To insure quick identification, Mr. A will be carrying a small American flag.

We look forward to seeing you soon.

Please be sure to inform us by E-mail should you schedule change in the interim.

Yours sincerely, John

공항에서 영접용으로 만드는 Paging board와 Placard 작성 시 주의사항

- 직책을 표기한다.
- 국가명을 표기한다.

〈표 7-1〉 국가명 표기 시 특히 주의해야 할 국가

국가명	정식 명칭	비고
미국	United States of America	U.S.A / America
필리핀	Republic of the Philippines	
네덜란드	Kingdom of the Netherlands	
스위스	The Swiss Confederation	Swiss
독일	The Federal Republic of Germany	
영국	The United Kingdom of Great Britain and Northern Ireland	
중국	People's Republic of China	China
대만	Republic of China	Taiwan

다. 공항 내 의전방법

- 비행 도착시간이 단축될 수 있으니 최소 3시간 전 공항에 대기한다.
- 피초청자가 도착하면 30도 일반례 후 짐을 들어드리는지 확인 후 컨펌하면 들도록 한다. 공항 등 기자가 많거나 시선이 많은 경우 눈에 띄는 의전은 불편해 하는 경우가 있으니 반드시 피초청자에게 확인 후 진행한다.
- 인사방법

  인사는 인간관계의 시작이자 예절의 기본이다. 정중한 인사는 '존경받는다'는 느낌을 주지만 성의가 없으면 '무시당했다'는 느낌을 주기 쉽다. 인사의 3대 요소는 인사말·마음가짐·행동(인사법)이다. 밝은 표정과 바른자세로 진심을 담아 인사하되 상황에 따라 인사법도 달리한다.

한국식 인사는 허리를 숙이는 정도에 따라 목례, 보통례, 정중례 등으로 구분된다. 이때 양손을 포개 아랫배 위에 가볍게 올리는 것이 기본이다. 남성은 자연스럽게 주먹을 쥐고 바지 옆선에 붙인다. 몸을 숙인 채 고개를 들지 않아야 하며, 인사말은 똑바로 선 후 상대방을 보면서 해야 한다.

상체를 45도 정도 숙이는 정중한 인사(정중례)는 사과하거나 감사의 뜻을 전할 때, 상체를 30도 정도 숙이는 일반적인 인사법(일반례)은 명함을 교환하거나 누군가 마중

하거나 배웅할 때 적합하다. 가벼운 인사나 복도·실내 등 좁은 장소에서 만났을 때, 상사를 두 번 이상 만났을 때는 상체를 15도(목례) 정도 숙여 인사하는 것이 좋다. 같은 사람을 자주 마주칠 때는 가벼운 목례가 예의다. 그러나 이 '각도'에 집착할 필요는 없다. 중요한 건 마음이 자연스레 배어나오도록 형식보다 매너의 본질인 마음을 잊지 않아야 한다.

목례	일반례	정중례
간단한 인사 좁은 공간 통화 중 엘리베이터 내부 자리안내 동료나 하급자에게	일반적인 인사 내빈 영접 감사 표현 상사/웃어른에게	공식석상 VIP응대 깊은 감사 사과표현

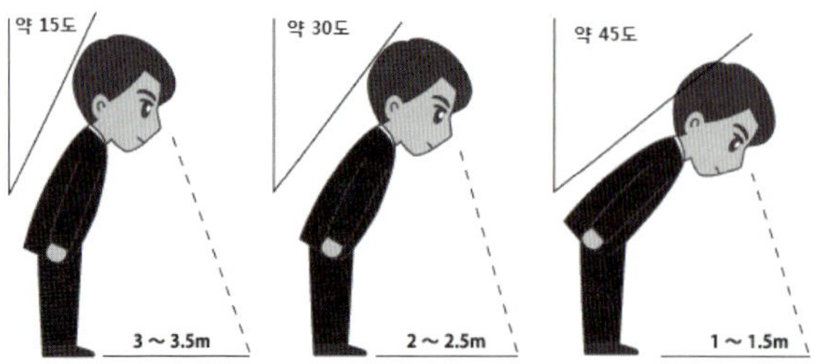

〈그림 7-1〉 인사방법

인사방법

① 가슴은 펴고 등은 곧게 하여 바로 선다.

② 두 발의 뒤꿈치는 나란히 붙이고, 앞 부리는 남성의 경우 30도, 여성은 15도 정도로 벌리고 선다.

③ 입은 자연스럽게 다물고 시선은 정면, 턱은 가볍게 당긴다.

④ 아랫배는 안으로 당기고 엉덩이는 힘을 주어 위로 끌어당긴다.

⑤ 남성은 자연스럽게 주먹을 쥐고 바지 옆선에 붙인다.
여성은 오른손이 위로 가게 하여 아랫배 위에 올려놓는다.

⑥ 상대와 아이콘택트 후 '안녕하십니까' 인사말을 먼저 한 후 '니까'에서 등과 목을

펴고 배를 끌어당기며 15/30/45도로 허리를 약간 굽히고, 시선은 발끝 3~3.5/2~2.5/1~1.5미터 앞에 둔다.

⑦ 상체를 들어 똑바로 선 다음 다시 아이콘택트를 하여 시선을 맞춘다.

라. 공항 귀빈실 이용

출국 시 김포공항과 인천공항에는 VIP를 위한 귀빈실이 있으며 귀빈실을 이용할 경우 공항 의전실 직원의 의전에 따라 이용할 수 있으니 사전에 공항 의전실 직원을 통하여 예약한다. 귀빈실을 이용할 경우 탑승 전 수속도 귀빈실 내에서 진행 가능하다.

7) 공항 라운지 활용

- 공항 라운지는 비행에 탑승 전 식사 및 가벼운 음료를 즐기거나 샤워를 하며 휴식이 가능한 공간이다.
- 인천공항 총 7곳. 메인 라운지[{마티나2(음식), 스카이 허브2(전망), 아시아나 비즈니스(휴식)}, 탑승동(KAL, 아시아나)]
- 김포공항 총 3곳. 김해공항 총 4곳. 제주공항 총 2곳. 광주공항 및 대구공항 각 1곳

PP(Priority Pass)카드 활용

- 120여 개 국가, 400개 도시의 700여 개 공항 VIP라운지를 이용할 수 있는 서비스이다. 항공권의 좌석등급이나 항공사에 상관없이 라운지를 이용할 수 있다.
- 스탠더드(연회비 $99, 이용료 $27, 동반자 $27), 스탠더드 플러스(연회비 $249, 10회 방문 무료 후 이용료 $27, 동반자 $27), 프레스티지(연회비 $399, 이용료 무료, 동반자 $27), 법인 가입 시 할인적용이 가능하다.
- 시중 신용카드사에서도 기능이 추가된 신용카드로 발급이 가능하다.
- http://www.prioritypass.co.kr

출입국우대

- 교통약자 전용출국장(Fast Track)
  모범납세자, 독립유공자, 고용창출, 가족친화, 동반성장, 범죄피해자 지원 우수업체 종사자, 외국인 투자가, 종합인증우수업체 카드 소지자, 기업인카드(CIP) 소지자, ABTC 카드(APEC경제인 여행카드), 교통약자(보행장애인, 유소아, 고령자, 임산부 등)
- 자동출입국심사
  만 17세 이상은 단독 신청 가능하다. 만 14세 이상 17세 미만은 부모 동반, 가족관계서류 지참 시 신청 가능하다.

8) 차량 이동 시 의전방법

- 공항 영접 후 자동차 상석에 피초청자를 안내하고 다음 장소로 이동한다. 이때 주의할 점은 피초청자가 착석한 후 짐을 차에 싣는 것이다. 짐을 싣는 동안 피초청자를 바깥에 서서 기다리게 해서는 안 된다.
- 숙소나 식사 이동 시 한국에 대한 첫인상, 비행 중 불편사항 등 가벼운 질문을 하는 것도 좋다.
- 방문한 한국의 날씨, 이동 중 도로변의 주요 건물 소개, 한국의 최근 상황들, 일정표에 관해 이후의 스케줄 등을 설명해 주면 좋다. 이때 피초청자가 대답을 간단히 한다면 대화를 멈추는 것이 좋다. 피초청자가 대답을 길게 하고, 본인의 의견까지 덧붙일 경우 대화하고 싶다는 의중으로 받아들이고 편안히 대화하도록 한다. 즉 피초청자의 컨디션을 보며 대화를 조절하는 것이다.
- 간단한 대화 후 일정을 안내하여 조정할 사항이 있는지 확인한다.
- 방문자가 좋아하는 음악이나 방문자의 나라에서 유행하는 음악을 틀어주는 것도 비즈니스 전에 좋은 인상을 심어줄 수 있다.

가. 차량 탑승의 원칙

- 운전사가 있을 경우 : 뒷좌석 바깥문 쪽이 상석이다. 운전석의 뒤쪽이 그다음,

운전자 옆자리는 조수석으로 서열이 가장 낮은 사람이 앉는다. 간혹 상관이 여자일 경우 문을 열어주며 안쪽으로 들어가도록 하는 경우가 있는데 그럴 때는 본인이 먼저 타는 것이 맞다.

• 호스트가 직접 운전할 경우 : 조수석이 상석이 된다. 뒷좌석 바깥문 쪽이 그다음, 서열이 가장 낮은 사람이 운전석의 뒤쪽에 앉는다.

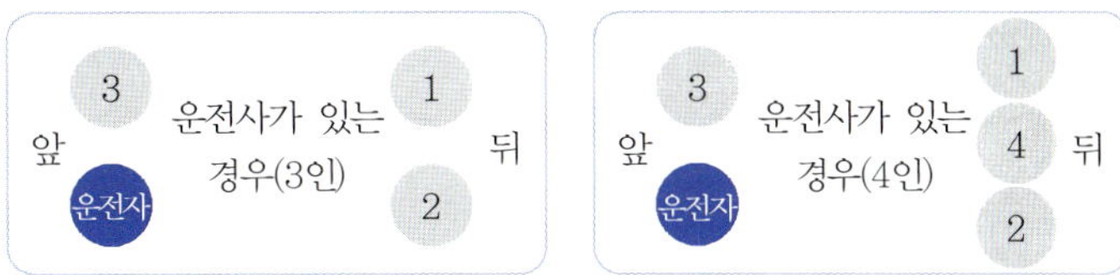

〈그림 7-2〉 운전사가 있을 경우

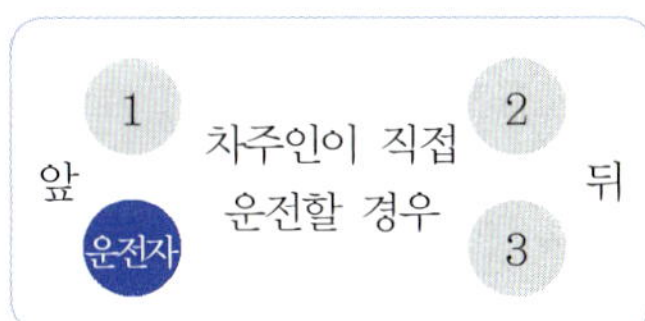

〈그림 7-3〉 호스트가 직접 운전할 경우

• 지프인 경우 : 운전자 옆자리가 언제나 상석이다. 승차 시는 상위자가 먼저, 하차 시는 반대로 하위자가 먼저 내리는 것이 관습이다.

나. 차량 탑승 시 의전방법

① 오른손은 차문 손잡이를 잡고 왼손은 문이 닫히지 않도록 차문의 끝부분을 잡는다. 이때 자세는 15도 목례를 유지한다.

② 피초청자가 완전히 탑승 후 착석하면 차문을 살며시 닫는다. 이때 지시사항이 있을 경우에 대비해서 차량출발 전까지는 피초청자를 살펴본다.

③ 차 바퀴가 움직이기 시작하면 45도 정중례 혹은 90도 인사를 한다.

다. 차량 하차 시 의전방법

① 의전원이 먼저 하차하여 피초청자의 차문을 연다.

② 이때 오른손은 손잡이를 잡고, 왼손은 차문의 창문 윗부분에 대서 차문이 닫히거나, 피초청자가 머리를 부딪치는 상황이 발생하지 않도록 한다.

③ 피초청자가 완전히 하차할 때까지 문을 잡고 있다가 하차 후 문을 살며시 닫는다.

※ 거동이 불편한 피초청자의 경우 오른손은 손이나 손목을 잡고 왼손은 팔을 잡고 부축하며 피초청자의 자세 높이에 맞춘다.

※ 의전원이 2인 이상일 경우 한 명은 도어 손잡이를 잡고 다른 한 명은 인사를 한다.

9) 숙소 안내 시 의전방법

- 손님의 수하물이나 슈트케이스를 직접 들어주지 않는다(수하물은 호텔 벨보이가 들게 하고 슈트케이스는 피초청자가 든다).
- 체크인 후 재미팅 시간을 안내한다. 늦은 저녁시간에 도착한 경우 익일 픽업 시간과 일정에 관해 짧게 브리핑 후 인사한다.
- 손님을 픽업할 때에는 객실에 전화하여 로비에서 만난다. 손님이 객실로 와줄 것을 요구할 때는 그에 따르고 여성 손님일 때는 문을 약간 열어놓고 들어간다.
- 다른 객실의 문이 열려 있더라도 그쪽을 보지 않도록 하고 복도에서는 큰 소리로 대화하지 않도록 한다.
- 호텔 종사원에게 반말을 하지 않도록 한다.
- 밤 10시 이후나 아침 7시 이전에는 가급적 객실에 전화하지 않도록 한다.

수행과 안내

- 안내 : 귀빈이 목적지를 모를 경우 가급적 왼쪽에서 1m 정도 떨어진 위치에서 앞장서서 걷는다.
- 수행 : 귀빈이 목적지를 알고 있을 경우 가급적 50cm~1m 정도 좌측 뒷부분에

서 걸어간다.

→ 두 경우 모두 등을 완전히 보이지 않고 상체가 귀빈을 향하게 한다. 반드시 가벼운 대화를 유도하며 안내, 수행을 하고 불편한 상황을 만들지 않는다. 한국에 처음 왔는지? 인상이 어떤지? 등의 스몰토크를 곁들이면 좋다.

※ 단, 귀빈이 단답형으로 대답하거나 한국사람일 경우 대화를 자제한다.

10) 인비테이션 레터(Invitation Letter, 초청장) 작성 사례

- 비즈니스 미팅 안내는 Invitation Letter or Information Letter or Invoice를 발송한다.
- Invitation Letter는 그대로 해석하면 초대하는 편지라는 의미로 말 그대로 초청장이다.
- 초청은 사람을 청하여 부르는 것이다. 그리고 초청하는 내용을 적은 것을 초청장이라고 한다. 예식과 같은 중요한 행사에 초청하기 위해서 작성하게 되며, 초청장은 상대방에게 예의를 표하는 초청방식이라고 할 수 있다.
- 초청장에는 초청날짜와 초청하는 행사에 대한 간략한 설명, 장소, 시간 등을 기록한다. 초청장은 상대방에게 정보를 알리기 위한 기능을 주로 담당하므로, 상대방이 확실히 이해할 수 있도록 초청의 내용을 작성하도록 한다.
- 인비테이션 레터는 외부인을 행사에 초청할 때뿐만 아니라 외부기관에 사업참여를 요청할 때도 쓴다.
- 관례에 어긋나지 않는 형식을 기본 바탕으로 하고, 내용을 어려움 없이 파악할 수 있도록 간결하고 정확하게 작성해야 한다.
- 반드시 경어체를 사용하여 초대장을 작성해야 하며, 정중한 표현을 사용해야 한다.
- 행사 목적과 내용에 부합하는 적절한 이미지를 삽입하여 자유롭게 작성하면 된다.
- 행사 장소가 찾기 어려운 위치에 있다면 간단한 약도를 첨부하는 것도 좋다.
- 발송자의 연락처를 기재해 두는 것이 좋다.

Part 2. Invitation 57

2.9. Invitation III (영국대학 방문 초청장)

Subject: Re: Visiting fellowship
Date: Wed, 14 Jun 2000 08:43:05 +0100
From: "Peter J Roach" <p.j.roach@reading.ac.uk>
To: <dwokim@hyowon.cc.pusan.ac.kr>
CC: "self" <p.j.roach@reading.ac.uk>
References: 1 , 2

→

Title(제목) = 초청행사명

Date(일시) = 2000년 6월 14일 수요일
From(보내는 사람) = "Peter J Roach"–

To(받는 사람) CC(참조 수신인) = "self"
References(참조)=1,2

Letter of invitaion

Dear Professor Kim,

I am writing to invite you to visit our Speech Research Laboratory in order to carry out experimental work and exchange ideas with our phonetics staff. Ideally this should be for two months, starting in late June or early July. I will send you details of the University's regulations concerning visiting researchers.

I look forward to welcoming you here soon. I am sending a copy of this invitation by airmail.

Yours sincerely,

→

Dear ○○. (받는 사람의 이름과 직책).

= Dear Professor Kim,

본문 내용
끝 인사

보내는 사람의 이메일 및 주소
받는 사람의 이메일 및 주소
보내는 사람의 전화번호

홈페이지 주소 등을 기재할 수 있다.

〈그림 7-4〉 Invitation Letter 예시

11) 인포메이션 레터(Information Letter, 안내장) 작성 사례

인포메이션 작성에 대한 원칙은 아래와 같다.

- 사실성 : 사실적 정보를 제공하는 글로 객관적인 내용구성이 매우 중요하다. 어떤 사안을 안내하는 글이 잘못 전달되거나 거짓 정보를 담고 있을 경우, 상대방에게 그 정보의 뜻이 상실되며 오히려 혼란을 줄 수 있기 때문에 글을 통해 전달되는 정보는 주관적인 해석이 담긴 정보가 아닌 사실적인 정보여야 한다. 그러므로 사실적인 정보를 그대로 타인에게 알려주는 객관적인 내용으로 구성해야 한다.
- 목적성 : 인포메이션 레터의 목적은 어떠한 정보를 전달하여 상대방으로부터 특정 생각이나 행동을 하도록 유도하는 기능이 있다. 예를 들어 기업에서 조직개편이나 인사이동에 대한 결과를 알리는 공고문이나 집안의 상을 알리는 부고장 등이 있는데 이를 작성할 때에는 목적에 맞도록 구성하는 것이 좋다.

한국자동차부품㈜

대표이사 ○ ○ ○ 배상

한국자동차부품㈜ 사옥 이전안내

푸르른 하늘과 청명함이 가득한 5월을 맞이하여 귀하의 평안과 발전을 기원합니다.

한국자동차부품㈜은 사업활동과 영업조직의 확충에 따라 사옥을 확장 이전하게 되었습니다. 사옥은 이전하나 전화번호와 메일주소는 이전과 같습니다.

아래와 같이 약도를 첨부하여 안내해 드리오니 변함없는 성원과 지도편달을 부탁드립니다.

\- 다 음 -

1. 새사옥 이전일 : 2019년 9월 23일 월요일
2. 새사옥 주 소 : 서울특별시 서초구 헌릉로 12 양재2동 현대기아자동차 빌딩
   양재시민의숲역 하차(신분당선, 4번출구)〉 도보(13분 소요)
3. 전화번호 : 080-600-6000
4. Mail 주소 :

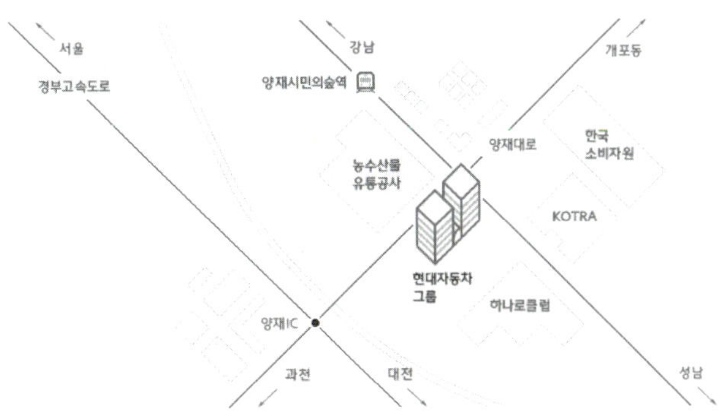

〈그림 7-5〉 Information Letter 예시

- 형식성 : 기업에서 인포메이션 레터를 작성할 경우 제목과 작성목적, 수신자, 본문내용, 발신자 등을 기입하여 작성하면 좀 더 효율적으로 정보를 제공할 수 있으며 타인이 더욱 신뢰감 있는 자료로 활용할 수 있다.
- 주체성 : 목적지향성 특성을 가지고 있기 때문에 정보를 효율적으로 신속하게 전달해야 한다. 그러므로 내용을 길게 나열해서 쓰기보다는 요점이 되는 부분을 주제로 하여 간략하게 기재하고 상대방이 한눈에 어떤 내용인지 알 수 있도록 해야 한다.

12) 감사장 및 사과문 작성 사례

특별히 정해진 형식은 없지만 감사할 대상에 대한 인사, 감사한 마음을 갖게 된 이유와 감사인사를 포함하면 된다. 서신을 쓸 때에는 상대방에게 예의를 갖추어 쓰는 것이 가장 중요하고 목적에 맞게 할 이야기를 정확하게 작성하여 표현하는 것이 기본이 된다. 또한 회사나 공식적인 행사 등 공식석상에서 감사한 마음을 전하기 위해 감사장을 읽게 된다면 일대 다수에게 하는 이야기이므로 청중을 아우를 수 있는 내용과 형식을 갖추도록 한다.

가. 감사장

감사장은 업무 협조 등에 대한 감사의 뜻을 작성하여 상대에게 발송하는 문서를 말한다. 감사장은 기부나 후원, 구매 등에 대한 감사를 표하기 위한 목적으로 발송한다.

➲ 영문 감사장 작성법

날짜는 월, 일, 연도 순으로 작성하고 그다음 받는 사람 이름, 직위, 회사이름, 주소를 순서대로 기입하고 Dear Mr.(Ms.) 성을 쓴 후에 감사한 마음을 갖게 된 이유와 감사인사를 포함한다. 감사를 표하고자 하는 내용을 가급적 상세히 기술하는 것이 좋으며 예의와 격식을 갖추어 작성하도록 한다. Yours truly, Very sincerely, Sincerely yours 등의 끝인사를 작성한다. 동봉물이 있을 경우에는 Enclosure를 적고 참조가 있을 경우에는 cc를 적어 알린다.

나. 사과문

사과문의 본질적인 목적은 신속하게 처리하겠다는 뜻을 밝힘으로써 상대방의 노여움이나 불만을 누그러뜨리는 것에 있다. 죄송하게 된 이유에 대해 언급하고 신속하게 선후책을 강구하겠다는 뜻을 제시하며 상대의 노여움이나 불만을 누그러뜨리는 것이 좋다. 상대방으로부터 불만이나 항의를 받았을 때 본인이나 회사에 잘못이 있으면 사과해야 하는데 이때 작성하는 것이 사과문이다.

사과문을 작성할 때에는 상대방이 납득할 수 있도록 설명함으로써 사실을 밝히거나 이유를 설명하고 진솔하게 사과하도록 한다. 구구절절한 변명이나 애매모호한 표현을 사용하는 것은 바람직하지 않으며 무엇보다 성의 있게 작성해야 한다. 상대방의 이해를 구하는 것에 초점을 맞추는 것이 좋다.

➲ 영문 사과문 작성법

예를 들어 은행의 실수로 고객에게 불필요한 지불 독촉을 했는데 고객에게 그에 대한 답장이 돌아온 상황이다. 이때 영문 사과문을 작성할 경우 날짜는 월, 일, 연도 순으로 작성하고 그다음 받는 사람 이름, 직위, 회사이름, 주소를 순서대로 기입하고 Dear Mr.(Ms.) 답장을 받았음을 알린다. 두 번째로는 조사결과를 알리고 그다음에 폐를 끼친 데 대해서 사과를 한다. 마지막으로 상대방의 협력에 감사함을 표한다. Yours truly, Very sincerely, Sincerely yours 등 감사의 끝인사를 작성한다. 동봉물이 있을 경우에는 Enclosure를 적고 참조가 있을 경우에는 cc를 적어 알린다.

13) 국가 의전의 사례

가. 서울 G20 정상회의

잘 준비된 의전(儀典)은 하나의 예술에 비유된다. 고위급 인사 방문과 영접에서 행해지는 국제적인 예의인 만큼 행사 소식을 알리는 것부터 시작해 비행 일정 조정,

차량 이동, 환대방법, 숙박, 만찬, 공연, 선물 등 각 단계별로 꼼꼼하게 준비해야 할 세부항목이 많은데 이 모든 요소들이 합쳐져 완벽한 작품을 만드는 것이다. 국가의전은 적게는 100~300명, 많게는 4,000~5,000명까지 '손님'을 맞는데 서열에 상관없이 모든 사람이 만족해야 하므로 수많은 경우의 수에 대비해 실전 연습도 여러 번 한다.

서울 G20 정상회의의 경우 등록 인원만 약 3만 6,000명이었다. 동선을 계획할 때는 만찬이나 연회장의 계단 수, 계단 높이까지 체크해 만전을 기한다. 의전에는 '한 번 더 혹은 다시'가 없기 때문이다. 일반 개인이 의전의 세세한 부분까지 정확히 숙지해야 할 필요는 없다. 의전이란 말 그대로 국가적 예의이기 때문이다. 하지만 글로벌 시대인 만큼 자택이나 외부에서 손님을 치르거나, 만찬에 초청되는 경우가 많은 요즘 최고의 매너가 무엇인지를 알면 어디에서라도 당당하고 근사한 사람으로 인정받을 수 있다. 국제 매너를 이야기하며 의전 담당관들이 한결같이 강조한 것은 '배려'였다. 외교부의 한 관계자는 "어떻게 하면 상대방이 편안함을 느낄까 배려한다면 누구나 최고의 '의전'을 할 수 있다!"고 말했다.

초대장은 직접 건네는 것이 원칙

이메일이 보편화되면서 많은 사람들이 전자우편으로 초대장을 보내지만 가장 정확하고 격식 있는 방법은 당사자를 직접 만나 초대장이나 초청장을 건네는 것이다. 중요한 행사일수록 전화나 이메일 대신 직접 만나 전하는 것과 같은 이치다. 초대장을 작성할 때는 상대방의 이름과 지위를 정확히 표기하는 것이 중요하다. G20 같은 국가 행사의 경우 초대받는 각 국가의 실무진이 공식 일정 전에 미리 방문해, 동선과 소요시간, 주요 행사장의 위치, 만찬메뉴 등을 체크하는데 이때 직접 만나 초대장을 전달한다. 이메일의 경우 정보 노출의 위험이 있으므로 사용하지 않는다. 초청장은 늦어도 2~3주 안에는 전달해야 하는데 가능한 한 빨리 참석 여부를 알려주는 것이 좋다. 호스트 입장에서는 참석 인원을 빨리 알수록 준비를 제대로 할 수 있기 때문이다. 규모가 큰 리셉션의 경우 초청을 수락하지 못할 때만 회신을 바란다는 뜻으로 'Regret Only'라고 표기한다.

숙소

외교부 관계자는 "일반적으로 국빈을 위해 몇 가지 선택 가능한 호텔을 제안하고 직접 선택하도록 합니다. 저마다 선호하는 분위기와 스타일이 다를 수 있고, 추가 비용을 지불하더라도 더 좋은 곳에서 묵는 것을 희망할 수 있기 때문입니다. 숙소는 민감한 사안이라 최소한으로 관여하는 것이 최근 경향입니다."라고 전했다. G20처럼 여러 나라의 국가 정상이 한꺼번에 방한할 경우 저마다 최고급 호텔에 묵으려 하기 때문에 사전 협의와 조율이 관건이다. 국가 정상의 경우 로열 스위트룸이나 프레지덴셜 스위트룸 등 최고의 객실을 배정하고 장관급 공식 수행원은 통상 주니어 스위트룸을 쓰는 것이 관례이다. 어떤 숙소를 제공하느냐는 나라마다 다르다. 국빈 방문 시 친밀감을 표시하기 위해 영국은 버킹엄궁을, 미국은 메릴랜드주에 있는 대통령 전용 별장 캠프 데이비드를 제공하기도 한다. 일본은 황실 영빈관을, 중국은 국빈관인 댜오위타이(釣魚臺)를 제공한다.

옷차림도 전략이다

이명박 전 대통령의 경우 국빈 자격으로 다른 나라를 방문할 때 빨간색과 파란색 넥타이를 주로 착용하였다. 빨간색은 자신감과 열정, 파란색은 신뢰감을 상징한다. G20 유치 확정을 알리는 기자회견장에 들어설 때도 이 전 대통령은 빨간색 넥타이를 맸다. 영국 여왕은 완벽한 정장에 모자를 매치하는 것으로 유명하고, 프랑스의 영부인 카를라 브루니는 자국 브랜드인 크리스찬 디올의 의상을 즐겨 입는다. 국빈 방문 일정이 잡히면 크리스찬 디올의 수석 디자이너인 존 갈리아노를 만나 어떤 옷을 입을지 논의할 정도이다. 여성의 경우 상대적으로 챙겨야 할 것이 더 많다. 서양에서는 "손가방을 들지 않은 여인은 알몸으로 있는 것이나 마찬가지다"라는 말이 있을 정도로 손가방을 중요시한다. 의전에서 드레스 코드는 반드시 지켜야 한다. 공식 만찬이나 야간 리셉션의 경우 보통 'White Tie Preferred, Black Tie or National Dress'라고 명기한다. 화이트 타이는 가장 격식을 갖춘 차림으로 정식 예복을 일컫는다. 'Full Dress', 'Formal Evening Dress', 'Swallow-Tailed Coat'도 같은 말이다. 'Black Tie'는 턱시도를 의미하는데 장착과정이 복잡해 최근에는 'Black

Tie Optional', 'Lounge Suit'로 하는 경우가 많다.

의장대 사열은 국빈 방문 때만

다른 나라의 정상이 방문한다고 해서 매번 의장대 사열을 하는 것은 아니다. 사전에 협의를 거친 정식 국빈 방문일 때만 이처럼 융숭한 대접을 한다. 국빈 방문(State Visit)을 하는 정상을 위한 최고 예우는 21발의 예포(禮砲)를 발사하는 것이다. 국무총리가 방문할 때는 19발을 쏜다. 영국의 경우 외국 국빈이 방문하면 상·하원 의원, 전통 귀족이 모두 참가해 국빈을 맞는다. 공식 만찬 시에는 부부가 동반 참석한다. 영국은 첫째, 인권 둘째, 국가 청렴도 셋째, 후진국 원조 등을 평가해 국빈 방문 여부를 결정한다. 하지만 경호와 예산, 국민 불편 등의 이유로 각 나라마다 국빈 방문을 1년에 한두 차례로 제한하고 있어 예전과 같은 성대한 환대는 점점 줄어드는 추세다. 업무상 방문(Working Visit)이 많아졌기 때문이다.

각국 의전단은 주빈을 위해 최고의 환대를 상징하는 레드 카펫을 준비한다. 'Red Carpet Treatment!'는 융숭하게 대접한다는 영어식 표현이다. 극진한 환영의 뜻으로 보통 레드 카펫을 준비하는데 여기에는 재밌는 사연이 있다. 중세시대에는 염료 가격이 무척 비싸서 서민들은 염색할 엄두를 못 냈다. 특히 빨간색으로 염색을 하기 위해서는 연지벌레라는 곤충이 14만 마리나 필요해 귀족이나 왕족만이 빨간색 천을 가질 수 있었다. 레드 카펫에 '최고의 환대'라는 뜻이 담기기 시작한 건 이때부터다.

2016년 중국에서 개최된 G20 정상회의에 참석하기 위해 중국 항저우에 도착한 미국 오바마 대통령은 중국 측이 레드 카펫이 깔린 이동식 계단을 제공하지 않아, 전용기 가운데 출구를 열고 자체 트랩으로 내려왔다. 이에 대해 오바마 대통령의 임기 중 마지막 방중(訪中)이 의전 홀대 논란에 휩싸이기도 하였다.

도착시간 계산은 고도의 수학

여러 사람이 참석할 경우 가장 중요한 것 중 하나는 도착시간을 다르게 짜는 것이다. 한 사람 한 사람을 대통령이나 의전장, 의전 비서관이 직접 맞이해야 하는데 여러 명이 동시에 도착할 경우 제대로 된 환대를 할 수 없기 때문이다. 그렇다고 해서 그 시간차가 너무 커서도 안 된다. 30개국 정상이 참가할 경우 각 정상이 1분 차로 도착한다고 해도 가장 먼저 온 사람은 30분을 기다려야 하기 때문이다. 이 같은 이유로 의전팀은 수차례에 걸쳐 시운전을 하며 호텔에서 행사장까지 소요시간을 체크한다. 한 사람을 맞이하고 다시 입구로 나오기까지의 거리, 의전장의 보폭까지 고려해 분 단위로 시간을 쪼갠다. 주빈일수록 행사시간에 맞춰 나중에 도착하도록 하는 것이 예우이다. 하지만 다른 이들에게 불만을 살 수 있으므로 호텔로 돌아갈 때는 먼저 온 순서대로 출발하도록 하는 것이 관례다.

➲ 메뉴에서 가장 중요한 것은 '이야기'

모든 채널을 통해 특정 음식에 대한 알레르기가 없는지, 좋아하거나 꺼리는 음식이 뭔지 등을 철저히 조사한다. 한국 전통음식 상차림은 보통 3, 5, 7, 9, 12첩 등으로 올라가는데 정상회담 같은 중요 행사에서는 9 혹은 12코스 요리로 준비하며 대통령, 장관, 교섭단체 의장 등 서열에 따라 음식은 조금씩 달라진다.

우리나라는 과거 양식 위주의 메뉴를 선보였지만 김영삼 전 대통령 시절부터 한식으로 바꾸었다. 요리연구가, 영양학과 교수, 한정식당 대표 등 10여 명의 전문위원이 참가해 자문을 한다. 영부인도 시식 후 의견을 피력한다. 최근 중요하게 생각하는 것은 스토리텔링이다. 음식에 깃든 이야기, 효능 등을 매력적으로 전달하는 것 자체가 최고의 애피타이저라고 생각해 많은 공을 들인다. 외국의 경우 19세기에만 해도 20가지에 가까운 요리를 준비했는데 최근 그 수를 줄이는 경향이다. 서양에서는 보통 5~7가지 코스 요리를 선보인다. 만찬장에 어떤 음식과 와인이 나왔는지가 항상 화제인데 2004년 노무현 전 대통령이 국빈 자격으로 영국을 방문했을 때는 메인 요리로 영국의 오랜 전통을 담은 사슴고기가, 와인으로는 그랑크뤼급인 샤토 그뤼오 라로즈(Chateau Gruaud-Larose)가 나왔다.

➲ 의전의 완성, 선물

선물만큼 세심한 배려가 필요한 것도 없다. 우리나라의 경우 과거에는 금관, 거북선, 청자, 백자 등을 주로 선물했으나 최근에는 휴대폰, MP3, 전자책, 디지털 카메라 등을 선물한다. 'IT 강국 코리아'를 알리기 위해서이기도 하지만 각국마다 공무원 윤리 규정이 있어 값비싼 사치품은 받지 못하기 때문이다. 미국은 약 400달러가 넘는 물품은 국가가 소장한다. 우리나라도 국빈 방문 등 정식 경로를 통해 받은 물건은 국가기록원에 보관하는 것이 원칙이다. 선물은 일괄적으로 맞추기보다는 개개인의 취향을 반영해 결정하는 것이 좋다. 2009년 11월 방한한 오바마 대통령에게 청와대 측은 태권도복을 선물했다. 국기원에 부탁해 검은 띠에 버락 오바마 알파벳까지 새겨 넣었다. 태권도를 배운 적이 있는 오바마 대통령은 격파 장면을 선보이며 즐거워했다 (LUXURY, 2010.11).

나. 트럼프 아시아 순방, 韓中日 의전

정상외교의 의전은 흔히, '외교 최일선의 예술', '디테일의 미학'으로 불린다.

이번 아시아 순방에서 트럼프 대통령을 가장 먼저 맞이한 일본은 '오모테나시(극진한 대접)' 외교를 선보이며 정상 간 친밀감을 끌어올리는 데 주력했다. 특히 일본 아베 신조(安倍晋三) 총리는 골프를 좋아하는 트럼프 대통령을 위해 세계적 골퍼 마쓰야마 히데키를 섭외하여 골프 접대를 펼쳤다. 중국은 미국 대통령 부부만을 위해 자금성을 통째로 휴관하는 '황제급 의전'을 선보였으며 우리나라는 한국적 색채를 담은 절제된 의전을 선보였다.

도널드 트럼프 미국 대통령이 "아름다웠다. 영원히 기억될 것"이라고 극찬한 전통 의장대 취타대의 환영 퍼레이드는 미 대통령 전용 리무진인 '캐딜락원'을 조선시대 어가행렬처럼 호위하며 청와대 본관으로 들어서 '국빈방문'의 서막을 올렸고 트럼프 대통령은 방한기간 내내 이 장면을 여러 차례 언급하며 감사의 뜻을 표시했다.

국빈만찬은 동서양의 조화를 표현하며 식재료 이면의 의미를 담아내고자 노력했다. 청와대 관계자는 "국빈만찬을 위한 만찬메뉴는 한국이 가지고 있는 콘텐츠로 우리만의 색깔을 담으면서도 미국 정상의 기호와 함께 배려하려는 의미를 담고 있다"고 설명했다.

자료 : 청와대

〈그림 7-6〉 미국 도널드 트럼프 대통령 국빈만찬 메뉴

만찬메뉴는 옥수수죽을 올린 구황작물 소반, 동국장 맑은국을 곁들인 거제도 가자미구이, 360년 씨간장으로 만든 소스의 한우 갈비구이와 독도 새우 잡채를 올린 송이돌솥밥 반상, 산딸기 바닐라 소스를 곁들인 트리플 초콜릿 케이크와 감을 올린 수정과 그라니타 등으로 구성됐다.

'옥수수죽을 올린 구황작물 소반'은 어려울 때 한국인의 밥상을 지켜준 값싼 작물이었으나 시대가 변해 지금은 귀하게 주목받는 건강식의 의미인 것처럼 한미동맹의 가치가 더욱 높아짐을 상징한다는 것이 청와대 설명이다.

'동국장 맑은국을 곁들인 거제도 가자미구이'는 트럼프 대통령이 가장 좋아하는 생선요리이다. 문 대통령의 고향인 거제도 가자미로 만들었다.

'360년 씨간장으로 만든 소스의 한우 갈비구이와 독도 새우 잡채를 올린 송이돌솥밥 반상'은 트럼프 대통령의 기호와 한국 색깔을 조화시킨 요리다. 특히 독도 새우를 국빈만찬 메뉴로 올림으로써 전 세계에 독도가 우리 영토라는 것을 조용히 알리는 효과를 냈다.

청와대 의전비서관실은 술을 마시지 않는 트럼프 대통령을 위해 '다이어트 콜라'를 내놓는 세심한 의전을 준비하기도 했다. 청와대 관계자는 "참가자들이 서로 술을 따라주다 보면 트럼프 대통령도 잔을 받을 수밖에 없기 때문에, 만찬 초반 의전팀이 직접 트럼프에게 콜라 담은 잔을 서빙했다"고 설명했다.

또한 선물로 큰 공을 세운 사람에게 준다는 돌그릇과 'We go together'란 문구를 새긴 놋수저를 전달하였다.

아울러 문 대통령은 중국 베이징으로 향하는 트럼프 대통령의 출국이 다소 지연되자 인도네시아로 가는 자신의 출국시간을 15분가량 늦춤으로써 트럼프 대통령에 대한 예우를 마지막까지 보였다.

다. 국가 의전 성공 사례

◎ 서울 G20 나라별 맞춤형 경호와 의전

청와대는 정상들이 공항에서 언제, 어떤 길을 통해 행사장으로 오는지 점검하고 이동 시간대에 풍경이 가장 멋진 길을 이용하도록 준비하여 많은 정상들이 서울의 경치가 멋있었다고 언급했다.

특히 독일문화원이 있는 남산 순환로를 이용했던 메르켈 독일 총리는 전망이 가장 아름다운 길을 선정해 준 세심함에 감사의 뜻을 표했으며, 메드베데프 러시아 대통령은 차량 커튼을 걷고 카메라로 풍경을 촬영하기도 했다.

후진타오 중국 국가주석은 국립중앙박물관을 만찬 장소로 정한 것이 좋았다고 평가했으며 남대문에서 길거리 음식을 즐기고 싶어했던 소마비아 ILO 사무총장은 남대문에서 떡볶이와 파전을 즐기고 만족감을 나타낸 것으로 알려졌다.

에르도안 터키 총리는 차로 이동할 때 거리에서 시민들이 손을 흔들어줘서 좋았다고 말했고, 외국 장관들 중에는 한복을 맞추고 싶다는 뜻을 밝힌 사람도 있었으며, 정상 배우자 상당수가 한식이 정말 맛있었다고 밝힌 것으로 전해졌다(YTN, 2010.11.15).

◎ 미국 빌 클린턴 대통령 방한

1993년 7월 방한한 클린턴 전 미국 대통령은 청와대 녹지원을 달린 후 연무관에서 수영을 즐겼다. 그런데 생각지도 못한 애창곡이 스피커를 통해 흘러나왔다. 그가 어떤 노래를 좋아하는지까지 미리 조사한 의전팀이 준비한 것이다. 회고록에서 그는 이렇게 쓰고 있다. “엘비스 프레슬리의 곡부터 재즈까지 내가 좋아하는 곡들을 들으며 수영했다. 한국의 환대에 진심으로 감사한다.” 최고의 의전, 세계적 매너의 핵심은 배려인 것이다.

중국 시진핑 주석의 파키스탄 방문

2015년 시진핑 주석이 파키스탄을 방문했을 당시 파키스탄에서는 총리실로 가는 동선의 교통을 차단하며 일반 국민의 출입을 막고 시 주석, 파키스탄 대통령, 총리의 사진으로 길을 꾸며 시진핑 로드를 만들었으며, 시 주석의 전용기가 국경을 넘자마자 양국이 합작 생산한 샤오룽(梟龍) 전투기 8대로 구성된 편대를 띄워 시 주석의 전용기를 에스코트하였다.

라. 의전실수 사례

노무현 대통령 워싱턴 방문 시 의전공백

2006년 9월 14일, 노무현 전 대통령이 워싱턴 방문 중 한국전 참전 기념비에 헌화할 때 외교부 장관 등 공식수행원들과 순간적으로 격리되는 ‘의전공백’이 발생했는데, 이는 공식수행원 탑승차량을 모는 미국인 운전기사의 실수 때문인 것으로 뒤늦게 확인됐다. 이 때문에 외교부 장관을 비롯해 주미대사, 청와대 안보실장, 경호실장 등은 참전 기념비에서 200m 떨어진 곳에서 겨우 하차해 때아닌 달리기를 해야 했다. 공식수행원 없이 하차한 노 전 대통령은 한국전 참전 기념비 공원 안내소에서 1㎞가량의 숲길을 걸어 미국 측 의전장과 참전용사 대표들의 영접을 받았고 헌화식이 치러지는 국기게양대로 이동했다. 공식수행원 일행은 헌화 행사 시작 직전 현장에 도착했다고 청와대 관계자는 밝혔다. 공식수행원단의 이탈로 10여 분간 노 전 대통령 경호에 공백이 발생했다는 주장에 대해 청와대 대변인은 “행사장에 미리 도착한 경호요원들이 있었기 때문에 대통령 경호에는 아무 차질이 없었다”고 밝혔다. 한편 백악관 경호실은 미국인 운전기사가 길을 잘못 들어 한국 측 공식수행원들을 잠시나마 당황하게 하는 ‘해프닝’이 초래된 데 대해 당시 경호실장에게 사과한 것으로 알려졌다.

◎ 전두환 대통령 아프리카 방문 시 북한 국가 연주

1982년 9월 전두환 전 대통령은 한국 대통령으로는 처음으로 아프리카 국가를 순방했는데 가봉에 들렀을 때 공항에서 군악대가 애국가가 아닌 북한 국가를 연주하였다. 이때 의전장이 연주를 중단시켰는데, 당시 봉고 대통령 비서실장 등 관계자들이 찾아와 정중히 사과하고 그날 저녁 만찬장에서 봉고 대통령이 직접 사과하겠다고 약속했다. 그러나 봉고 대통령은 만찬사에서 국가 연주 부분에 대해서는 한마디도 언급하지 않아 전 대통령이 답사하는 도중 비서실장을 손짓으로 불러 "왜 사과하지 않느냐"고 항의, 결국 전 대통령의 답사가 끝난 뒤 봉고 대통령이 다시 일어나 사과하는 해프닝이 있었다.

◎ 중국 후진타오 주석 미국 방문 시 중국 공식 명칭을 잘못 소개

2006년 4월 20일, 후진타오 전 주석 환영식장에서 미국 측 행사 진행 아나운서는 중국의 공식 영어 명칭을 대만의 명칭으로 잘못 소개했다. 중국을 'People's Republic of China'(중화인민공화국)로 소개했어야 함에도 대만의 명칭인 'Republic of China'(중화민국)라고 부른 것이다. 진행자는 "신사 숙녀 여러분! 중화민국(대만) 국가에 이어 미국 국가가 연주됩니다"라고 말한 것이다.

◎ 멕시코 영부인 교황 방문 시 흰색 의상 착용

교황을 만날 때의 드레스코드는 대통령과 영부인 모두 올 블랙 의상을 착용해야 하는데 2016년 프란치스코 교황 방문 시 멕시코 영부인이 올 화이트 의상을 선택하여 논란이 되었다. 올 화이트는 가톨릭 국가 여왕만 입을 수 있는 복장이기 때문에 자국 내에서도 비판을 많이 받았다.

마. 돌발상황

의전의 가장 어려운 점은 바로 돌발상황이다. 국가정상들의 경우 보폭이나 걷는 속도까지 감안해 분 단위로 계획을 세울 정도로 디테일하게 준비된다. 그러나 돌발상황이 발생하면 통제가 불가능하다.

빌 클린턴 전 대통령이 1993년 방한했을 때 국빈만찬 시 양국 의전팀은 시간 관계상 만찬사와 답사의 통역은 생략하기로 했다. 그런데 답사를 하던 빌 클린턴 전 대통령이 갑자기 통역을 불렀다. 통역은 두 정상 사이에 섰지만, 빌 클린턴도 어색했는지 원고에 있는 내용의 10%도 읽지 않고 답사를 끝내버렸다. 한국 의전팀은 미국 쪽에 왜 만찬사와 답사 통역 생략 사실을 클린턴 대통령에게 알리지 않았는지에 대해 강하게 항의했다.

2002년 조지 W. 부시 대통령의 방한 때에는 부시 대통령의 핵심 측근인 캐런 휴스 백악관 특보가 환영 리셉션 중 다이아몬드 결혼반지를 잃어버리는 경우도 있었다. 다행히 청와대 경호팀이 행사 뒷정리 중 카펫 틈에 끼어 있던 다이아반지를 발견해 출국 직전 무사히 전달했지만 의전팀은 예상치 못한 상황에 아연실색했다.

3. 비즈니스 첫 만남

비즈니스 미팅의 흐름은 대개 약속한 장소에서 정해진 시간에 만나 인사를 나누고 명함을 주고받으며 서로를 소개한 후, '스몰토크'로 이야기를 시작해 본격적인 회의로 돌입하는 것이 일반적이다. 특히 만남과 인사, 소개 과정은 서로의 첫인상을 좌우하는 순간인 만큼 작은 행동이 미팅의 전반적인 분위기로 이어지는 경우가 많다. 약속시간의 경우 글로벌 스탠더드 매너를 기준으로 보면 정시, 혹은 5~10분 일찍 도착하는 것이 정석이다. 물론 나라별, 문화권별로 시간을 대하는 자세에 약간의 차이는 있다. 캐나다, 미국 등 북미지역 사람들은 시간을 무척 엄격하게 지키는 편이고, 남미와 동남아, 중동 사람들은 시간관념이 상대적으로 희박해 약속장소에 30분 이상 늦게 나타나는 상황도 종종 발생한다. 상대방의 성향을 미리 알고 대비하되, 본인은 어떤 경우라도 정시를 지키는 것이 신뢰감을 쌓는 데 도움이 된다.

(1) 방문 매너

방문은 상대방과의 경계를 누그러뜨리고, 서로의 교제를 깊게 하는 데 큰 역할을 한다. 방문은 친밀감을 느낄 수 있는 가장 자연스러운 계기가 될 수 있으므로, 자신의 입장만 생각하고 계획을 세우면 안 된다. 방문의 에티켓은 상대방을 배려하는 것에서 시작된다. 방문 시 특별히 주의를 기울여야 할 점은 시간에 대한 에티켓이다. 먼저 상대방의 상황에 따라 미리 약속을 정하고 시간을 반드시 지켜야 한다. 시간약속을 하지 않고 방문하는 것은 매우 특별한 경우에 한하며, 사전에 시간약속을 하는 것이 중요한 에티켓이다.

비즈니스 방문 에티켓

소홀하기 쉬운 방문 에티켓을 지키면 상대에게 짧은 시간에 좋은 인상을 심어줄 수 있다.

- 방문시간보다 여유 있게 도착하여 복장을 점검한다.
- 사무실에 들어가기 전에 코트와 장갑은 미리 벗는다.
- 사무실에서는 방문자의 이름을 알리고 본인의 명함을 내놓는다.
- 응접실에서 안내를 받으면 출입구에서 가까운 말석에 앉아 기다린다.
- 가방은 바닥에 놓거나 옆 의자에 올려놓는다.

(2) 인사 매너

한국을 비롯해 동양의 많은 나라는 상체를 굽혀 몸을 낮추거나 절을 하는 수직적 방식의 인사가 일반화되어 있다. 예로부터 농경생활을 해온 습성에 따른 것이다. 유목과 수렵을 주로 해온 서양에서는 악수와 포옹 등 수평적인 인사형태가 이어져 왔다.

인사의 기본 원칙은 '먼저 보는 사람이 하는 것'이다. 어떤 장소에 들어갈 경우에는 들어서는 사람이 먼저 와 있는 사람에게 인사하면 된다. 엘리베이터 등 좁은 공간에서 모르는 사람과 만났을 때 한국인들은 서로 인사하지 않지만, 서구인들은 자연스럽게 인사를 나눈다. 만약 모르는 사람이라도 인사를 할 경우, 같이 인사를 하지 않는 것은 그 사람을 무시하는 제스처로 인식된다.

(3) 소개 매너

서로를 소개하는 것은 아주 간단하고 쉬운 일이지만, 뜻하지 않게 소개를 하거나 받게 되었을 때 당황하게 되는 경우가 있다. 처음 만나면 서로 자신을 소개하는 것이 순서일 것이며 소개를 하는 데 있어서 기본적인 예의를 알아두면 당황하지 않고 세련되게 그 순간을 이끌어갈 수 있다. 비즈니스 첫 만남에 있어서 그 첫 단추 역할을 하는 것이 바로 소개이다. 내가 소개받을 때도 있고, 내가 남을 소개할 때도 있다. 사람을 소개할 때 어느 쪽을 먼저 소개해야 할지 몰라 당황하거나, 소개받은 사람의 이름을 잊어버려 본의 아니게 무례를 범하는 경우도 있다. 소개가 잘 이루어지면 그 만큼 만남의 인상도 깊을 것이다. 소개 시 염두에 두어야 할 것은 소개하는 자세, 순서, 명함교환, 올바른 인사법이다. 소개 예절은 첫인상을 좌우하는 매우 중요한 요소이다.

소개방법

- 미국 사람들은 빠른 사람은 처음부터 '퍼스트 네임'을 부르며, 영국 사람들은 어느 정도 친해지면 '퍼스트 네임'으로 부를 것을 제의하는 것이 일반적이다.
- Mr.는 성 앞에만 붙이고 '퍼스트 네임' 앞에는 절대로 붙여 쓰지 않는다.
- 기혼여성의 경우 Mrs. Peter Smith식으로 남편의 이름 앞에 Mrs.라는 존칭만을 붙여 쓰는 것이 오랜 관습이다. 그러므로 Mrs. Mary Smith식으로 자신의 '퍼스트 네임'을 쓰면, 영국에서는 이혼한 여성으로 간주한다. 그러나 미국에서는 직업을 가진 부인들이 이혼하지 않고도 Mrs.를 붙여 자신의 '퍼스트 네임'을 붙여 쓰며, 또 이혼한 경우에는 미혼 때의 이름으로 돌아가, Miss Mary Nixon식으로 호칭하는 사람들도 있다.

소개할 때 소개하는 사람이나 받는 사람 모두 일어서는 것이 예의이며 시선을 통한 교감, 아이콘택트가 중요하다. 소개의 에티켓은 동성끼리 소개받을 때에는 서로 일어서고, 남성이 여성을 소개받을 때에는 반드시 일어선다. 그러나 여성이 남성을 소개받을 경우에 반드시 일어날 필요는 없다. 나이가 많은 부인이나 앉아 있던 여성은 그대로 앉아 있어도 된다. 자신보다 지위가 매우 높은 사람을 소개받을 때에는 남녀에 관계없이 일어서는 것이 원칙이나 환자나 노령인 사람은 예외이다.

소개의 순서는 연소자를 연장자에게(직위가 연령보다 우선), 지위가 낮은 사람을 높은 사람에게, 남성을 여성에게 소개한다. 집안 식구의 경우는 중요한 사람이거나 여성일지라도 자기 식구를 다른 사람에게 소개하는 것이 예의이며, 미혼인 사람을 기혼자에게 소개하는 것이 자연스럽다. 한 사람과 여러 사람을 소개할 때에는 한 사람을 여러 사람에게 소개한다. 지위가 아주 높은 경우나 성직자 같은 경우에는 예외적으로 그들에게 다른 사람들을 소개하는 것이 올바른 예의이다.

(4) 각 국가별 소개방법

1) 미주 지역

미국

사람을 소개할 때 소개하는 사람이나 받는 사람 누구든 남자의 경우, 일어서는 것이 예의이다. 처음 만나는 상황에서 상대방의 성에 Mr.나 Mrs.와 같은 존칭을 부르는 것이 정석이지만, 미국인들은 친해지면 존칭을 생략하고자 하는 경향이 있으므로, 존칭 생략에 대한 요청을 하면 바로 수긍하면 된다.

캐나다

첫 만남 시, 인사할 때 eye contact는 관심과 존중을 표시하므로 중요하다. 호칭은 First name이 아닌 직위+Last name을 부르는 것이 좋다.

브라질

브라질 사람과는 비즈니스 만남 시에 악수를 하는 것이 정석이다. 처음 만난 사람과 낯을 가리지 않고 친근감을 표시하기 때문에 한국인들이 처음 만난 사람과 낯을 가려 싫어하는 것으로 오해할 수 있으니 주의해야 한다.

2) 유럽 지역

영국

영국에서는 신분에 따른 호칭을 제대로 부르는 것이 매우 중요하다. 남성의 경우 Mr., 여성의 경우 Ms.에 성을 붙여 부르며 작위를 받은 남성의 경우 'Sir', 그의 부인은 'lady'라는 호칭을 쓰며 작위를 받은 여성의 경우 Dame을 붙인다.

독일

성 앞에 Herr(Mr.) 또는 Frau(Miss)를 붙이는 것이 예의이며, 직함이나 학위가 있는 경우 Herr와 Frau 뒤에 학위와 직함을 넣어 부른다. 명함교환을 선호하는 편이므로 미팅 전에 명함을 충분히 준비하는 것이 좋다.

이탈리아

이탈리아에서 비즈니스하는 사람들은 보수적인 성향이 있으므로 장기간의 비즈니스 관계가 확립되기 전에는 Sig.~(남성), Sig.ra~(여성)와 같이 호칭을 지속적으로 사용하는 것이 바람직하다.

스페인

스페인에서는 악수, 포옹, 도스베소스(뺨을 맞대고 키스) 등의 인사법이 있지만 비즈니스 만남에서는 악수를 나눈다. 만약 비즈니스 상황에서 악수가 아닌 도스베소스로 인사를 해올 경우 거부감을 드러내지 않는 것이 좋다.

러시아

비즈니스 미팅 시에는 조직의 대표가 일일이 소개하는 문화가 있다.

포르투갈

보통 첫 만남에서는 악수를 한다. 하지만 포르투갈도 다른 유럽과 같이 비주(볼을 맞대고 키스) 인사를 하므로 여성이 이 인사법을 건넬 경우 당황하지 말아야 한다.

3) 중동 & 아프리카 지역

터키

터키인들은 처음 만난 사람과는 주로 악수를 나누며, 포옹하는 것은 친근감이 형성되었다는 의미이다. 남성은 일반적으로 이름 뒤에 'Bey(베이)'를 붙이고 여성은 'hanim(하님)'을 붙인다.

4) 아시아 지역

일본

일본에서는 자신 회사의 상사를 소개할 때 직급에 '님'과 같은 존칭을 붙이지 않는다.

상대방 회사의 사람을 호명할 때에는 '이름+직위+님'으로 부른다. 상대방 회사를 부를 때도 존칭을 붙인다. 보통 소개 시 호칭은 성 뒤에 '~상'을 붙이면 된다. 보통 이름은 4자로 된 이름이 많은데 앞의 두 자가 성, 뒤의 두 자가 이름이다.

중국

중국인들은 첫 만남 시 악수나 허리를 굽혀서 목례하는 동양식 인사를 한다.

말레이시아

말레이시아 사람 이름은 길고 발음하기가 어렵다. 인사 전에 이름을 파악할 수 있다면 미리 연습해 두는 것이 좋다. 말레이시아 사람들은 일반적으로 여러 가지 칭호를 이름 앞에 붙이는 것을 좋아한다. 이 중 하나가 작위를 나타내는 칭호로 DATO, DATUK, TAN SRI 등인데 이름 앞에 들어가 있으면 부를 때 붙여주는 것이 좋다.

(5) 악수 매너

악수는 석기시대부터 내려오는 전통이다. 서로 만나면 무기를 감추고 있지 않다는 것을 보여주기 위해 손바닥을 편 채로 팔을 들던 습관이 오늘날의 악수, 손에 입 맞추기, 포옹 등으로 변한 것이다. 악수는 상대방의 눈을 쳐다보면서 부드럽게 행하며, 여성의 손을 꽉 잡는다든지, 손바닥에 손가락을 넣는 인사법은 좋지 않다. 악수는 인사이므로 악수하면서 고개를 숙여 인사하지 않아도 된다.

정치인들은 직업의 특성상 원하든 원치 않든 수많은 사람을 자신의 영역으로 끌어들인다. 특히 리더(대통령)들은 그 대화의 거리 안에서 자신이 우위를 차지하기 위해 수많은 기술을 사용한다. 예를 들어 미국 트럼프 대통령과 아베 신조 일본 총리와의 19초, 에마뉘엘 마크롱 프랑스 대통령과의 6초, 그리고 앙겔라 메르켈 독일 총리의 악수 요청 거부 사례는 첫 만남의 악수가 만만치 않은 관문임을 느끼게 한다. 서로 손을 잡을 수 있는 거리 안으로 들어오는 것은 사실 그 사람의 마음을 잡고 싶다는 것을 의미한다. 손을 잡으려는 것은 친밀함을 원하는 무언의 제스처일 수 있다. 물론 무례하지 않은 기본을 지킨다면 말이다.

나라마다 문화가 다르듯 악수에 대한 매너도 조금씩 다른데, 독일은 아주 강하게 잡되 단번에 마무리하고, 프랑스는 부드럽고 가벼운 손의 압력으로 상대의 손을 잡는다. 하지만 어느 나라든 악수에는 숨겨진 심리적 룰이 있다. 악수 당사자 간의 유대의 정도, 기대하는 유대의 강도는 악수하지 않는 손을 살핌으로써 알 수 있다는 것이다. 악수는 손이 아니라 마음을 잡는 것임을 이해하자.

1) 악수의 방법

악수를 청하는 순서는 지위가 높은 사람이 낮은 사람에게, 윗사람이 아랫사람에게, 선배가 후배에게, 여성이 남성에게, 기혼자가 미혼자에게 먼저 손을 내밀었을 때이며 이때만 악수를 한다. 아랫사람이 악수를 청하거나 남성이 여성에게 먼저 악수를 청하는 것은 결례다. 남녀 간엔 서로 악수를 하지 않지만, 최근엔 비즈니스 과정에서 남녀 간에도 악수를 하는 경우가 오히려 일반적이다. 상하관계가 분명하다면 고위직의 남자가 하위직의 여자에게 악수를 청하는 것이 예의에 어긋나는 것은 아니다. 두 쌍의 부부가 서로 인사할 경우엔 부인이 남편의 오른편에 서서 부인끼리 먼저 악수를 한 후 남편끼리 하는 것이 순서다. 그 후 마주보고 있는 남녀 간에도 인사를 나눈다.

악수의 방법은 원칙적으로 오른손으로, 느슨하지 않게 잡는다. 상대의 팔을 당기거나 과도하게 흔들지 않으며 적당한 힘으로 3~5초 정도 가볍게 맞잡는다. 손끝만 잡는 경우 서양에서는 '죽은 생선'을 잡는 것 같다는 의미로 좋은 반응을 얻기 어렵다. 왼손은 자연스럽게 내려놓거나 상대방의 왼팔을 가볍게 터치해 친밀감을 표현하는 것이 좋다. 악수는 서양식 인사이므로 아이콘택트가 중요하다. 감정을 드러내고 표현하는 일이 드문 우리나라 문화 특성상 인사를 나눌 때 어색함으로 인해 무의식적으로 눈을 피하거나 무표정으로 일관하는 경우가 많은데, 자칫 상대방에게 무례한 행동으로 비춰질 수 있으니 주의해야 한다. 오른손에 물건을 들고 있다고 왼손으로 하는 것도 원칙이 아니므로 주의해야 한다.

더불어, 우리나라 사람들은 악수할 때 상체를 굽히는 경우가 많다. 우리 사회에서는 존경의 뜻이지만, 국제사회에서는 비굴한 모습으로 비칠 수 있기 때문에 주의해야 한다. 오바마 전 미국 대통령이 일본을 방문했을 때 일왕(日王)에게 90도로 허리를 굽혀 인사한 것을 두고 논란이 많았지만 이는 '일본식 정중례인 사이케이레이' 방법으로 인사한 것으로, 오히려 상대국에 대한 배려로 봐야 할 것이다.

개인적 공간을 존중하는 것도 매우 중요하다. 친분 있는 사이끼리 악수를 나누는 것은 자연스럽지만 그렇지 않을 때는 주의해야 할 사항이 몇 가지 있다. 그중에서 가장 중요한 점이 바로 개인적인 공간을 침해하지 않는 것이다. 서양에서는 팔을 뻗친 만큼의 거리를 개인 공간이라 인식한다. 인류학자인 에드워드 홀은 친밀한 거리는 신체 접촉부터 45cm, 개인적 거리는 45cm~1m 20cm, 그리고 일반적 업무를 위한 사회적 거리는 1m 20cm~3m 60cm로 규정한다.

만약 장갑을 착용했다면 남성은 악수할 때 장갑을 벗어야 하지만, 여성의 경우 팔꿈치까지 오는 긴 장갑을 끼거나 겨울철 야외에선 벗지 않고 악수해도 된다.

맨체스터대학 심리학자들이 고안한 완벽한 악수의 공식

맨체스터대학의 심리학 교수인 제프리 비티 심리학과장은 "악수는 사람들의 인상을 결정하는 가장 핵심적인 요소 중 하나이며, 다른 사람에 대한 판단을 내리는 정보를 제공하는 역할을 하기도 한다"며 "전통적인 인사법이자 사업거래의 핵심요소로서 수천 년의 역사가 있음에도 여태까지 악수 지침서가 없다는 것이 놀라운 일"이라고 말하며, 악수법에 대한 정의를 내렸다.

"땀이나 물기가 없는 마르고 서늘한 손으로, 상대 손을 중간 정도 활력으로 3번 정도 흔들어주되 2~3초를 넘겨선 안 되고, 그동안은 내내 상대방과 눈을 맞추면서 자연스러운 미소를 유지한 채 적절한 말을 건네야 한다." 영국 맨체스터대 심리학자들이 악수를 해야 하는 상황에서 어쩔 줄 몰라 진땀을 흘리는 사람들을 위해 내놓은 완벽한 악수법이다.

연구진에 따르면 악수할 때 가장 문제가 되는 것은 손바닥이 땀으로 축축하거나, 손목이 힘없이 늘어지거나 아플 정도로 지나치게 꽉 쥐는 것 등이다. 이 공식을 고안한 이유는 직원들의 악수 훈련을 위한 가이드로써, 고객에게 편안한 마음과 신뢰를 가지게 하기 위해서라고 한다.

2) 손에 입 맞추기 및 포옹

지역에 따라 환영의 의미로 관습적인 제스처를 취하기도 하는데, 살짝 포옹을 하거나 가벼운 얼굴 키스를 나누는 프랑스와 이탈리아의 인사법, 서로 안은 채로 등을 툭툭 두드리는 '아브라소(Abrazo)'라 부르는 남미의 전통 인사법 등이 대표적이다.

양볼 키스는 동양에선 아직 많이 어색하지만, 유럽에선 오래전부터 상당히 보편화된 인사법이다. 주로 친구들, 대부분 여자 친구들 사이에서 행해지며, 상대방의 왼쪽 볼에서 오른쪽 볼 순서로 인사한다. 입술을 맞추지는 않으며 뺨만 3~4차례 갖다 대면 된다.

유럽의 프랑스, 이탈리아 등 라틴계나 중동아시아 지역 사람들이 친밀한 인사표시로 포옹하는 경우가 있는데 이때 자연스럽게 응하는 것이 좋다.

16세기 스페인에서 유래된 손등 키스(Kissing hand)는 유럽의 일부 국가에 아직 남아 있는 인사법이다. 만나고 헤어질 때 주로 남성이 여성들에게 한다. 결혼한 여성에게 실내에서만 가능하며, 비즈니스 관계에선 하지 않는 것이 관례다. 남성이 여성의 옆쪽에서 손가락 끝을 잡고 입술을 손등 가까이 가져가면 된다. 입술이 여자의 손에 직접 닿아선 안 된다. 이 경우 여성은 손바닥이 아래를 향하도록 손을 내민다.

3) 악수에 있어서의 특례

• 왕 또는 왕족 : 남성의 경우 목례 후 상대방이 악수를 청하면 재차 머리를 숙여 인사하고 이에 응한다. 여성은 왼발을 뒤로 빼고 무릎을 굽혔다 펴는 정도의 예를 표한 후 악수에 응한다.
• 대통령 : 위와 같은 방법으로 하고, 고위 공직자들과는 격식을 갖추는 정도로 허리를 약간만 굽혀 인사하는 것이 좋다.

(6) 각 국가별 악수방법

악수법에도 나라별 차이가 있다. 미국인에게 힘 있고 짧은 악수는 정직과 신뢰를 상징한다. 힘없고 긴 악수는 반대의 의미다. 반면 프랑스식 악수는 손에 힘을 많이 주지 않는 것이 특징이다. 이탈리아에선 과도하게 손을 흔드는 경향이 있고, 스페인에선 악수하면서 어깨 위를 두드린다.

1) 미주 지역

미국

미국인들은 비언어 커뮤니케이션을 중시하기 때문에 악수할 때에는 눈을 응시하는 것이 좋다.

캐나다

캐나다인과 악수할 때에는 힘을 주어 잡는 것이 친근감을 표현하는 방식이다. 캐나다 동쪽은 영국, 서쪽은 프랑스 문화를 많이 따르고, 영국계 사람들은 악수를 자주 하지 않으며, 프랑스계 사람은 악수를 자주 하며 비주(뺨을 대고 키스)와 포옹을 하기도 한다.

멕시코

멕시코인들은 악수할 때 손을 가볍게 잡으면 불신한다는 이미지로 보이므로 주의

한다.

브라질

브라질인과 악수할 때에는 손을 자신 있게 내밀고 힘을 주어 2~3번 흔든다. 이때 시선을 상대의 눈에 두는 것이 신뢰감 형성에 중요하다. 공식석상에서는 시작과 끝에 모든 사람에게 일일이 악수하는 것을 에티켓으로 여긴다.

칠레

칠레는 남성끼리 악수를 교환하는 것이 일반적인 인사법이며, 친해질 경우 등을 살짝 두드리면서 하는 가벼운 포옹도 가능하다. 여성과 인사할 때에는 가볍게 포옹을 하며 뺨을 맞대는 것이 일반적인 인사법이다.

2) 유럽 지역

영국

미국인들과 반대로 거리를 약간 두고 악수를 하며, 손에도 힘을 덜 준다. 미팅이나 중요한 자리에서만 제한적으로 악수를 하고 그다음부터는 생략한다. 영국인들은 제3자를 통해 소개받는 것을 좋아한다.

독일

악수는 강하고 짧게 흔드는 것이 특징이다. 친밀한 사이에서는 손을 오래 잡고 흔들기도 한다. 독일인들은 고개를 숙인 채 악수하는 경우는 거의 없다. 고개를 숙이는 것이 예의라고 생각하는 한국과 다르니 주의해야 한다. 독일인들은 남성들이 여성들과 악수 후 손등에 입맞춤하는 습관적인 행동을 보이기도 하므로 자연스럽게 응하는 것이 좋다. 오스트리아, 이탈리아, 스페인에서도 Kissing hand를 하는 편이지만 덴마크, 벨기에, 네덜란드에서는 무례하다고 여긴다.

프랑스

프랑스식 악수는 손에 힘을 많이 주지 않으며 여성이 먼저 손을 내미는 것이 관례지만 사회적인 지위가 높은 경우는 예외이다. 가볍고 빠르게 한두 번만 흔들어 악수를 한다.

이탈리아

이탈리아에서는 악수 시 상대방의 눈을 응시하고 손은 자신 있게 잡아 상대방에 대한 확신과 자신감을 보여주는 것이 중요하다. 악수를 할 때 팔꿈치를 붙잡고 하는데 이는 상대방과 있어서 즐겁다는 의미이다.

러시아

악수를 할 때, 서로 대등한 위치에서 당당하게 상대방의 눈동자를 똑바로 바라보고 적절한 힘을 주는 것이 좋다. 인사 상대가 여성일 경우는 가벼운 목례와 옅은 미소로 반가움을 어필한다.

포르투갈

포르투갈 사람들은 악수 시, 북유럽이나 북미 사람들보다 다소 가까운 거리를 유지하며 반드시 아이콘택트를 해야 한다.

오스트리아

악수를 할 때 남성들이 여성들과 악수 후 손등에 입맞춤을 하는 Kissing hand를 하기도 한다. 동양식으로 악수하면서 자연스럽게 고개를 숙이는 인사법은 오스트리아인들에게 호감을 줄 수 있다.

3) 중동 & 아프리카 지역

터키

터키인들은 친근함을 표현하기 위해 거의 오래 악수를 한다.

➲ 이집트

인류 문명의 보고답게 전통적인 매너가 강한 나라다. 만나고 헤어질 때 모든 사람과 악수를 한다. 악수를 한 후, 오른손을 가슴에 대는 것은 존경의 표현이자 진심으로 반갑다는 표현이다.

알라 외에 머리를 숙이지 않는 것이 종교적 관례이기 때문에 악수 시 한국식으로 머리를 숙이는 것은 좋지 않다.

➲ 사우디아라비아 & 아랍에미리트

남성은 악수를 교환하는 것이 일반적인 인사법이다. 현지인들은 친밀도에 따라 가벼운 포옹이 가능하며 아주 친한 경우 양쪽 뺨을 대는 Cheek-Kiss를 하거나 코를 맞대는 '합 쿠숩'을 하기도 한다. 그러나 비즈니스 관계의 바이어라면 악수를 하는 것이 바람직하다.

왼손은 부정한 일에 사용하기 때문에 악수나 식사를 위해 사용하지 않는다. 보통 악수를 할 때, 물건을 주고받을 때에는 오른손을 사용하는 것이 좋다. 인사를 길게 하는 것이 미덕이므로 성의 있게 응대해야 한다. 알라신 외에는 고개를 숙이지 않기 때문에, 인사는 악수로 하고, 악수 후 오른손을 왼쪽 가슴 위로 쓸어 친밀감을 표시한다.

비즈니스 미팅 등에서 상대방이 아랍권 여성이라면 외부남자와의 접촉은 금지되어 있으므로 상대가 악수를 먼저 청하지 않는 이상 악수보다는 간단한 목례나 인사말을 건네는 것이 적절하다. 가족 중 여성의 안부를 묻는 것도 실례다.

첫 만남에도 아랍인들은 항상 상대방의 안부를 묻는 인사로 대화를 시작한다. 이때 아랍인들이 항상 사용하는 '앗살라무 알라이쿰(아랍어: السلام عليكم ; 평화가 당신에게 함께 하기를)' 하고 인사를 건넨다면 매우 호의적인 대접뿐만 아니라 대화 및 일처리에도 긍정적인 영향을 미칠 수 있다.

➲ 남아프리카공화국

만나고 헤어질 땐 악수로 인사하고, 가족에 관한 안부 등 인사가 긴 편이다. 백인과는 평소 악수 방식대로 하면 되고, 흑인과는 손을 돌려가며 세 번씩 악수한다. 가족이나 가까운 동료 간에 서로 가벼운 입맞춤을 한다. 관습이므로 오해할 필요 없다.

4) 아시아 지역

일본

악수할 때는 존경의 정도에 따라 허리를 숙이는 문화가 있으므로 일본에서는 평소보다 상체를 더 숙이는 것이 좋다.

중국

중국은 우리나라처럼 악수가 일반적이지만, 중국인이 먼저 손을 내밀 때까지 기다린 후 악수하는 것이 좋다. 가볍게 머리 숙여 인사하는 경우도 있다. 인사할 때에는 서로 고개를 숙인다. 지위와 명예에 민감하기 때문에 직함을 정확하게 불러야 하며, 대부분 옷차림이 검소하기 때문에 겉모습만으로는 신분을 알 수 없다. 외형보다 내실을 기하는 국민성이다.

인도

인도는 힌두교라는 종교적 성격이 강한 나라이므로 남성과 여성의 접촉을 피한다. 악수도 남성은 남성끼리 여성은 여성끼리 한다. 남성은 여성에게 절대 악수를 청하면 안 되고 왼손은 부정하다고 여기기 때문에 악수할 때 오른손으로 해야 한다.

만나거나 헤어질 땐 두 손을 모으고 "나마스테(산스크리트어: नमस्ते)"라고 인사한다. 서구의 영향으로 악수가 보편화되었지만, 이성끼리는 가급적 악수보다 합장하는 것이 좋다. 계급이 다를 경우 윗사람에게 인사할 때에는 오른손으로 상대방의 발등을 만진 후 손가락을 자신의 이마에 대면서 "뿌라남"이라고 한다. "당신 발의 먼지도 감당하기 어렵다"는 의미다.

싱가포르

중국계의 경우 악수 또는 목례가 일반적이고, 인도계의 경우 이성끼리는 악수보다는 고개를 숙이며 인사한다. 말레이계의 경우 여성이 먼저 손을 내민 경우가 아니라면 이성과 악수하지 않는 것이 일반적이다.

필리핀

비즈니스상의 악수는 서양의 방식보다 천천히 흔들면서 손을 좀 더 꽉 잡는다. 거래 상대방의 나이가 많거나 여성이면 상담자가 악수를 청할 때까지 기다리는 것이 매너이다.

말레이시아

악수를 할 때 두 손을 펴서 다른 사람의 한 손을 두 손으로 감싼 후 두 손을 가슴에 가볍게 닿게 한다. 요즘에는 일반적인 악수를 한 다음 한 손을 가슴에 닿게 하는 경우가 대부분이다. 일부 보수적인 회교도나 여성은 이성과 악수하지 않는다.

인도네시아

인도네시아 사람들은 남녀 구분 없이 악수를 하며, 손에 힘을 빼고 하는 동양식의 악수가 더 일반적이다. 일반적으로 악수 후 바로 오른손을 왼쪽 가슴에 갖다 대며 상대방에 대한 존경을 표시하기도 한다. 악수를 한 후엔 손을 가슴에 대고 쓸어내린다.

베트남

베트남인들은 악수할 때 보통 동성끼리 하며, 왼손으로 오른손 손목을 감싸 두 손으로 악수하는 것이 예의이다. 남녀가 악수할 경우 남자는 여자가 악수를 먼저 청하길 기다리며 만약 여자가 청하지 않을 경우 가벼운 목례를 하는 것이 매너이다.

(7) 명함 교환 매너

명함을 정중하게 취급하는 것은 상대방과 상대회사, 나아가 상대국가에 대한 경의를 나타내는 마음을 표현하는 것이다. 명함은 자신의 회사, 직책, 성명을 증명하는 역할을 하므로 전달받은 명함을 훼손하는 느낌을 주지 않는 것이 기본 에티켓이다.

1) 체제

- 명함용지는 순백색이 일반 관례이며, 너무 얇거나 두꺼운 것은 피하는 것이 좋다. 인쇄방법은 양각이 원칙이다. 반드시 흑색 잉크를 사용해야 하며 금색 둘레를 친다거나 기타 색채를 사용해서는 안 된다.
- 흑색 잉크를 사용하여 필기체를 사용하는 것이 일반 관례이다.

2) 명함에 쓰이는 약자

- 먼저 연로자나 상위자에 대해 그의 이름을 부른 후 연명한다. 좌측 하단에 연필로 기입하여 봉투에 넣어 보냄으로써 인사에 대신할 수 있다.
- 약자 예
  - p.r.(Pour remercier) : 감사
  - p.f.(Pour feliciter) : 축하
  - p.c.(Pour consoler) : 조의
  - p.p(Pour presenter) : 소개
  - p.p.(Pour prendre conge) : 작별

3) 명함 교환을 위한 사전준비사항

- 깨끗하고 올바른 정보의 명함을 준비한다.
- 충분한 수의 명함을 명함지갑에 보관하거나, 남성은 상의 안주머니, 여성은 핸드백에 보관한다.

4) 명환 교환방법

명함은 원래 남의 집을 방문하였다가 주인을 만나지 못하였을 때 자신이 다녀갔다는 증거로 남기고 오는 쪽지에서 유래되었다. 이 같은 습관은 현재 많이 변모하여

선물이나 꽃을 보낼 때, 소개장, 조의나 축의 또는 사의를 표하는 메시지 카드로 널리 사용되고 있다. 그러나 우리나라처럼 상대방과 인사하면서 직접 명함을 내미는 관습은 서양에는 없으나 명함을 내밀 때는 같이 교환하는 것이 예의이다.

명함을 주는 방법은 아랫사람이 윗사람에게 일어서서 두 손으로 상대가 바로 읽을 수 있는 방향으로 Face up하여, 가슴높이에서 간단하게 자기소개를 하며 건넨다. 명함을 받을 때는 일어서서 두 손으로 정중히 받은 후 이름과 직함 등을 확인하고 관심을 표현한다. 상대방 앞에서는 받은 명함에 메모를 하지 않는 것이 매너지만, 상대가 외국인이라면 이름을 다시 한 번 확인한 후 발음이 어려울 경우 작게 메모하는 것은 괜찮다. 앉아서 대화를 나눌 경우 테이블 한쪽에 명함을 두었다가 이야기가 다 끝나면 명함지갑에 넣는다. 명함을 본인만 먼저 명함지갑에 넣으면 실례가 되기 때문에 상대방 또는 미팅 전체의 분위기에 맞춰 판단한다.

1대1로 명함을 교환한 경우 받은 명함은 테이블 위에 직접 놓는 것보다는 자신의 명함지갑 위에 올려놓는 것이 좋다. 여러 사람들과 명함을 교환한 경우 직책이 가장 높은 사람의 명함을 본인의 명함지갑 위에 놓고 다른 사람들의 명함을 테이블 위에 놓는다. 테이블 위에 명함은 상대방 좌석 순으로 올려놓고 이름과 얼굴을 확인하면서 이야기한다.

명함을 동시에 교환할 경우에는 ① 오른손으로 명함을 건네면서 왼손으로 받아 들고 나서 두 손으로 잡는다. ② 오른손으로 명함을 주고 왼손으로 받은 후, 바로 오른손으로 받쳐든다. ③ 이슬람 문화권은 왼손을 사용하지 않으므로 반드시 오른손으로만 건네고 받는다. 단, 자신이 상대방보다 서열이 낮은 경우에는 상대방보다 낮은 위치에서 전달한다.

명함이 부족할 경우 사과의 뜻을 전하고 복귀 후 바로 받은 상대방의 명함을 확인한 후 사과 메일을 보내는 것이 좋으며, 다음에 만났을 때 상대방이 명함을 요청하기 전에 명함을 먼저 전달하는 것이 좋다.

(8) 스몰토크

스몰토크란 일상적인 대화, 가벼운 대화 등을 의미한다. 단순한 의미의 사교 수준을 넘어 '소통과 교감의 몸짓'으로 해석되는데, 개인주의가 발달한 미국에서는 사람과 마주하는 기회를 소중하게 여긴다. 엘리베이터를 탈 때나 벤치에 앉아 있을 때에도 눈만 마주치면 짧은 인사를 나누고 대화를 하는 이유가 바로 이러한 이유 때문이다.

1) 스몰토크의 방법

비즈니스 미팅 전 분위기를 부드럽게 하기 위해 가벼운 스몰토크는 필수다. 주로 5분가량 이야기를 나누며, 업무와 직결되지 않는 다양한 이슈로 서로의 공통점을 확인하고 호감을 높이는 단계이다.

한국인들이 준비하지 않은 상태에서 스몰토크를 하기란 쉽지 않다. 미팅의 성과로 직결되는 일이 많은 만큼 사전에 몇 가지 소재를 미리 준비해 가는 것이 좋다. 특히 상대국의 역사 및 문화, 최근 이슈에 대해 대략적으로라도 조사를 하고 미팅에 들어가는 것과 그렇지 않은 것은 하늘과 땅 차이이다. 실제로 쇼팽의 나라 폴란드에서 바이어와 클래식 음악에 대한 대화를 나누면서 러시아 국적의 차이콥스키에 대한 이야기만 하여 미팅 분위기를 망친 사례들이 있다. 처음 만남에 대화를 시작하는 것은 누구나 어색하고 어렵다. 이런 분위기를 자연스럽게 바꿀 수 있도록 대화를 유도하는 것이 좋다. 스몰토크 주제를 사전에 준비하지 못했다면 날씨, 여행, 음식 등의 이야기를 자연스럽게 이어가는 것이 좋다. 반면 정치, 경제, 종교 등의 주제에 관한 이야기는 나라별로 복잡한 이해관계가 얽힌 민감한 내용인 만큼 꺼내지 않는 것이 좋다. 유엔 차석 대사와 국가브랜드위원회 국제협력분과위원장을 지낸 유니세프 한국위원회의 서대원 사무총장은 "해당 나라에서 가장 인기 있는 스포츠를 대화 소재로 삼는 것이 좋다. 상대가 여성이라면 옷차림을 가볍게 칭찬하는 것도 방법"이라며 "초면에 사생활 이야기는 가능하면 묻지 않는 것이 안전하지만, 나라별로 조금씩 차이는 있다. 미국과 캐나다 등 북미권 사람들은 상대적으로 소탈하고 조금만 친해지면 자신을 잘 드러내기 때문에 상황에 따라 사적인 것을 약간 물어보며 친밀감을 표현하는 것도 괜찮다. 반면 유럽 사람들은 사생활에 굉장히 엄격하고 보수적인 편이다"라고 설명한다.

준비한 스몰토크의 내용이 부족하다면 명함을 소재로 자연스럽게 스몰토크를 이어가는 것도 현명한 방법이다. 글로벌 매너에서 명함은 상대방의 얼굴이라 할 만큼 중요한 아이템이다. 명함 한 장에 회사와 개인에 대한 최소 5~6가지 정보가 담겨 있기 때문이다. 명함만으로도 회사 위치, 이름, 직함 등을 소재로 자연스럽고 유연하게 이야기를 이어나갈 수 있는 만큼 한쪽에 올려두고 자주 눈길을 주며 미팅을 이어가는 것이 좋은 방법이다.

스몰토크 시 자연스럽고 센스 있게 대화하는 것이 중요하다. 지루한 대화는 상대방에게 마이너스 효과를 줄 수 있기 때문이다. 연습을 통해 익숙해지면 상대방의 상황을 살펴가며 스몰토크를 하고 적절한 순간에 마무리하는 센스가 필요하다.

사무실 방문 시 스몰토크로 활용하기 좋은 소재는 책장, 가족사진 또는 휴가여행 기념품, 사무실 인테리어, 사무실에 오는 교통편, 날씨, 사람에 관한 느낌이 좋다. 스몰토크에서 주도권을 빼앗길 경우 주도권을 비즈니스에서 놓치는 경우가 많으므로 가급적 먼저 스몰토크를 시작하여 대화에 자신 있는 주제로 이끄는 편이 좋다.

비즈니스 미팅에서 미묘한 기 싸움이 발생하는 것이 사실이다. 하지만 굳이 대화 과정에서 긴장감이나 갈등을 표출할 필요는 없다. 거래에서 절대 양보하지 못할 부분이 있다면 그것은 '딜 메이킹(deal making)' 시 분명히 하면 되므로 스몰토크 자리에서는 상대방을 존중하며 지킬 예절은 깍듯이 지키는 것이 좋다.

2) 각 국가별 스몰토크 방법

중동문화권에서는 5분 이상의 긴 스몰토크를 하며 바로 본론으로 들어가려는 태도는 무례하다고 여긴다. 이는 이슬람 성경인 ≪코란(아랍어: القرآن)≫에서 사람을 만났을 때 인사를 어떻게 하는가에 관해 상당히 많은 분량으로 규정해 놓고 있기 때문에 진지하게 받아들이는 것이 중요하다.

미국과 서유럽 문화권에서는 짧은 스몰토크를 사용하며, 긴 내용은 시간낭비라고 생각하므로 짧은 대화 후 본론으로 들어가는 것이 좋다.

스몰토크는 아이스브레이킹을 위해 사용한다. 스몰토크는 업무 외적인 대화이기 때문에 중요하지 않게 생각하는 경우가 있는데 절대 그렇지 않다. 글로벌 업무를 하는 사람들은 상대가 스몰토크를 하는 것만 봐도 그 사람의 글로벌 비즈니스 경험 유무를 판단할 수 있으므로 스몰토크를 훈련하여 자연스럽게 하는 것이 중요하다.

(9) 대화 매너

대화할 때 글로벌 에티켓의 첫째 조건은 상대방에 대한 배려다. 즐겁고 능동적인 자세로 상대방의 말을 듣고, 말과 손동작 등을 통해 반응을 해야 한다. 언어적·비언어적 커뮤니케이션을 모두 잘 활용해야 한다. 한국에서는 상대방의 이야기를 들을 때 큰 반응을 보이지 않고 듣는 경우가 많다. 하지만 서구에선 상대방의 대화가 끝나면 반드시 리액션을 해주는 것이 예의이며 중간에 말을 자르는 것은 큰 실례다.

대화를 할 때 상대의 이름을 아는 것은 기본이다. 한 명이 먼저 이름을 말하면, 자연스럽게 상대방도 이름을 말한다. 한국에서는 주로 대표님 등 상대방의 직함을 말하지만, 서구에서는 성 또는 이름을 부르는 것이 좋다. 상대방이 성이 아닌 이름으로 불러달라고 하면, 성을 제외한 이름만 불러도 된다.

상대방이 칭찬할 때 한국인은 "아니다"라는 의미의 부정적 표현으로 자신을 낮춘다. 하지만 그보다 "고맙다"는 표현이 훨씬 좋다. 그리고 한국에서는 자신의 의견을 직접적으로 표현하지 않는 경우가 많은데, 특히 비즈니스 관계에서는 멀리해야 한다. 정확하게 자신의 의견을 전달하고, 명료하게 결론을 지어야 한다. "No"란 말을 적절하게 사용하지 못하여 나중에 큰 곤란을 겪는 경우가 많기 때문이다.

국적이 다른 사람들이 만날 경우에는 가급적 쉬운 단어를 사용하는 것이 좋다. 서구에서는 정치, 종교, 인종, 질병, 실업 등 사회적 쟁점이 되는 주제는 가급적 피하는 것이 좋다. 여행이나 취미 등 자신과 상대방 개인에 대한 주제를 선호하며, 상대방의 신체적 특징으로 농담하는 것은 큰 실례가 된다.

남성의 나이는 물어봐도 무방하나, 여성에겐 묻지 않는다. 결혼 여부도 본인이 먼저 얘기하기 전까진 묻지 않는다. 대화 중에 휴대전화 통화를 하는 것은 큰 결례다. 짧게 마치거나 양해를 구한 뒤 자리를 떠나서 통화해야 한다.

한국인은 대화할 때 상대방을 쳐다보는 것을 피한다. 특히 연장자가 말할 때 눈을 마주보면 예의에 어긋나는 행위가 되기 때문이다. 하지만 서구에서는 대화할 때 기본적으로 상대방의 눈을 보는 것이 예의이다. 대화 중 수시로 머리를 만지거나 시계를 보는 것도 결례이며 손톱을 깨물거나 다리를 떠는 행동은 상대방에게 부정적인 인상을 심어주기 쉽다.

머리를 위아래로 끄덕이는 행동은 세계 대부분의 나라에선 긍정의 표현이지만, 인도와 파키스탄 등 일부 국가에선 머리를 좌우로 흔드는 것이 긍정의 의미가 되기도 하므로 국가별 비언어적 커뮤니이션에 대하여 미리 습득 후 미팅을 하는 것이 좋다.

다이닝미팅인 비즈니스 런천(Luncheon)이나 디너(Dinner)에선 정규 코스요리를 먹으면서 차례차례, 즉 기승전결(起承轉結)로 암시적인 메시지를 전달할 수 있어야 한다. 애피타이저(appetizer)로 탐색전, 앙트레(entrèe · 前食)로 이야기 전개, 플라(plat · 本食)에서는 마음 굳혀주기, 데세르(dessert · 後食)로 행동 마무리시켜 주기, 그리고 끝으로 반드시 피드백, 즉 구체적인 감사표시와 함께 다음을 위한 답례 등 후속 사후관리다. 코스별로 나오는 각각의 요리를 하나의 단어로 보고 그것에다 각각의 맛과 숨은 의미, 혹은 의도를 부여하며 대화를 이끌어가야 한다. 그리하여 하나의 문장을 완성시키는 것이다. 그러니까 식사를 통해 음식들로 작문을 한다고 이해하면 된다. 프랑스인들과 중국인들의 작문 능력이 탁월한 이유는 바로 그러한 음식문화에서 기인한다.

그러므로 비즈니스 런천 · 디너라는 음식으로 하는 작문, 즉 2차적인 프레젠테이션을 하는 것이라 생각하면 된다. 미팅 혹은 회의에서 좋은 제안과 훌륭한 발표 스킬을 보여주었어도 그것만으로는 대형 프로젝트를 한번에 성사시키기가 어려울 수 있다. 그러므로 그 진정성과 그만한 내공을 더블체크로 보여줘야 하는데, 글로벌 비즈니스 세계에서는 사전 식사메뉴 기획 및 현장 구사 식탁 매너를 통해 간접적으로 증명해 보이는 것이다. 예를 들어, 창의력을 중시한 사업 관계라면 특별한 재료나 특별한 요리, 즉 창의적인 메뉴로 대접하고, 치밀성을 요하는 사업이라면 사전에 아주 치밀하게 준비해서 상대방에게 명백히 전달할 재료 선택과 상대방 기호, 취향, 건강을 배려한 그만을 위해 맞춤형으로 고안한 레시피로 섬세한 맛과 멋을 내야 하며, 장기간 끈질기게 헤쳐 나가야 하는 사업이라면 몇 시간 이상 조리시간이 필요해 수일 전 사전예약이 필수인 요리 종류 탐색, 선택, 주문과 이에 걸맞은 양념 레시피 및 곁들일 와인과 차 종류까지 철저히 준비해서 접대해야 한다. 그 외 각각의 사업 특성,

손님 전체와 각각의 기호 및 주선한 자리의 성격에 맞춘 치밀한 준비로 그 사업에 최적 파트너임을 간접적으로 표현해 상대를 감동시켜야 한다.

(10) 전화 매너

전화응대 자가테스트를 통하여 본인의 전화응대 시 장단점을 파악해 보자.

구분	평가항목	평가내용	5	4	3	2	1
수신	접속 신속성	벨 3회, 7초 이내에 받는다.					
첫 인사	맞이인사	상대방이 잘 알아듣게 나를 소개한다.					
		계절이나 월별로 인사멘트를 변경한다.					
연결 태도	담당자 연결	주요 인사들의 전화번호를 10초 이내에 찾을 수 있다.					
		주요 인사들의 연락처를 휴대하거나 저장하고 있다.					
	업무파악	조직도상의 부서업무와 담당자 등을 숙지하고 있다.					
		업무별 중요도와 우선순위를 정확하게 인지하고 있다.					
	내선활용	사내 전화시스템과 전화기 사용법에 익숙하다.					
	언어표현	전화응대 시 속도가 적당하다.					
		전화응대 시 발음이 정확하다.					
		공손한 어투와 수준 높은 단어를 사용한다.					
		외국인의 전화를 응대할 수 있다.					
		전화응대 시 고객의 말을 끝까지 듣는 편이다.					
	경청태도	전화 메모를 하고 있다.					
		전화응대 시 속도가 적당하다.					
	적극적인 태도	문의사항에 대한 확인을 한다.					
		문의사항 외에 추가적인 질문을 받는다.					
종료 인사	기본 매너	상대방보다 늦게 끊는다.					
	끝인사	계절이나 월별로 인사멘트를 변경한다.					
	피드백	전화대장을 작성하고 있다.					
	생활전화	업무전화 외에 개인적인 전화도 친절하게 받는 편이다.					

※ 자신의 전화응대역량 중 단점은 무엇이며 개선시킬 수 있는 방안은?

전화는 업무상 중요한 수단, 얼굴 없는 만남의 첫인상이므로 회사와 개인 이미지 결정의 중요한 판단기준이 된다. 전화통화는 한번 통화 후 소멸되는 일회성이므로 모든 전화통화 시 최선을 다해야 하고, 전화는 일방적으로 발신 후 수신을 하는 개념이기 때문에 상대방에서 전화 수신 시 전화 통화 가능여부를 확인하는 것이 매너이다. 비즈니스 통화 시 왼손은 수화기를 오른손은 메모를 하고, 정확한 발음과 속도로 대화하며 적절한 리액션을 보여주어 상대가 자신의 이야기를 경청하고 있다는 것을 느끼도록 하는 것이 좋다.

전화응대의 3원칙은 신속, 정확, 정중으로 신속하게 전화를 수신하고, 정확하게 상대의 요구를 처리하며 정중하게 응대하는 것이 중요하다. 전화수신 매너의 3원칙은 전화벨은 3번 울리기 전에 받을 것, 밝은 목소리로 본인의 소속과 이름을 밝힐 것, 숫자·시간·고유명사는 메모하고, 상대방에게 다시 한 번 확인하는 것이 전화수신 기본 매너이다. 전화발신 매너의 3원칙은 자신의 소속과 이름을 밝히는 것, 전화 건 이유를 먼저 설명하는 것, 상대가 윗사람인 경우를 제외하면 전화 건 쪽이 먼저 끊는 것이 기본 매너이다.

〈표 7-2〉 전화응대 Tip

주제	Don't	Do
거절은 완곡하게	~ 할 수 없습니다.	~ 입장은 이해합니다만, 저는 조금 어렵겠습니다.
	~ 안 됩니다.	~ 죄송합니다만, 제가 처리해 드리기 곤란한 일인 것 같습니다.
명령형보다는 청유형으로	~ 해 주세요.	고맙습니다. ~ 해 주시겠습니까?
	~ 기다리세요.	죄송하지만, 잠시만 기다려주시겠습니까?
부정형보다는 긍정형으로	~ 잘 모르겠는데요.	~ 잠시만 기다려주시겠습니까? 확인 후 바로 안내해 드리겠습니다.
	~ 아직 말씀 못 드렸어요.	~ 죄송합니다만, 아직 말씀을 못 드렸습니다. 최대한 빨리 처리해 드리겠습니다.
반토막말보다는 완전한 말로	~ 잠깐만요.	~ 죄송하지만 잠시만 기다려주시겠습니까?
	~ 네?	죄송합니다만, 다시 한 번 말씀해 주시겠습니까?
	~ 알았어요.	~ 네, 잘 알겠습니다. 감사합니다.

글로벌 비즈니스 전화 매너를 살펴보자면 통화 도중 연결이 끊겨 바로 다시 걸었는데 통화 중일 경우에는 일반적으로 전화를 건 쪽이 다시 하는 것이 매너이나, 상대가 윗사람일 경우 하급자가 먼저 하는 것이 매너이다. 전화를 받고 있는데 손님이 온 경우에는 전화 상대방에게 손님이 왔음을 알리고 손님 응대 후 전화드려도 괜찮은지 정중히 확인한다. 이때 주의점은 전화 상대와 손님 중 윗사람을 먼저 응대하는 것이다.

(11) 내방객 매너

1) 내방객 응대 프로세스

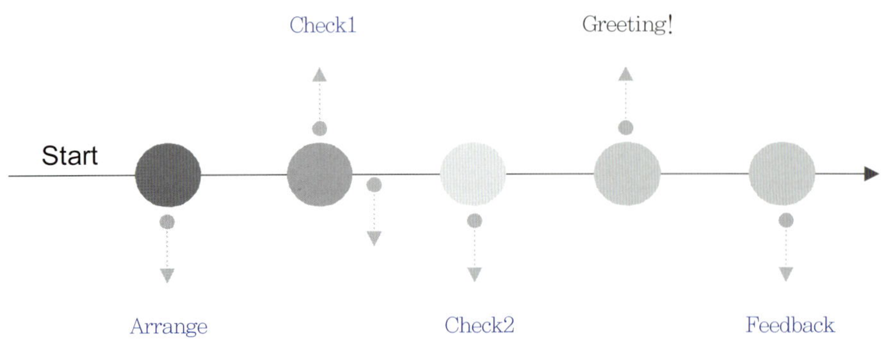

가. 1단계 : 일정 Arrange

구분	업무내역	세부업무	체크
Arrange	약속 내용 계획 및 집행	약속에 대한 내용을 정확하게 이해하고 메모하였는가?	□
		장소 및 일정에 대한 가능여부를 확인하였는가?	□
		참석자 일정을 확인하였는가?	□

약속시간은 복수로 받아 안내 및 확인하는 것이 좋고, 월요일과 금요일, 주말은 피하는 것이 좋다. 일정이 정해진 경우 해당 내용을 전화, 이메일 혹은 문자메시지로 이중 안내를 진행한다.

나. 2단계 : 일정 확인

구분	업무내역	세부업무	체크
Check 1	예약일정 공유	예약 일정을 재확인하였는가?	□
		유관자들에게 약속 내용을 재확인하였는가?	□
		Invitation Letter를 발송하였는가?	□

Invitation Letter는 이메일, 문자메시지, 팩스형태로 발송하고, 면담 예정일이 3일 이내일 경우에는 Short Notice라고 하여 발송하지 않는다. 내방객과 관련된 유관자들에게 일정을 공유한다.

R.S.V.P와 Regrets Only는 일대일 면담일 경우에는 체크하지 않는 것이 매너이다. 장소는 대중교통과 자가용을 이용하는 기준으로 별도로 안내하고, 주차시설이나 사전방문등록이 필요한 경우에는 담당자에게 안내한다.

다. 3단계 : 일정 재확인

구분	업무내역	세부업무	체크
Check 2	일정 재확인	면담자에 대한 정보를 수집하였는가?	□
		면담 전일과 당일 안내를 하였는가?	□
		면담자에게 위치와 동선에 대해 자세하게 소개하였는가?	□

면담장소의 경우 대중교통과 자가용을 이용하는 기준으로 별도로 안내해야 하며, 주차시설이나 사전방문등록이 필요한 경우에는 관련 부서나 관련자에게 Information Letter를 발송한다.

라. 4단계 : 내방객 응대

구분	업무내역	세부업무	체크
Greeting	내방객 응대	내방객을 응대하는 비즈니스 매너를 숙지하였는가?	□
		내방객과의 미팅을 위한 사료를 준비하였는가?	□
		내부회의 등 일정변동을 다시 한 번 체크하였는가?	□

당일 아침 혹은 전일에 미팅 안내 문자 혹은 이메일을 발송하고, 내방객이 별도의 공간에서 대기 중일 경우에도 차를 준비한다. 내방객 방문 시 가급적 자리에서 일어나서 응대하고 퇴실할 경우에는 문 밖까지 배웅을 하며, 방문 기념품이 있는 경우 사전에 준비하여 반드시 전달한다.

외부 면담일 경우 해당 업장이나 회사에 전화해서 정시 도착 여부를 확인한다.

마. 5단계 : 피드백

구분	업무내역	세부업무	체크
Feedback	사후관리	내방객의 인적 사항에 대해 알고 있는가?	□
		내방객에 대한 피드백을 정리하였는가?	□
		Thank You Letter를 발송하였는가?	□

내방객이나 관련 부서 혹은 관련자에게 Thank You Letter를 당일 발송하고, 외국인 내방객일 경우 반드시 발송한다.

2) 내방객 안내

가. 동행할 경우

내방객이 처음 방문한 경우에는 내방객의 반보 앞 대각선에 위치하여 안내한다.

나. 엘리베이터

엘리베이터를 탈 때는 의전원이 먼저 탑승 후 열림 버튼을 눌러 문이 닫히지 않게 하고 내방객을 탑승하도록 하며, 탑승 후 사전에 행선층을 안내한다. 내릴 때는 "도착했습니다"라고 말씀드리고, 열림 버튼을 눌러 내방객이 먼저 내릴 수 있도록 한다.

다. 계단

올라갈 때는 뒤에서, 내려갈 때는 앞에서 걸어 내방객보다 높은 위치가 되지 않도록 한다. 내방객이 치마를 입었을 경우 앞에서 안내한다.

라. 에스컬레이터

올라갈 때는 내방객 혹은 여성이 먼저 타도록 안내하고 내려갈 때는 의전원이 먼저 탄다. 내방객이 치마를 입었을 경우 앞에서 안내한다.

마. 회전문

내방객이 먼저 이용하도록 안내한다.

바. 미팅장소(접견실, 회의실)에 안내할 경우

내방객을 미팅장소까지 안내하면 "여기입니다"라고 알리고, 미팅장소에 들어설 때는 안에 아무도 없더라도 반드시 노크한 후 문을 열도록 한다. 미팅장소 내에서는 입구 쪽에서 가장 먼 곳이 상석이므로 그쪽에 앉을 수 있도록 권하며, 창문이 있는 경우 View가 좋은 자리, 사무실과 함께 있는 경우 책상에서 멀리 떨어진 자리가 상석이다.

(12) 이메일매너

- 한국인은 전화 혹은 SMS를 선호하지만 외국인은 주로 이메일을 선호한다.
- 회신(Reply)은 24시간 이내에, 내용은 간결하게, 단락은 2~3단락, 핵심정보는 1~2째줄, subject line은 3~5단어를 사용한다.

이메일을 쓸 때는 서두에 소속과 이름을 밝힌다. 업무 성격에 맞는 형식을 갖추고 간결하면서도 명확하게 쓴다. 이모티콘은 사용하지 않는다. 첨부 파일은 수신자를 번거롭게 할 수 있으니 필요한 때에만 첨부한다. 메일 제목은 반드시 쓰고 간결하면서 핵심을 알 수 있게 적는다.

비즈니스 관련 이메일을 받았을 때는 즉시 답장을 하되 처리가 늦어질 때에는 과정을 알리는 메일을 보낸다. 답장을 쓸 때는 '회신' 단추를 눌러 그대로 쓸 때가 많은데 새로 쓰는 게 예의다. 이메일을 발송할 때는 반드시 수신인 주소, 내용, 첨부 파일 등을 재차 확인하고 본인의 연락처 등 정보를 남겨야 한다.

CHAPTER

08

국가별 문화의 이해

CHAPTER 08

국가별 문화의 이해

의·료·법·률·비·서·실·무

1. 미주 & 오세아니아 지역

미국

미국인들은 개인의 권리를 가장 중요시하고, 독립적이며 평등을 중요시한다. 미팅 시 시간관념이 엄격하므로 시간약속에 유의하고, 대화 중에 생기는 침묵을 불편해하므로 스몰토크를 미리 준비하는 것이 좋다.(미국인들은 스몰토크에서 소소한 것까지 이야기하는 경향이 있다.) 또한 뉴욕, LA, 보스턴, 시카고, 샌프란시스코 등과 같은 대도시 지역에는 여러 인종이 모여 있어 이들 각 인종들의 문화와 관습이 다르기 때문에 비언어적 커뮤니케이션에 주의를 기울여야 한다.

멕시코

멕시코인을 처음 만났을 땐 가급적 멕시코어로 인사하는 것이 좋다. 직함이 있을 땐 반드시 그 직함을 불러준다. 따로 직함이 없으면 남자는 '세뇨르', 미혼여성은 '세뇨리타', 기혼여성은 '세뇨라'라고 부른다.

멕시코인은 상대방의 기분을 맞추어주는 인사치레의 말을 즐긴다. 한국인은 지내고 보면 정이 넘치는데 첫인상은 무섭다는 외국인들의 의견이 많으므로, 우리를 무례한 사람으로 볼 수 있으니 주의해야 한다. 멕시코인들은 성격이 급한 편이지만 식사시간, 비즈니스 진행시간은 서두르지 않는 경향이므로 비즈니스 시 참고하는 것이 좋다.

주머니에 손을 넣고 이야기하거나 길을 걷는 것은 무례한 행동이며 엉덩이 근처에 손을 얹는 것은 도전을 의미하는 행위이다. 미국과 비교하는 이야기를 싫어한다. 아이의 머리를 쓰다듬거나 함부로 손을 대선 안 된다. 식사시간이 길고, 식사 중 많은 대화를 한다.

캐나다

캐나다는 동서 지역 간 갈등이 심하므로 언어나 정치 이야기는 피하는 것이 바람직하다.

캐나다인은 대다수의 서양문화권과 같이 독립적이고, 조직보다는 그 속의 개인을 중시하는 개인주의 성향이 강하다. 캐나다인에게 나이, 수입, 교육 정도에 관한 질문, 종교적인 이야기는 사적인 사이라도 피하는 것이 좋다. 물건이나 장소를 손가락으로 가리키는 것은 괜찮지만 사람을 손가락으로 가리키는 것은 무례한 일이므로 주의하는 것이 좋다.

팁 문화가 일반화돼 있고, 극장이나 고급 레스토랑에서는 정장을 착용한다. 금연구역이 철저하며 지키지 않을 경우 높은 금액의 벌금이 부과된다.

화장실은 사용한 후에는 문을 열어두기 때문에, 닫혀 있는 문에 노크를 하는 것은 실례가 된다. 에스컬레이터 좌측은 급한 사람을 위해 비워둔다.

술에 대한 규제가 엄격하여 차 안에 개봉된 술병이 있으면 처벌받는다. 슈퍼에서도 맥주 외엔 구매가 불가능하며, 공공장소에서의 음주가 철저하게 금지된다.

브라질

브라질은 다양한 인종과 문화가 공존하는 나라이다. 브라질은 다른 중남미 국가와 다르다는 대국주의적 의식이 강하므로 브라질과 타국의 비교는 되도록 하지 않는 것이 좋다. 이민사회로 구성되어 있어 신뢰관계와 인맥을 중시한다.

브라질에서는 정장을 잘 입지 않으며, 약속시간이 철저하게 지켜지지 않는다. 만나자마자 영어나 스페인어를 사용하는 것은 결례이므로 처음 몇 마디는 포르투갈어를 사용하는 것이 좋다. 거리에서 술주정할 경우 체포될 수 있다.

'OK'라는 제스처는 성적인 의미이니, 취하지 않는 것이 좋으며, 엄지손가락을 둘째와 셋째 손가락 사이에 넣어 주먹을 쥐는 행동은 한국에서는 욕이지만 브라질에서는 '행운을 빈다'는 의미가 담겨 있으므로 사전에 비언어적인 커뮤니케이션을 익히고 방문하는 것이 좋다.

호주

약속을 정하기가 비교적 쉬운 나라다. 상급자라 할지라도 대부분 친절하여 비즈니스에 대해 이야기하는 것을 좋아한다. 명함을 주는 것은 상관없지만, 대다수 호주인은 명함이 없기 때문에 받지 못한다고 놀랄 필요는 없다.

남성이 여성에게 윙크하는 것은 친한 사이에서도 통하지 않는 결례이므로 주의한다.

2. 유럽 지역

영국

현재 세계적으로 널리 알려진 글로벌 에티켓 중 상당수가 영미식 모델이기 때문에 영국에서는 대부분 그대로 따르면 된다. '신사의 나라'답게 복장과 관습에서 정통성을 중시하며 예의를 중시하고 유머를 즐기는 편이다.

연주회나 오페라를 보러 갈 땐 반드시 정장을 착용해야 한다. 왕실을 조롱하거나 애완견을 함부로 하면 곤란한 반응이 돌아온다. 스코틀랜드나 아일랜드 사람에게 '잉글리시'라고 하면 좋아하지 않는다.

길에서 침을 뱉는 것은 금물이다. '레이디 퍼스트'가 기본이며, 어디를 가든 줄을 서서 기다리는 것이 습관이다.

지나친 신체 접촉은 혐오감을 불러온다. 악수도 처음 만났을 때를 제외하곤 잘 하지 않는다. 어깨를 두드리거나 볼에 입을 맞추는 것도 결례다. 하지만 공공장소에서 코를 푸는 것은 자연스러운 행동이다.

독일

독일은 '원칙의 나라'로 불린다. 깨끗한 집과 정돈된 거리는 질서가 엄격한 독일의 자부심이다. 주로 축구나 맥주에 대한 이야기를 좋아하며, 세계대전이나 정치에 대한 주제는 피하는 것이 좋다. '칸트의 나라'답게 시간 엄수는 필수다. 몇 분 늦은 것도 상대방에 대한 모욕으로 간주되므로 미팅 시 특히 주의해야 한다.

여성 존중 문화가 강해 여성이 방에 들어올 때 일어서며 여성이 서 있으면 일단 지위와 상관없이 남자도 서 있는다. 정확하며 합리적인 특성을 지니고 있으므로, 독일인을 대할 때도 합리적인 에티켓을 지키는 것이 좋다. 꾸미거나 과장하는 것을 싫어하며 정확하고 명료한 대화를 선호한다. 명함 교환을 좋아하며 성(姓)을 부를 땐 반드시 존칭을 붙여야 한다. 피해를 보거나 주는 것 모두를 싫어하며 칭찬하거나 받는 것도 별로 좋아하지 않는다. 공공장소에서 껌을 씹지 않는다.

골똘히 생각한다는 의미로 관자놀이에 검지를 대는 제스처는 독일에서 멍청하다는 의미로 쓰이니 주의한다.

프랑스

에티켓의 원조국인 만큼 사회적 규범을 철저하게 이행하는 나라다. 자신의 사생활이 침해되는 것에 상당히 민감하며, 상대방에게 불쾌감을 주지 않기 위해 노력한다. 남의 물건엔 가급적 손을 대지 않으며, 상점에서 고기를 살 때도 주인의 허락을 받고 만져야 한다.

삿대질을 하는 것은 큰 결례이며, 공공장소에선 "실례한다"는 표현을 수시로 하며 지나간다. 대중교통을 이용할 땐 절대 큰 소리로 떠들지 않는다. 자신의 감정을 솔직하게 표현하는 것을 사회적 덕목으로 인식한다. 영미 국가와 달리 코를 풀 때 조심스럽다.

매일 만나는 사람과도 볼 키스나 악수를 할 정도로 스킨십을 좋아하며 악수를 할 땐 손에 힘을 많이 주지 않는다. 사전에 꼭 약속하고 방문을 한다.

프랑스인들은 솔직하고 사교적인 편이지만 권리에 대해서는 분명한 편이다. 프랑스인들은 자신의 언어에 대한 자부심이 크므로 불어를 어느 정도 구사하는 것을 보여주면 좋다. 사람을 초대하여 대접하는 문화가 많으며, 초대받은 다음 날에는 감사카드를 보내는 것이 예의이다. 자신의 감정이나 생각을 솔직하게 표현하는 것을 사회적 덕목으로 여긴다.

이탈리아

이탈리아인들은 고대 제국의 후예답게 자유분방하고 유연한 사고를 갖고 있다. 하지만 감정적인 면이 있어 몸짓으로 제스처를 강하게 표현한다. 보통 직함으로 부르고, 친하지 않은 이상 이름을 부르지 않는다.

이탈리아인들은 가족 간의 결속력이 강하며, 가족 전원이 모여 식사하는 것을 엄격하게 지키는 편이므로 비즈니스 오·만찬 시 이 점에 유념하는 것이 좋다. 프랑스에 대한 화제를 선호하는 편이 아니며, 사교적인 행사에서는 사업 이야기를 하지 않는 것이 예의이다. 손가락을 턱에 댔다 떼었다 하면 '귀찮다'는 의미이고, 자신의 귀를 만지는 것은 상대를 모욕하는 사인이므로 주의해야 한다.

스페인

"스페인은 유럽에 있으면서 유럽 밖에 있다"고 한다. 그만큼 유럽의 다른 나라와 이질적인 문화와 사회구조가 공존하는 곳이다. 우정과 신뢰를 특히 중요시하며, 한국식 의리도 통하는 곳이다.

스페인 사람들은 말하기를 즐기는 성격이기 때문에 대화를 막는 것은 결례다. 정치, 종교, 여성을 주제로 한 대화는 좋아하지 않는다. 기본적으로는 노인과 여성을 배려하지만, 비합리적 상황이 벌어지면 존중하지 않으며 또한 서두르지 않는다.

점심시간은 2~4시, 저녁시간은 9~11시가 보통이다. 늦게 일어나기 때문에 아침에 전화하는 것은 결례다. 인맥을 형성하는 데 시간이 걸리며, 명함을 자주 주고받는다. 옷을 잘 입어야 대접을 받을 수 있다. 만나고 헤어질 땐 볼 키스를 주로 한다.

스페인 사람들은 여유롭고 사교적이며 대화를 즐긴다. 비즈니스에서는 여유로운 편이고 재촉해서 해결되지 않는 사회이므로 기다리는 여유가 필요하다. 스페인은 예약문화가 발달했으므로 레스토랑 방문 시 사전예약이 필수이며 낮잠문화(시에스타)로 오후 1~4시까지 낮잠을 자기 때문에 레스토랑, 상점, 관광지 등도 문을 닫기도 한다. 2011년부터 건물 내 흡연이 전면 금지되었으며 술집에서도 금지되므로 주의해야 한다.

러시아

러시아는 넓은 땅에 여러 민족이 어울려 다양한 문화가 공존하는 곳이다. 한때 세계 최강대국이었던 만큼 자존심도 강하다. 돈이 많은 티를 내거나 값싼 동정심을 보이는 것은 금기다. 처음 만나면 악수를 하고 친숙해지면 포옹으로 인사한다. 소개는 따로 형식에 얽매이지 않아도 되지만, 직함은 밝히는 것이 좋다. 러시아인은 외형을 중시해 상대방의 옷차림, 시계까지 눈여겨본다. 미팅 시 캐주얼한 복장은 사업 의사가 없는 것으로 보일 수 있으니 주의하여야 한다.

국민 대부분이 러시아정교를 믿거나 무신론자들이다. 최근 이슬람교 등 다양한 종교가 존재해 가급적 종교에 대한 화제는 피하는 것이 좋다. 경로사상이 강하고 가부장적이다. 보드카를 함께 한잔해야 마음을 나눈 사이로 인식한다.

상거래에 대한 개념이 정확하지 않은 경우가 있으므로 사업을 함께할 경우 주의해야 한다.

러시아 사람들은 개인을 중요시하는 경향이 있다. 급여보다는 근무환경이 자신에게 맞는 곳에서 일하는 것을 중요시한다. 러시아인들은 사람과의 관계와 우정을 중요시여기며, 다소 감정적일 수 있다. 이는 한국인의 특성과 다르기 때문에 이해하고 응대하는 것이 좋다.

3. 중동 & 아프리카 지역

터키

동서양이 만나는 곳이자 이제 유럽 소속이 된 터키는 오랜 역사와 다양한 동서양의 문화가 공존한다. 인구의 99%가 무슬림이지만, 초기 기독교 역사 유물을 가장 많이 보유해 절묘한 조화를 이룬 나라다. 대도시에선 서구식 에티켓을 따르지만 지방에서는 중동의 이슬람식 예절을 따른다. 정치와 종교가 분리돼 있고, 공휴일은 서구 기준인 토·일요일이다.

외국인에게 친절한 국민성을 갖고 있으며, 6·25 파병으로 인연을 맺은 한국인에게 코렐리라고 부르며 우호적인 태도를 보인다. 자존심과 체면을 중시한다. 터키공화국을 세운 국부(國父) 아타튀르크(케말 파샤)는 신성한 인물이기 때문에 함부로 얘기해선 안 된다. 공공장소에서 키스나 포옹을 하는 것은 무례한 일이며, 밤 9시 이후는 가족 간 저녁식사 시간이므로 약속을 피한다.

종교와 정치가 구분돼 있기 때문에, 다른 이슬람 국가에 비해 융통성이 있다. 음주가 허용되고, 카지노도 있다. 라마단도 엄격하게 지키지 않는 편이다.

터키인은 전통적으로 체면을 중시하며, 정열적이고 다소 다혈질이나 비즈니스에서는 서두르지 않는다. 터키인들은 과거 오스만 제국의 후손임을 자랑스럽게 여기며 국가적인 자부심과 자존감이 강하다. 터키인들은 자신들이 알고 있고 존중하는 사람들과 사업하는 것을 선호하기 때문에 대인관계를 돈독히 하는 데 시간을 투자해야 한다. 일부 지역에서는 ok사인이 '좋다'는 의미가 아닌 '동성애자'라는 의미로 해석될 수 있으므로 주의한다.

➲ 이집트

이집트는 인구의 90% 이상이 이슬람 신자이다. 다른 이슬람 국가에 비해 개방적인 편이나, 술, 돼지고기, 종교와 관련해서는 각별히 주의해야 한다. 시간에 대한 관념이 다소 자유로우므로 비즈니스 미팅 시 시간을 어기는 경우 불쾌하게 생각하지 않는 것이 좋다. 이집트는 의사결정 시 하부 위임이 없는 구조로, 의사결정이 최고위층에서 이루어지다 보니 일처리가 늦는 경우가 많다.

이집트인들은 사람과의 관계를 중시하고, 성실과 융통성을 중시한다. 침묵과 겸손은 좋은 덕목이 아니며, 대화 시 말이 많고, 미사여구와 칭찬이 많은 편이다. 이집트인들은 부정적인 표현을 하지 않고, 모든 것을 좋게 이야기하는 편이기 때문에 비즈니스 시 무조건 상대를 신뢰하기보다는 자주 확인하는 것이 좋다.

왼손은 부정한 손으로 대외적인 행동은 오른손을 사용하며, 대화할 땐 얼굴을 서로 가까이한다. 특별한 결함이 없는 한 결혼해서 자녀를 많이 낳아야 한다는 사고방식을 갖고 있다. 사촌 간의 결혼이 허용되며, 여성은 정절이 강조된다. 여성이 음식을 권하면 일단 사양하는 것이 예의다. 상대방의 부인이나 여성 가족의 안부를 묻는 것도 실례가 된다. 부인에게 "아름답다"고 하는 것은 그 부인을 갖고 싶다는 의미이므로 주의해야 한다. 여성과의 대화 자체를 자제하는 것이 좋다.

남아프리카공화국

남아프리카공화국은 유럽에서의 이민자 비율이 상당히 높았고, 지정학적 위치 때문에 레인보(Rainbow) 국가라고 불릴 정도로 다수의 인종과 다양한 종교(기독교 70% 이상)가 존재하며, 공용어만도 11개가 존재한다. 네덜란드, 영국, 포르투갈 등 유럽과 아시아의 영향을 골고루 받았다. 결혼할 때는 신부 집에 결혼 지참금인 '로볼라'를 지불하고, 출신 부족에 따라 종류와 금액은 조금씩 다르지만 경우에 따라 할부도 가능한 반면, 신부 아버지가 만족할 때까지 계속 지불해야 하는 경우도 있다. 결혼식에는 주방용품을, 장례식에는 꽃(조화)을 준비하는 경우가 일반적이다. 가정에 초대되더라도 업무적인 일이라면 안주인은 참석하지 않는 것이 매너이며, 특히 흑인사회의 경우 여성의 사회적 활동이 제한되는 편이다. 초대되어 자택 방문 시 선물을 준비하는 것이 일반적이며, 대상이 남성인 경우는 포도주를, 여성인 경우는 꽃을 선물하는 경우가 많다.

인종 갈등의 역사가 깊은 곳이다. 인종에 관한 문제는 화제로 삼지 않는 것이 바람직하다. 미국보다 더 정중한 예절이 강조되고, 약속시간을 철저하게 지킨다.

여름이 길기 때문에 복장이 상당히 자유롭다. 반바지도 허락되며, 샌들이나 맨발도 일상적이다. 그러나 음악회나 교회에 갈 땐 정장이 필수다. 나머지 예절은 영국과 비슷하다.

사우디아라비아

사우디아라비아는 이슬람의 원조국답게 이슬람 관습법이 가장 중요한 역할을 한다. 거의 전 국민이 무슬림이며, 외국인에 대한 배척정신이 있다. 외국인도 음주가 금지되는 등 철저하게 이슬람의 규범을 지켜야 한다. 입국 시 술, 돼지고기, 기독교 제품, 이스라엘 관련 제품 등은 반입이 금지돼 있다. 마약을 소지할 경우 공개 참수형에 처하며, 술을 가지고 올 경우엔 입국이 불허된다. 침을 뱉는 것도 금기사항이다.

발끝을 보이는 것도 무례한 행동이고, 하품은 사탄이 자극한 것이라 하여 실례가 된다. 용변을 볼 때도 메카 방향을 피하고, 손가락으로 사람을 가리키는 것도 절대 금기다. 라마단 기간에 금식하는 사람들 앞에서 식사하거나 담배를 피워선 안 된다. 하루 5회 있는 기도시간에 엎드려 기도하는 사람들의 앞을 가로막아선 안 된다.

현지 여성들에겐 가급적 사진을 찍거나 불필요한 말을 하지 않는 것이 좋다. 여성은 전신을 아바야(검은 망토 모양의 의상)로 가려야 하며 운전도 금지다. 외출 시 혼자 걸을 수도 없다. 가족석이 별도로 마련돼 있지 않은 식당은 출입이 금지된다.

사우디아라비아는 이슬람 이외의 타 종교 전파행위를 엄격히 금지하는 국가이므로 주의해야 한다. 특히 이슬람교를 비판하는 행위는 엄격히 금지되어 있으니 주의하는 것이 좋다. 이스라엘에 대한 언급은 피하는 것이 좋고, 라마단 기간(한 달 동안 해가 뜰 때부터 질 때까지 음식을 먹지 않는 기간)에는 가급적 비즈니스 미팅은 피하는 것이 좋으며 미팅을 진행하는 경우 음식을 먹거나 물을 마시지 않는 것이 좋다. 어떤 물건을 오래 쳐다보며 관심을 보이면 선물해야 하는 관습이 있으므로 주의한다.

◎ 아랍에미리트

아랍에미리트는 파키스탄, 방글라데시, 필리핀, 태국 등 아시아 국가와 유럽, 아프리카 출신의 다양한 민족이 거주하는 다국적 국가이며 아부다비와 두바이 등 7개 토후국이 모여 연합한 국가로, 세계 최대 수준의 석유 및 천연가스 매장량을 자랑한다. 인구의 80%를 차지하는 외국인들은 국적, 종교, 문화가 서로 상이하므로 일률적인 잣대로 상대방을 판단하면 안 된다.

영국의 지배를 받는 등 오랜 기간 서구의 영향을 받았고 국제적 도시까지 생겨났지만, 아랍 전통을 엄격하게 계승해 온 이슬람 국가임을 명심해야 한다.

대다수의 관습은 이슬람의 전통을 그대로 따르며, 이슬람 사원은 신성한 장소이므로 허가 없이 입장할 수 없다. 외국인의 종교생활은 허락되지만, 이슬람 외 타 종교를 전파할 순 없다. 라마단 기간은 철저하게 지켜지며, 술은 일정 등급 이상의 호텔에서만 판매한다. 아랍에미리트 정부는 국가 주요 시설물들에 대해서 사진 촬영을 엄격하게 금지하고 있으니 유의해야 한다. 여성에 대한 규제가 엄격하며, 석유시설, 군사시설, 현지 여성 등을 촬영할 땐 사전 동의가 필요하다. 아랍 여성과의 신체 접촉은 최대한 피하며, 이들을 오래 쳐다보는 것도 좋지 않다. 상대방의 가족 안부를 물을 때에도 가족 중 여성에 대한 언급은 하지 않는 것이 좋다.

카타르

카타르의 문화는 거의 대부분 이슬람교와 관련이 있다. 단일신 종교인 이슬람교의 경전은 쿠란(Quran, 코란 Koran)이며 금요일은 이슬람교의 안식일이다. 사우디아라비아에서는 엄격하게 금지되는 술을 카타르에서는 마실 수 있으며 여성이 자동차를 운전하는 것도 금지되지 않는다.

이란

이슬람 전통이 기본적으로 지켜지는 국가다. 술, 과일 등은 공항에서부터 반입 금지다. 외국인도 반바지를 입거나(남자), 머리를 가리지 않으면(여자) 입국할 수 없다. 하지만 다른 이슬람 국가보다 자유로운 편이다. 도시에선 음주가 가능하고, 여성들의 환경도 타국보다는 상대적으로 자유롭다.

남자는 아무리 더워도 반소매 셔츠나 반바지를 입을 수 없다. 여자는 스카프를 반드시 써야 하며, 외출할 땐 차도르를 착용한다. 넥타이는 이슬람 혁명 후 금지됐다. 관공서 방문 시엔 외국인도 넥타이 착용 금지다.

복장 단속은 이란의 연례행사다. 여성은 기본적으로 손과 얼굴을 제외한 부분의 노출이 금지된다. 짙은 화장이나 몸매가 드러나는 옷은 금기사항이다. 낮에는 가족이 아닌 여자와 대화 자체가 금지되나, 밤에는 어느 정도 허용된다. 공공장소와 교통편에선 남녀의 자리가 따로 있으므로 지정된 자리를 이용해야 한다.

이스라엘

이스라엘은 유대교(82%), 이슬람교(14%), 기독교(2%) 국가이며, 이스라엘인은 신앙과 전통에 바탕을 둔 공동체 의식, 서구식의 개방적이고 자유로운 사고가 특징이다.

종교의 자유가 있어 유대교는 토요일, 이슬람은 금요일이 안식일이고, 정통 유대인들은 한여름에도 검은 모자와 검은 외투, 검은 구두를 신고 다니며, 종교 복장을 착용한 사람을 촬영할 경우에는 사전 양해가 필수이다.

이스라엘인들은 마음이 담기지 않은 인사를 경멸하며, 수치에 밝고 계약관계가 분명하다.

이스라엘의 정장 개념은 어두운 색상의 옷을 의미하며, 대화 중에는 여성, 전쟁과 종교는 화제로 삼지 않는 것이 좋다.

4. 아시아 지역

일본

일본인은 상대에게 폐를 끼치지 않으려는 성향이 강하고, 신뢰와 의리를 중요시하기 때문에 비즈니스상에서도 신뢰를 저버리지 않도록 관계를 유지하는 것이 중요하다. 또한 연고를 중요시하기 때문에 비즈니스 시 중간 소개자를 통하여 거래를 시작하는 것이 좋다. 일본인들은 호의를 베풀거나 솔직하게 표현하는 것을 그대로 받아들이기보다 무슨 뜻이 있다고 생각하는 경향이 있으므로 주의하는 것이 좋다.

대화를 할 땐 일왕(日王), 종교, 지진, 세계대전 등에 대한 화제는 피하는 것이 좋다. 나이나 결혼 여부를 묻거나 눈을 자주 마주치는 것도 무례한 행위다. 집에 손님 초대하는 것을 상당히 부담스러워하기 때문에, 초대를 받더라도 몇 번 사양해야 한다.

중국

중국인들은 꽌시(關係 · 관계)문화가 중요하다. 따라서 관계가 형성되면 의리를 지키고, 관계를 형성하지 못하거나, 마음에서 벗어나면 비즈니스를 시작하지 않는 경우가 있다. 중국인들을 이해할 때에는 지역, 민족별 접근이 필요하다. 북방지역은 격식을 중요시여기고 원칙보다는 꽌시, 즉 의리를 중요시하며, 동부 연해지역은 치밀하고 계산적이어서 '중국의 유대인'이라는 별명이 있다.

남부지역은 이윤 추구를 중시하며, 창의력과 새로운 아이템 개발에 치중, 보통 IT 기업이 많이 분포한다. 중국 기업 중 국가 소유 기업은 이중조직이다. 정부관리 조직과 이사회 경영조직의 두 가지가 공존하며 관계 위주의 기업문화이다. 사기업의 경우 이윤 추구를 목적으로 하고 인재중심의 회사 분위기이며, 한국과 비슷하다.

서구인들은 모르는 사람에게도 미소를 짓지만, 중국에선 길에서 모르는 사람에게 웃는 행위를 '바보나 하는 짓'이라 여기므로 주의한다.

태국

태국은 왕실에 대한 존경심이 대단한 만큼 왕실에 대한 모욕이나 왕과 왕비의 사진에 손가락질하거나 불상을 함부로 만지거나 훼손하는 행위는 절대 금기이므로 주의한다. 돈이나 우표에도 왕실관련 인물이 있으므로 주의하는 것이 좋다.

태국인은 불교의 가르침에 따라 화를 드러내면 안 된다고 생각해 성격은 참을성이 많고 차분하며 낙천적인 성향이 많다. 여성이 중요시되는 사회이므로 여성을 경시하는 행동을 삼가고, 머리(신체에서 가장 높은 부분)를 신성시하므로 함부로 만지지 않아야 하며, 발을 가장 더러운 부분이라 생각하므로 두 발은 항상 바닥에 두어야 하며 발바닥을 보이는 것도 결례이다. 필요 이상으로 상대방을 오래 쳐다보는 것도 무례한 행동으로 여겨지므로 주의한다.

싱가포르

싱가포르는 크게 중국계, 말레이계, 인도계 등으로 구성된 다민족 국가이다. 중국계 싱가포르인들은 체면을 중시하기 때문에 행동이나 감정을 절제하는 편이며, 간접적으로 의사표현을 하는 성향이다. 싱가포르인들은 시간관념이 철저한 편이므로 약속시간 엄수는 필수적이다. 싱가포르인들은 오랫동안 영국의 지배를 받아온 영향으로 국민의 의식구조가 서구화되어 있으며 여성의 사회진출도 매우 활발하다.

전반적으로 술과 담배를 좋아하지 않기 때문에 서로 권하지 않는다. 식당에서 여성을 빤히 쳐다보거나 옆 사람과 수군거리는 것도 벌금 부과 대상이다. 파렴치범은 태형을 당한다.

필리핀

필리핀은 동서양의 문화가 공존하는 나라로 그들의 가치관과 생활형태가 다양하다. 필리핀 사람들에게는 피부색을 언급하지 않는 것이 좋으며, 동물에 비유하는 것을 굉장히 모욕적이라 생각하므로 생김새가 동물을 닮았다고 하는 언급은 피해야 한다. 필리핀에서 손가락이나 손으로 탁자를 두드리는 것은 여성에 대한 모욕의 의미가 될 수 있으며, 검지손가락으로 사람을 부르는 것을 상당히 모욕적으로 생각하므로 사람을 부를 경우 손을 사용하지 말고 이름을 부르도록 한다.

베트남

베트남은 동남아시아 중 그 어느 나라보다도 유교사상이 지배적인 국가이다. 개인적인 만남이든, 사업적인 만남이든, 종교관이 다르다면 비방은 절대적으로 피해야 한다. 베트남인들은 외세의 침략을 물리친 역사에 대해 민족적 자부심이 강한 편이므로 그들의 역사와 전통을 칭찬하는 것이 좋다. 특히 한국군의 베트남전 파병과 라이따이한(한국인과 베트남인 혼혈) 문제 등 불편한 감정이 있지만, 최근엔 경제 교류 확대를 통해 대부분 회복된 상태다. 흡연에 관대하고, 맥주와 커피를 즐긴다. 어깨를 신성시하기 때문에 상대방의 어깨를 함부로 건드리지 않는다.

임신한 여성은 사진을 찍지 말아야 하고 새해 첫날에는 여자가 첫 방문자면 '재수없다'고 생각하기 때문에 조심해야 한다. 음력 월초에 개고기를 먹으면 불행한 일이 생긴다고 믿는 사람들도 많다.

수입이나 생활비 문제 등 사적인 질문이나 이념, 정치 등에 관한 이야기, 특히 베트남 전쟁에 대한 언급을 피하는 것이 좋다.

베트남인들은 숫자 3과 5, 액운의 상징으로 간주하는 13을 싫어해서 음력으로 매월 5, 18, 23일 등은 액이 낀 날로 여긴다. 이 날짜에는 결혼이나 개업식 등 중요한 행사나 계약 등을 하지 않는다. 특히 '결혼을 음력 5일에 하면 부부싸움을 자주 한다'는 속설 때문에 음력 5일에는 결혼식을 하는 경우가 극히 드물고 장사하는 사람들은 음력 3일에 개업하는 것을 기피한다. 여성은 21세, 23세, 26세, 28세 때 결혼할 경우 결혼생활이 순탄치 못할 것이라고 믿는 관습도 있다.

홍콩

홍콩은 가장 자유로운 나라이면서도 예절에는 엄격하다. 신체 접촉을 피하는 사회이기 때문에 어깨에 손을 얹거나 포옹은 피해야 한다.

인도네시아

아시아 최대의 이슬람 국가인 인도네시아는 다양한 인종과 관습이 존재하지만, 이슬람 문화가 주류를 이룬다. 왼손을 내밀거나 아이의 머리를 쓰다듬어서는 안 된다. 악수한 후엔 손을 가슴에 대고 쓸어내린다. 라마단 금식기간을 철저하게 지키기 때문에 이 기간엔 언행을 조심해야 한다.

옷차림에 대해 보수적인 분위기가 팽배하므로 노출이 심한 옷은 자제하는 것이 좋다. 과격한 어조로 큰 소리를 내면 미친 사람으로 오해받을 수 있으므로 차분하고 조용히 대화하는 것이 좋다. 무의식중에 사람을 툭툭 건드리는 것도 큰 결례다.

대다수가 무슬림인 만큼 돼지고기나 돼지에 대한 이야기는 삼가는 것이 좋다. 술도 권하지 않고 담배도 잘 피우지 않는다. 대화 중에 허리에 손을 얹으면 화난 것으로 오해받는다. 사생활에 대한 질문 정도는 큰 실례가 되지 않으나, 정치, 종교, 민족에 대한 주제는 삼가야 한다. 일본의 지배를 받은 역사로 인해 일본인에 대한 감정이 좋지 않으므로 주의한다.

만디(Mandi)는 인도네시아에서 목욕을 의미하는 것인데 우리처럼 때를 미는 목욕이 아니라 아침저녁으로 몸에 물 끼얹듯이 하는 샤워를 뜻한다. 적도의 나라 인도네시아인들이 이처럼 자주 씻는 이유는 1차적으로는 더운 날씨 때문이다. 물론 종교적인 의미도 있다. 대부분 하루에 두 번씩은 반드시 목욕을 하는 편이다. 그런 문화 탓인지 우리나라 사람들이 흔히 "식사하셨어요?"라고 인사하듯이 인도네시아인들은 "목욕했어요?"라는 인사를 한다. 그렇기 때문에 비록 목욕을 안 했더라도 가볍게 긍정의 답을 하면 된다. 우리가 식사를 하지 않았다 하더라도 "네, 했어요"라고 하는 것과 다르지 않다. 인도네시아인들은 목욕을 안 했다고 하면 '청결하지 못한 사람'이라는 인상을 갖는다. 함께 모인 곳에서 유난히 모기가 달려들면 "아직 목욕하지 않았지?"라는 농담을 할 정도로 '목욕'은 그들의 문화와 매우 밀접한 단어다.

몽골

국민 대다수가 라마교를 믿는 몽골인은 다른 종교에 대해 배타적인 성향이 강하다. 유목의 민족답게 지방에선 사람보다 가축의 안부를 먼저 묻는 것이 인사의 정석이다. 도시에선 러시아의 영향을 받아 서구식 인사가 주로 쓰인다.

우유를 엎지르거나 난로에 물을 붓는 행동은 금기다. 손가락으로 사람을 가리키면 안 된다. 중국이나 러시아와 관련된 정치 이야기는 가급적 피한다. 화장실에 갈 때도 "밖에 매어놓은 말 보러 갔다 오겠다"고 할 정도로 완곡한 표현을 사용한다.

인도

카스트제도가 남아 있어 신분이 낮은 사람에겐 이름을 불러야 한다. 존칭어를 쓸 경우 같은 급의 사람으로 평가된다.

인도인의 전통의상을 함부로 입거나 신발이 상대방의 몸에 닿는 것은 주의해야 한다. 많은 사람이 턱 아래 두 손을 모으고 고개를 숙이면서 "Namaste(나마스테)"라고 말하는 걸 인도의 인사말로 떠올린다. "Namaste"는 "Namah"와 "Aste"가 합쳐진 말로 "Honor or Worship", 즉 존중 혹은 존경한다는 뜻이다. "Aste"는 "to you", 즉 "당신에게"라는 의미가 있다. 따라서 "나마스테"란 "I honor you"로 "당신을 존경합니다"라는 뜻이 된다. 인구의 대부분을 차지하는 힌두교도들의 전통적인 인사말이다. 하지만 인도에는 힌두교 신자만 존재하는 게 아니다. 이슬람교나 불교 신자도 상당수 있다. 만일 상대방이 힌두교도가 아니라면 '나마스테'라는 인사는 자제하는 것이 좋다.

대부분의 인도인들은 다양한 주제로 대화하는 것을 즐기며 비즈니스 미팅을 할 때도 가벼운 잡담으로 회의를 시작하는 것이 일반적이다. 인도인들에게 매우 인기 있는 대화 주제 중 하나는 크리켓(Cricket)이다. 우리에게는 조금 낯선 스포츠인데 인도에서는 인기 있는 스포츠 중 하나다. 야구와 비슷한 룰을 가지고 있으나 전혀 다른 구기종목이다. 영화산업이 활성화된 나라인 만큼 최근 인도 영화에 관해 미리 알아두고 비즈니스에 임하면 관계 형성에 상당한 도움이 된다.

인도인들은 지나치게 사적인 질문을 한다는 느낌을 받는 경우도 있다. 인도인들은 처음 만난 사람에게 가족관계에 대해 묻는 경우가 많다. 가족에게 관심을 표하는 것이 예의라고 생각하기 때문이다. 상대방의 가족에 대해 되묻는 것도 중요한 예의다. 이는 대가족 문화로 인해 가족과 개인의 생활에 대해서 서로 이야기하는 것이 일반적인 인도적 특성에 기인하기 때문이다. 이 역시 개인차가 있기 때문에 처음 만난 사이거나 적절하지 않은 자리에서 친근감의 표시로 '인도식의 사적인 대화'를 시도하다가는 낭패를 볼 수도 있으니 조심해야 한다.

아예 대화 주제 자체로 삼지 말아야 할 것들이 있다. 대부분의 국민이 파키스탄에 대해서는 매우 좋지 않은 감정을 갖고 있다. 그렇기 때문에 이와 관련된 언급은 삼가는 것이 좋다. 뿐만 아니라 인도의 카스트제도에 대한 질문 역시 굳이 꺼낼 필요가 없다. 인도인들은 드러내 놓고 반대 의사를 표시하지는 않기 때문에 상대에게도 그런 태도를 기대한다.

인도인은 체면을 중요시하기에 직접적인 거절이나 충돌을 피하는 경향을 보인다. 그래서 "상사에게 확인해 보겠다", "검토해 보겠다"라는 대답은 부정적인 의미로 해석하는 편이 낫다. 또한 바로 계약을 체결할 것처럼 구체적인 협상을 하다가도 궤도 수정을 반복하는 경우도 많다. 따라서 그들과 계약서를 작성하는 경우에는 세심한 사항까지 모두 계약서에 기재하는 것이 현명하다. 그들의 "문제없어요"라는 말은 완벽한 긍정의 의미가 아닐 수 있으므로 근거를 확보하고 재차 확인하는 습관도 필요하며 "No problem(문제없다)"이란 표현을 자주 하는데, 믿지 않는 것이 좋다. 인도 현지에서 오래 비즈니스를 한 사람들은 "인도인이 계약을 앞두고 갑자기 협의된 사항을 변경하자고 하더라도 이를 계약을 취소하려는 것으로 생각하지 마라"고 조언한다. 오히려 계약과 협상의 한 과정으로 생각하고 현명하고 차분하게 응대하는 자세가 필요하다는 것이다.

이 밖에도 인도인은 한번에 여러 가지 업무를 동시에 처리하는 경향이 있다. 그래서 비즈니스 미팅 중에 문서 결재를 한다거나 회의와 무관한 주제로 직원들끼리 대화를 하기도 한다. 이러한 행동을 무례하다고 여기기보다는 문화적 차이로 이해하는 것이 현명하다.

비즈니스 미팅 시 소를 숭배하는 인도 문화의 특성을 고려해 가죽으로 된 의상은 피하는 것이 좋다.

CHAPTER 09

글로벌 비즈니스 매너의 이해

CHAPTER 09

글로벌 비즈니스 매너의 이해

의·료·법·률·비·서·실·무

세계적 경영 컨설턴트인 톰 피터스는 2009년 생존 키워드 6가지 중 하나로 '매너'를 꼽으며 "좋은 매너는 복을 부른다"고 했다. Harvard Business School(HBS) CEO들이 정의한 비즈니스 성공에 가장 중요한 요인도 바로 매너이다. 칼럼니스트 주디스 마틴(Judith Martin)이 저술한 ≪미스 매너의 비즈니스 에티켓(Miss Manners Minds Your Business)≫에서 "직장에서 발생하는 광범위한 문화적 혼란은 언제 어디서 터질지 모르는 '에티켓'이라는 지뢰가 너무 많이 묻혀 있기 때문에 발생한다. 어떤 사람은 엄격한 행동 규범에 집착하지만 또 다른 사람은 전통 규범을 등한시한다. 비난의 대상이 어느 쪽이든 간에 양쪽 모두 서로가 신경에 거슬리는 것처럼 보인다"고 말하며 사람들이 어떤 에티켓을 지켜야 하는지 갈피를 잡지 못하고 있다고 지적하며 "비즈니스 세계에 입문하려면 내가 아닌 다른 사람으로 변신할 줄 알아야 한다. 이를 직업적 전문성이라고 부른다"고 하였다.

비즈니스 에티켓이 꼭 지켜야 하는 철칙은 아니다. 비즈니스 에티켓은 상대방에게 일반 상식보다 조금 더 배려하고 존중하며 솔직하게 대하는 행동이다. 반면 ≪미스 매너의 비즈니스 에티켓≫에서는 다음과 같이 매너와 에티켓을 구별해서 "매너는 '예의 바른 행동양식'이고 에티켓은 '특정 상황에서 지켜야 할 규범'"이라고 이해하기 쉽게 설명했다. 매너는 항상 동일하지만 에티켓은 계속 진화한다. 이 차이점에 대해서부터 이해하며 매너와 에티켓에 대해 습득해 보자.

1. 기본 매너

(1) 매너의 개념

매너는 'manarius'라는 라틴어에서 유래한 단어로 사람의 행동과 습관을 의미하는 단어 'manus'와, 방법과 방식을 뜻하는 'arius'의 합성어인 'manarius'가 사람과의 관계에 더 치중한다. 그래서 매너는 '좋다'와 '나쁘다'로 구분되며 사람마다 갖고 있는 독특한 습관이나 몸가짐을 의미한다.

(2) 에티켓의 개념

에티켓은 'estiquier'라는 프랑스어에서 그 유래를 찾을 수 있다. 루이 14세가 집권하던 17세기는 궁중 법도와 규칙이 까다롭던 시절로 성에 출입하는 모든 사람은 그 법도와 규칙을 지켜야 했으며, 이 법도를 성 안뜰 벽에 붙여놓았던 것에서 기인하였다. 이 때문에 에티켓은 '있다'와 '없다'로 구분할 수 있다. 에티켓은 공공의 의미로 "지킨다 혹은 지키지 않는다"라고 표현할 수 있는 반면, 매너는 개인적·개별적 의미로 사람을 얘기할 때 "매너가 좋다 혹은 나쁘다"라고 말할 수 있다. 따라서 매너는 선택사항이지만 에티켓은 필수사항이라고 보면 된다. 또한 에티켓은 지켜야 할 법칙과 규율을 일컫는데, 에티켓에 따른 행동을 실천에 옮기는 것을 매너라고 볼 수 있다.

2. 생활 매너

(1) 비즈니스 기본 에티켓

비즈니스 에티켓이란 주어진 상황에서 적절하게 행동하는 방법, 그리고 주위 사람들과 올바르게 교류하는 방법에 대한 기술이다. 비즈니스 매너의 핵심은 상대를 존중하고 배려하는 마음이다. 모든 매너의 관건은 'TPO(Time, Place, Occasion)'에 맞추는 것이다. 기본정석은 있지만 TPO에 따라 달라진다는 것이다. 비즈니스 매너는 개인의 호감도를 넘어 기업, 국가의 이미지와 신뢰도, 이익창출에까지 영향을 미친다.

(2) 승하차 시 에티켓

서양에서는 기차나 버스, 자동차 등을 타고 내릴 때의 예절 또한 중요시되었지만 우리에게는 다소 생소하게 느껴질 수 있다. 승하차를 할 때에도 모르는 사람과 마주치면 당황하지 말고 미소로 인사하며 승하차 시에 요구되는 예절도 알아두도록 한다.

기차나 버스, 자동차 승하차 시 에티켓은 차량은 상위자 또는 여성이 우선 승차하는 것이 예의이다. 기차나 버스 탑승 시 두 사람만이 나란히 앉는 좌석에서는 창가 쪽이 상석이고 통로 쪽이 말석이다. 네 사람이 마주 앉는 좌석은 진행방향의 창가 좌석이 상석이고, 맞은편이 두 번째 상석, 상석 옆이 세 번째, 그 앞좌석이 말석이 된다.

비행기는 기종에 따라 다르지만 일반적으로 앞쪽의 우측이 상석이다. 탑승 시 상위자가 가장 마지막에 타고, 제일 먼저 내릴 수 있게 배려하는 것이 올바른 예법이다.

승강기를 탈 경우 자신이 가야 하는 층의 버튼을 누른 뒤, 가능하면 안쪽으로 들어가서 다른 사람들을 위한 공간을 남겨둔다. 버튼을 누를 수 없으면 당황하지 말고 다른 사람에게 부탁한다. 엘리베이터에서 내릴 때에는 상위자가 먼저 내리도록 뒤로 한 걸음 물러서고, 그 외의 경우는 문에서 가장 가까운 사람이 먼저 내린다. 엘리베이터 안에서는 고객의 비즈니스나 그 밖의 기밀사항을 말하지 않도록 한다. 승강기에서의 상석은 버튼 대각선 방향 뒤쪽이다. 버튼이 양쪽에 있는 승강기는 뒤쪽 중앙이 상석이다. 안내자나 아랫사람은 버튼 바로 앞에 서서 엘리베이터를 작동하는 게 보기 좋다. 그런데 엘리베이터에 먼저 탄 상위자가 버튼 앞에 자리를 잡으면 굳이 상급자를 상석으로 안내하는 과오는 범하지 않도록 한다. 상위자가 원하는 바로 그 자리가 상석이기 때문이다.

(3) 공연장 에티켓

공연장은 공연이 시작되기 10분 전까지 입장하는 것이 좋다. 공연이 시작되기 직전이나 공연이 시작된 후에 입장하는 것은 다른 관객들에게도 피해가 될 뿐만 아니라 배우들이 집중하는 데 방해가 될 수 있기 때문에 적어도 공연 시작 10분 전까지는 입장을 마치는 것이 좋다.

공연 관람 시 여성의 높고 크게 묶은 머리는 뒷사람의 시야를 방해할 수 있기 때문에 높이 묶은 머리는 되도록 피하는 것이 좋고, 공간이 좁기 때문에 향수는 진하지 않게 뿌리는 것이 좋다. 겨울철 부피감이 큰 패딩은 옆 사람에게 불편을 줄 수 있으므로 공연 전 미리 벗어서 의자 밑에 두거나 얇은 코트를 입고 오는 것이 좋다.

공연관람 중에는 사진촬영과 휴대폰은 사용하지 않는 것이 에티켓이다. 공연장에서는 휴대폰 진동도 소음이 될 수 있고, 휴대폰 액정화면이 밝기 때문에 다른 관객들이 공연에 집중하는 데 방해가 될 수 있으므로 공연 시작 전 휴대폰은 미리 꺼두거나 무음으로 설정하는 것이 좋으며, 다른 관객의 시야를 방해하는 행동은 삼가는 것이 좋다.

3. 레이디퍼스트 매너

서양의 에티켓은 멀리 기독교 정신이나 중세의 기사도에 기원을 두고 'Lady First(숙녀존중)'의 개념을 바탕으로 형성되어 있다고 해도 과언이 아니다. 신사는 무엇보다도 먼저 이 'Lady First'의 태도를 몸에 익히는 것이 중요하다.

① 서양에서는 방이나 사무실을 출입할 때 언제나 여성을 앞세우고, 길을 걸을 때나 자리에 앉을 때는 언제나 여성을 오른쪽에, 또 상석에 앉히는 것이 원칙이다.

② 문을 여닫을 때 뒤에 오는 사람을 위해 잠시 문을 잡아주는 것은 여성에 대한 것뿐 아니라 일반적인 예의이다.

③ 승강기를 탈 경우 남성은 아주 복잡하지 않는 한 여성이나 어린이 그리고 노인을 앞세운 후 타고 내리는 것이 예의이다.

④ 식당이나 극장·오페라에서 안내인이 있을 때는 여성을 앞세우나, 안내인이 없을 때는 남성이 앞서고, 또 여성을 먼저 좌석에 안내한다.

⑤ 길을 걸을 때나 앉을 때 남성은 언제나 여성을 우측에 모시는 것이 에티켓이다.

⑥ 서양에는 "A lady on the left is no lady."라는 말까지 있다.

⑦ 그러나 차도가 있는 보도에서는 남성이 언제나 차도 쪽으로 이 원칙은 윗사람에게도 적용된다(즉 윗사람을 항상 오른쪽에, 앞뒤로 걸을 때는 앞에 모신다).

⑧ 남성이 두 여성과 함께 길을 갈 때나 의자에 앉을 때 두 여성 사이에 끼지 않는 것이 예의이나, 길을 건널 때만은 재빨리 두 여성 사이에 끼어 걸으면서, 양쪽 여성을 다 같이 보호한다. 한 여성에게 뒤통수를 보이면 실례이다.

⑨ 호텔에서 여자 혼자 남자손님의 방문을 받았을 때는 로비(Loby)에서 만나는 것이 원칙이다. 자기 방에서 만나는 것은 자칫하면 오해를 받기 쉬우며, 부득이 방에서 방문을 받을 때는 출입문을 조금 열어놓는 것이 에티켓이다.

⑩ 겨울철에 여성이 외투를 입고 벗을 때 꼭 도와주어야 하며, 식당이나 극장에서 외투를 벗어 Cloakroom에 맡길 때나 찾을 때도 남성이 맡기고 찾는 것이 예의이다.

⑪ 자동차·기차·버스 등을 탈 때는 일반적으로 여성이 먼저 타고 내릴 때는 남성이 먼저 내려, 필요하면 여성의 손을 잡아주는 것이 옛날 마차시대부터 내려오는 서양의 에티켓이다.

⑫ 비행기는 언제나 여성이 먼저 타고 먼저 내린다.

⑬ 여성은 자동차를 탈 때 안으로 먼저 몸을 굽혀 들어가는 것보다는 차 밖에서 차 좌석에 먼저 앉고, 다리를 모아서 차 속에 들여놓는 것이 보기 좋으며, 차에서 내릴 때는 반대로 차 좌석에 앉은 채 먼저 다리를 차 밖으로 내놓고 나오도록 한다.

⑭ 계단을 오를 때는 남자가 앞서고 내려올 때는 반대이다.

4. 애프터비즈니스 매너

애프터비즈니스(AB, After Business)문화란 흔히 맞선이나 남녀 간 미팅을 하고 나서 호감을 가질 경우 다음 만남을 기약하게 되는데 이를 '애프터(after)'라고 한다. 사업이나 상거래의 경우에도 마찬가지다. 첫 만남에서 서로 win-win할 수 있는 요소를 발견했을 경우 협상 테이블을 다른 방식으로 가져간다. 서로 친근감을 높일 수 있는 방법을 찾는 것인데, 이것이 바로 '애프터비즈니스(after business)', 약어로 'AB'라고 한다. 최근 비즈니스의 중요한 업무로 인식되는 나라도 있을 만큼 글로벌 비즈니스에서는 중요한 요소로 인식되며 문화와 운치가 있는 접대를 의미한다. 음식문화의 한 부분인 음주문화는 그 나라의 역사와 풍습이 담겨 있어 한 국가의 문화를 이해하는 데 빼놓을 수 없는 요소이다.

5. 글로벌 비즈니스 매너의 성공 및 실수 사례

(1) 글로벌 비즈니스 매너의 성공사례

1) 개인의 관심사를 반영한 선물

청와대는 2009년 미국 오바마 전 대통령의 첫 방한을 기념할 선물을 놓고 오랜 시간 고심을 거듭한 끝에 오바마 대통령이 과거 일리노이주 상원의원 시절인 2001년부터 4년간 태권도를 배워 4~5급 수준의 실력을 가졌다는 점과, 태권도가 한국문화의 주요 아이콘이란 점을 고려하여 오바마 대통령의 이름이 새겨진 태권도복과 검은 띠, 명예단증을 선물하였고, 건강식단에 관심이 많은 미셸 오바마 여사를 위해 저칼로리 건강식인 한식을 직접 만들어볼 수 있도록 영문 한식조리법과 한식 역사를 담은 책자를 선물하였다. 오바마 대통령은 이명박 전 대통령으로부터 도복을 받자마자 매우 즐거워하며 태권도의 '정권지르기' 자세를 직접 취해 보였다.

2) 상대의 문화를 존중하는 마음이 담긴 선물

중국의 시진핑 주석은 독일과 뉴질랜드 국빈방문 시 축구 유니폼을 선물로 받고 매우 기뻐하였다. 시 주석이 선물받은 유니폼에는 '시진핑(Xi Jinping)'이라는 영어 이름과 8번의 등번호가 새겨져 있었다. 이는 축구광인 시진핑 주석과 숫자 8을 좋아하는 중국인의 정서를 반영한 선물이었다. '8(八)'의 중국어 발음이 ba(빠)인데, 복을 가져다준다는 '발(發·fa)'과 발음이 비슷하여 중국인들이 숫자 8을 좋아한다고 한다. 참고로 베이징올림픽은 2008년 8월 8일 오후 8시에 개막하였다.

(2) 글로벌 비즈니스 매너의 실수사례

1) DVD 선물

미국 오바마 행정부 당시 미국을 방문한 영국 브라운 전 총리는 대통령에게 특별히 제작한 노예활동을 반대했던 영국 해군함선의 나무로 만든 펜 홀더를 선물하였으나 오바마 전 대통령은 브라운 전 총리에게 미국영화 DVD 25개를 전달하여 성의없는 선물로 언론에서 비판을 받았다.

2) 미팅에서 손의 위치

박근혜 전 대통령은 방미 중 김용 세계은행총재 일행과의 미팅에서 두 손을 책상 밑으로 내려놓은 상태에서 미팅을 진행하였다.

회의나 미팅 중 팔을 테이블 아래로 내리면 더는 말하기 싫다, 빨리 끝내자는 의미이므로 미팅 중에는 테이블 위로 손을 반드시 올려야 한다. 손목 부위를 책상 가장자리에 살짝 걸치게 하고, 어깨폭으로 11자 모양으로 올려놓는 것이 정격이다.

또한 박 전 대통령은 미팅 중에 테이블 위로 두 손을 모으는 행동을 자주 하였는데 이 행동의 의미는 내가 졌으니 잘 좀 봐달라는 의미로 애원하는 모양새가 된다.

황교안 전 국무총리는 미팅 중에 손으로 얼굴 만지는 행위를 종종 보여주었는데 이는 글로벌 비즈니스상에서는 대답에 자신이 없어서 시선을 분산시키려는 의도로 여기기 때문에 주의하는 것이 좋다. 더불어 대담 중에 손으로 얼굴의 어느 부위든 만지는 행위는 무매너로 간주된다.

3) 미팅 중 펜의 위치

황교안 전 국무총리는 회의 중 손가락에 펜을 계속 끼운 상태로 미팅을 진행하는 경우가 있었는데 이는 공격적인 행위로 인식하므로 메모할 때만 들었다가 마치면 바로 내려놓아야 한다.

4) 대담 자세

정상회담을 할 때 이명박 전 대통령의 자세는 글로벌 매너 관점에서 논란의 소지가 있었다. 정상회담 때 양국 정상은 양쪽에 팔걸이가 있는 1인용 소파에 앉는다. 이때 양다리를 모으고 상대방 쪽으로 몸을 돌려 한쪽 팔걸이에 기대앉은 채 손은 앞으로 모아 경청하는 태도를 취하는 것이 글로벌 매너인데, 이 대통령은 양쪽 팔걸이에 두 손을 올리고 다리를 벌리고 앉아서 논란이 되었다. 이 경우 상대방은 무의식적으로 무시당했다는 느낌을 받을 수 있다. 박근혜 전 대통령도 프란치스코 교황과의 대담이나 모디 인도 총리와의 대담에서 상대측으로 몸 전체를 돌리지 않고 고개만 돌려 상대를 째려보는 듯한 상황이 연출되어 논란이 되었다.

5) 핸드백의 위치

북한 김정은 위원장의 아내 리설주 여사는 핸드백을 무릎 위로 올려놓는 행동을 자주 보여주었는데 서양에서는 가방이 은폐물 역할을 하기 때문에 이를 무례하다고 여긴다. 핸드백은 옆 의자 혹은 바닥, 작은 클러치일 경우 엉덩이 뒤쪽에 놓는 것이 매너이다.

6) 박수의 정격

박수의 정격은 두 손을 높이 들어 박수를 치는 것이다. 배꼽 근처에서 치는 박수는 상대를 깔본다는 의미, 명치에서 치는 박수는 내가 너와 동격이라는 의미이다. 눈높이까지 올려서 박수를 치는 것이 매너이다. 북한에서 당원들이 김정은 위원장에게 박수를 칠 때 위치 선정이 잘못되어 처형당한 사례도 있다.

6. 김영란법

(1) 김영란법이란?

2015년 3월 27일에 제정된 법안으로, 2011년 6월 김영란 당시 국민권익위원장이 처음 제안하고 2012년 발의한 법이어서 '김영란법'이라고도 불린다. 「부정청탁 및 금품 등 수수의 금지에 관한 법률」(청탁금지법·김영란법)은 2015년 3월 3일 국회 본회의에서 통과돼 3월 27일 공포됐다. 이 법은 1년 6개월의 유예기간을 거쳐 2016년 9월 28일부터 시행됐다.

김영란법은 언론인과 사립학교 교직원을 포함한 공직자가 직무 관련성과 상관없이 100만 원을 초과하는 금품을 받으면 형사처벌을 받는 법이다. 100만 원 이하의 금품 수수는 직무 관련성이 있는 경우에만 과태료가 부과된다. 하지만 직무 관련 없이 100만 원 이하를 받더라도, 같은 사람으로부터 연간 300만 원을 초과해서 받으면 형사처벌 대상이 된다.

(2) 김영란법 적용 및 활용

국민권익위원회는 2016년 9월 5일 김영란법의 적용 대상 기관 4만 919곳을 공개했다. 공공분야는 국회·법원·헌법재판소·감사원·선관위·인권위 등 6곳, 중앙행정기관 42곳, 광역·기초 지방자치단체와 시·도교육청 260곳 등이다. 공직유관단체 982곳과 공공기관 321곳도 포함됐으며, 국회의원도 적용 대상이다. 법 적용을 받는 각급 학교는 총 2만 2,412곳으로 유치원 8,930곳, 초·중·고등학교 1만 1,799곳, 외국인학교 44곳, 일반대·전문대·대학원 398곳, 사립학교 1,211곳, 기타 학교 30곳 등이다. 언론사는 「언론 중재 및 피해 구제 등에 관한 법률」(언론중재법)의 적용을 받는 곳(1만 7,210곳)이 모두 포함됐다.

공직자 등이 동일한 사람으로부터 1회 100만 원 그리고 1년에 300만 원이 넘는 금품 등을 받으면 직무 관련성과 무관하게 3년 이하의 징역 또는 3천만 원 이하 벌금의 처벌을 받는다. 공직자 등은 원칙적으로 직무 관련자로부터 금품 등을 받을 수 없지만, 원활한 직무 수행이나 사교·의례, 부조의 목적인 경우에 한해 3만 원 이하의 음식물, 5만 원 이하의 선물, 10만 원 이하의 경조사비를 받을 수 있다. 다만, 직접적인 직무 관련성이 있어 공정한 직무 수행을 저해할 수 있는 경우 가액기준 내에 있어도 음식물·선물·경조사비를 받을 수 없다.

직무 관련자로부터의 골프 접대를 일종의 향응 수수로 보고 원칙적으로 금지했다.

또 공직자 등이 골프회원권 소유자와 골프를 칠 때 그린피 우대 등의 할인혜택은 금품 수수에 해당해 허용되지 않는다. 공직자 등이 정당한 그린피를 내고 골프를 치는 것은 허용된다. '직무 관련성'에 대한 개념이 모호해 개별 사안이 김영란법 적용대상인지 헷갈리는 사례가 적지 않다. 이에 대해 권익위는 '헷갈리면 더치페이를 하라'고 권고하고 있다.

CHAPTER

10

주요 국가별 비즈니스 매너

CHAPTER 10

주요 국가별 비즈니스 매너

의·료·법·률·비·서·실·무

1. 미주 지역

미국

회의나 미팅 매너는 약속 취소나 변경 시, 최소 약속 1일 전까지 전화와 이메일 이중으로 안내하는 것이 예의이다. 특히, 미국인들은 회의 시 과정과 배경에 대한 설명을 구체적으로 하는 full disclosure(빠짐없는 공시)를 하는데 이는 진실성과 윤리성을 중요시하는 문화에서 생긴 것이다. 이를 지키면 신뢰를 얻을 것이고, 한국에서처럼 생략화법을 사용하여 이야기를 한다면 윤리적으로 문제가 있는 사람으로 보일 수 있으므로 최대한 자세하게 이야기하는 것이 좋다. 미국인들의 사무실에서 캐주얼 복장이 증가하는 추세이지만 비즈니스 미팅 시에는 반드시 비즈니스 수트를 착용하고, Power Suit를 많이 입는 편이다.

개인주의 성향이 강한 미국의 첫 번째 미팅 자리에서는 사생활에 대한 질문을 삼간다. 어느 정도 친밀도가 형성된 후라면 사적인 질문이 효과적인 비즈니스의 도구가 될 수 있지만, 초면에 가족 관계나 나이 등을 묻는 것은 무례한 인상을 줄 수 있다. 미팅 시 대화를 나눌 때는 적당한 거리를 두고 눈을 마주보며 명확하게 의사를 전달하는 것이 중요하며, 미팅이 끝난 후에는 간단한 카드나 이메일을 통해 안부와 감사 인사를 전하면 호감도를 높이는 데 효과적이다.

멕시코

비즈니스 방문 시 사전약속을 반드시 해야 하며, 일반적으로 약속시간을 잘 지키지 않으므로 여유를 보이는 것이 좋다. 멕시코인들은 낙천적이며, 성급한 결론을 내지 않는 성향으로 한 번의 회의나 미팅으로 비즈니스가 성사되지는 않는다. 느긋하게 시간을 갖고 비즈니스하려는 태도를 가져야 하며, 유머를 즐기는 멕시코인들을 위해 비즈니스 전 분위기를 부드럽게 하는 스몰토크를 준비하는 것이 좋다. 복장에 대해 보수적인 편이므로 정장차림이 좋으며 여성은 짧지 않은 정장을 입는 것이 좋다.

캐나다

비즈니스 미팅 약속 취소, 변경 시에는 최소 약속 1일 전까지 전화와 이메일 이중으로 안내하는 것이 예의이고, 시간엄수에 대한 기준이 철저하므로 시간약속을 잘 지키는 것이 중요하다.

캐나다인은 미팅 참석 시 상대방의 복장에 맞추어 입는 것이 기본적인 예의라 여기고, 대체로 향수 사용 빈도가 낮으며 특히, 비즈니스 상담 시에는 향수 사용을 자제하는 경향이 있다.

브라질

브라질인들은 비즈니스 시 예의를 중요시하지만 지나치게 경직된 분위기를 선호하지는 않는다. 약속시간 엄수에 철저하지 않은 편이므로, 약속을 잡기 위해서는 전화로 약속을 한 후 가능하면 이메일 등으로 다시 한 번 확인하는 것이 좋다. 브라질 사람들과 미팅 시간이 길어진다면 비즈니스 성사 확률이 높다는 것을 의미한다. 사무실에서 캐주얼 복장이 증가하는 추세이지만 비즈니스 미팅 시에는 반드시 정장을 갖추어야 한다.

칠레

칠레 기관이나 기업을 방문할 때 사전약속은 필수이며, 방문 전일 혹은 당일에 다시 한 번 연락하는 것이 좋다. 오피스 방문 시 비서들의 입지가 크므로 정중한 태도를 보이는 것이 좋다.

칠레인들은 'No'라고 말하는 것을 꺼리는 경우가 많으므로 관심이 없어도 "좋아요

(Bueno)"라는 표현을 서슴없이 하므로 대화 시 유의한다. 칠레인들은 중요한 미팅이나 공식행사에는 정장을 입고, 사무실에서 편안한 옷차림을 선호하며 보통 상담 시에는 간편한 옷을 입기도 하므로 상대방이 상담에 정장을 입고 오지 않았다고 해서 불쾌해 할 필요는 없다.

2. 유럽 지역

영국

비즈니스 미팅은 보통 오전 11시에서 오후 4시 이내에 잡는 것을 선호하며, 약속을 정확히 지키는 것이 좋다. 영국인들은 특별한 형식 없이 자유분방하게 회의를 진행하는데 이는 영국이 가지고 있는 민주주의 전통에 입각한 것이다. 영국 기업인들은 선례를 따르는 것을 좋아하기 때문에, 미팅 전 상대 기업에 대해 미리 조사해 보는 것이 좋다. 영국인들은 통상 객관적으로 판단하여 이에 따른 확실한 기준으로 협상에 임하므로, 비즈니스 협상 시에는 개인적인 친분이나 개인적 감정 등을 개입시키지 않는 것이 바람직하다.

만약 회의가 원하는 방향으로 진행되지 않더라도 직설적 표현은 자제해야 하며 지나친 의사 표출이나 강제적 답변 요구는 관계 자체를 손상시키는 결과를 초래한다. 대화 시에는 상대방의 얘기를 끝까지 잘 듣고 그 이야기에 맞는 쉬운 단어를 이용하더라도 적합한 영어표현을 통해 본인의 의견을 정확하게 전달하는 것이 중요하다. 미팅 후에는 상담내용을 이메일로 바이어에게 송부하여 본인이 이해한 내용을 확인하는 것이 오해를 방지할 수 있으므로 미팅 내용을 충실하게 기록하는 것이 좋다. 영국인들은 비즈니스 시 복장을 중요시 여기며 주로 검정, 진한 곤색, 진한 회색과 같은 어두운 색상의 옷을 선호한다. 전통적인 가는 세로줄무늬도 자주 착용한다.

사적으로 만나는 자리에서는 'sorry'라는 표현을 잘하는 편이지만, 공적이나 업무상에서는 자신의 업무상의 실수를 인정함과 동시에 추후 발생하는 문제에 대해 자신이 책임지겠다고 말하는 것이기 때문에 'sorry'라는 말을 신중히 하는 편이다.

독일

독일인들은 약속을 매우 중시하기 때문에 예외가 없는 한 협의된 사항을 번복하지 않고 꼭 지키는 편이다. 그렇기 때문에 상대가 약속을 번복하거나 시간에 늦는다거나 마지막 순간에 약속을 취소하는 것은 매우 무례한 행위로 간주하므로 주의한다. 독일어로 미팅을 진행할 경우, 존칭어(Sie)를 사용해야 하며 한국어 '너'에 해당되는 친칭인 'du'는 될수록 사용하지 않는 것이 좋다. 스몰토크의 비중은 매우 적은 편이니 업무 이야기를 주로 하는 것이 좋다. 독일인에게 원하는 바가 있으면 정확하게 이야기하는 것이 좋고, 감정적인 호소보다는 객관적 수치를 통해 논리적인 설득을 하는 것이 비즈니스 시 더 효율적이다. 독일인들은 탄력근무를 하는 경우가 많아 오후 4시 전에 퇴근하는 사람도 많으므로 오후 4시 이전 약속이 좋다.

독일인들은 복장에 크게 신경쓰지 않으며 사람을 복장으로 평가하지는 않는다. 그러나 바이어와의 첫 만남이나 계약서 작성 시에는 정장차림이 꼭 필요하다. 안면이 있는 사이인 경우 편안한 평상복 차림도 상관없으며, 공장 방문일정이 있거나, 전문 사무직이 아닌 공장관련 실무에 투입되는 사람들과 상담하는 경우 완벽한 정장차림보다는 노타이 등 세미정장이 더 적합하다.

프랑스

프랑스인들은 약속을 매우 중시하며, 약속은 반드시 2주~1개월 전에 서면으로 해야 한다. 시간변경이나 취소는 무례한 행위로 간주되니 주의한다. 직업이나 직장에 따라 탄력적으로 근무하는 직원이 많으므로 오후 3시 이전에 약속을 잡는 것을 선호하며, 프랑스인들의 절반 이상이 휴가를 떠나는 7~8월, 11월 초순, 연말과 연초는 피하는 것이 좋다. 비즈니스 협의 후 비밀을 유지하는 비밀협약서를 요구하기도 한다. 비즈니스 미팅 시에는 반드시 정장을 갖추어야 한다.

이탈리아

이탈리아 사람들은 낙천적인 기질을 가지고 있다고 해도 비즈니스 상담 시 정확한 시간약속 엄수를 선호한다. 이탈리아 북부는 시간을 엄수하면서 사업에 중점을 둔 대화가 주로 이루어지며 남부는 상대방을 알아가는 것이 중요하다는 인식이 있다는 점을 지역별 차이점으로 볼 수 있다. 소통을 중요시하는 이탈리아인들과의 회의에서는 회의 주제가 이미 정해진 경우라도 종종 다른 주제로 이어지는 경우도 있으며, 직급에 관계없이 회의에 참가하는 모든 사람이 대화에 참여하는 것이 일반적이다. 회의는 대부분 정보교환의 자리로 인식하며 의사결정은 회의 종료 후에 도출된다고 생각한다.

대화할 때는 상대방의 눈을 응시하지 않으면 다른 생각이 있다고 오해하기 때문에 주의하며, 두 번째 만남에서도 명함을 주면 (첫 번째 만남을 기억하지 못한다는 뜻) 불쾌감이 형성된다.

이탈리아는 장소와 용무에 적합한 의복 착용을 중시하는 문화를 가지고 있으므로 미팅에는 반드시 정장 차림으로 참석하여 상대방에 대한 예의를 표시한다.

스페인

통상적으로 약속을 잡을 때에는 약 일주일가량이 소요되며, 메일보다는 유선상으로 연락하는 것이 좋다. 스페인 사람들은 대화하는 것을 즐기는 성격인 만큼 상대의 말을 가로막거나 대화를 차단하면 큰 결례이다. 비즈니스에서 manana(내일)라는 의미는 당장 내일 그리고 기약 없는 언젠가를 뜻할 수 있으니 주의해야 한다. 개인의 사생활을 중시하는 스페인에서 비즈니스 파트너에게 나이, 결혼유무, 자녀유무, 정치성 등에 대해 묻는 것은 결례이다. 또한 왕실에 대한 의견을 묻는 등의 행위는 절대 금물이다. 스페인 사람들은 격식을 중요시하므로 회의 시 복장은 반드시 정장차림을 하는 것이 좋다.

러시아

러시아인들과의 미팅 시 대표가 첫 미팅에 나와 대화를 시작하며, 조직 소개를 시작으로 미팅 배석 인원들을 일일이 직접 소개하므로 이때 경청하는 자세가 중요하다. 비즈니스를 할 때 다소 천천히 추진하는 특징이 있으니 급하게 서두르는 모습은 보이지 않는 것이 좋으며, 우정을 중요시하므로 비즈니스 시 꾸준한 업무연락을 하여 우정관계를 형성하도록 한다. 장기적 관계 형성에 초점을 맞추는 것이 중요하다. 일반적으로 넥타이 차림의 정장을 별로 선호하지 않으며, 공식행사를 제외하고 거의 노타이 정장을 입는 편이지만, 비즈니스 첫 만남에는 정중함을 표현하기 위해 넥타이를 착용한 정장을 입고, 그다음 만남부터는 노타이 비즈니스 정장을 입으면 편안해 할 것이다. 5월 첫 번째 주는 연휴이기 때문에 약속을 피하는 것이 좋다.

포르투갈

미팅 약속은 1~2주 전에 미리 하는 것이 의무이며, 전화나 이메일보다는 직접 대면하여 비즈니스하는 것을 선호한다. 포르투갈인들과의 대화 시 공격적이거나 감정적인 성향을 보이면 매너가 없다고 생각하므로 여유 있는 모습을 보이는 것이 좋으며 손 제스처를 되도록 쓰지 않는 것이 좋다. 또한 질문이 있어도 상대방의 말이 끝날 때까지 기다리므로 이를 따르는 것이 좋다.

포르투갈인들은 외향적인 것을 중요시하므로 완벽한 비즈니스 수트를 갖추어 입는 것이 좋다.

3. 중동 & 아프리카 지역

터키

미팅 약속은 방문 전 최소 3~4일 전에는 하는 것이 좋다. 기업의 경우 확정된 약속은 거의 변동 없이 잘 지켜지지만, 정부기관들의 경우에는 간혹 잘 지키지 않는 경우가 있으니 유의하도록 한다. 이스탄불은 교통체증이 심한 편이어서 보통 약속시간에 정확히 도착하지 못하는 경우가 많으므로 예상 소요시간보다 30분~1시간 정도 미리 출발하는 것이 좋다. 비즈니스 첫 만남에서는 사교 중심의 대화를 하므로 바로 사업얘기를 하는 것은 좋지 않으며, 대화 시에는 가족에 관해 너무 자세히 묻지 않는 것이 좋지만 자녀에 관한 질문은 반기는 편이다. 회의 결과를 서두르는 것은 금물이다. 터키인들은 보수적이므로 대부분 정장을 입고, 공식적인 복장을 즐겨 입는 편이므로 정장을 제대로 갖춰 입는 것이 좋다.

이집트

비즈니스 미팅 약속은 이메일보다는 전화나 팩스를 통해 지속적으로 연락하여 약속을 지키도록 유도하는 것이 중요하다. 이집트인은 약속시간을 잘 지키지 않는 편이기 때문에 약속시간보다 30분~1시간 정도 늦는 경우도 있으니 알아두는 것이 좋다. 이집트는 업종별로 휴일이 다르므로 유의하고, 라마단 기간에는 단축근무를 하니 이를 감안하여 미팅 일정을 arrange하는 것이 좋다. 이집트인들은 'No'라는 말을 잘 하지 않으며 대답하기 어렵거나 말한 내용에 책임을 져야 하는 상황이 나오면 '인샬라'를 외치는 경우가 많다. '인샬라'에는 'impossible'이라는 뜻과 'let me see'라는 뜻이 있는데 이는 둘 다 단기간에 긍정적인 결론에 도달할 가능성이 적다는 뜻임을 파악해야 한다.

이집트는 다른 중동국가와는 달리 전통적인 이슬람 복장을 입는 경우가 거의 없으므로 정장차림이 적당하다. 형식에 얽매이는 복장보다는 노타이 차림의 복장을 선호하지만 고위직의 경우 넥타이를 매는 경향이 있으니 상황에 맞게 넥타이를 착용한다. 넥타이의 경우 회색, 검은색 및 파란색 계통이 무난하며 붉은색 또는 분홍색 계통은 가급적 피하는 것이 좋다.

사우디아라비아

비즈니스 미팅 시 사전 약속은 필수적이며 3주에서 한 달 전에 미리 약속을 정하는 것이 바람직하다. 오후 시간보다는 오전에 약속을 잡는 것이 좋다. 약속시간을 잘 지키지 않는 경우가 많아 1시간 이상 늦거나, 약속 자체를 잊는 경우도 있다. 전화, 휴대폰, 문자, 이메일 등에도 답을 하지 않거나 회신을 하지 않는 경우가 많다. 따라서 약속을 정한 이후에도 실례가 되지 않는 선에서 정기적인 확인을 통하여 약속을 지키도록 유도하는 것이 좋다. 상대가 약속을 어긴다고 해도 반드시 약속을 지키는 것이 좋다.

또한 사우디는 이슬람교의 교리에 따른 삶의 방식을 매우 중요하게 여기므로 하루에 다섯 번 정해진 시간에는 모든 상점들이 일제히 문을 닫고, 회사에서 일하던 사람들도 사원으로 기도를 하러 간다. 기도시간은 20~30분 내외로 미팅시간은 기도시간을 피해서 잡는 것이 좋다. 기도시간은 큰 차이는 없으나 매 계절, 요일에 따라 조금씩 변하므로 사전에 기도시간을 알아놓고 약속시간을 잡는 것이 바람직하다.

사우디의 주말은 금요일과 토요일이다. 따라서 회사 방문 등의 약속은 주말을 피하는 것이 바람직하며, 혼동하지 않도록 유의해야 한다. 대화 시 건강, 가족 등의 안부를 묻는 것은 좋지만 가족 중 여자가족에 대해 묻는 것은 삼가야 한다. 사우디아라비아는 이슬람 외에 타 종교 전파행위를 엄격히 금지하고 있으므로 개신교, 천주교, 불교 등의 종교와의 비교 혹은 전파에 대해 언급하는 것은 삼가야 한다. 특히 이슬람교를 비판하는 것은 엄격히 금지되어 있으며, 이스라엘과 교역을 했다거나 이스라엘 원료를 사용해 만든 물건이라는 등 이스라엘과 관련된 사항은 언급하지 않는 것이 좋다. 타 종교에 대해서는 존중하는 편이므로 종교적, 문화적인 차이를 인정하고 상담이나 대화 전 해당 문화가 익숙하지 않다는 것을 밝히고 양해를 구하면 상대도 이해해 주는 편으로 사소한 오해를 줄일 수 있다.

남성의 경우 특별히 복장에 제한이 없으며 근무나 비즈니스 미팅 시 주로 정장 또는 비즈니스 캐주얼을 착용하면 충분하다. 사우디인들은 상대의 복장으로 사회적 지위, 출신 국가를 구별하는 경향이 있으므로 현지 정부 부처, 공공기관, 여권청, 바이어 상담 등 비즈니스 목적에는 정장이나 단정한 비즈니스 캐주얼을 착용하는 것이 바람직하다. 아울러 정장은 감색 등 어두운 색 위주로 입는 것이 좋다. 사우디 남성의 경우 근무 또는 비즈니스 시 '싸웁'이라 불리는 흰색 전통복장에 머리를 덮는 빨간 체크무늬 천인 '셰마그' 또는 흰색 등의 천인 '구트라'를 쓰고 이를 고정하는 검은 링인 '익깔'을 착용한다. 해외 출장 시에는 정장을 착용하는 경우가 많다.

여성의 경우는 외출, 비즈니스 미팅 등에도 사우디인, 외국인 여부에 상관없이 검은색 천으로 된 '아바야'를 착용해야 한다. 특히 사우디 여성이나 아랍 여성의 경우 아바야에 눈을 제외한 얼굴 전체를 가리는 '니깝' 또는 머리 주위로 얼굴에만 두르는 '히잡' 등을 착용한다. 여성들은 쇄골과 무릎 등을 노출해서는 안 되며 몸에 딱 붙는 옷은 삼가는 것이 좋다. 외국여성의 경우 아바야를 착용하면 얼굴을 드러내는 것은 큰 지장이 없다.

사우디 사회는 굉장히 관료적이다. 따라서 어떤 결정이 이루어지려면 여러 단계의 승인이 필요한 경우가 많다. 아주 단순한 의사 결정이라도 많은 시간과 노력이 필요할 수 있다. 따라서 협상은 굉장히 천천히 진행되며 서둘러서 결과를 도출하려다가는 오히려 부정적인 결과를 낳을 수 있다. 거래 성사를 위해 결정을 재촉하거나 압박할 경우, 연락을 피하는 등 오히려 부작용이 나타날 수 있다. 우리 입장에서는 적극적인 영업활동도 그들에게는 압박으로 비칠 수 있으므로 주의해야 한다. 따라서 당장 결정이 내려지지 않더라도 시간을 두고 기다리는 것이 좋다. 간혹 더디게 진행되다가도 본인들의 수요가 생기는 경우에는 업무가 신속히 진행되는 경우도 있으므로 업무진행의 필요성 등을 지속적으로 어필하는 것이 좋다.

거래 진행 시에 사우디인들은 자신이 잘 알고 믿을 수 있는 사람과 거래하는 것을 중요시한다. 따라서 상대방이 어떤 사람인지 알고 그 사람과 친분을 쌓기 위해 많은 시간을 기울인다. 다만 한 번 결정된 사항도 쉽게 번복되는 경우가 많으니 유의하여야 한다.

현지인 사무실 방문 시 참고사항은 사우디인은 '샤이(차)'라고 불리는 홍차와 계피향이 나는 노란색 아랍식 커피 '까흐와'를 즐겨 마시며, 우리식 커피믹스인 '네스카페'도 즐겨 마신다. 사무실이나 서비스 센터, 공공기관 등을 방문하거나 손님을 접대할 경우에도 차와 '티므르(대추야자)'를 적극적으로 권하며, 이는 상대방에 대한 친밀감의 표시이므로 가급적 거절하지 않도록 한다. 사무실에서 차나 커피를 마시다 보면 항상 직원이 옆에 대기하고 있다가 거의 무한정으로 권유하는데 더 마시기가 거북할 경우 빈 컵을 들고 좌우로 두세 번 흔든 다음 직원에게 빈 컵을 건네면 더 따라주지 않는다.

아랍에미리트

회의 약속을 잡은 후에도 면담 전 전화로 반드시 다시 확인하는 것이 좋다. 라마단 기간 동안에는 대부분의 기업들이 점심시간 없이 오전 9시부터 2시까지 단축근무를 하기 때문에 방문은 이 기간을 피하는 것이 좋으며 대화 시 대부분의 중동지역과 비슷하게 종교, 여성, 이스라엘에 대한 언급은 하지 않는 것이 좋다.

아랍에미리트인들은 일상생활은 물론 회사, 외부행사 참석, 거래업체 상담 시에도 전통의상을 즐겨 입으며 파키스탄, 인도 출신 사람들도 전통의상을 고수하는 편이다.

무슬림들은 '인샬라(아랍어: إن شاء الله ; 알라의 뜻대로 하옵소서)'라는 말을 흔히 사용한다. '인샬라'는 영어의 if를 뜻하는 '인(إن)'과 원하다라는 뜻의 '샤(شاء)', 전지전능한 하느님을 뜻하는 '알라(الله)'로 구성된 표현이며 직역하면 '신이 원하신다면'이라는 뜻이다. 일반적으로 모든 일은 알라의 뜻대로 이루어지기 때문에 '미래와 관련된 일들은 인간이 답할 수 있는 것이 아니다'라는 의미이다. 아랍인들은 미래에 일어날 일에 대해 언급할 때 이 표현을 관습적으로 사용한다.

비즈니스 상황에서 상대 아랍인이 '인샬라'를 말했을 경우에는 이는 의미 그대로 해당되는 업무가 '알라(신)가 주관하는 일'이라는 뜻이다. 즉 긍정도 부정도 아닌, '한번 지켜보자, 고민해 보겠다' 정도로 해석하는 것이 좋으며, 비즈니스 시 긍정의 뜻이 아님에 유의해야 한다.

그러나 이러한 사실에 기반해 아랍인이 '인샬라'를 말할 때 불쾌감을 드러내거나 다른 확답을 하도록 쏘아붙인다면 자신의 종교를 존중하지 않는다는 모욕감을 느낄 수도 있기 때문에 자제해야 한다. 아울러 아랍인들은 자존심이 강하기 때문에 상대방이 자신의 약속 이행을 의심하는 태도를 자신에 대한 모욕으로 받아들일 수 있다.

가장 좋은 요구 방법은 '인샬라' 문화를 존중하면서 본인이 시간에 쫓기고 있음을 명확하게 언급한 후 시간 준수를 부탁하는 것이다. '당신은 신뢰할 만한 사람이자 독실한 무슬림이니 약속을 꼭 준수할 것이다'라는 식으로 명확하고 공손하게 의사를 전달하면 상대방은 약속에 대해 더 큰 책임감을 가지게 된다. 만약 비즈니스에 연관된 사안이라면 구두의 약속보다는 계약서를 작성하는 것이 좋다.

4. 아시아 지역

일본

일본은 오키나와에서 북방 섬까지 무려 3,300㎞에 달하는 열도로 다양한 기후대가 존재한다. 그만큼 삶의 방식도 다양하고 개인주의 성향이 강한 편이다. 특히 '섬나라'라는 특수한 환경은 '남에게 폐를 끼치지 않는 것'에 대한 강박관념까지 만들어냈

다. 어떻게든 그 안에서 살아야 하는 만큼 최대한 서로 피해를 주지 않고 어울려 살아야 한다는 사고방식이 자리 잡고 있기 때문이다. 따라서 대개의 일본인들은 자신이 먹은 것은 자신이 계산하는 것이 관습으로 굳어져 있다. 우리나라처럼 식사를 권한 쪽, 연장자가 요금을 지불하는 예는 드물다. 일본인은 특별한 경우가 아니라면 술값이나 음식 값은 각자 먹은 값을 지불하거나 인원수대로 나누는 와리캉(わりかん) 방법으로 계산한다. 와리캉(わりかん) 계산을 도와주는 스마트폰앱을 이용하는 비즈니스맨도 많은데 서양문화권의 더치페이와 비슷한 것 같지만 사실 그 메커니즘은 다르다. 일본의 와리캉(わりかん)에는 상대방의 체면이나 권위를 해치지 않고 배려하기 위해 다양한 셈법이 존재한다. 일종의 사회적 직위에 따른 '공동 균등 부담' 정도로 이해하면 된다. 그렇기 때문에 본인이 대접을 하는 자리가 아닌 경우에 자신이 술이나 음식 값을 전부 계산하겠다는 우리나라의 '情문화 계산법'은 일본인 비즈니스맨들 입장에서는 부담스러울 수 있다.

일본은 특유의 다다미 문화가 존재해 앉는 좌석이 상하관계를 표현하므로 앉기 전에 좌석을 확인하는 것이 좋으며, 상석은 일반적인 상석의 기준을 적용한다. 일본인과의 대화 시에는 상대의 의견을 끝까지 들으며, 의견이 다소 다르더라도 중간에 말을 끊고 질문하는 것은 좋지 않다. 직장에서는 격식 차린 경어를 사용한다. 비즈니스 시에는 정장을 갖춰 입는 것이 좋다. 약속시간을 엄수하며, 서류 등의 기한을 정확히 지키는 것이 무엇보다 중요하다. 미팅 시 인사를 나눌 때는 상체를 30도 정도 숙이는 것이 일반적이고, 명함 교환을 비즈니스의 중요한 과정으로 여기는 편이어서 명함은 항상 구비해 두는 것이 좋다. 일본은 회사의 최상위자가 도장을 날인할 문서에 아랫사람은 상급자의 도장이 찍힐 방향으로 비스듬하게 도장을 날인해야 한다. 허리를 숙여 인사하는 것 혹은 부탁하는 것처럼 보이기 때문이다. 전자도장의 경우도 동일하기 때문에 전자도장 업체는 모든 각도에 대응할 수 있도록 만든다.

중국

중국인들은 시간엄수와 기본적인 매너를 중요시한다. 언어의 경우 광둥어(Cantonese)가 보편적으로 사용되지만, 북경어(Mandarin or 보통화)도 사용하기 때문에 사전에 사용언어를 확인하여 통역을 준비하는 것이 좋으며, 영어와 중국어 문서 두 가지를 준비하는 것이 원활한 회의 진행에 도움이 된다. 중국인들은 쉽게 남을 신뢰하지 않는 성향이 있어 낯선 전화를 받으면 필요 이상으로 무례하게 응대하는 경우가 있으므로 사전에 약속을 위해 전화하더라도 당황하지 말아야 한다. 비즈니스 시 서로가 얻을 수 있는 이익에 대해 어필한다면 긍정적인 비즈니스 결과를 얻을 수 있을 것이다. 중국인들과의 만남에서는 기본적으로 상대방의 권위의식, 자존심을 지켜주는 게 굉장히 중요하므로 이 점에 주의한다.

중국인들은 복장에 크게 신경쓰지 않는 편이므로 정장을 입더라도 노타이 수트가 많으며 복장의 경우 외관보다는 브랜드를 중시하는 편이다. 우리나라 기준에 맞추어 복장으로 상대방의 지위나 빈부를 판단하면 안 된다.

➲ 태국

태국 달력 기준 정월인 송크란(4월 중순)이 속해 있는 1주간은 대부분의 기업들이 문을 닫고 휴무에 들어가므로 이때는 방문을 피하도록 한다. 방콕은 길이 좁고 도로가 잘 정비되어 있지 않으므로 방문 시 시간을 여유롭게 계획하는 것이 좋다. 대화 시 큰 소리를 내면 화가 났다고 오해할 수 있으므로 작은 목소리로 대화하는 것이 좋으며 태국인들은 전반적으로 온화하고 낙천적인 만큼 한국식의 밀어붙이기 비즈니스를 요구하면 거부감을 보일 수 있으므로 여유있게 기다려주는 것이 좋다. 태국인들은 평상시 양복 상의를 착용하지 않으며 주로 긴팔 와이셔츠에 넥타이 차림을 선호하므로 날씨가 덥더라도 반팔 와이셔츠보다는 긴팔 와이셔츠를 입는 것이 좋다.

➲ 인도

미팅 약속은 오전 11시에서 오후 4시 사이에 잡는 것을 선호하며 인도 회사의 근무시간은 통상 9시 반~5시, 점심시간은 1~2시 사이이니 이를 유념하여 미팅 시간을 잡는 것이 좋다. 인도인들은 스케줄 변경과 지연을 자주 하는 편이며, 가정에서 남자의 역할이 많은 문화의 특성상 가정에 중요한 일이 발생하면 비즈니스 일정이 변경될 수 있다는 점에 유념해야 한다.

대다수 인도인은 다양한 주제로 대화하는 것을 즐기며, 비즈니스 미팅 시에도 스몰토크를 중요시한다. 따라서 대화 주제를 미리 생각해 두는 것이 좋다. 인도인이 좋아하는 대표적인 주제는 정치, 크리켓, 영화부터 경제성장 이슈까지 다양하다. 관련 주제에 대해 미리 준비하고 비즈니스에 임하면 원활한 관계를 형성하는 데 유리하다. 반면 카스트제도와 종교 분쟁에 관한 이야기는 어떤 상황에서도 먼저 꺼내지 않는 것이 낫다. 인도에서 카스트제도는 여전히 승진과 결혼, 취업 등에 어느 정도 영향을 미치는 신분제도로, 사회적으로 복잡하고 민감한 문제다.

귀납적 접근을 통한 대화를 하는 경향이 있어, 주제와 부합되지 않는 이야기가 나오더라도 자연스럽게 대화를 이어 나가는 것이 좋다. 사적인 질문을 하는 경우가 많으며, 가족에 대해 묻는 것을 좋아하는 편이므로 당황하지 않도록 한다. 직접적으로 반대 표시를 잘 하지 않는 편이며 또한 반대의사를 표시하는 것을 적대적인 태도로 인식하므로 주의가 필요하다. 대화 도중 고개를 양옆으로 흔들거나 8자형으로 고개를 움직이는 행위는 '당신의 말을 이해한다'라는 표현이므로 알아두는 것이 좋다.

미팅 시에는 정장을 갖추어야 하나 더운 날씨로 인해 양복 상의와 넥타이는 생략하는 경우가 많으며, IT분야의 경우 구두 대신 스니커즈를 신는 등 캐주얼한 의상이 보편화되어 있다. 여성의 경우 바지 정장을 선호하는 편이고, 인도문화의 특성을 고려하여 가죽으로 된 의상은 피하는 것이 좋다.

➲ 싱가포르

미팅 시 사전 약속은 필수이며, 방문 시 약속시간 엄수는 필수적이다. 대화 시 부수적인 이야기는 길지 않고 업무에 관한 본론으로 바로 들어가는 경우가 많으며, 대부분 업무 진행이 군더더기 없이 깔끔하게 진행된다.

연중 고온 다습한 기후이기 때문에 정장 재킷만 제외하고 넥타이와 긴 와이셔츠를 갖춰 입는다.

➲ 필리핀

필리핀 사람들은 느긋하고 여유롭게 행동하는 편으로 미팅시간에 15~30분 정도 늦는 경우가 많다. 언성을 높이는 것에 민감하므로 회의 시 조급하다고 언성을 높이는 행위는 피하도록 한다. 재킷을 제외한 와이셔츠와 넥타이, 정장 바지가 일반적인 정장으로 통용된다.

말레이시아

관공서의 경우, 문서를 통해 일을 처리하려는 경향이 강하므로 요청사항 관련, 공무원과 약속을 잡기 위해서는 공식적인 레터를 통해 충분한 시간적 여유를 가지는 것이 좋다. 약속시간에 대한 개념이 정확하지 않지만 경제 발전과 함께 차츰 개선되고 있다. 시간에 대해 그리 엄격한 편은 아니지만 항상 약속시간 전에 도착하도록 한다. 말레이시아 사람들은 체면을 중요시하는 경향이 있으므로 그들을 기다리게 만들면 부정적인 인상을 줄 수 있다. 대화의 주도권은 말레이시아인에게 주는 것이 좋다. 직장인들의 복장은 긴팔 와이셔츠에 넥타이 차림이 일반적이다.

인도네시아

인도네시아인들은 일반적으로 약속시간을 지키는 데 느긋한 태도를 보이므로 약속시간을 정확히 지키지 않는 경우가 있더라도 불쾌한 표정을 드러내지 않도록 주의한다. 인도네시아에서는 상대가 약속시간에 늦었다고 큰 소리로 쉽게 화를 내면 교양없다고 생각하는 경향이 있다. 인도네시아에서는 고무 시간(Rubber Time)이라는 의미의 '잠 까렛(Jam Karet)'이라는 단어가 있을 정도로 약속시간에 늦는 것을 대수롭지 않게 여기기 때문이다. 이런 문화의 유래는 네덜란드가 인도네시아를 지배하던 17세기로 거슬러 올라간다. 네덜란드는 인도네시아 고무농장의 생산성을 높이기 위해 인도네시아인들을 가혹하게 대하였다. 그래서 인도네시아인들은 가혹한 노동조건을 견뎌내기 위해 정해진 일을 하되 아주 천천히 했다고 한다. 이런 습성으로 인해 인도네시아인들은 약속시간에 대해서도 우리 관점에서는 지나치게 여유롭고 관대한 경향이 생겼다.

업무를 천천히 처리하는 편이므로 인내심을 갖고 기다리는 것이 좋다. 또한 일처리를 '잘 해주세요'라는 의미로 "pelan pelan saja"라고 하는데 이는 일을 천천히 하라는 의미이다. 대화 시에는 정치, 종교에 관한 화제는 삼가는 것이 좋으며, 인도네시아인들은 과격한 어조나 행동이 섞인 대화를 선호하지 않고, 직설적으로 이야기하기보다는 완곡한 화법을 사용하는 편이므로 비즈니스 시 정확하게 파악할 수 있도록 한다. 인도네시아인들은 정장보다는 바틱이라는 전통의상을 주로 입는 편이므로, 가벼운 셔츠에 타이를 착용하고, 재킷은 착용하지 않는 정도로 갖춰 입는 것이 좋다.

인도네시아인들의 "생각해 보겠습니다"는 거절의 메시지다. 인도네시아인들은 자기 주장이 강하지 않고 의사 표시가 명확하지 않다. 그래서 상대를 배려한다는 명목하에 약속을 정하기도 하고 'No'라고 단호하게 거절하지 못하고 나중에 변명하는 경우가 종종 발생하는 편이다. 면전에서 제안을 거절하거나 상대의 의견에 반대하는 것을 무례하다고 여기기 때문이다. 그러므로 비즈니스를 하면서 자신의 제안에 인도네시아인들이 즉석에서 거절하지 않는다고 해서 무조건 희망적으로 생각하는 것은 위험하다.

베트남

베트남인들은 민족적 자존심이 매우 강해서 중국, 프랑스 등 외세의 지배를 받았던 유쾌하지 않은 역사를 언급하는 걸 싫어한다. 수입, 생활비 문제 등의 화제는 절대로 삼가고 대신 그들이 자랑스러워하는 역사와 전통을 칭찬하는 부드러운 화제로 그들의 마음을 여는 전략이 필요하다.

특히 베트남과 중국은 역사상 사이가 좋지 않은데다 1979년엔 국경에서 전쟁을 벌인 적도 있기 때문에 베트남에서 비즈니스 미팅 시 한자 서명 등은 피하는 것이 좋다. 실제로 2009년 국내의 한 그룹에서 베트남 호찌민시 인근에 지은 공장 준공식 자리에서 그룹 회장이 한자로 사인하여 상대국을 전혀 배려하지 않은 처사로 논란이 된 적이 있었다.

베트남은 업무 시작 시간이 우리보다 빠른 경우가 많다. 오전 8시~8시 30분 정도에 업무를 시작하고 프랑스의 영향을 받아서 점심시간은 11시 30분 정도부터 한 시간 반 정도지만 두 시간이 넘게 걸릴 때도 있다. 그래서 집이 가까운 경우에는 집에 들러 점심을 먹고 오기도 하고 개인생활이나 낮잠을 즐기는 경우도 있다. 따라서 점심시간에 약속을 잡거나 전화를 하는 건 피하는 게 좋다. 업무 마감시간도 오후 5시~5시 30분 정도로 우리보다 빠르다. 업무 미팅의 일환이라고도 할 수 있는 점심 약속은 최소 1주일 전에 여유를 갖고 잡아야 한다.

날씨로 인해 오후에는 업무에 소홀한 경우가 많으므로, 방문 시 오전시간으로 하는 것이 좋으며 약속시간에 보통 10~30분 정도 늦을 때가 많으므로 느긋하게 기다리는 것이 좋다.

비즈니스 시 공식적인 절차 이외에도 상대방과의 개별 접촉을 통해 비공식적으로 사적인 관계를 형성해 두는 편이며, 결과에 대한 확답을 빨리 주는 편이 아니므로 빠른 결정이 필요한 사항이라면 사전에 자료를 보내 생각할 시간을 주는 것이 좋다. 대화 시에는 바로 업무이야기를 하기보다는 친밀감 형성을 위해 다른 이야기로 시작하는 것이 좋다. 침묵으로 일관하면 상대방의 의견에 반대한다는 것으로 여겨 큰 결례라 생각하고, 허리에 손을 얹거나 팔짱을 낀다거나 지나치게 손가락질하는 것을 무례하게 여기므로 자제하는 것이 좋다. 베트남은 더운 나라이므로 재킷은 입지 않고, 와이셔츠 차림의 정장을 갖추면 된다. 남부지역은 날씨가 조금 더 덥기 때문에 캐주얼한 복장의 차림이 많을 수 있다.

베트남 거래당사자와 만남 시 대화에서 침묵으로 일관하면 베트남 사람들은 이를 '신중하게 생각하는 중'이라는 의미로 받아들이지 않고 상대방의 의견에 반대한다는 뜻으로 받아들인다. 베트남인들은 협상에 임할 때 관련된 모든 사항을 조사하고 주변의 자문을 받아 진행하므로 일의 진척이 더디고 시일이 많이 걸린다. 따라서 조급해하는 행동은 협상에 부정적인 결과를 가져올 수 있다. 베트남인과의 협상에서 가장 중요한 것 역시 인내심이라는 뜻이다. 베트남 기업의 70~80% 정도가 국영 기업이기 때문에 개인 기업과는 달리 의사결정에 상당한 기간이 소요된다는 점을 인식해야 한다. 조급함으로 협상의 주도권을 빼앗기는 경우가 초래되지 않도록 주의한다. 또한 길고 힘든 협상에 지치더라도 그 자리에서 합의된 사항이나 안건 등은 꼼꼼하고 분명하게 재점검을 해야 한다. 모든 비즈니스 협상의 기본이 되는 것이지만 베트남에서는 특히 합의가 충분히 이뤄진 내용에 대해서도 취소를 요구하는 경우가 간혹 발생하기 때문에 더욱 주의해야 한다.

(1) 주요 국가별 선물방법

1) 미주 지역 & 오세아니아

미국

미국 기업의 경우 거래처에서 선물을 받을 경우 50달러까지 허용하는 곳도 있으므로 사전에 기업 윤리규정을 파악하는 것이 중요하다. 바이어 자택에 초대받는 경우 꽃이나 화분, 과일바구니 등의 일반적인 선물이 좋으며, 미국인에게 백합은 죽음을 의미하므로 절대 선물용으로는 가져가지 않는다. 자택 초대 시 디저트류의 선물은 피한다. 안주인이 직접 만들어서 대접하는 것이 예의이기 때문이다. 미국인들은 선물을 받은 자리에서 뜯어보고 감사의 마음을 전하는 것을 예의로 생각한다.

멕시코

멕시코인들과의 비즈니스상에서는 반드시 부담 없는 작은 선물을 준비하는 것이 좋으며 노란색, 보라색은 죽음을 상징하고, 은제품은 저렴한 장식이라 생각하므로 피하는 게 좋다.

캐나다

캐나다인에게는 간단한 선물을 하는 것이 좋다. 캐나다는 재택근무가 많은 편이어서 가정을 방문하는 경우가 있으며 이 경우 꽃, 와인이 좋은 선물이 될 수 있다. 선호하는 선물은 실용적인 것, 금기하는 선물은 죽음을 의미하는 백합이다.

브라질

브라질은 비즈니스 시 첫 만남에서 선물을 주는 경우는 없고, 여러 번 만난 이후에 상대방과의 신뢰감이 형성되면 선물을 하는 편이다. 비즈니스 첫 만남에는 회사 기념품 정도의 선물이 좋으며, 이후에 어느 정도 관계가 형성되면 상대방의 취향을 고려해 적당한 가격대의 선물을 주는 것이 좋다. 선물보다는 식사에 초대하는 것이 더 좋은 방법이다. 점심초대는 예의를 의미하고 저녁초대는 어느 정도 비즈니스가 진전되고 있음을 의미한다. 선물을 받은 경우에는 감사를 표하고 상대에게 물은 후에 열어보는 것이 예의이다. 선호하는 선물은 소형 전자제품이며, 관계와의 단절을 의미하는 칼, 불길함을 상징하는 검은색, 자주색 물건은 피하는 것이 좋다.

칠레

비즈니스 첫 만남에서는 한국을 알릴 수 있는 작은 선물을 하는 것이 좋다. 전통문양이나 자개 장식이 들어 있는 명함 케이스, 수공예품 선물, 인삼가공제품이 인기가 많다.

아르헨티나

비즈니스 첫 만남에서는 가벼운 선물을 하는 것이 좋다. 선호하는 선물은 위스키나 프랑스 샴페인이고, 아르헨티나의 주요 생산품인 와인 및 가죽제품은 피하는 것이 좋다.

호주

비즈니스 관계에선 서로 선물을 주고받지 않는다.

2) 유럽 지역

영국

대부분의 영국인들은 사업상 파트너나 동료들과는 선물을 주고받지 않지만 계약을 체결한 후 이를 기념하기 위해 선물하는 경우는 있다. 영국인의 특성상 비싸지 않은 작은 선물에도 감동을 받는 경우가 많다. 크리스마스, 연말 연시의 경우 카드를 보내는 것이 좋으며 만약 영국 업체로부터 먼저 선물을 받은 경우 선물에 대한 감사 카드를 보내는 것이 좋다. 가정에 초대를 받으면 간단한 선물을 준비해야 하고, 일반적으로 초콜릿이나 쿠키를 선물한다. 실용적인 선물을 선호하며 백합은 장례식에 사용되는 꽃이므로 피하는 것이 좋다.

독일

독일기업 중 10유로 이상의 선물을 받거나 식사 대접을 받을 경우, 상사나 내부 부서에 보고해야 하는 경우가 있으므로 값비싼 선물을 준비하지 않는 것이 좋다. 대부분의 독일인들은 비싸지 않은 이국적인 선물을 선호하며 태극무늬가 들어간 부채, 전통 도자기 등을 좋아한다. 꽃 선물을 할 때는 홀수 송이로 선물하되, 13송이는 13일의 금요일처럼 불길하게 여기므로 피하는 것이 좋다. 흰색, 검은색, 갈색 포장지와 리본은 불길한 색상으로 여기므로 피하는 것이 좋다.

프랑스

공무원인 경우 100유로 이상의 선물은 상부에 보고 대상이 될 수 있으므로 사전에 내부 규정을 확인하는 것이 좋다. 빨간 장미는 구애의 뜻으로, 통상적으로 연인 사이에서만 주고받으며, 카네이션은 장례식용으로 사용되므로 피하는 것이 좋다. 선물은 꽃이나 초콜릿이 좋다. 비싸지 않은 이국적인 선물을 선호한다. 음식, 향수, 와인은 개인의 취향이므로 선물하지 않는다. 특히 향수와 와인은 프랑스가 주 생산국이기 때문에 선물용으로는 피하는 것이 좋다. 기업 로고가 새겨진 선물을 받는 것을 선호하지 않는다. 선물은 가급적 사람들이 보는 앞에서 개봉하는 것이 예의이며 선물은 방문의 마지막 단계에 주는 것이 무난하다.

이탈리아

이탈리아인들은 실용적이고 의미가 있는 것을 선호하므로 비즈니스 첫 만남에서 고가의 선물은 피하는 것이 좋다. 한국 음식, 공예품 등 한국의 지역 특산물이나 한국산 아이디어 상품 등의 선물을 좋아한다. 기업 로고가 새겨진 선물을 받는 것을 선호하지 않는다.

스페인

스페인에서는 비즈니스와 관련하여 미팅 시에 일반적으로 선물을 주고받지 않는다. 그러나 비즈니스 관계가 깊어진 후 비즈니스 파트너의 자택이나 별장 등으로 초대를 받은 경우라면 반드시 선물을 준비하는 것이 좋으며 20유로 미만의 와인이나 사탕, 꽃 등을 선물하는 것이 무난하다. 기업 로고가 새겨진 선물을 받는 것을 선호하지 않는다.

러시아

러시아인들에게 선물을 할 때에는 한국적 특성이 녹아 있는 기념품, 공예품 등이 좋다. 선호하는 선물은 향수, 라이터, 계산기, 지갑, 카메라 등이며, 금기하는 선물은 불운을 상징하는 짝수의 선물이다. 꽃을 선물할 때에는 홀수로 해야 하며, 노란색, 흰색 꽃은 장례식에서 사용하기 때문에 선물하지 않는다.

포르투갈

일반적으로 기관을 방문할 때에는 선물을 준비하는 것이 좋으며, 선물은 현장에서 열어보는 것이 관례이다. 간혹 방문하는 기관에서 답례품을 준비하는 경우도 있다.

오스트리아

첫 만남 시에는 간단한 선물을 준비하고 비즈니스 성사 시에는 큰 선물을 해도 좋다. 간단한 선물로는 열쇠고리, 실크 넥타이, 머플러가 적당하고, 큰 선물로는 수공예제품도 좋으며 특히 도자기 제품은 매우 큰 선물로 여긴다. 인삼주를 제외한 인삼 관련 제품은 피하는 것이 좋다.

3) 중동 & 아프리카 지역

터키

비즈니스 첫 미팅에서는 부담이 되지 않는 회사 기념품 정도를 준비하는 것이 좋고, USB 메모리, 휴대폰 액세서리 제품을 선호하는 경향이 있다.

이집트

이집트인은 선물을 매우 좋아하는 편이기 때문에 선물을 통해 상대방의 호감을 얻어내는 것도 좋다. 그러나 여성에게만 따로 선물하는 것은 오해의 소지가 있으므로 주의할 필요가 있다. 보석이나 시계 등 화려한 것을 좋아하는 경향이 있으나 첫 만남부터 고가 제품일 경우 부담스럽게 느낄 수 있기 때문에 처음에는 가벼운 선물을 하는 것이 좋다.

사우디아라비아

중동지역에서는 선물하는 문화가 거의 없는 편이며, 고가의 선물은 뇌물로 여겨 이슬람에서는 금기시되고 있기 때문에 첫 방문부터 고가의 선물을 하는 것은 좋지 않다. 추후 친분을 쌓고 특별한 기회가 될 때 작은 선물을 주는 것이 바람직하다.

사우디인들은 비즈니스와 개인적인 친분을 별개로 간주하는 편이므로 선물로 인해 거래관계에 큰 변화를 주기 어렵다는 점을 알아두는 것이 좋다. 그러나 때때로 주는 사람의 성의와 정성이 담긴 자그마한 선물 하나가 효과를 발휘하는 경우도 있다. 선물로는 인삼제품(인삼차, 인삼절편, 인삼농축액 등), 한국 전통문양이 들어간 수공예품 등이 적당하다. 현지 바이어의 부인이나 자녀들에게는 선물을 삼가는 것이 좋다. 애완동물은 격이 낮은 선물로 평가하고, 손수건은 이별, 눈물을 상징하므로 피하는 것이 좋다. 이슬람교에서 금기시하는 돼지가죽 제품이나 주류, 향수를 피해서 준비한다.

아랍에미리트

선물을 줄 때에는 인삼제품과 우리나라 전통 공예품 등이 적당하며 한국 전통음식의 경우, 알코올, 돼지고기 성분이 있는지 확인되지 않는 음식은 준비하지 않는 것이 좋다. 아랍에미리트에서 향수의 사용은 사회적 지위를 나타내기 때문에 중요하게 여겨지나 남성이 여성에게 향수를 선물하는 경우, 일종의 모독으로 간주될 수 있으며, 남자답지 못한 물건으로 간주되는 보석과 실크의상은 선물하지 않는 것이 좋다.

아랍에미리트를 포함한 이슬람 국가에서 선호하는 선물은 나침반이다. 하루 5번 메카를 향해 기도하는 의식을 해외에서도 치르기 때문에 나침반을 선물로 주면서 선물의 의미를 이야기하면 좋아한다.

4) 아시아 지역

일본

일본인들은 선물 시에도 세심한 배려를 통해 선물을 선정하므로, 선물 시에는 이러한 배려를 보여주는 것이 좋다. 한 해의 절반을 보내고 지인들에게 감사와 안부를 전하기 위해 6~7월에 선물하는 관습이 있으니 알아두는 것이 좋다.

2009년 아소 전 총리가 미국 오바마 전 대통령에게 준 선물은 세심함에 전통까지 더해진 것이었다. 일본 후쿠이시 유명 장인의 젓가락 세트를 선물했는데 오바마 가족 전원에게 각자의 이름을 젓가락에 하나하나 새겨서 전달하였다. 일본의 젓가락 문화, 스시 문화를 담으면서도 가족의 이름을 새겨주는 방식을 통해 '가족에 대한 사랑'을 주요 가치로 삼는 미국 문화도 고려한 선물이었다.

아베 일본 총리는 백악관에서 취임 후 첫 정상회담을 가졌을 때 미국 오바마 전 대통령에게 일본산 혼마 골프 퍼터를 선물했다. 이것은 라인 킵슨 선수가 세계 최초로 55점이라는 가장 낮은 스코어를 기록하며 대회에서 우승할 때 썼던 골프채로 일명 아베 골프채로 불리는 것이었다. 골프광인 오바마에 대한 세심한 배려의 선물이었다.

일본인과의 선물 교환에서 주의할 점은 일본인들은 사소한 친절에도 물질로 답례하고 물질적인 선물을 받았을 때에는 나중에 답례하는 것은 물론이고 선물을 받는 자리에서도 세심한 언어로 감사인사를 전한다. 따라서 작은 선물이라도 우선적으로 주고받는 것이 좋다.

흰색은 죽음을 상징하기 때문에 흰 종이로 포장하는 것은 금기시되고 있다. 우리나라와 마찬가지로 흰 꽃 특히 국화를 선물하는 것은 피해야 한다. 홀수보다는 짝수로 선물하는 것이 좋다. 짝수로 선물하는 것이 행운을 불러온다는 속설 때문이다. 또한 '괴롭게 죽는다'는 의미가 있는 빗(くし)은 절대 보내면 안 되는 금기물품이다.

병문안 갈 때 화분은 절대 선물하지 않는데 이유는 뿌리내린다는 뜻의 '네즈쿠(ねづく)'와 화분의 발음이 비슷해서 오랜 기간 입원하라는 뜻으로 잘못 비칠 수 있기 때문이다.

결혼하는 사람에게는 가급적이면 유리잔 등을 선물하지 않는 게 좋다. 유리는 잘

깨지고 쉽게 부서지는 물건이라서 '결혼이 깨지다'라는 뜻으로 해석될 수 있기 때문이다.

윗사람에게 선물할 경우 구두, 양말, 슬리퍼 등을 선물하는 것은 '짓밟는다'는 의미가 있으니 특별한 경우가 아니면 선물하지 않는다. 그간의 친분을 단절하는 의미나 인연을 끊겠다는 의미로 해석되는 칼도 좋지 않다. 그러나 칼 같은 경우 예외적인 경우에는 허용되기도 한다. 대표적으로 중국혁명의 지도자였던 쑨원이 1918년부터 1924년까지 머물렀던 쑨중산구쥐에 일본 친구에게서 선물받은 칼이 걸려 있는 것을 보면 그 당시 특별한 관계나 의미가 있을 경우에는 예외였던 것을 알 수 있다.

선물은 양날의 칼과 같다. 상대의 관심사를 정확하게 파악한 후 적절한 시점에 자연스러운 방법으로 전달하면 상대의 감성을 사로잡을 수 있다. 그러나 부적절한 타이밍에 목적이 드러나 보이는 지나친 선물은 오히려 부담과 의심을 불러일으킬 수 있다. OECD 뇌물방지협약에 따라 미국과 영국을 위시해 각 비준국들의 해외부패방지법 적용이 최근 들어 크게 강화되고 있다. 지난해 나이지리아 액화천연가스(LNG) 개발과정에서 나이지리아 정부 관료와 국영 석유공사 간부에게 뇌물을 준 일본의 대형 플랜트엔지니어링 회사인 JGC는 미국 해외부패방지법(FCPA)에 적발됐다. 이 때문에 최근 일본 기업 내에서도 선물을 주고받는 행위에 각별히 관심을 기울이고 있다. 따라서 일본 기업, 일본인과 비즈니스를 진행할 때에는 이러한 분위기를 파악한 상황에서 사회적 관행을 중시하는 섬세하고 세심한 선물문화에 맞는 선물을 고르고 주고받을 필요가 있다.

일본인들은 쌍으로 된 물건은 행운을 가져다준다고 믿어 쌍으로 된 물건의 선물을 선호하므로, 건어물 종류의 식품과 도자기, 김치, 김 등을 선물하면 좋다.

한류의 영향으로 한국 CD나 DVD 등도 좋은 선물이 된다. 그러나 모든 사람들이 한국 음악과 영화, 배우 등에 열광하는 것은 아니기 때문에 주의를 기울여야 한다. 그 밖에도 인삼 관련된 제품이나 김치, 깻잎, 라면 등도 가격적으로 큰 부담이 없으면서도 환영받는 아이템이다. 선물의 가격보다 포장에 더 중점을 둔다. '포장은 마음을 전하는 남다른 것'이라고 의미를 부여하기 때문이다. 고위 인사끼리 선물을 주고받을 때도 비싼 물건 대신 소박한 기념품을 나누되 포장만큼은 정성을 다해 최고의 아름다움을 추구하는 편이다.

> 일본에서는 친분 있는 사람들에게 여행이나 출장 후 주는 기념품이나 자택이나 거래처를 방문할 때 그 지방의 특산물(차, 과자, 술 등)을 사주는 선물을 오미야게(お土産)라 하고, 명절, 결혼식이나 장례식이 끝난 후에 건네는 선물(생활용품, 음식물, 도자기, 양주 등)을 오쿠리모노(贈り物)라고 한다. 장례식 때에는 우리나라와 비슷하게 잘 장식된 봉투에 조의금을 준비한다. 그러면 유족들은 일본의 전통예법에 따라 받은 액수의 30~50%를 다시 돌려줘 답례하는 것이 일반적이다.

중국

선물을 받은 경우, 그 자리에서 선물포장을 뜯는 것은 예의가 아니다.

중국인들에게 선물할 때에는 차와 술 종류가 좋고, 짝수를 길하게 여기기 때문에 선물은 가능하면 짝수로 준비하며, 포장지는 행운을 의미하는 붉은색을 활용한다. 선물 아이템으로 술, 담배, 라이터, 칼을 선호한다.

중국에서 부정적인 의미를 내포하는 물건들은 구별하여 선물하지 않도록 주의해야 한다. 금기하는 선물은 죽음과 관련된 물건인 황새, 두루미, 흰색, 검은색, 파란색이 들어간 물건이나 짚신, 이별을 상징하는 과일인 배, 단명을 의미하고 장례식에서 사용하는 꽃, 눈물·이별의 상징인 손수건은 피하는 것이 좋다. 발음이 욕과 비슷한 거북이, 이별과 비슷한 발음의 우산은 선물하지 않는 것이 좋으며 저녁식사에 초대받았을 경우 먹을 것을 선물로 가져가지 않는다. 탁상시계 및 종(鍾)이 달린 괘종시계는 피하는 것이 좋다. 시계를 의미하는 '종(鐘)'과 종말을 뜻하는 '종(終)'의 발음이 같아 중국에서 시계는 부정적인 선물이라는 인식이 있다. 실제로 미국 텍사스 주지사가 대만 총통에게 시계를 건넸다가 큰 비난을 받은 사례가 있었으며, 회사 판촉물로 제작한 탁상시계를 중국 바이어에게 선물했다가 계약이 파기된 경우도 있다.

홍콩

선물은 짝수로 해야 하고, 과일이 가장 무난하다. 특히 '길(吉)'과 발음이 같은 귤이 인기가 많다. 시계는 가급적 선물하지 않는다.

태국

공무원들의 경우 3,000밧(약 10만 원) 이상의 선물을 받지 못하게 규정되어 있으므로 주의해야 한다. 간단한 디저트 종류와 IT용품을 선호하는 편이고, 인삼이나 홍삼 관련 제품은 익숙하지 않아 선호하는 편은 아니다. 또한 검은색을 선호하지 않는 경향이 있으므로 선물 시 검은색은 되도록 피하는 것이 좋다.

인도

선물을 받자마자 열어보는 것은 예의가 아니다. 인도인들은 하루 5번씩 메카를 향해 기도하는 의식을 치르기 때문에 이에 도움이 되는 나침반은 배려심 있는 좋은 선물로 여기며, 금기시하는 선물은 힌두교의 영향으로 소를 숭배하기 때문에 소가죽 제품과 장례식에 사용하는 재스민꽃은 피하는 것이 좋다. 포장은 흰색, 검은색은 피하고 녹색, 빨간색, 노란색을 선택하는 것이 좋다.

싱가포르

뇌물 수수에 대해 엄격한 법률이 시행되고 있는 국가로, 공무원들은 선물받는 것 자체가 금기시되고 있다. 선물도 아주 친하지 않은 이상 잘 하지 않는다.

상대의 체면을 고려하여 상대 앞에서 선물을 직접 풀지 않는 것이 예의라고 여긴다. 금기시하는 선물은 중국계의 경우는 가위, 칼, 시계, 손수건, 꽃 등이고, 말레이계의 경우는 술, 남성이 여성에게 선물할 경우 오해를 살 수 있으니 주의해야 한다. 인도계의 경우 자택에 초대받았을 때에는 반드시 선물을 준비하며 포장지는 밝은 원색계열로 하는 것이 좋다.

필리핀

선물을 받은 경우 다른 사람 앞에서 열어보지 않는 것이 좋다. 두터운 유대관계가 형성되기 전에 고가의 선물을 주는 것은 거래에 악영향을 줄 수 있으므로 주의한다. 한국 인삼에 대한 인식이 상당히 좋은 편이므로 인삼 또는 한국의 전통차를 선물하는 것이 좋다.

말레이시아

선물을 준비할 때도 사전에 상대방의 종교를 파악하는 것이 좋다. 이슬람에서는 교리상 사람이나 사물의 형체를 본떠서 만든 물건을 거부하므로 유의해야 하고, 강아지를 부정한 것으로 생각하기 때문에 장난감 강아지나 개 그림이 들어간 것은 선물하지 않는다. 종교적 계율과 관련해서 술은 물론, 알코올이 첨가된 향수, 음식도 선물하지 않는다. 청색, 백색은 죽음을 의미하므로 피하는 것이 좋다.

인도네시아

인도네시아인들은 선물을 주고받는 것을 좋아하는 문화이므로, 첫 만남에 선물을 준비하는 것도 좋다. 인삼에 대한 인식이 좋은 편이므로 인삼차와 인삼관련 제품을 준비하는 것도 좋다. 우산을 선물하면 '다시는 보고 싶지 않다'라는 의미이므로 주의한다.

베트남

베트남 사람들도 오가는 정을 중요하게 여긴다. 정성 담긴 작은 기념품 정도의 선물은 비즈니스에 활력을 줄 수 있다. 남부지방 사람들은 실용적인 제품을 선호하고, 정부부처가 있는 북부지방 사람들은 브랜드가 있는 제품을 선호하는 편이다.

베트남인에게 초대받는 경우에는 과일이나 인삼차, 홍삼, 수삼 등이 선물로 무난하다.

음력으로 매월 첫날에 라이터, 성냥 등 불과 관련된 선물은 하지 않는다. 받는 사람은 따뜻한 복을 받아 좋다고도 느낄 수 있으나 주는 사람은 복을 남에게 주는 것을 의미하기 때문에 상대방이 의아하게 생각할 수 있다. 다른 문화권과 마찬가지로 칼, 가위, 손톱깎이 등 날카로운 것은 선물로 적합하지 않다. 관계 단절을 의미하기 때문이다. 수건은 헤어지는 것을 연상시키므로 역시나 피해야 한다. 검은색은 불행과 연관되므로 역시 선물로 적합하지 않다. 베트남인들은 숫자 3과 5, 액운의 상징으로 간주하는 13을 싫어하기 때문에 이 3, 5, 13과 연관된 선물은 피하는 것이 좋다.

CHAPTER

11

파인다이닝

CHAPTER 11

파인다이닝

의·료·법·률·비·서·실·무

1. 국내 파인다이닝의 역사

파인다이닝(fine-dining)은 고급 식당을 의미한다. 서울 웨스틴 조선호텔 1층에 자리한 '나인스 게이트 그릴'은 우리나라 최초의 서양식 파인다이닝인 '팜코트'의 후신이다. 팜코트는 1924년 조선호텔이 4층 건물일 때 문을 연 한국 최초의 프렌치 레스토랑이다. 파인다이닝의 많은 변화는 팜코트로부터 시작되었다. 국내 최초로 선보인 프라임 립은 손수레에 실어 테이블 바로 옆에서 고객이 원하는 크기로 잘라서 제공됐는데, 육질을 높이기 위해 소에게 맥주를 먹이고 전문 안마사가 마사지하기도 했다고 한다. 또한 에그 베네딕트, 시저 샐러드, 타르타르 스테이크, 달팽이 요리, 플랑베(flambé : 고기, 생선, 과자에 브랜디를 붓고 불을 붙여 조리는 요리)도 이곳에서 처음으로 선보였다. 이후 팜코트는 1970년 들어 조선시대 서울 도성의 사방에 세운 네 개의 大門(사대문)과 네 개의 小門(사소문) 이외에 서울의 아홉 번째 문이라는 뜻의 '나인스 게이트'로, 2011년에 다시 '나인스 게이트 그릴'로 상호명을 변경하였다.

2. 좌석 매너

(1) 호스트

좌석 배열은 다이닝 준비사항 중 가장 세심한 주의를 기울여야 하는 부분으로 참석자의 인원, 부부동반 여부, 주빈 유무, 장소의 규모 등 여러 가지 요소를 고려하여 결정하는 것이 좋다. 주빈(Guest of Honor)이 입구에서 먼 쪽에 앉고, 좋은 전망(창문)이 있을 경우, 전망이 바로 보이는 좌석에 주빈이 앉도록 배치한다. 이는 중세시대에서 비롯된 것으로 '적의 갑작스러운 공격'을 피하기 위한 것이다. 입구 가까운 곳에서 문을 등지고 앉으면 공격에 재빨리 대응할 수 없기 때문이다. 그러나 최근에는 대체로 전망 위주로 상석을 정하는 추세다. 문을 마주보는 안쪽 자리와, 창밖이 내다보이는 입구 쪽 자리가 있다면 전망 좋은 자리 쪽이 우선되기도 한다. 직책을 가지고 참석하는 여성을 제외하고 여성이 테이블 끝에 앉지 않도록 한다. 주빈이 Host보다 상위인 경우 주빈과 주빈부인을 상석에 마주보게 앉도록 하고 Host와 Hostess를 각각 그 옆자리에 배치한다.

1) Stag Party

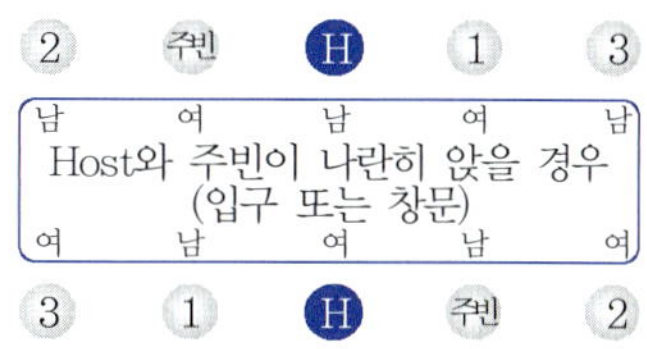

2) Couple Party

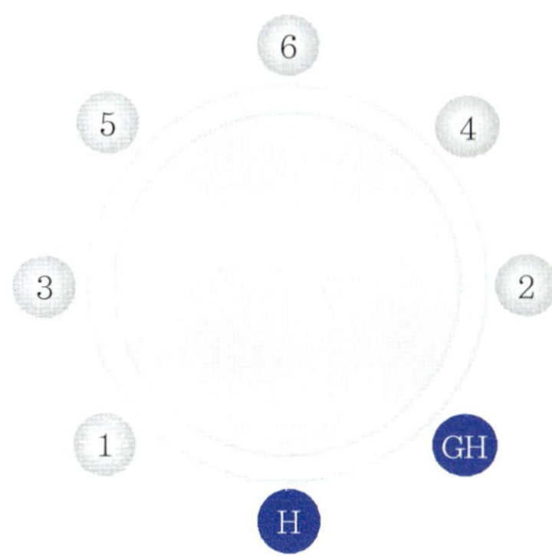

(2) 게스트

좌석 배열은 다이닝룸 근처에 지정된 배열표에서 확인하거나 테이블 위에 이름이 쓰인 카드로 확인한다. 좌석을 찾기 어렵다면 호스티스의 안내를 기다리면 된다. 좌석 배열은 행사의 성격과 행사장의 상황에 따라 다르지만, 석차(席次)가 있으므로 반드시 정해진 자리에 앉아야 하며, 다른 사람의 자리에 앉아 서로를 민망하게 만드는 실수는 하지 말아야 한다. 좌석 배치의 안내는 호스티스의 역할이며 호스트는 상석에 앉는다. 일반적으로 입구 쪽에서 먼 자리가 상석이 되고, 호스트의 오른편에는 주빈의 와이프, 왼편에는 두 번째 주빈의 부인이 자리한다. 그리고 호스티스의 오른편에는 주빈이, 두 번째 주빈은 호스티스의 왼편에 자리한다. 좌석 배열은 때로 유동적이기도 하지만, 남녀가 어긋나게 앉는 것이 원칙이다.

3. 대화 매너

식사시간에 나누는 대화도 매우 중요하다. 가급적 상대를 언짢게 할 만한 화제는 피해야 한다. 특히 정치, 종교, 나이, 자국의 문화와 상대방 문화를 비교하는 주제는 삼가는 게 좋다. 이 화제들은 논쟁으로 옮겨붙기 쉽기 때문이다. 미국인과 달리 대다수 유럽인과 아시아인들은 가족에 관한 얘기도 반기지 않는 편이다. 식사하는 것은 함께 자리를 즐기기 위함이지 토론의 장을 만들어서는 안 된다. 본인의 양옆에 앉은 사람들과 대화할 때는 특정인에게 너무 시간을 할애해서는 안 된다. 처음 본 사람과 대화하는 것이 쉬운 것은 아니지만, 모든 사람이 대화에 참여하기 위해서 때로는 필요한 과정이다. 옆 사람 너머로 멀리 있는 사람과 큰 소리로 이야기하는 행동, 혼자서만 대화를 독점하는 것, 반대로 침묵만을 지키는 것도 실례이다.

식사 중에는 큰 소리를 내지 않고 조용한 톤으로 이야기하도록 한다. 그렇다고 속삭이라는 뜻은 아니다. 식사하는 것은 자리를 즐기기 위함이며, 대화는 그 시간의 핵심적인 요소이다. 다른 사람들과 말하는 것에 자신이 없다면 상대방에게 질문하고 이야기하도록 유도하는 것도 방법이다. 그렇게 상대방의 이야기를 들으면 이야기를 잘 들어주는 배려심 좋은 사람으로 여겨질 수 있는 장점이 있다. 하지만 너무 개인적인 질문은 삼가도록 한다.

(1) 열린 화법

듣기를 잘하기 위해서는 효과적인 질문을 던지는 방법을 알아야 한다. 질문방법에는 크게 두 가지 유형이 있다. 하나는 상대가 '예, 아니요'로 대답할 수 있는 '닫힌 질문'의 방식이고, 또 다른 하나는 긍정(예)이나 부정(아니요)만으로 대답할 수 없는 '열린 질문'이다. 상대의 이야기를 많이 듣기 위해서는 닫힌 질문보다는 열린 질문이 더 효과적이다.

(2) YB 화법

상대의 의견에 일부 반대되는 의견을 가지게 될 때가 있는데 이때 상대와의 관계를 해치지 않는 상태에서 자신의 의견을 효과적으로 전달하는 방법이 바로 'YB 화법', 즉 'Yes, but 화법'이다. "아니요. 그리고 No, and"로 답변을 시작하기보다는, "네 Yes."라고 대답하여 먼저 상대의 의견에 공감을 표한 뒤 "그러나 But"으로 시작하는 반박 혹은 거절의 말을 던지는 것이다. "당신의 말씀도 일리가 있지만, 제 의견은~" 같은 방식으로 답변을 풀어가는 것이 좋다.

4. 추천 파인다이닝 레스토랑

구분	상호	주요 메뉴	추천사유	연락처
Korean	품서울	채끝등심숯불구이 등 코스요리	조선시대 양반 음식을 현대식으로 풀어낸 1세대 모던한식 레스토랑	02-777-9007
	우엑스 WX	트러플 버터를 올린 안심과 수비드한 전복, 가츠샌드, 매운 양념갈비	웨스턴 스타일의 오마카세 한우	–
	밍글스	된장 소스를 입힌 숯불 양갈비, 제철 코스요리	'2016년 레스토랑 TOP 50'에서 1위로 선정된 뉴 코리안 파인다이닝으로 한국의 전통장과 발효초를 활용한 독특한 메뉴가 많다.	02-515-7306
	필경재	도미구이 등 코스요리	1987년 문화관광부에 의해 전통건조물 제1호로 지정된 정통궁중요리 전문점	02-445-2115
	정식당	옥돔, 은대구찜 등 코스요리	Michelin 1스타. 2015년 '아시아 베스트 레스토랑 10'에 선정된 뉴 코리안이라는 새로운 콘셉트의 레스토랑	02-517-4654

구분	상호	주요 메뉴	추천사유	연락처
Chinese	팔선	북경오리, 불도장	고급스러운 식재료	02-2230-3366
	몽중헌	새우망고소스, 전가복, 딤섬 등	중국 특유의 멋과 색채가 세련되고 우아하게 표현된 매력적인 공간이다. 딤섬 전용 오픈 키친을 운영하여 수준 높은 정통 딤섬요리를 즐길 수 있다.	02-3446-7887
	홍연	광둥식 요리 전문점	무겁지 않은 해산물, 두부, 채소 요리가 일품이며 매일 저녁 선보이는 라이브 뮤직도 즐거운 식사 환경을 제공한다.	02-317-0494
	더 라운드	북경오리, 상어 지느러미찜 등	JS가든을 만든 김정석 셰프가 새로 오픈한 중식당	02-545-4448
	유유안	전용 화덕에서 구워낸 베이징덕 광둥식 요리	오픈 1년 만에 미슐랭 1스타 획득	02-6388-5500
Japanese	키오쿠	가이세키 정찬, 교토식 요리	기존의 일식당에서는 찾을 수 없는 독특한 복층구조, 12층 스시 카운터에서는 스시 셰프들이 오직 한 사람만을 위한 오마카세 코스를 제공	02-6388-5500
	코지마	주도로, 고하다, 상사리(참돔), 메히카리 구이	미슐랭 2스타 박경재 셰프	02-2056-1291
	스시조	복어샐러드, 옥돔 무느에르 등	세계적인 레스토랑 가이드북 '자갓(ZAGAT)' 한국판에서 맛 부분으로 최고의 레스토랑으로 인정받은 레스토랑	02-317-0373
	스시선수	오마카세	신라호텔의 일식 전문점 아리아케에서 쌓은 17년의 경력과 스시초희의 초창기를 거친 최지훈 셰프가 운영하는 공간	02-514-0812
	스시 타츠	탄에비, 우니, 사바	다양한 식재료와 우수한 퀄리티 제공	02-514-3336
French	다이닝 인 스페이스	푸아그라, 바닷가재	숲과 우리의 옛 건물들이 내려다보이는 아름다운 공간	02-747-8105
	쁘띠푸르	민트소스의 어린 양갈비, 토마토 속을 채운 쿠스쿠스와 채소	국내 프렌치 셰프의 1세대인 박민재 셰프 운영	02-549-3800
	수마린	Foie Gras Terrine, Duck Breast	플레이팅하는 모습을 반사 유리를 통해 볼 수 있는 오픈 키친	02-790-0814
	비스트로 드 욘트빌	프렌치 레스토랑 코스요리 제공	편안하고 아늑한 분위기, 인테리어가 프랑스에 있는 듯한 느낌을 준다.	02-541-1550
	제로 콤플렉스	한우 치마살, 갑오징어	계절과 식재료에 따라 바뀌는 세트 메뉴만 선택이 가능	02-532-0876

구분	상호	주요 메뉴	추천사유	연락처
Italian	테이블 포포	태안 갯벌 참굴과 담치, 양갈비	미슐랭 1스타	02-3478-0717
	몽고네	폰티나 치즈를 곁들인 납작 감자로 만든 뇨끼, 참돔으로 속을 채운 라비올리	퀄리티 좋은 이태리 와인들과 함께, 맛있는 요리들을 편안하게 즐길 수 있는 곳	02-540-0680
	리스토란테 에오	자연산 광어구이, 푸아그라 오븐구이	밀라노에서 요리 경력을 쌓고 돌아온 어윤권 셰프 운영	02-3445-1926
	라모라	양갈비커틀렛, 농어	줄라이 출신 안인호 소믈리에 겸 지배인과 성북동 알렉산더맨션 출신 셰프가 함께 오픈한 곳	02-595-3997
	볼피노	Uni pasta with bottarga, Chicken cacciatore	해방촌 쿠촐로, 한남동 마렘마에 이은 김지운 셰프 운영	010-2249-1571

CHAPTER

12

테이블 매너의 이해

CHAPTER 12

테이블 매너의 이해

의·료·법·률·비·서·실·무

1. 테이블 매너의 역사

최근 들어 양식당이라는 말 대신 프렌치 레스토랑, 이탈리안 레스토랑, 아메리칸 레스토랑, 컨템포러리 등 장르가 명확하게 구분되고 있다. 최근에는 좀 더 나아가 파인다이닝이라는 말이 도입되면서 테이블에서의 예절에 대해 좀 더 중요시하고 있다. 문화라는 것은 시대의 흐름에 따라 생성, 발전, 소멸하는 것이 원칙이다. 가스트로노미 혹은 파인다이닝의 생성과정을 살펴보면 현재의 파인다이닝 위치에 대해 잘 이해할 수 있으며, 테이블 매너에 대한 근원을 알 수 있을 것이다.

가스트로노미의 기원은 궁정이나 귀족 문화에서 시작된 것이기 때문에 예전의 테이블 예절은 현대에 이르러서는 그대로 적용하기 어려운 부분도 있다. 예절도 시대에 따라 변하기 때문이다.

(1) 가스트로노미의 시작

르네상스 이후 미식의 역사는 인간이 불을 사용하여 요리라는 것을 하기 시작했을 때부터 그 기원이 시작되었겠지만, 현대적인 의미에서의 미식은 르네상스 이후 프랑스에서 시작된 것으로 본다. 테이블 매너는 15세기 피렌체 최고의 금융가문인 메디치 가문에서 시작되었으며, 르네상스의 가장 큰 후원자였던 피렌체 메디치 가문의 딸 카트린 드 메디치가 프랑스 왕과 결혼하면서 발달된 문명의 피렌체 식문화가 결혼을 매개로 프랑스로 전달되기 시작한 것이다.

기록에 따르면 이때 프랑스는 포크와 유리 그릇 등을 사용하게 되었다고 한다. 그 전에는 테이블 위 접시에 음식을 잔뜩 쌓아올려 손으로 집어먹었다고 한다. 즉 이때 서야 비로소 식탁 매너(manire)라는 말이 시작되었다는 것이다. 이때의 테이블 매너 중 하나는 스테이크 혹은 생선 요리를 먹을 때 나이프를 포크 아래 위치에서 사용하였는데, 이유는 나이프를 포크 위로 사용하면 복부에 칼로 위협을 가할 수 있었기 때문이다. 현재까지 이 예법을 사용하는 귀족 가문들도 있다.

(2) 테이블 매너의 완성

서양에서 테이블 매너가 완성된 것은 19세기 영국의 빅토리아 여왕(Victoria, 1819~1901, 1837 즉위~1901 사망까지 영국 여왕으로 64년간 집정) 때이다. 이때에는 빅토리아 시대라고도 불릴 만큼 대영제국(大英帝國) 최고의 전성기였으며 "해가 지지 않는 나라"라고도 하였다. 역사상 형식을 가장 중요시하고 도덕성을 까다롭게 논하던 시대로 빅토리아 여왕은 신하들에게 상류사회의 식사 예법을 문서화·규범화하여 테이블 매너와 에티켓을 정립하도록 지시하였다고 전해진다. 포크를 왼손으로 사용하는 예법이 정해진 것도 빅토리아 여왕으로부터 지시를 받은 신하들이 식사예법을 정하는 과정에서 갑론을박하던 중 여왕이 포크를 왼손으로 사용하는 것을 보고 왼손으로 결정하였다는 이야기가 전해진다. 빅토리아 여왕 부친의 집안은 기사도(騎士道) 정신이 투철하여 식사 중 적이 쳐들어와도 오른손으로 바로 칼(劍)을 뽑아 싸울 수 있도록 어렸을 때부터 왼손으로 식사하도록 교육을 받았다고 한다. 그러한 연유로 포크는 왼손으로 사용하게 되었다고 하며 19세기 이전에는 테이블 세팅도 포크와 나이프는 모두 중앙접시(Main Plate 또는 Service Plate) 오른쪽에 세팅되었는데 빅토리아 여왕 시대 이후 중앙접시를 기준으로 오른쪽에는 나이프, 왼쪽에는 포크를 놓게 되었다고 한다.

즉 테이블 매너의 시작은 15세기 피렌체 최고의 금융가문인 메디치 가문에서 시작되었으며, 테이블 매너의 완성은 19세기 영국 빅토리아 여왕 시절에 식사예법의 절차와 매너가 완성되어 오늘날까지 이어지게 된 것이다.

2. 테이블 기본 매너

외국에서는 특히 테이블 매너를 중요시한다. 좋은 옷과 구두는 돈만 있으면 누구든 살 수 있지만 어릴 때부터 몸에 밴 습관은 쉽게 고쳐지지 않기 때문에 그 사람이 진짜 '귀족'인지 아닌지를 보려면 식사를 함께 해보란 말이 있을 정도다.

비즈니스의 성패는 인간관계의 구축에 있다. 동서양을 막론하고 비즈니스 미팅은 대체로 식사로 이어진다. 특히 업무상 중요한 사람과 함께하는 식사에서는 기업의 존망을 좌우하는 결정적인 대화가 종종 오간다. 때문에 비즈니스의 경중에 따라 식사 시간대를 고려해야 한다. 서유럽과 중남미에서 점심시간은 보통 2시간을 넘긴다. 상대방과 음식 먹는 속도를 맞춰주는 것 같은 사소한 배려는 성공적 비즈니스를 견인하는 중요한 요소이기도 하다. 미식가로 유명한 프랑스의 법관 앙텔므 브리야사바랭은 "당신이 어떤 음식을 먹는지 말해주면, 난 당신이 어떤 사람인지 말해주겠다"고 했다. 어떤 음식을 어떻게 먹는다는 것이 그 사람의 품위와 관련이 있다는 것을 강조한 것이다.

고급 레스토랑을 이용할 때는 정장을 입는 것이 예의다. 최근에는 드레스코드가 어긋날 경우 출입이 제한되는 고급 식당들도 상당히 있다. 화려한 색상의 타이와 포켓스퀘어를 해도 좋다. 분홍색이나 자주색의 핀 스트라이프 수트에 같은 빛깔의 포켓스퀘어를 하면 매우 세련된 인상을 준다. 어두운 빛깔의 무늬 없는 수트에 공단 소재의 타이를 하는 것도 고급스럽다. 흰색의 리넨 포켓스퀘어도 멋스럽고, 보석의 커프링크스도 좋다.

식사 전 예약은 필수다. 손님을 기다리게 하거나 좋지 않은 자리를 잡는 것은 식사의 격을 떨어뜨릴 수 있기 때문이다. 약속시간보다 먼저 식사 장소에 도착하는 것이 예의다. 시간만큼 개개인이 주관적으로 인식하고 적용하는 것도 없다. 유럽에서는 15분쯤 늦는 것은 이해해 주는 편이다. 하지만 같은 유럽이라도 독일과 스위스에서는 지각하면 치명적이다. 상대방의 시간을 존중하는 것이 상대를 존중하는 것임을 기억해야 한다.

레스토랑에 들어서면 겉옷, 모자, 가방 등의 소지품을 휴대품보관소(Cloakroom)에 맡긴다. 외투를 자신의 의자에 걸어두는 것은 매너에 어긋난다. 정식 만찬이라도 남자는 모자를 실내에서 벗어야 한다. 레스토랑에 비즈니스 상대보다 일찍 도착해 짐을 맡기고, 화장실에서 손을 씻고, 예약된 좌석에 앉는다. 자리에 따라 상석을 구분해 적절한 자리에 손님이 앉도록 배려한다. 수트의 재킷은 주빈이 먼저 벗거나 상사가 벗기 전에는 벗지 말아야 한다. 주빈이 권하는 경우 말고는 식사할 때 상의를 벗어서는 안 된다. 특히 여자 손님과의 식사에서는 되도록 상의를 입은 채 식사하는 것이 맞다. 굳이 벗어야 한다면 상대에게 정중하게 물어보는 것이 좋다.

식사 시간에 사업상 중요한 이야기가 오갈 때는 사전에 지배인에게 언질을 주어 방해하는 사람이 없도록 조치해 둔다.

가장 편하고 무대가 잘 보이는 좌석은 호스트 또는 호스티스의 자리다. 정확한 자리를 잘 모르는 경우, 식당 종업원이 의자를 가장 먼저 반쯤 빼주는 곳이 곧 상석(上席)이다. 호스트의 우측엔 여자 주빈(主賓)이, 호스티스의 우측엔 남자 주빈이 보통 앉는다. 남자보다 여자가 먼저 앉는 것이 예의이고, 종업원이 없을 땐 남자가 여자의 의자를 뒤로 빼줘야 한다. 의자에 앉을 땐 왼쪽으로 들어가서 앉으며, 여성의 경우 핸드백을 테이블 위에 올려놓지 않는다. 지갑, 서류가방, 안경, 모자, 장갑 등도 마찬가지다.

자리에 앉을 때 남성은 본인 좌석의 의자 뒤에 서 있다가 자리 오른쪽 좌석의 자신의 파트너가 앉도록 의자를 뒤로 빼서 도와주고, 모든 여성 게스트가 다 앉은 다음에 착석한다. 앉을 때는 바른자세로 앉되 다리를 꼬거나 떨지 않으며, 허리를 앞으로 구부리고 앉지 않도록 한다. 테이블과 주먹 2개의 간격을 두고 양다리는 되도록 붙이고 의자 깊숙이 앉는다. 테이블에 너무 가깝게 앉으면 음식을 먹을 때 불편하고, 너무 멀리 떨어져 있으면 입이 자꾸 음식 가까이 다가간다. 일본 사람들은 음식에 입을 너무 가깝게 대면 동물이 먹는 것 같다고 생각한다고 한다. 등을 의자에 기대지 말고, 양 무릎 사이의 간격도 너무 벌어지지 않도록 한다.

손목을 식탁에 가볍게 놓는 것은 괜찮지만, 팔꿈치를 식탁 위에 올려놓으면 안 된다. 영국에서는 식사 중이라도 손을 사용하지 않을 때는 손을 무릎에 올려놓는 것이 매너 있는 행동이며, 프랑스에서는 손을 테이블 위에 놓는 것이 일반적이다. 테이블 끝에 올리는 것은 괜찮지만, 팔꿈치를 올리는 일은 없도록 한다. 팔짱을 끼거나 머리카락을 만지는 행동은 되도록 하지 않는 것이 좋다. 식탁 밑에서 다리를 앞으로 뻗거나 흔드는 것은 예의에 어긋나며, 신발을 벗어 책상다리를 하고 앉는 것은 금기사항이다. 식탁에서 사람을 가리키면서 손가락질을 하거나 나이프나 포크로 물건을 가리키는 것, 포크나 나이프를 들고 흔들면서 대화하는 것도 금물이다.

식탁에서 큰 소리를 내거나 웃는 것은 금물이다. 실수해서 재채기나 하품을 했을 경우, 옆 사람에게 "Excuse me" 하고 사과한다. 코를 푸는 행위는 사과할 필요가 없으며, 식탁에서의 트림은 금기이다. 이쑤시개가 준비되어 있는 경우에도 식탁에 앉아서는 쓰지 않는 것이 예의이며, 여성의 경우 식후 테이블에서 메이크업을 수정하는 것은 금물이다. 식탁에서 지루하다고 몸을 비틀거나 시계를 자주 들여다보는 것도 실례이다. 서양에서는 "손가방을 들지 않은 여성은 알몸의 여인과 같다"는 말이 있을 정도로 손가방은 서양여성의 필수품이다. 식사 도중 핸드백이나 휴대품은 의자 등받이와 자신의 등 사이에 두거나 바닥에 내려놓으며 식탁 위에 놓지 않는 것이 매너이며, 귀고리나 목걸이가 없는 여성은 넥타이를 하지 않은 남성과 같다고 여긴다.

3. 레스토랑 매너

서양에서는 모든 생활이 예약으로 이루어지므로 다이닝 미팅 시 사전에 레스토랑 예약을 하여 좋은 좌석을 선택하는 것이 좋다. 또한 팁(Tip, To insure promptness ; 신속하고 친절한 서비스에 대한 일종의 사례)문화가 발달되어 있으므로, 관습상 주어야 할 때는 반드시 '팁'을 주도록 하며, 보통 식사비용의 10~20% 정도가 적당하다. 식당에서의 봉사요금은 계산서 내역 안에 포함되어 있는 나라도 있으므로 지불 전에 확인하는 것이 좋다. 팁을 주는 경우에는 계산서 밑에 보이지 않게 두거나 접어서 손바닥 밑으로 쥔 뒤 건네주는 게 좋다.

(1) 한식

한식은 순서와 법도가 중요하다. 장유유서가 기본인 만큼 식사하기 전 자리에 앉을 때에도 문에서 멀면서 안쪽 중앙 혹은 경관이 좋은 상석에는 웃어른이 앉도록 하고,

여러 사람과 식사할 경우 왼손잡이라면 옆 사람과 부딪쳐서 식사하는 데 불편을 초래할 수 있으므로 가장자리에 앉는 것이 좋다.

식사할 때는 손윗사람이 먼저 수저를 든 후 아랫사람이 들며 숟가락으로 국을 먼저 떠 마시고, 밥이나 다른 음식을 먹는다. 개인접시에 적당량 덜어 먹도록 하고, 밥을 먹을 때 자기 앞쪽부터 깨끗하게 먹으며 밥은 한쪽부터 먹어 들어가고 국물은 그릇째 마시지 않는다. 국에 밥을 말아 먹는 것도 예의에 맞지 않는다.

수저로 반찬이나 밥을 뒤적이거나 양념을 털어내고 먹지 않는다. 또한 숟가락과 젓가락을 동시에 사용하는 것은 예의에 어긋난 행동이므로 수저를 한 손에 쥐어도 안 된다. 음식을 먹을 때는 소리를 내지 않는다. 식사도중 되도록 자리를 뜨지 않도록 하고, 식사가 먼저 끝나면 수저를 밥그릇 위에 올려놓았다가 상대가 끝나면 같이 내려놓는다. 식사 후에는 그릇에 수저를 올려놓지 말고, 수저는 처음 위치에 가지런히 내려놓는다. 윗사람이 일어서면 뒤따라 일어선다.

(2) 중식

회전 테이블은 시계방향으로 돌리되 상석부터 돌리는 것이 예법이다. 회전 테이블이 돌아오면 공동 젓가락으로 적당량 개인접시에 덜고 다음 사람 앞으로 돌려준다.

테이블에 있는 간장, 식초, 겨자 등의 양념은 자신의 개인접시에 조금씩 덜어 먹는다.

음식이 바뀔 때마다 새 접시로 바꾸고 먹을 만큼만 덜어 먹고 음식이 개인접시에 남지 않게 한다. 생선요리가 나왔을 경우 메인 접시에 있는 생선은 뒤집지 않는 것이 예의이며 뼈나 가시 등은 보이지 않게 입에서 빼내 자신의 그릇에 놓는다. 식사 중일 때는 젓가락을 접시 끝에 받쳐놓고 식사를 끝마쳤을 때에는 젓가락 받침대 위에 올려둔다.

렝게(스푼)는 탕을 먹을 때만 사용하고 뒤집어 놓는다. 차를 마실 때는 받침까지 들고 마신다. 뚜껑을 반쯤 덮어두면 계속 마시겠다는 의미다. 건배를 할 때는 서양과 달리 앉은 채로 하는 것이 보통이다. 냅킨은 식전주를 마시기 전에 무릎 위에 펼쳐놓는다. 물수건으로는 손만 닦는다.

(3) 일식

밥을 먹을 때는 왼손으로 밥공기를 들고 젓가락으로 떠먹으며 국그릇도 왼손으로 들고 젓가락으로 내용물을 밀어내며 마신다. 일식에서는 숟가락을 사용하지 않으며 국은 다 마신 다음 뚜껑을 덮는다. 꼬치는 통째로 들고 먹지 않으며, 잘 빠지지 않을 때는 돌려서 비틀어 뺀 뒤 젓가락으로 집어먹는다. 접시 위나 그릇에 젓가락을 올려놓지 않는다. 젓가락 받침이 없다면 젓가락을 싼 종이나 쟁반 끝에 놓는다. 생선회나 튀김 등 반찬을 먹을 때는 작은 접시를 받쳐 입가까지 가져가서 먹는다. 초밥은 손으로 먹어도 무방하며 물수건에 손을 닦아가며 먹는다.

가이시(かいし; 종이 티슈, 냅킨)는 상에 떨어뜨린 국물을 닦을 때, 국물 있는 요리의 받침으로 사용하며, 식사 후 생선뼈를 싸놓을 때 사용하고, 사용한 젓가락을 깨끗이 닦을 때 사용한다.

(4) 파인다이닝

수프용 숟가락 모양은 둥근 볼형과 달갈형으로 나뉜다. 수프용 스푼을 가볍게 잡고 그릇 소리가 너무 크게 나지 않게 먹는다. 수프 그릇은 손으로 들지 않고 테이블에 놓은 상태에서 먹도록 한다. 수프는 본인의 앞쪽에서 바깥쪽으로 밀어서 떠 마시는 것이 일반적이다. 그러나 유럽은 바깥쪽에서 앞쪽으로 밀면서 먹는다. 손잡이가 달린 그릇이 나올 경우엔 들고 마셔도 무방하다. 스푼으로 떠서 끝부분만 입안에 넣어 흘러 들어가게 하고, 뜨겁다고 불어먹거나 소리를 내지 않는다. 수프를 다 먹은 후 스푼은 받침접시 위에 놓는다.

빵은 원칙적으로 수프를 먹은 다음에 먹는다. 자신의 앞에 있는 버터나 잼을 발라 먹으면 되는데, 공동으로 사용할 경우엔 공용 나이프를 사용해 버터를 자신의 접시에 덜어놓은 후, 자신의 나이프로 빵에 발라서 먹는다. 식사 중에 곁들이는 빵은 일반적으로 왼편 작은 사이드 접시(왼편에 놓인 커틀러리 윗부분)에 세팅된다. 일반적으로 빵은 접시에서 집어 본인의 왼쪽 플레이트에 놓으면 된다. 빵은 서양에서는 예수의 몸을 의미하므로 절대로 칼로 자르지 않으며, 한입 크기로 손으로 직접 뜯어서 먹어야 하고, 입으로 베어먹어서도 안 된다. 빵을 뒤집어 놓거나 수프에 적셔 먹지 않는다. 테이블 위에 떨어지는 빵부스러기는 서버가 코스 중간중간 수시로 정리해 주므로 걱정할 염려는 없다. 일반적으로 저녁식사 테이블에는 버터가 서빙되지 않는데 최근에는 버터가 같이 서빙되기도 한다. 버터는 빵 접시 위나 커틀러리 중 가장 오른쪽에 있는 버터나이프를 사용하며 적당량을 덜어 빵에 바른 뒤 본인의 사이드 접시에 놓는다. 버터는 한 조각 먹을 때마다 발라 먹되, 빵 전체에 다 발라놓고 먹지 않도록 한다. 빵은 수프가 나온 후에 먹기 시작하고 디저트가 나오기 전까지는 마쳐야 한다.

아티초크는 손으로 잎사귀를 하나하나 떼어낸다. 가시가 있는 부분을 잡고 녹인 버터나 소스에 묻혀 안쪽의 두툼한 부분을 이로 긁어먹는다. 잎을 떼고 남은 부드러운 중심 부분은 Heart라고 불리는 아티초크의 핵심인데, 포크와 나이프를 이용하여 스테이크를 먹듯이 썰어 먹으면 된다. 아스파라거스는 왼손으로 각각 줄기를 들고 버터나 소스에 찍어 한입씩 잘라 먹는다. 그러나 유럽에서 자라는 두꺼운 하얀색 아스파라거스는 손을 사용하지 않고 포크와 나이프로 썰어서 먹도록 한다. 치즈는 작은 크기의 둥근 모양의 경우 피자 조각 모양으로 조각내 먹는다. 크기가 큰 치즈는 노즈(nose ; 이미 잘려 있는 뾰족한 부분)를 기준으로 잘라 먹으면 된다. 에스카르고(달팽이요리)는 보통 전용집게와 작은 포크를 사용한다. 집게로 달팽이껍질을 잡은 뒤 포크를 이용하여 빼낸다. 과일은 디저트 코스가 서빙될 때 큰 조각의 과일일 경우는 함께 나오는 포크와 나이프를 사용하도록 한다. 간혹 푸딩이 디저트로 잘못 알려진 경우가 있는데, 디저트는 엄밀히 말하면 두 코스로 나누어진다. 푸딩은 스위트 코스(sweet course)지만 디저트는 과일이나 치즈가 이에 해당한다. 푸딩을 먹을 때는 포크나 숟가락을 사용하는데, 푸딩용 스푼은 나이프를 사용할 때처럼 오른손으로 들고 스푼의 둥근 끝부분이 본인을 향하게 하여 먹는다. 푸딩포크는 누르는 용도로만 사용하되 푸딩포크를 이용하여 먹지 않도록 한다. 포크로 푸딩을 누른 뒤 스푼을 기울여 뜬다. 푸딩이 담긴 스푼을 입에 넣어 약간 기울인 뒤 먹는다. 다 먹고 난 뒤의 스푼과 포크는 커틀러리를 플레이트에 올려놓는 방식 그대로 놓는다. 상황에 따라 푸딩포크와 스푼은 테이블의 커틀러리 세트가 아닌 플레이트 위에 바로 놓여 서빙되기도 한다.

4. 커틀러리 매너

음식물을 입으로 옮기는 기구, 즉 스푼, 나이프, 포크 이 세 가지를 통틀어 커틀러리 또는 플랫웨어라고 한다. Personal item은 포크, 나이프, 티스푼 등 각 코스별로 이용되는 개인용 커틀러리류이고, Service item은 샐러드서버, 나이프서버 등 각종 서버종류와 집게종류, 국자종류 등 공동요리를 덜 때 사용하는 커틀러리류이다.

대부분은 음식이 나오는 코스 혹은 메인 식사가 무엇이냐에 따라 dish용 커틀러리가 달라지는데 풀코스에서는 본인 앞에 놓인 플레이트 중심으로 나이프와 포크가 각각 3개 정도 놓이게 된다. 식사가 나오기 시작하면 준비된 포크와 나이프는 주요리 접시를 중심으로 가장 바깥쪽부터 안쪽으로 하나씩 사용해 가는 것이 일반적인 순서이다. 바깥쪽부터 애피타이저, 샐러드, 메인디시용 순으로 놓여 있기 때문이다.

가급적 포크는 언제나 왼손으로 잡고, 음식은 항상 작은 크기로 잘라 먹으며, 식사 중에는 커틀러리를 들지 않고 접시에 내려놓도록 한다. 단, 테이블 위에 내려놓거나 플레이트에 걸쳐놓지 않도록 한다. 음식을 먹으면서 대화할 때에는 포크와 나이프를 내려놓되 접시 위에 X자 모양으로 포개어 놓는다. 부득이하게 잠시 자리를 비워야 하는 경우에는 포크와 나이프를 접시 위에 여덟 팔자(포크는 엎어놓고 나이프는 칼날이 안쪽으로)로 놓으면 식사 중임을 의미하며, 포크와 나이프를 플레이트 중간 오른쪽에 세로로 가지런히 엎어놓으면 식사가 끝났음을 의미한다. 이때에도 나이프의 칼날은 본인을 향하게 하고 그 칼날 쪽에 포크를 놓는다.

음식은 한쪽을 조금씩 썰어 먹고 다시 썰어서 먹는 것을 원칙으로 하며, 한꺼번에 잘라놓고 먹지 않는다. 간혹 미국에서는 음식을 자른 뒤, 나이프는 접시 위쪽에 걸쳐놓고 왼손의 포크를 오른손으로 옮겨 썰어놓은 음식을 먹기도 하는데, 유럽에서는 사용하지 않는 방법이다. 포크의 끝부분은 늘 플레이트를 향하도록 한다. 단, 배(pear)와 같은 것은 포크로 찍은 뒤 나이프로 눌러서 자르도록 한다. 포크를 음식 퍼내는 용도로 사용하지 않도록 한다. 나이프나 포크를 떨어트리면 줍지 말고 서버가 교체해 줄 때까지 기다린다.

5. 냅킨 매너

냅킨은 식사 중 훌륭한 커뮤니케이션 방법이다.

무릎 위에 있으면 식사 중, 의자 위에 있으면 잠시 부재중, 테이블 위에 있으면 식사가 끝났음을 일러준다. 호스트는 냅킨을 무릎 위에 펴거나 테이블 위에 올려 놓는 것만으로 식사의 시작과 끝을 알린다.

사람들이 가장 많이 실수하는 것 중 하나는 냅킨 매너이다. 냅킨을 사용하는 모습으로 매너의 수준을 파악할 수 있다. 실제로 서양에서는 냅킨 사용법을 통해 그 사람의 출신 배경이나 매너 수준을 가늠할 수 있다고 한다.

냅킨은 모두가 자리에 앉은 후 첫 요리가 나오기 직전에 펴는 것이 예의이며 반을 접은 쪽이 자기 앞으로 오게 무릎 위에 반듯이 놓는다. 처음 만나 인사하고 건배하는 동안 혼자서 냅킨을 만지는 것은 상대방을 불안하게 하기 때문이다. 냅킨을 셔츠 목에 거는 것은 좌석이 좁은 비행기 등에서 하는 행동이다.

냅킨은 입을 문지르지 않고 입 주위를 가볍게 두드려 닦는 용도로만 사용해야 한다. 냅킨은 펼친 상태로 무릎 위에 놓되, 셔츠 상체부분이나 드레스 속에 넣지 않도록 한다. 예전에는 옷 안에 냅킨을 넣는 것이 허용되었으나 최근에는 매우 예의 없는 행동으로 여겨진다.

식사가 끝나기 전 부득이하게 일어나야 할 경우에는 서버에게 자리를 비운다고 미리 말한 뒤 냅킨을 의자 위에 올려두면 된다. 돌아와서는 냅킨을 다시 무릎 위에 얹어 사용한다. 식탁 위에 냅킨을 두는 것은 식사가 끝났다는 의미이기 때문이다.

실수로 냅킨이 바닥에 떨어졌을 때는 일어나서 줍지 말고 서버가 새로운 냅킨으로 교체해 줄 때까지 기다리도록 한다. 냅킨에는 음식은 물론, 다른 것을 올려두지 않도록 하며, 식사를 마치고 자리를 떠날 때는 살짝 접어 테이블 왼편에 가지런히 올려두는 것이 좋다. 플레이트 위에 올리지 않도록 한다.

식사 중 와인을 마실 땐 냅킨으로 입 주변을 닦고 마신다. 잔에 음식 찌꺼기가 묻는 것을 막기 위해서다. 살짝 접어 가볍게 톡톡 두드리는 듯한 느낌으로 사용하는 것이 좋다. 안경이나 땀을 닦는 것은 냅킨이 아니라 자신의 손수건이어야 한다.

6. 식사 매너

식사는 음식이 모든 사람에게 서빙될 때까지 기다렸다가 시작한다. 그러나 예외적으로 게스트가 많은 규모가 큰 자리에서는 호스트가 먼저 식사를 시작하면 따라서 시작하면 된다. 음식 맛을 보기 전에 소금이나 후추로 간을 맞추려는 행위 등은 호스티스에게 상당한 결례가 된다. 소금간이 필요하다면 깨끗한 나이프 끝을 이용하여 본인의 서비스 플레이트 한쪽에 덜어서 찍어 먹도록 한다. 테이블 위에 놓인 조미료가 멀리 있을 땐 일어서서 가져오려 하지 말고 양해를 구한 후 전달받아서 사용한다.

식전 스낵은 서빙 상자에서 바로 먹지 말고 서비스 플레이트에 한번 옮긴 뒤에 먹도록 한다. 식사 중 접시의 위치를 바꾸거나 서버가 가져가기 쉽게 접시들을 포개는 것도 예의가 아니다. 서양에서는 식탁에서 반드시 나이프와 포크를 써서 음식을 먹는 것이 원칙이며, 손으로 먹는 것은 엄하게 금지되어 있다. 새우나 게의 껍질을 벗길 때 손을 쓰지만 이 경우 Finger bowl이 나오므로 손가락을 반드시 씻어야 하고, 생선의 작은 뼈를 입속에서 꺼낼 때는 이것을 포크로 받아서 접시 위에 놓는 것이 좋다.

정식 만찬은 식전주(食前酒·아페리티프), 전채(애피타이저), 수프, 생선요리, 셔벗, 육류요리, 샐러드, 치즈, 디저트, 차, 식후주(食後酒·디제스티프) 순서로 이뤄진다. 식전주로는 보통 칵테일이 나오는데, 너무 과하게 마시지 않도록 한다. 위스키가 나올 경우엔 가급적 스트레이트보다 온더록스(On the rocks) 잔에 마신다. 전채는 식욕을 촉진하는 역할을 하므로 가볍게 소량만 먹는다. 식전주나 와인을 마실 경우 본인의 오른쪽 글라스를 사용해야 한다. 실제로 외국 VIP 초청 만찬에서 손님 중 한 명이 왼쪽 상단의 와인글라스를 사용하는 바람에 테이블 전원이 왼쪽 글라스를 사용한 적도 있었다. 맥주를 따르고 받을 때 많은 한국인이 잔을 기울이는데 이것도 글로벌 매너와는 거리가 멀다. 식전주로 주로 마시는 칵테일은 자신의 오른편에 놓고 두 잔 이상을 마실 땐 같은 종류로 주문하는 것이 좋다. 공식 만찬에서 후식 후에 나오는 샴페인은 건배를 하고 마신다. 건배 제의가 나오면 잔을 눈높이만큼 들어올린 후 마시면 된다.

원탁 테이블에서 자신의 물과 빵의 위치를 헷갈리는 경우가 종종 있다. 원칙은 빵은 왼편, 물은 오른편이다.

샐러드 순서는 국가별로 차이가 있다. 영·미국은 육류요리와 함께 먹거나 그전에 먹지만, 프랑스인들은 육류요리 후에 먹는다. 샐러드는 나이프로 잘라 먹지 않는다. 만약 큰 조각이 나오면 나이프와 포크를 이용해 접어서 먹는다. 포크로 집어먹기 어려운 콩은 포크에 얹거나 포크로 살짝 누른 후 떠먹는다. 오븐에 구운 통감자는 껍질까지 먹어도 된다. 치즈는 얇고 넓게 잘라 빵이나 샐러드와 함께 먹는다.

통째로 요리한 생선은 머리가 왼쪽을 향하게 하고, 머리 쪽부터 먹는다. 생선의 경우 한쪽을 다 먹고 생선을 뒤집는 것은 예법에 어긋나며 나이프를 이용해 뼈를 들어내고 먹는다. 가시가 나올 경우엔 손이나 냅킨으로 입을 가리고 손으로 집어내 접시 한편에 놓는다.

뫼니에르(Meuniere)를 먹을 땐 레몬조각이 함께 나온다. 얇은 원형의 레몬은 생선 위에 올려놓고 포크와 나이프로 살짝 눌러 즙을 낸다. 반달 모양의 레몬은 왼손으로 주변을 막고 오른손으로 짠다. 달팽이요리는 에스카르고용 홀더로 고정하고 전용 포크를 사용하여 먹는다.

생선과 육류 요리 사이엔 셔벗이 나온다. 생선요리를 먹고 난 후 입안을 개운하게 하기 위해서 나오는 것이다. 스테이크를 선택할 경우 굽는 정도를 선택해야 한다. 굽기 정도와 굽는 시간에 따라 블루(약 15~20초) – 블루레어(약 2~4분) – 레어(약 4~6분) – 미디엄레어(약 6~8분) – 미디엄(약 8~10분) – 미디엄웰던(약 10~12분) – 웰던(약 12~14분) – 베리 웰던(약 14~16분)으로 나뉜다. 고기는 왼손의 포크로 고정하고 오른손의 나이프를 이용해 잘라 먹는다. 고기는 미리 다 잘라놓지 않고 먹을 분량만큼만 잘라 먹는다. 소스는 고기에 직접 뿌리지 않고 접시 한편에 떠 놓고 찍어 먹는다.

서양식 요리는 대부분 조리과정에서 설탕이 들어가지 않기 때문에 식사 후엔 스위트한 디저트가 나온다. 수분이 많은 과일은 스푼으로 떠먹고, 수분이 적은 것은 포크로 찍어 먹는다. 파이(Pie)나 소프트 케이크는 포크나 스푼으로 먹고, 무스나 푸딩은 스푼을 사용한다. 아이스크림은 본인의 앞부분부터 떠먹는다.

커피나 차가 나오면 연장자나 상급자가 먼저 잔을 든 후에 마신다. 잔을 잡을 때 손잡이 구멍으로 손가락을 넣지 않도록 한다. 사용한 스푼은 잔 뒤쪽으로 옮겨놓고, 왼쪽에 있는 손잡이는 오른쪽으로 옮겨 마신다. 뜨겁다고 입으로 불거나 티스푼으로 떠먹거나 스푼을 잔에 꽂은 채로 마시는 것도 금물이다.

코스를 마치면 마지막으로 식후주가 나온다. 브랜디가 주로 제공되며, 특히 프랑스의 코냑이 유명하다. 브랜디 잔은 손바닥으로 몸체를 감싸듯 받쳐들면 된다. 식사의 마지막 코스인 디저트를 마친 후 손가락을 씻도록 내오는 물은 손가락만 한 손씩 씻는 것이지 두 손을 넣는 것은 금기이다.

식사 매너 중 가장 중요한 예절은 식사 속도를 적정하게 조절하는 것이다. 다이닝 미팅일 경우 식사 자리는 딱딱한 미팅과는 또 다른 비즈니스의 기회이므로 대화의 타이밍을 고려하면서 식사 속도의 밸런스를 맞추려는 노력이 필요하다. 차분하게 코스요리를 즐기는 민족은 주관적이며 단계적이고 계획적인 협상 능력을 지닌다. 한꺼번에 모든 걸 다 내놓고 담판을 좋아하는 한상요리(단품요리) 민족과는 성향이 다르다. 항상 다음을 생각하고 서너 수를 앞서 생각하는 특성이 있으므로 이런 사항들을 잘 파악하고 준비하는 것이 중요하다.

더불어, 급하게 식사를 하거나, 절제하지 못하고 배불리 먹거나 이것저것 한꺼번에 비벼먹는 사람은 기승전결식으로 생각을 잘 정리하지 못한다. 당연히 작문실력도 남들에 비해 현저히 떨어진다. 무계획적이고 예측불가능한 사람으로 평가되므로 신뢰가 떨어진다. 식사를 통해 신뢰성, 치밀함, 창의성, 품격 등 자신이 보유한 비즈니스적 신용의 넓이와 깊이를 비유적으로 증명해 보임으로써 상대방에게 믿음이 생기도록 해야 한다.

7. 테이블 매너 성공 및 실패 사례

(1) 테이블 매너 성공사례

1) 남북 정상회담 : 비빔밥

국가적인 차원에서 식사외교는 그 나라의 품격을 드러내주는 동시에 국가적인 목표를 달성하는 도구로 사용되기도 한다. 프랑스에서는 공식 연회 시 외빈과 방문국의 음식 및 와인에 대한 이해수준을 토대로, 접대하는 음식 및 와인 종류를 다르게 한다. 음식이 한 나라의 외교수단으로 사용되는 것은 국제관계에서 흔히 목격되는 부분이다. 2007년 평양에서의 남북 정상회담 시 답례 만찬의 주 메뉴로 전주비빔밥을 사용했는데, 이는 남과 북이 하나됨을 상징한다는 해석이 곁들여지면서 분위기 고조에 일조하게 된 것으로 평가받고 있다.

2) 프랑스

프랑스는 2009년 중국 시진핑 주석 방문 시 베르사유궁에서 국빈만찬을 진행하며 8분마다 한 종류의 음식을 제공하여 총 18가지 음식과 약 140분이 소요된 특급 만찬 코스를 준비하였다. 식사할 때는 오랜 시간 동안 음식을 먹어야 잘 먹는 것이라고 생각하는 중국을 배려한 코스요리였고, 시 주석이 매우 감동하였다고 한다.

3) 이탈리아

이탈리아는 자국을 방문하는 국빈에게 제공한 요리는 모두 기록하여 그중에서도 가장 좋아하거나 칭찬했던 요리를 재방문 시 코스 메뉴에 포함시켜 감동을 준다.

(2) 테이블 매너 실패사례

1) 3천만 불의 디너

뉴욕에서 3천만 불짜리 프로젝트 계약 성사 전일 만찬 자리에서 프로젝트 매니저가 스테이크를 먹다가 소스가 셔츠에 떨어지려고 하는 바람에 나이프를 핥았다. 그 모습을 본 바이어는 식사 후 전화하여 계약을 취소통보하였고 이 사례는 뉴욕타임스 1면에 "3천만 불짜리 핥음"으로 대서특필되었다.

2) 건배 매너

이명박 전 대통령이 백악관 국빈만찬 참석 등 외국 정상과 함께하는 만찬 자리에서 건배할 때 상대방 눈이 아닌 잔을 보거나 고개를 숙이는 모습이 논란이 되었다. 글로벌 비즈니스 자리에서는 어떤 상황에서도 고개를 들고 상대와 눈맞춤 상태에서 건배해야 정격이다.

노무현 전 대통령은 첫 해외순방인 미국 방문 때 백악관 만찬에서 건배를 직접 제의하고 좌우 잔맞춤도 없이 혼자 원샷하는 상황이 발생되었다.

박근혜 전 대통령은 각국 교민들과의 만남에서 건너편 자리까지 팔을 뻗는 '오버 더 테이블 건배'를 하여 논란이 되기도 하였다.

3) 냅킨 매너

노무현 전 대통령은 자크 로게 IOC 명예위원장과의 식사에서 첫 요리가 나오기도 전에 냅킨을 접어 테이블 위에 올려놓았다. 서양인들은 음식이 나오기 전에 냅킨을 접어 테이블 위에 올려놓는 것은 '당신과는 식사하지 않겠다'는 의미로 받아들인다.

4) 대형 프로젝트를 파기시킨 A1 소스

글로벌 비즈니스에서 테이블 매너에 맞지 않는 행동이 경제적 관점에서 직접적인 피해를 주는 경우는 비일비재하다. 2007년 프랑스 거대 기업과 서명 직전까지 진행되었던 합작 프로젝트가 한순간에 사라져버린 사례도 있다. 프랑스 기업의 최고경영자(CEO)가 초대한 자택만찬행사에서 한국기업의 관계자가 안주인이 정성을 다해 준비한 스테이크 소스의 맛도 보지 않은 채 A1 소스를 요청하였다. 서양음식은 소스가 요리의 정수다. 식사 초대를 한 호스티스가 가장 자신있게 자랑하는 부분도 바로 소스인데, 이러한 정성을 무시하고 시판 중인 소스를 찾는 배려심 부족한 모습에 프로젝트의 운명이 뒤바뀐 것이다.

CHAPTER

13

주요 국가별 테이블 매너

CHAPTER 13

주요 국가별 테이블 매너

의·료·법·률·비·서·실·무

1. 미주 지역

미국

미국은 일반 서양 테이블 매너를 따른다. 기본적으로 좌측에 있는 빵과 우측에 있는 물을 사용하고, 포크와 스푼은 바깥에서 안쪽으로 사용한다. 식사 시 파스타와 수프를 먹을 때 소리를 내지 않는 것이 예의이므로 주의해야 하며, 식사 중에 자리를 비우는 것은 실례이므로 식사 전에 화장실과 전화통화는 마치고 오는 것이 좋다. 양손이 항상 테이블 위에 보이도록 하고 포크와 나이프를 사용하지 않을 때에는 손목을 식탁의 가장자리에 올려두는 것이 매너이다. 착석은 레이디 퍼스트가 기본 규칙이므로 여성이 먼저 착석한다. 식사는 식사의 주최자가 냅킨을 펴는 것으로부터 시작된다. 미국의 레스토랑에서 식사를 한다면 주문을 받거나 서빙을 해주는 서버를 대하는 자세에 각별히 신경써야 한다. 주문을 받으러 왔을 때 휴대폰을 보거나 잡담을 하며 미루지 말고 집중해 주문하는 것이 예의이다. 서버가 어리다고 해서 말을 함부로 하거나 큰 소리로 부르며 무례하게 대하는 것은 삼간다. 미국 레스토랑에서 서버에 대한 팁은 반드시 지불하는 것이 좋다. 팁은 자신이 받았던 서비스에 대한 고마움의 표시이므로 적정 금액을 줘야 하는 것이 미국의 문화이다. 간혹 관광지 식당에서는 팁 문화에 낯선 동양인들에게 팁에 대해 설명해 주는 서버도 있고, 팁을 주지 않으면 정중하게 요구하는 경우도 있다. 음식 알러지가 있다면 반드시 주문 전에 알려야 한다. 음식이 만들어져 나온 후에 얘기하면 서버는 물론 주방에까지 혼선을 주기 때문이다. 그리고 본인이 주문하지 않은 음식이 서빙된다면 곧바로 돌려보낸다. 이미 포크를 대고 나서 돌려보내는 것은 매너가 아니다. 식사비를 지불한 후에 너무 오랜 시간 앉아 있는 것은 좋지 않다. 길어도 30분 정도이지 그 이상 머문다면 결례가 된다. 미국 레스토랑에서 대화를 나눌 때 역시 주위를 배려해야 한다. 휴대폰 통화나 대화를 할 때 음악소리 때문에 목소리가 커지는 경우가 많은데 항상 주위에 방해가 되지는 않는지 신경쓰도록 한다.

멕시코

멕시코인들은 음식을 천천히 음미하며 즐기는 식문화이다. 식사시간이 길고, 식사 중 많은 대화를 한다. 아침<점심<저녁 순서로 풍성하게 먹는 편이며 저녁은 보통 밤 9시 이후에 먹는다. 조찬미팅이 활성화되어 있는데 조찬미팅은 보통 1시간 30분~2시간 정도 소요되며, 오후 만남보다는 효과적이다. 멕시코 대표음식인 타코를 먹을 때에는 칼과 포크를 사용하지 않고 엄지, 검지, 중지를 이용하여 집어먹는다.

캐나다

캐나다인들은 식사할 때의 매너를 정말 중요하게 생각한다. 식사 초대를 받았을 때에는 배정해 준 자리에 앉는 것이 예의이며, 냅킨을 펼쳐서 무릎에 올려두는 것이 식사 시작을 알리는 행동이다. 보통 식사의 주인공이 가장 먼저 펼친다. 캐나다에서 냅킨은 기저귀를 의미하기 때문에 냅킨 대신 서비에트라는 단어를 쓴다. 여럿이서 식사할 때, 주최자가 자신의 접시에 음식을 담은 후 한쪽 방향으로 음식이 든 그릇을 돌리며 식사를 시작하기도 한다. 이는 식사 스타일이 달라 손님이 당황하지 않도록 보여주기 위함이다. 음식을 먹다가 먼 위치의 음식에 손을 뻗는 행위는 공간을 침범한다고 생각하여 예의에 어긋나므로 부탁을 하는 것이 좋다.

브라질

브라질인들은 저녁식사 시간이 매우 늦은 편이다. 9~10시 이후에 저녁식사를 하는 경우도 많으니 저녁식사 초대 시 이른 시간에 초대하지 않도록 주의하며, 채식 위주의 식사를 하거나 코셔 인증(정통 유대인의 경우)받은 식당만을 원하는 경우도 있기 때문에 이 점도 미리 고려하는 것이 좋다. 식사 중에는 입에 음식을 가득 채운 채 이야기를 하거나 음식을 소리내며 먹으면 예의가 없다고 생각한다. 또한 식사 후 입을 벌리고 이를 쑤시거나 큰 소리로 트림을 하는 것은 식사 예절에 어긋나므로 주의한다. 술을 즐겨 마시나 많이 마시는 것은 꺼리므로 술 한잔 시키고 한두 시간 정도 대화를 즐기며 폭음을 즐기지는 않는다.

칠레

칠레에서는 음식을 먹을 때 손을 사용하지 않으므로 어떤 음식도 손으로 집어먹으면 안 된다.

식사 시에는 항상 손을 테이블 위에 올려놓는 것이 예의이고, 해산물보다 육류를 선호하며 와인은 물이나 음료수처럼 흔하게 마신다.

2. 유럽 지역

영국

비즈니스 후 식사가 이어지는 경우 되도록 업무와 관계된 이야기는 하지 않는 것이 좋으며 식사 중 팔꿈치를 테이블 위에 올려놓는 것은 영국의 테이블 매너에 어긋난다. 식사 시에는 음료를 상대방에게 따라주는 것도 괜찮지만, 먼저 따라주겠다고 제안하는 편이 좋다. 공식 모임에선 여왕을 위한 건배가 끝나기 전까지 흡연을 하지 않는다.

독일

독일인들은 식사할 때, 업무 관련 대화를 좋아하지 않으므로 업무 관련 대화는 식사 전후에 하고 식사 중에는 가급적 사교상의 대화만 나누는 것이 좋다.

식사 중 손목을 식탁에 얹어두는 정도는 괜찮지만 팔꿈치를 테이블에 올리거나 팔짱 끼기, 머리카락 만지기, 무릎 위에 손을 올려놓는 행동 등은 결례이다. 테이블에서의 트림은 금기지만, 식사 중간이나 후에 코를 푸는 것은 자연스럽게 생각한다.

음식은 빵, 감자, 치즈 등으로 검소하게 먹으며 감자나 생선은 포크로 자르고 나이프를 사용하지 않는다. 모든 상점이나 식당에 출입할 땐 인사를 해야 한다.

술이나 물을 따를 때 병이 잔에 닿지 않게 해야 하며, 상대방의 잔을 채워주는 행위는 어린애 취급하는 것을 의미하므로 예의에 어긋난다. 음식이나 술 등을 권할 때도 No라는 대답을 들었다면 더 강요하면 안 된다.

프랑스

프랑스인들은 세계 최고 수준의 음식과 와인을 먹는 나라답게 테이블 매너가 엄격하다. 한국과 달리 식사 중 침묵하는 것은 결례다. 와인을 마시며 대화를 나누고 오래 식사를 하다 보니 식사시간이 길다. 저녁식사에 초대받았을 경우 10분 정도 늦게 도착하는 것이 예의다. 대화 시에는 종교나 정치 등 무거운 주제는 식사 때 피하는 것이 좋다. 와인에 대한 지식수준이 높거나 조금이라도 프랑스어를 할 줄 알면 크게 환영받는다.

레스토랑에서 가르송(직원)을 부를 경우 지나가는 가르송을 조용히 쳐다보며 눈맞춤을 해야 하며 눈길이 마주치면 고개를 끄덕이면 다가온다. 정성껏 차려진 식사 자리에서 청량음료나 커피를 마시는 것은 호스트에게 매우 실례되는 행위라고 생각하므로 와인이나 물을 마시는 것이 좋다. 식사 중 닭고기를 손으로 들고 먹으면 야만인 취급을 받게 되므로 주의한다.

이탈리아

하루 중의 정찬은 점심이며, 식사 예절은 복잡한 편이다.

식사 중 트림을 하거나 음식 남기는 것을 무례하게 여기며, 팔을 식탁 밑으로 내리거나 팔꿈치를 식탁 위에 올리지 않는다. 빵 접시는 사용하지 않고, 메인 접시 안 한쪽에 빵을 잘라 놓는다. 와인을 따를 때 라벨을 위로 한 채 병 끝을 잡고 따르는 것은 '싸우자'는 사인이므로 주의해야 한다.

이탈리아 정식 5가지 코스 중 3가지 코스 정도를 선택하는 것이 적당한데 3가지 코스는 안티파스토(전채요리) – 프리모피아티(첫 접시) – 세쿤도피아티(주요리) – 돌체

(후식)로 이루어져 있다. 소금이나 후추 등을 다른 사람 손을 거쳐 받으면 좋지 않다는 미신이 있으므로 직접 가져와서 먹는 것이 좋으며, 치즈를 추가로 요구하는 것은 그 레스토랑 셰프의 요리실력을 욕하는 행위로 여겨질 수 있으니 주의해야 한다.

스페인

식사시간은 2~3시간 소요된다. 팁은 기분에 따라 주면 된다. 자택으로 초대받을 경우엔 1~2시간 늦게 가는 것이 좋다.

커피 마실 때 불거나 소리내는 사람을 교양이 없는 사람으로 생각하므로 주의해야 한다. 식사 중 비즈니스 관련 대화는 피하며 후식 이후에 진행한다. 첨잔문화(상대방의 잔이 비기 전에 채워 넣는 문화)가 있으나 술을 과하게 마시지는 않고, 식사 중에는 와인 한두 잔 정도를 마신다.

러시아

러시아는 추운 지방이기 때문에 한상차림보다는 보통 코스요리를 선호하며, 서양식 테이블 매너를 따른다. 보드카를 다 먹고 난 후 빈 병을 반드시 바닥에 놓아야 하는데 이는 빈 병을 다시 테이블에 가져오는 것은 불운을 가져온다는 미신이 있기 때문이다. 식사 후 현관문을 나가지 않고 안에서 악수하며 헤어지는 것이 예의이다.

오스트리아

오스트리아에서는 Aperitif(아페리티프 ; 식사 전 식욕을 돋우기 위해 마시는 술)를 마시는 경우가 많고, 후식을 먹는 것도 일상화되어 있으므로 식사 후 후식을 권하는 것도 예의이다. 소리내서 음식을 먹거나 입을 벌리고 음식물을 씹는 것은 예의에 벗어나는 행동이며 식탁에서 트림하는 것은 큰 실례이므로 입을 막고 소리가 안 나도록 한다. 만약 트림을 했다면 바로 사과하는 것이 좋다.

와인, 위스키, 맥주 등을 잔으로 팔기는 하지만 식사 대접을 할 경우 포도주는 병으로 시키는 것이 예의이다. 식사 중에는 포도주와 맥주를 주로 마시고 식후에 소화를 위해 위스키나 코냑, 브랜디 등 독주를 마신다. 술잔이 비어도 스스로 따라 마시는 것이 관습이므로 상대방의 잔이 비어도 가볍게 한 잔 정도만 권유한다.

터키

터키에서 식사초대는 상대방에 대해 호감을 표시하는 방법이므로 비즈니스 상대가 식사초대를 할 경우 가급적 응하는 것이 좋다. 이슬람 사회인 터키에서 돼지고기요리는 권하지 않으며 주로 저녁은 밤 9시에 시작해서 2시간 정도 식사를 한다. 저녁식사 초대를 받으면 음식이 많이 나오는데 이때 음식을 남기면 결례다. 소리 내서 먹기, 코를 대고 냄새 맡기, 식히기 위해 입으로 불기, 식사 중 사자(死者)나 환자에 대해 얘기하기 등은 금기사항이다. 대부분의 이슬람 국가는 음주가 금지되어 있으나, 정교분리의 원칙이 있는 터키는 음주가 허용된다. 그러나 사회적으로 술을 권장하는 분위기는 아니다.

3. 중동 & 아프리카 지역

이집트

이집트는 이슬람문화권이므로 돼지고기, 술, 할랄식으로 도축되지 않은 고기는 피하며 식사 시 왼손을 사용하지 않는다. 여성과 단둘이 식사하는 것은 피하는 게 좋다.

식사 시 처음에는 가벼운 주제로 시작하여 이야기를 나누고, 사업과 관련된 중요한 사안은 시간을 두고 천천히 이야기를 꺼내는 것이 좋다. 전통적으로 가장 귀한 남자 손님은 호스트 오른편에 앉게 한다. 자택에 식사초대를 받았을 경우, 음식에 소금을 뿌리는 것과 음식을 남기는 것은 실례가 되므로 주의한다.

사우디아라비아

사우디아라비아에서는 손님을 초대했을 때 극진히 대접하는 것을 예의이자 미덕으로 생각하므로 세 번 이상 거절하는 것은 예의가 아니다. 통상 비즈니스 목적으로 만난 바이어의 경우, 외국인의 입맛에 맞는 식당으로 초대해서 식사 대접하는 경우가 많다. 이 경우 특별히 유의할 부분은 없으며 식사하면서 자연스럽게 대화를 이어나가면 된다. 사우디인의 전통음식은 굽거나 삶은 양고기 또는 닭과 쌀을 함께 조리한 '캅사'와 '만디'가 일반적이며 바닥에 앉아 맨손으로 식사하는 문화가 있다. 이때 두 다리를 옆으로 포개어 앉거나 한쪽 무릎을 꿇고 앉아 식사를 하면 되며 외국인인 경우 식기를 사용해도 괜찮다.

손으로 식사하는 경우 식사 전에 반드시 손을 깨끗이 씻어야 하며, 오른손으로만 식사한다.

차를 권할 때 거부하면 주인을 모욕하는 것으로 인식된다. 차 접대가 '존경의 표현'이기 때문이다. 음식이 뜨겁다고 입으로 불어선 안 된다. 보통 사우디에서는 손님에게 호의를 표시하기 위해 많은 양의 음식을 제공한다. 싫어하는 음식이라도 제공된 것은 모두 비우는 것이 예의지만 만디 같은 경우에는 양이 많으므로 남기더라도 예의에 어긋나지 않는다. 다만, 가능하면 제공된 모든 음식을 한 번씩은 맛보는 것이 좋다.

사우디인을 한국으로 초청해 식사하는 경우 메뉴에 신경을 써야 하는데 사우디인을 포함한 무슬림들은 개, 돼지, 맹수, 맹금류 등을 먹지 않는다. 반드시 이슬람식으로 도축(할랄)된 고기만을 먹으며, 술을 권하는 것은 절대로 금지된다. 와인으로 오해할 수 있는 사과·포도주스로 건배하는 것조차 꺼리는 경우가 있으므로 오렌지주스로 대체한다. 적절한 메뉴는 소고기, 닭고기, 생선, 채소류이다.

아랍에미리트

가정에서 음료를 대접받았을 때 잔을 흔들면 더는 마시지 않겠다는 의미가 된다. 잔이 넘치도록 따르는 것은 빨리 가라는 의미이다.

돼지고기를 먹지 않고, 음식을 먹을 때는 왼손을 사용하지 않는다. 거주하는 외국인이 다양하기 때문에 이슬람국가임에도 호텔 내에 위치한 식당에서는 술과 돼지고기 판매를 허용하고 있어 비무슬림의 경우 호텔 내에서 먹을 수 있다. 그러나 주류에 대해서는 절대 불가 원칙을 고수하고 있으므로 공공장소에서 술을 마신다거나 술에 취한 상태로 있는 것은 법적 처벌 대상이므로 주의해야 한다. 술을 사고 팔거나 마실 수는 있지만 주류 허가증을 취득해야 한다.

4. 아시아 지역

일본

일본에서는 우리나라나 중국처럼 친한 사이라도 음식을 집어주지 않는다. 그 이유는 일본의 장례문화와 관련이 깊다. 일본에서는 사람이 죽으면 대개 화장을 하는데 이때 두 사람이 죽은 사람의 뼈를 젓가락으로 같이 집어서 항아리에 넣는 풍습이 있다. 그렇기 때문에 다른 이가 젓가락으로 음식을 집어주는 행위가 배려로 느껴지기보다는 화장을 연상케 하는 행위로 여겨진다. 또한 멀리 있는 그릇을 젓가락으로 끌어당기거나 젓가락 대 젓가락으로 음식을 주고받는 것, 공동의 음식을 개인용 젓가락으로 덜어 먹는 것은 절대 금물이다. 공용 젓가락이 나오지 않을 경우 개인용 젓가락을 뒤집어 음식을 덜어 먹는 일본인도 있다. 그러나 이것 또한 위생적이지 않으니 참고는 하되 가급적이면 공용 젓가락을 요청하는 것이 바람직하다. 일식은 젓가락을 한일(一)자로, 한식은 숫자 1자로 둔다. 이는 사무라이가 있던 시절에 젓가락을 세로로 두면 상대방을 공격할 수 있는 무기가 될 수 있으므로 상대방을 향하지 않게 가로로 놓는다고 한다. 일본의 젓가락 사용이 한식과 다른 점은 젓가락을 잡는 위치다. 우리는 젓가락의 상반부를 잡고 사용하는 반면 일본은 젓가락의 중앙부분을 잡고 사용한다. 젓가락을 잡는 부분이 다르기 때문에 테이블에 젓가락을 올려두는 위치도 달라진다. 젓가락을 사용하지 않을 때는 반드시 젓가락 받침 위에 올려놓아야 하며 젓가락질이 서툴다고 해서 포크처럼 음식을 찍어서 먹으면 안 된다. 일본인의 식사법 중 눈에 띄는 특징 중 하나는 식사할 때 밥공기를 왼손에 들고 젓가락으로 먹는 것이다. 엄지손가락을 밥공기 가장자리에 고정시켜서 미끄러지지 않도록 하고 나머지 손가락들은 가시런히 모아 펴서 한가운데 밥공기 바닥이 오도록 쥐는 것이 올바르다. 음식을 먹을 땐 숟가락을 잘 사용하지 않기 때문에 국그릇도 들고 먹는다. 속에 있는 건더기는 젓가락을 사용해 건져먹고, 국물을 마실 때는 국그릇을 들고 입을 대고 마시는 것이 예의이다. 국물을 마실 땐 '후루룩' 소리를 내기도 한다.

음식 먹는 순서는 밥, 국, 밥, 반찬 순서다. 젓가락으로 그릇을 움직이거나 음식을 찔러선 안 되며 밥공기를 휘젓거나 밥에 꽂아서도 안 된다. 숟가락은 죽이나 국밥, 달걀찜처럼 젓가락으로 집을 수 없는 요리나 오므라이스, 카레 등을 먹을 때만 사용하고 국을 마실 때는 소리가 나도 상관없지만 밥을 국에 말아 먹으면 안 되니 이 점 또한 기억해 둘 필요가 있다. 식사자리에서 친근감을 형성한다는 이유로 개인적인 질문이나 신상관련 질문을 하는 것도 큰 결례이며, 식사 시 기물 사용 후 항상 제자리에 돌려놓는 습관이 있으므로 주의해야 한다. 음식을 다 먹은 경우 처음에 식기가 세팅되었던 모습 그대로 보존해 주는 것도 예의라고 여긴다.

일본인들은 우리처럼 'Communal Eating(한 그릇의 음식을 함께 공유하는 식사)'을 하지 않는다. 일본 식사예절의 핵심은 '남들과의 접촉을 최대한 피하는 것'이라고 할 수 있다. 다른 사람의 젓가락이 간 요리에 손이 가는 것은 금기다. 일본인들이 개인별로 덜어 먹는 접시인 '도리자라(とりざら)'를 사용하는 것만 봐도 그들의 위생관념과 의식구조를 짐작할 수 있다. 그러므로 만약 한정식집에서 비즈니스 식사를 할 때 동치미가 하나밖에 없다면 하나 더 요청하든지 아니면 상대를 위해 양보하는 것이 낫고, 식사 후 커피를 마실 때 공용 스푼 대신 자신의 티스푼으로 설탕을 뜨는 행동 역시 절대 삼가야 한다. 식사 전 "잘 먹겠습니다", 식사 후 "잘 먹었습니다"라고 말하는 것이 일반적이다. 밥을 먹고 난 후엔 보통 각자 계산을 한다.

중국

중국인들은 비즈니스 후 식사를 통해 상대방을 파악한 후 비즈니스 교류와 인간관계 구축의 기회로 삼으니 테이블 매너를 익히는 것이 중요하다. 손님을 식사에 초대할 경우, 미리 좌석과 음식을 예약한다. 특히 좌석 배치가 중요하다. 주로 원형 테이블에 앉는데, 출입문과 가장 가까운 쪽이 말석이고 안쪽 중앙 좌석이 상석이다. 상석 왼쪽부터 지위에 따라 차례대로 앉는 것이 일반적이다. 서구에선 손님이 온 후에 직접 주문하지만, 중국은 미리 주문을 마친다. 계산은 앉은 자리에서 종업원을 불러서 한다.

자택식사에 초대된 경우 당사자만 가야 한다. 사전 약속 없이 제3자를 동반하는 것은 결례다. 손님이 여러 명일 경우, 바로 식탁으로 가지 않고 응접실에 따로 마련된 테이블에 앉아 차를 마시면서 기다린다. 초대한 사람과 손님이 모두 모이면, 지정된 좌석에 앉아 식사를 시작한다. 아무 데나 앉으면 안 된다. 출입문에서 안쪽으로 대각선 방향의 좌석이 최고 상석이고 좌우로 차석과 삼석이 된다. 중식당엔 주로 회전식 원형탁자가 설치돼 있다. 원반은 주로 시계방향으로 돌린다. 호스트가 주빈에게 음식을 덜어주고 자신도 식사를 시작하기 전까지 절대 음식에 손대서는 안 되며, 식사 중엔 사업 이야기를 하지 않는 것이 예의이다.

젓가락은 접시 위에 올리지 않고 끝에 걸친다. 젓가락을 그릇 위에 두는 건 불운을 상징하기 때문이다. 개인 젓가락을 원반 위 음식에 갖다 대는 것은 실례다. 간혹 자신의 젓가락을 사용해 상대방에게 음식을 권하기도 하는데, 이는 호의의 표시다.

중국의 음식은 찬 음식과 더운 음식이 골고루 나오면서 술을 곁들이는 방식이며 마지막으로 밥이나 국수로 마무리를 한다. 처음에는 간단한 음식이 나오다가 점점 좋은 음식이 나오는 것이 순서이다. 식사 중간에 밥을 먼저 달라고 해서는 안 되며, 제공된 요리는 아무리 가짓수가 많아도 빠짐없이 조금씩 맛보는 것이 예의지만 음식을 남김없이 다 먹으면 음식이 부족했다는 뜻으로 불쾌감을 줄 수 있으므로 조금 남기는 것이 좋다.

중국인들에게는 생선이 배를 의미한다. 따라서 식사 중에 생선 한 면을 발라 먹고 다른 면을 발라 먹기 위해 뒤집는 사소한 행동은 배가 뒤집히는 것과 같은 뜻으로 불길함을 의미해 자칫 의도치 않게 좋지 않은 분위기를 만들 수 있다. 젓가락으로 사람을 가리키거나 젓가락 하나로 음식을 먹는 것은 상대방을 모욕하는 행동이며 식사가 끝났을 때에는 젓가락을 반드시 젓가락 받침대에 놓아야 한다.

식사 중에 담배를 권하고 피우는 것은 흔한 일이다. 특이하게도 중국인은 담배를 던져서 권하는데, 이는 상대방을 무시하는 행동이 아니다. 그리고 비흡연자나 담배를 피우기 싫은 흡연자도 일단 권하는 담배는 받아두는 것이 예의이다.

식사 초대를 받았을 때는 선물을 준비하고 아무리 캐주얼한 식사 자리여도 단정하고 조금은 고급스런 외출 복장을 갖춰야 하며 품위와 권위가 있는 사람으로 보여야 한다.

중국에서 술을 따를 때는 술잔 가득히 따라야 존경을 의미하기 때문에 되도록 가득 따르는 것이 좋다. 하지만 차를 따를 때는 반대로 가득 채우는 것이 업신여김의 의미가 되기 때문에 잔의 반만 채우는 것이 예의이다. 건배를 안 하면 성의를 무시했다는 인식을 가지므로 술을 못 마신다면 양해를 구한 뒤 차를 따라놓고 건배를 하는 것이 좋다.

태국

음식을 반상 또는 대나무나 원목으로 만든 마룻바닥에 모두 차려놓고 여럿이 둘러 앉아 각자 개인 접시에 덜어 손으로 먹는 것이 전통적인 식사방법이다. 서구문화가 유입되면서 요즈음은 식탁을 사용하고, 음식에 따라 도구를 사용하기도 한다. 태국음식은 식품 재료를 잘게 썰어서 조리한 것이기 때문에 나이프는 사용하지 않는다. 국물이 있는 국수를 먹을 때에는 젓가락과 숟가락을, 튀긴 국수는 포크와 스푼을, 생선을 넣은 국수는 숟가락만 사용해서 먹는다. 밥 종류는 접시에 담아 숟가락과 포크를 사용하는 것이 보편적이지만, 숟가락 하나로만 식사하는 사람들도 많다. 포크는 접시의 음식을 스푼으로 뜰 때 보조 역할을 하거나 스푼에 붙은 음식을 제거하기 위해 사용한다. 식사 때 스푼과 포크의 부딪치는 소리가 많이 들린다. 식사 중에 음식을 빨리 먹지 않고 음식을 먹을 때 소리를 내지 않으며 입술을 오므리고 음식을 씹는 것이 좋다. 음식이 입안에 있을 때 말을 하지 않는다. 국물 있는 음식은 들이마시지 말고 숟가락으로 떠서 먹는다.

인도

비즈니스 식사를 할 때 인도인 상대가 채식주의자인지, 금주를 하는지 사전에 파악하는 것이 필요하다. 힌두교도들이 소를 신성시하기 때문에 메뉴로 소고기는 피한다. 식사 때 낮은 걸상을 사용하거나 바닥에 앉는다. 좌석배치에는 규칙이 있는데 오른쪽에 호스트, 왼쪽으로 가면서 연령 순서로 앉는다. 노인과 소년, 소녀는 조금 떨어져 앉도록 배치하는 것이 좋다. 식사 전에 반드시 물로 양손을 씻는다. 보통 손가락으로 집어먹지만, 음식이 뜨거운 경우에는 나무 스푼을 사용하기도 하며, 오른손으로 식사를 한다. 물을 마실 때 컵을 입에 대지 않고 물을 입안에 부어 넣는다. 힌두교인들은 식사 중에 이야기하는 것을 무례하다고 여기므로 식사가 끝나면 손을 씻고 양치한 후에 이야기를 시작한다. 식사 후에는 물로 양치한 후 물을 뱉어버린다.

평상시 음주하는 사람이라도 종교적 의식을 행하는 기간 중엔 금주하기 때문에 유의해야 한다.

싱가포르

말레이계와 인도계가 국민 중 다수를 차지하기 때문에 식사 시에는 오른손을 사용해야 한다. 메뉴나 장소 선정에 있어 상대편이 채식주의자이거나 무슬림일 경우가 있으므로 사전에 확인하는 것이 좋다. 다양한 민족이 존재하는 국가이므로 함께 식사하는 상대를 잘 파악해서 준비하는 것이 좋다.

필리핀

필리핀은 서구적인 식사예절을 지키므로 모든 사람들이 앉을 때까지 기다려야 하며, 음식은 뷔페식으로 차려지기 때문에 개인접시에 자신이 먹을 적당량을 덜어서 먹고 같이 먹는 음식에서 음식을 덜 때에는 개인용 스푼이 아닌 서빙용 스푼을 사용하면 된다. 식사 중에 코를 푸는 것, 음식을 입에 넣고 이야기하는 것을 꺼리므로 삼가야 한다. 면종류를 먹을 때에는 소리를 내지 않고 먹는 것이 예의이며, 국물은 소리를 내지 않고 마셔야 한다.

말레이시아

정통 말레이식 식사법은 오른손으로 밥과 반찬을 집어먹는 것이다. 요즘은 대부분 스푼과 포크를 사용하지만, 현지인과 식사할 때에는 오른손만 쓰는 게 좋다. 종교마다 금기음식도 확고한데, 이슬람교도는 돼지고기를 부정하게 여겨 먹는 것은 물론이고 만지는 것조차 금기시한다. 반면 힌두교도는 소를 신성하게 여겨 소고기를 먹지 않는다. 이슬람교에서는 음주도 금기시하지만, 타 종교나 관광객의 음주에 관해서는 너그러운 편이다.

인도네시아

무슬림의 경우 모든 음식은 이슬람교에서 허용된 것만 먹는다. 특히 율법에 따라

술을 마시지 않기 때문에 술을 권하지 않도록 주의한다. 식사에 초대한 집 주인이 음식을 권할 때까지 기다려야 한다. 인도네시아에서 돼지는 그들의 경전인 ≪코란(Koran)≫에서 불결한 동물로 여기기 때문에 금기의 대상이다. 그들이 돼지고기를 먹지 않는다는 사실 역시 많이 알려져 있는 듯하지만 무심결에 실수하는 경우가 발생하기 때문에 조심해야 한다. 발리섬을 제외하고는 인도네시아인과 함께 식사할 때는 돼지고기를 권하지 않고 되도록 먹지도 않음으로써 그들의 문화에 대한 배려의 태도를 보이는 것이 중요하다.

베트남

베트남에서는 손님에게 차나 음식을 대접할 때 이를 거부하면 무례한 행동으로 오해받을 수 있다. 음식을 먹을 때는 소리를 내면 무례하다고 여기고, 다른 사람에게 음식을 건네받을 때에는 자신의 접시에 받는다. 식사에 초대했을 때에는 예상보다 많은 인원이 참석할 수도 있으니 예약자 수를 여유 있게 잡는 것이 좋다. 초대한 이, 즉 주최자가 식사를 대접하는 것이 관례이므로 초대받았을 경우에는 감사의 뜻을 전하되 억지로 자신이 식사비를 보태겠다는 등의 의사를 표현할 필요는 없다. 뷔페식으로 음식을 준비할 경우에는 다종교 사회의 특성을 감안해 초대받는 손님이 불교도인지, 기독교인지 등을 미리 파악해서 음식에 표시를 해놓아야 한다. 종교별로 금기하는 음식을 안내하기 위한 배려를 보이라는 뜻이다. 식사 시에는 젓가락으로 밥그릇을 치는 행위는 금기다. 음식은 소리 내며 씹으면 안 되고 한꺼번에 음식을 많이 넣는 행위도 예의에 어긋난다. 홀수를 터부시하는 베트남에서는 식사 후 이쑤시개를 줄 때도 한 개만 주는 것 자체가 실례다. 다만 부득이하게 한 개만 줘야 할 경우는 직접 건네주지 않고 식탁에 놓아두는 것이 관례다.

음주는 중국의 영향을 받아 첨잔문화이며 맥주와 커피를 즐긴다. 사용하던 젓가락으로 상대방에게 음식을 권하고, 밥그릇을 입에 대고 소리를 내며 먹는 것이 매너에 어긋나지 않는다. 프랑스의 영향을 받아 점심시간이 90분 내외로 긴 편이다.

몽골

날고기와 생선은 잘 먹지 않는다. 술을 따르고 마실 땐 손목을 안쪽으로 꺾어야 한다.

CHAPTER 14

와인의 이해

CHAPTER 14

와인의 이해

의·료·법·률·비·서·실·무

1. 와인의 정의

와인은 발효주(양조주)로서 알코올발효가 끝난 술을 여과한 것으로 변형되지 않은 원료 자체의 순수한 성분을 다량으로 함유하고 있다. 포도를 살짝 으깨어 일정 용기에 넣으면 포도과즙 속의 당분이 포도표피의 자연효모에 의해 알코올과 탄산가스로 변하게 되는데 이 과정을 알코올발효라고 하며, 이때 생성되는 발효주를 와인이라고 한다(김준철, 2010). 쉽게 말해서, 와인이란 포도즙을 발효시켜 만든 알코올 음료로 과실주의 일종이다.

와인이라는 단어는 라틴어 비눔(vinum)에서 유래되었다. 비눔은 '포도나무로부터 만든 술'이라는 뜻이다. 유럽의 여러 나라들은 로마제국으로부터 포도를 재배하고 그 열매로 와인 만드는 법을 전수받았다. 그래서 로마에서 와인을 전수받은 유럽 각국에서 와인이라는 말은 와인을 뜻하는 라틴어 비눔과 비슷하다. 즉 와인은 불어로 '뱅(vin)', 독일어로 '바인(Wein)', 이탈리아어와 스페인어로는 '비노(vino)', 러시아어로도 '비노(вино)'라고 하여 유럽 각국의 말이 대개 비슷하다.

와인은 포도 이외의 사과나 체리 등의 다양한 과실을 원료로 사용하여 발효시켜 만들기도 하는데, 이러한 발효주를 표기할 때에는 '와인(wine)'이라는 단어 앞에 원료로 사용된 과실의 명칭을 붙여준다. 우리나라에는 머루와인과 다래와인, 복분자와인, 사과와인이 있다. 코냑과 브랜디 역시 포도를 원료로 만든 술이다. 그런데 코냑과 브랜디는 단지 포도를 발효시키는 것만으로는 만들 수 없다. 코냑과 브랜디는 특별한 장치를 사용하여 와인에서 알코올 주정만을 추출한 것이다. 포도를 주원료로 한다는 점에서 코냑과 브랜디 역시 와인의 일종이라고 볼 수 있지만 일반적으로 이러한 증류주들을 와인이라고 부르지는 않는다. 일반적으로 포도즙을 발효시켜 만든 알코올 음료만을 와인이라고 한다.

영국 케임브리지대학의 그레이엄 하딩(Graham Harding)은 "와인은 언제나 일정한 의식과 함께하며, 유혹의 도구이자 개성을 표현하는 수단으로 건강에 도움을 줄 수 있는 것으로 그 자체로 하나의 세계이므로 와인을 단순히 '발효된 포도주스'라고 단정짓기는 어렵다"고 했다(G. Harding, 2008). 즉 와인은 과실의 당분이 효모에 의해 발효되어 알코올로 만들어진 과실주를 뜻하지만, 협의의 와인이란 양조용 포도품종인 비티스 비니페라(Vitis Vinifera)를 발효시켜 만든 알코올 음료로 포도품종의 독특한 성질뿐만 아니라 원산지 특유의 전통과 환경적인 특징 그리고 양조자의 철학까지 품고 있는 포도주를 의미한다(Seldon, 2000).

2. 와인의 역사

와인의 역사는 인류의 역사적인 기록보다 더 오래된 것으로 여러 학자들은 말하고 있다. 와인보다 앞서야 되는 포도나무는 고고학적으로 약 14000년의 역사를 갖고 있다는 연구가 있다. 그러나 와인은 이후 약 7000년이 지난 후에야 비로소 항아리 등에서 발견된 포도종자 등의 물증에 의해 확인되었다. 대부분의 당분이 많은 과실류들은 과숙될 경우 표면의 자연적인 야생 미생물에 의해서 알코올발효가 일어나므로 손쉽게 술을 만들 수 있었을 것이라 추측하고 있다. 특히 잘 익어 떨어진 과일들은 자연스럽게 발효가 된다. 이것이 와인의 발견이다.

포도의 원산지는 터키, 아르메니아, 이란 사이의 코카서스 남부지역으로 이곳에서 시작되어 7000~8000년 전 메소포타미아(소아시아)와 이집트를 거쳐 지중해를 건너 그리스·로마를 거쳐 전 유럽으로 퍼져 나갔다. 기록으로는 B.C. 4000~5000년경에 티그리스·유프라테스강 하구에 살았던 수메르인의 문학작품 ≪길가메시 서사시≫ 중 고대 오리엔트 문명의 생활상을 보여주는 내용에서 "홍수가 나자 인부들이 레드와인을 마시며 일주일 만에 배를 완성시켰다"는 기록이 나오며 이는 ≪구약≫의 "노아의 홍수"와 연관지을 수도 있다. 이곳은 노아가 홍수가 끝난 뒤 정착했다는 '아라랏산' 근처로 성경 구절과 일치하는 지역이다. 성경에는 노아가 농부가 되었고, 포도나무를 심었다(창세기 9,20~21)고 알려져 있다.

B.C. 4000~2000년대 중엽 사이에 많은 사람들이 유목생활에서 농경생활을 위해 정착하였으며, 포도농사도 소아시아를 거쳐 이집트까지 전파되었다. 이후 포도나무와 포도주는 크레타에 소개되었고, 이곳에서 다시 그리스와 이탈리아 남부, 리비아로 확산되었으며, 그리스에서 프로방스 지방, 이베리아반도와 페르시아를 거쳐 인도로 확산되었다. 로마제국은 정복지의 평화 정착을 위해 포도나무를 옮겨 심고 재배와 포도주의 기술을 가르쳐주었다. 그 결과 이탈리아뿐만 아니라 프랑스, 독일, 영국과 북아프리카에서도 포도의 생산과 문화를 가지게 되었다. 그 후 로마제국의 쇠퇴는 와인산업에도 영향을 미쳐 사양길에 들어서게 되었다.

중세의 기독교는 의식을 위한 포도주를 필요로 하면서 포도농사의 보존을 위해 노력하였고 경작을 확대하였다. 중세 말 르네상스 초기에는 수공업과 무역을 통해 부를 축적한 부르주아를 중심으로 경제적으로 충분한 이윤을 기대하는 부르주아식 포도밭 경영 개념이 성립되었다. 근대의 과학적 진보는 포도주에도 영향을 가져왔고, 유럽문명의 팽창과 근대 제국주의의 식민지 개척은 포도주의 새로운 지평을 열어 신세계 와인을 낳게 되었다. 현대과학의 발전은 파스퇴르의 미생물 활동을 통한 발효현상과 당분작용에서 알코올의 변화를 연구하여 양조기술의 획기적인 이론을 확립하였으나 전 세계를 휩쓴 포도나무뿌리진딧물(Phylloxera)로 인한 엄청난 고통과 피해도 있었다. 제1차 세계대전 후 미국의 금주령과 같은 퇴보의 시기를 겪었지만 제2차 세계대전 이후 와인산업은 재배, 양조, 위생 등 모든 면에서 비약적인 발전을 거듭하며 오늘날에 이르고 있다.

3. 와인의 분류 및 마시는 법

와인을 색상별로 분류하면 레드 와인, 화이트 와인, 로제 와인, 옐로 와인으로 나눌 수 있다. 레드 와인은 적포도를 사용하여 만드는데 색깔은 붉은색, 자주색, 루비색, 적갈색 등 다양한 색을 가진다. 레드 와인의 붉은색은 포도껍질에 있는 붉은 색소 때문이다. 따라서 포도껍질의 붉은 색소를 추출하기 위하여 씨와 껍질을 그대로 함께 넣어 발효시킨다. 이때 붉은 색소뿐만 아니라 껍질에 있는 타닌성분까지 추출되어 떫은맛이 난다. 전체적인 향과 맛에 있어 강한 풍취를 가지고 있으며, 주로 육류 및 맛과 향이 깊은 음식과 잘 어울린다. 레드 와인의 일반적인 알코올농도는 12~14%이며, 일반적으로 상온(18~20℃)에서 제맛을 낸다. 레드 와인을 만드는 데 주로 쓰이는 포도품종으로는 카베르네 소비뇽(Cabernet Sauvignon), 메를로(Merlot), 시라(Syrah), 바르베라(Barbera) 등이 있다.

화이트 와인은 주로 청포도로 만드는데, 일부 적포도를 가지고 만들기도 한다. 화이트 와인의 색은 노란색, 연초록색, 호박색, 황금색을 띠는데, 이는 레드 와인과는 달리 씨와 껍질을 빼고 발효시키기 때문이다. 따라서 화이트 와인은 타닌성분이 적으므로 맛이 순하고 가볍고 산뜻하여 과육질의 향과 맛을 그대로 지니고 있다. 주로 식욕을 돋우기 위하여 식전주로 마시거나, 생선, 과일, 채소, 담백한 요리와 함께 마신다. 화이트 와인의 일반적인 알코올농도는 10~13%이며, 10℃ 정도로 차게 마셔야 제맛을 낸다. 화이트 와인을 만드는 데 쓰이는 유명한 포도품종으로는 샤르도네(Chardonnay), 리슬링(Riesling), 소비뇽 블랑(Sauvignon Blanc), 세미용(Semillon) 등이 있다. 로제 와인은 적포도로 만들기는 하지만 껍질에 있는 색소가 덜 우러나오게 만든 것이다. 연한 양파 껍질색에서부터 연한 루비색을 띤다. 레드 와인처럼 포도껍질을 같이 넣고 발효시키다가 어느 정도 색이 우러나오면 껍질을 제거한 채 과즙만을 가지고 와인을 만든다. 로제 와인은 보존기간이 짧고 오래 숙성하지 않고 마시며, 색은 레드 와인과 화이트 와인의 중간이지만 맛은 화이트 와인에 더 가깝다. 다채로운 요리가 섞여 있는 식탁이나 뷔페요리에 잘 어울린다. 미국에서 사용하는 블러시 와인(Blush wine)이나 화이트 진판델(White Zinfandel)은 로제 와인을 의미한다.

옐로 와인은 대부분 화이트 와인에 속하지만, 보통은 프랑스의 뱅 존 와인을 뜻한다.

용도별로 분류하면 애피타이저 와인, 테이블 와인, 디저트 와인, 식후주로 나눌 수 있다.

애피타이저 와인은 식전에 입맛을 돋우기 위해서 마시는 와인이다. 주로 산뜻한 맛이 나는 와인을 선택한다. 스페인의 셰리(Sherry), 이탈리아의 베르무트 등이 있다. 신맛이 나지 않는 프랑스의 알자스(Alsace)나 독일의 화이트 와인도 애피타이저로 좋다. 특별한 경우에는 달지 않은 샴페인(Champagne)도 쓰인다.

테이블 와인은 일반적인 와인을 의미한다. 식욕을 증진시키고, 입안을 헹궈 다음에 나오는 음식의 맛을 잘 볼 수 있게 해주는 역할도 한다. 화이트 와인을 마실 경우 가볍고 신선한 것으로는 보르도(Bordeaux)의 그라브(Grave), 부르고뉴(Bourgogne)의 샤블리(Chablis), 독일의 모젤(Mosel), 이탈리아의 소아베(Soave) 등이 있으며, 묵직한 것으로는 부르고뉴의 푸이 퓌세, 코트 드 본(Côte de Beaune), 스페인의 리오하(Rioja) 등이 좋다. 레드 와인을 마실 때는 가벼운 것으로 보졸레(Beaujolais), 보르도의 그라브, 이탈리아의 바르베라 등이 좋고, 묵직하고 텁텁한 것으로는 보르도의 포므롤(Pomerol), 부르고뉴의 코트 드 뉘(Côte de Nuit) 등이 좋다.

디저트 와인은 식사 마지막에 디저트와 함께 마시는 당분 높은 와인으로 귀부 와인을 뜻한다. 포르투갈의 단맛이 강한 포트(Port) 와인이 가장 대표적이며, 헝가리의 토카이(Tokay) 와인 등이 있다. 식후주는 디저트까지 모든 식사를 마친 후에 즐기게 되는 술을 의미한다. 주로 위스키, 보드카, 브랜디같이 도수가 높은 술을 마시며 소화를 촉진시킨다.

당분 함량으로 분류하면 드라이 와인, 미디엄 와인, 스위트 와인으로 나눌 수 있다. 드라이 와인은 단맛이 없고 포도껍질의 타닌이 약간 떫은 듯한 느낌을 준다. 미디엄 와인은 약간의 단맛이 느껴지는 정도의 와인이다. 스위트 와인은 달콤한 와인으로 숙성과정에서 과당을 완전히 발효시키지 않았기 때문이다.

무게감으로 분류하면 라이트바디, 미디엄바디, 풀바디 와인으로 나눌 수 있다.

라이트바디 와인은 입안에 머금었을 때 물과 같은 무게감을 나타낸다. 소비뇽 블랑 같이 생기 있는 화이트 와인이 해당된다. 미디엄바디 와인은 물보다는 무거운 듯하지만 가볍지도 무겁지도 않은 와인 스타일을 의미한다. 생과일주스 정도의 무게감이다. 풀바디 와인은 입안에서 묵직한 느낌이 들고 맛과 향이 농축된 경향이 있으며 두유 정도의 무게감이다.

제조방법으로 분류하면 스파클링 와인은 기포가 있는 모든 와인이며, 샴페인, 카바, 젝트, 스푸만테 등이 해당된다. 스틸 와인은 거품이 없는 와인으로 일반적인 레드, 화이트, 로제 와인을 의미한다. 주정강화 와인은 와인에 브랜디나 주정을 첨가하여 알코올도수를 올린 술로 포트, 마데이라, 셰리 등이 해당된다. 가향 와인은 와인에 향료, 감미료, 약초, 색소 등을 첨가하여 독특한 맛과 향을 내는 와인으로, 마티니 칵테일을 만드는 베르무트가 해당된다.

와인 테이스팅은 시각, 후각, 미각, 촉각의 순서로 이어진다. 시각으로 성상, 색깔의 농도 등을 살펴보고, 혼탁한지 색깔이 정상이 아닌지 등을 확인하며, 후각으로 항상 마시기 전에 향을 맡는다. 글라스를 흔들어서 후각에 미치는 영향을 크게 하여 와인을 입에 넣은 후에도 코로 전달되는 와인의 향과 같이 맛을 판단한다. 마지막으로 혀의 촉각으로 온도, 점도, 알코올농도 등을 느끼는데 단맛, 짠맛, 쓴맛과는 다르게 알코올의 화끈한 맛, 탈수작용, 타닌의 쓴맛 그리고 입의 부드러운 감촉 등과 같은 감각을 느낀다.

4. 와인문화의 이해

헤밍웨이는 "식탁의 와인만큼 대화를 도와주는 것이 있을까? 와인에 대한 지식은 문화의 일부분으로 예술, 음악, 문학과 마찬가지다. 와인은 세상에서 가장 문화적인 것으로 완벽한 자연의 산물이며, 다른 어느 것보다 커다란 즐거움과 감흥을 불러일으킨다"라고 말하였다. 와인은 그 자체로 문화와 역사를 가장 많이 담고 있는 술이다. 인류의 역사와 더불어 존재하고 있으며 각 나라의 풍습과 역사를 보여주기 때문이다. 서구인들에게 와인은 역사의 일부분이며 자부심이다. 영국과 프랑스가 중세에 수백 년간 전쟁을 벌인 이유가 천혜의 땅 '보르도'의 지배권에 있었다는 사실은 유명한 역사적 사실이다.

또한 와인은 서구의 정신적 버팀목인 '기독교'와 연관성이 깊다. 와인은 교회에서 예식을 거행하는 데 필수품이다. 성찬식에서 나누는 와인은 기독교의 필수불가결한 소품이기도 하다. 성경에서 예수 그리스도가 살아생전 벌인 36가지 이적행위 중 첫 번째가 '와인'에서 비롯됐다.

"프랑스인은 여행갈 때 숟가락은 잊어버리더라도 와인 오프너는 반드시 챙긴다"는 유명한 이야기가 있을 정도로 서구 사람들은 와인을 삶의 일부로 여긴다. 유럽의 비즈니스맨들은 식사 도중 와인을 곁들이는 경우가 많다. 한국의 반주(飯酒)문화와 유사한 것이다. 미국 비즈니스맨들은 '와인'을 선물받으면 신뢰받고 있다는 반증으로 여긴다고 한다.

미국 와인전문지 ≪와인스펙테이터≫의 전 편집장 제임스 서클링은 "와인은 문화 소통의 역할을 담당한다. 언어와 국적이 각기 다른 사람들을 하나의 대화의 장으로 모을 수 있는 문화를 통해 소통할 수 있는 열쇠이다. 와인이 좋은 것은 좋은 토양과 기후, 포도품종의 덕분이지만 그보다 더 좋은 이유는 와인을 마시면서 만난 사람 때문이다. 5달러짜리 와인을 마시면서도 옆에 있는 사람과 마음을 열고 대화를 나눌 수 있다. 와인을 마시고 이해하면 세상에서 가장 귀한 것을 기분 좋게 쉽게 얻을 수 있다"라고 밝혔다. 와인은 역사적, 문화적, 경제적, 사회적, 기회적 가치가 굉장히 높은 술이며 문화 소통의 키워드라 할 수 있다. 따라서 현대에서 와인은 술이 아니라 예'술'인 것이다.

5. 와인과 비즈니스

글로벌 시대가 도래하면서 외국 비즈니스맨들과 식사하는 경우가 많아지면서 와인의 중요성이 부각되기 시작했다. 와인과 비즈니스는 서로의 문화를 이해하려는 배려에서 출발한다는 점에서 유사하다. 사전에 상대방의 와인 취향을 알고 배려하면 까다로운 협상도 원만하게 마무리될 수 있을 것이다.

와인은 최근 비즈니스의 중심에 섰다. "국제 비즈니스 석상에서 가장 많이 오르는 술이 와인이다. 전 세계 기업과 사람을 이어주고, 문화를 연결해 줄 수 있기 때문이다. '인터내셔널 코디네이터(International Coordinator)' 역할을 와인이 도맡고 있다는 것이다. 외국 비즈니스맨들이 김치에 대해 술술 이야기하면 어떤 생각이 들까. 상대방을 예우한다는 생각이 들지 않을까. 마찬가지다. 와인은 서구인들에겐 김치와 같다.

떼려야 뗄 수 없는 주류가 바로 와인이다. 외국 비즈니스맨들 앞에서 와인에 대해 말하면 당연히 접근성뿐 아니라 신뢰감도 줄 수 있을 것이다." 와인지식이 풍부하면 글로벌 비즈니스가 그만큼 수월해질 가능성이 크다(Economy 21, 2007). 글로벌 비즈니스를 펼치고 있는 현대사회의 글로벌 비즈니스 엘리트로서 와인지식이 반드시 필요한 이유도 여기에 있다. 와인의 기본 법칙을 익히고, 와인 스킨십을 수시로 즐기는 것이 필요하다.

비즈니스 세계에서 '와인은 이제 비즈니스의 기본'이라는 말까지 회자된다. 삼성경제연구소가 국내 CEO 404명을 대상으로 실시한 설문조사 결과에 따르면 총응답자의 11.6%가 '와인지식은 비즈니스에서 매우 중요하다'고 생각하고 있는 것으로 나타났다. '와인지식은 어느 정도 중요하다', '가끔 중요할 때가 있다'고 답한 CEO도 각각 51.7%, 32.2%인 것으로 밝혀졌다. 설문에 응한 CEO 중 무려 95%가 비즈니스에서 와인이 차지하는 비중을 높게 평가한 것이다.

하지만 와인문화에 익숙해진다는 것은 생각만큼 간단한 일이 아니다. '와인은 신이 인간에게 준 최고의 선물'이라는 고대철학자 플라톤의 말과는 달리, 와인은 결코 '친절한' 술이 아니다. 무엇보다 역사·정치·종교·지리·예술·과학 등 어디 한 군데 걸치지 않는 분야가 없을 정도로 '스펙트럼'이 넓어, 와인의 심오한 뜻을 이해하기란 여간 어렵지 않기 때문이다.

비즈니스에서 와인이 차지하는 비중은 거의 절대적이다. 재계 CEO들에게 와인은 그 자체의 맛은 물론 비즈니스 수단으로 각광받기도 한다. 이에 따라 '와인은 이제 비즈니스의 기본'이라는 말이 당연시 여겨진다. 특히 재계 CEO들 가운데 일부는 전문가 수준의 와인 지식을 가지고 있고 글로벌 경영활동 중 와인 비즈니스를 바탕으로 사업성공을 이룬 경험을 가진 경우도 있다. 재계의 많은 CEO들이 와인을 즐겨 마신다. 단순히 술뿐만 아니라 교류와 비즈니스의 '채널'로 여기며 와인을 즐긴다. 와인과 그 문화에 대한 전문교육을 받기도 한다. 정용진 신세계그룹 부회장은 와인 애호가로도 유명하며, 자신이 마신 와인을 페이스북에 소개하기도 한다. 신세계L&B를 통해 와인을 직접 수입하고 이마트에서 와인을 유통하는 그룹의 총수인 만큼 이런 행동은 자연스러운 경영활동의 일환으로 여겨진다.

정 부회장은 와인에 관해 전문가급 수준을 갖추고 있는 것으로 알려져 있다. 호텔 업계의 한 유명 소믈리에는 "정 부회장은 프랑스 와인 외에도 아르헨티나, 남아공 와인 등 아직 국내에 많이 익숙하지 않은 와인에 대한 지식도 상당한 수준"이라며 "소믈리에들에게 가장 까다로운 질문을 많이 하는 재계 인사 중 한 명"이라고 말했다. 정 부회장은 2009년 부산조선호텔에서 같은 해 만 60세가 된 계열사 CEO들에게 와인을 선물하였다. 그가 선물한 와인은 '샤토 라투르' 1949년 빈티지였다. 이는 CEO들의 출생연도를 고려한 선물이라 감동이 매우 컸다고 한다.

글로벌 기업 L사의 부사장은 한국을 방문한 HP사장과 다이닝미팅을 하면서 미리 준비했던 59년산 프랑스 보르도의 그랑 크뤼 와인인 '샤토 랭쉬 바쥬'를 선물하였다. 바이어가 1959년생임을 알고 일부러 준비해 놓은 것이었다. 그의 탁월한 정성에 바이어는 감동했고, 그 인연으로 계약을 성사시켰다고 한다(CNB, 2012).

6. 비즈니스 와인 페어링

비즈니스 와인 페어링에서 가장 중요한 것은 상대방 나라의 문화나 식생활에 관해 얼마나 잘 이해하고 있는지를 보여주는 것으로 상대방에 대한 이해와 배려에서 시작하는 것이다.

와인은 잔 안에 감도는 향을 음미하면서 한 모금씩 마시며, 혀를 통해 입속 전체에 퍼지는 맛을 음미하는 것이 제대로 마시는 방법이다. 와인의 기본 매너는 스월링(Swirling)을 가볍게 3~4번 정도만 하는 것이다. 원 샷은 금물이므로 조금씩 음미하면서 마시며 동석자가 와인을 마시려 할 때 같이 응대한다. 첨잔이 기본이므로 빈 잔이 될 때까지 기다리면 실례이다. 사양할 때는 와인 잔에 손을 살짝 올려 눈으로 표현한다.

식사 중 입속에 요리가 있을 때에는 음식을 모두 먹은 후에 와인을 마시는 것이 좋다. 음식과 와인이 섞이면 음식의 맛도, 와인의 맛도 잃기 쉽기 때문이다. 상대방이 음식을 먹는 도중에 와인을 권하는 건 실례이다. 따라서 식사 도중 와인을 마실 때에는, 음식을 다 먹고 냅킨으로 입술을 가볍게 닦은 후에 마셔야 한다. 그러면 다른 음식의 맛이 섞이지 않으면서 와인 잔이 더러워지는 것도 막을 수 있다. 다른 음식의 맛을 줄이고 와인 고유의 맛을 음미하고 싶다면, 와인을 마시기 전에 빵조각을 살짝 씹어 입안의 음식 맛을 없애주는 것도 방법이다. 와인 건배 시 반드시 아이콘택트를 해야 한다. 와인을 함께 마시는 것은 일종의 문화를 공유하는 것이므로 눈을 마주치면서 동질감을 느끼는 것이다.

와인 매너는 호스트인지 게스트인지에 따라 달라진다. 자신이 게스트라면, 음식이나 술을 권하는 것은 전적으로 호스트의 몫이므로 먼저 와인을 권하거나 따르면 안 된다. 호스트라 할지라도 게스트가 사양하면 강제로 권해서는 안 된다.

모임의 주최자일 경우 초청받은 사람의 취향을 먼저 묻는 것이 예의이다. 그러나 초청받은 사람이 선택권을 호스트에게 넘기는 것 또한 예의이므로 결국 호스트가 와인을 고르는 경우가 많다. 만약 외국인과의 모임일 경우에는 그 사람의 국적지에서 생산된 와인을 선택하는 것도 상대방의 기분을 좋게 해주는 방법이다.

와인 시음을 할 때에는 손님을 초대한 사람이 제일 먼저 시음하는 것이 테이블 매너의 상식이다. 시음은 그 와인의 맛이나 온도를 체크해 완전한 상태인지를 확인하기 위한 것이다. 와인은 가끔 마개가 완전치 못해 맛이 나빠지는 경우도 있고, 마개를 뺄 때 코르크 등이 일부 병 속으로 빠지는 경우도 있기 때문에 손님을 초대한 사람이 체크할 필요가 있다. 따라서 손님을 초대한 경우는 우선 호스트의 글라스에 와인을 1/4 정도 따른 후 시음해 보고 결정하면 웨이터가 와인을 손님들에게 서브하게 된다. 레스토랑에서는 와인 전문가인 소믈리에(Sommelier)가 와인에 대한 서브를 한다. 와인의 시음은 남성이 하는 것이 에티켓이므로 주인이 여성일 경우는 동석한 남성손님에게 시음을 의뢰한다.

와인을 접대할 때에는 여성에게 먼저 따르고, 그다음은 시계방향으로 따르는데 레이블이 보이도록 오른쪽으로, 방울이 흐르지 않도록 따른 후 와인 병을 살짝 돌려준다. 와인을 받을 때에는 잔을 들지 않고 테이블 위에 두면 되고, 예의를 표하고 싶을 때에는 손가락을 베이스 위에 살짝 올려둘 수 있다. 와인은 약간 남아 있을 때 첨잔하는 것이 기본이며, 와인 잔이 비었는데도 옆 사람이 모른다면 무신경해 보일 수 있으니 항상 살펴보는 것이 좋다.

웨이터나 호스트가 음료나 주류를 권할 때 사양하는 방법으로는 따르려 할 때 글라스 가장자리에 가볍게 손을 얹어 사양한다는 표시를 하면 된다. 술이나 음료는 남기지 않는 것이 기본 매너이다. 흔히, 술을 마시지 않는 사람 중에 처음부터 사양한다는 의미로 술잔을 엎어놓는 경우가 있는데 테이블 매너에서는 글라스류를 엎어놓는 것을 금기시하고 있다.

7. 와인의 구매 및 보관법

(1) 와인 구매방법

와인은 품종, 원산지 등이 다양하기 때문에 구매하기 전에 온라인과 오프라인 자료를 충분히 활용하는 것이 좋다. 먼저 와인 평점이나 입상 경력 등을 알아본다. 와인 평론가들이 와인을 직접 마셔보고 매겨놓은 점수는 와인의 품질을 가늠하는 데 유용한 참고가 될 수 있다. 보통은 100점 혹은 20점 만점을 기준으로 점수를 매긴다. 와인의 품질을 겨루는 공인대회에서 입상한 경력도 와인의 품질 수준을 짐작하는 데 유용하다. 대회에서 입상한 와인에는 흔히 레이블과는 별도로 메달 모양의 장식이 부착되어 있다. 권위있는 기구나 단체 등이 매겨놓은 서열도 와인의 품질을 추정하는 준거로 삼을 수 있다. 미국의 저명한 와인잡지 ≪와인 스펙터클≫이 매년 발표하는 100대 우수와인 목록 등이 대표적이다.

온라인에서 와인을 선택했다면 그 이후에는 직접 매장을 방문하여 셀러의 추천을 받고, 제품의 상태를 확인한다. 구매할 와인의 종류를 결정한 후에는 제품의 보관상태를 꼼꼼하게 살펴야 한다. 수입과정에서 보관 혹은 운송과정에서 빛, 열, 진동, 충격 등으로 변질된 제품을 구입할 확률도 있기 때문이다.

와인 구매 시 병의 겉면에 이물질이 묻어 있거나 긁힌 자국이 있거나, 레이블의 색상이 퇴색됐거나 심하게 훼손되었다면 유통과정에 문제가 있을 수 있으니 피하는 것이 좋다.

코르크가 병 위로 돌출된 것은 높은 온도에서 오래 보관된 것이고, 병 안쪽으로 들어가 있으면 외부에서 무리하게 힘이 가해졌다는 것을 의미하므로 구매하지 않는 것이 좋다.

(2) 와인 보관법

와인을 보관하기 위해 가장 중요한 점은 온도가 일정해야 한다는 것이다. 와인을 보관하는 적정온도는 10~18℃ 정도이다. 너무 강한 열을 쬐면 코르크가 변질되어 와인이 상하게 되며, 10℃ 이하가 되면, 와인이 산소나 냄새를 쉽게 흡수하게 되므로 와인이 변질되기 쉽다. 와인을 음용할 때에도 종류별로 최적의 온도로 맞추는 것이 좋다. 화이트 와인과 로제 와인은 8~10℃로 조금 차갑게 해서 마시는 것이 좋으며, 레드 와인은 18~21℃ 정도가 알맞다. 저장소는 직사광선에 노출되어서는 안 되며 어두울수록 좋다. 빛을 받게 되면, 와인이 너무 빨리 숙성되어 식초로 변하거나 직사광선으로 라벨이 변색되기 쉽기 때문이다. 특히 발포성 와인이나 드라이한 화이트 와인은 햇빛에 결정적으로 손상을 입기 쉽다.

와인은 청결하고 약간은 습기가 있는 곳에 보관해야 한다. 습도가 부족하면 와인에 함유된 수분이 건조한 코르크를 통해 증발하고 대신 공기가 병 안에 들어가 와인의 산화를 촉진시키기 때문이다. 적정 습도는 55~75% 수준이다. 보관할 때, 와인이 흔들리지 않도록 해야 한다. 와인산지로부터 오랜 기간 흔들려왔던 와인은 한 달 정도 이동이 없어야 하며, 파티에 가져간 와인도 한 시간은 움직이지 않게 두었다가 마시는 것이 좋다. 일반 냉장고는 진동이 있으므로 장기간 보관에는 좋지 않다. 와인 병의 라벨이 위로 올라가게 뉘운 채로 놓아, 코르크에 와인이 닿아서 수분이 유지되도록 하여 보관한다. 코르크가 마르면 갈라져서 그 틈으로 공기와 박테리아가 병 안으로 들어가 와인을 상하게 만들 수 있으며, 품질도 떨어뜨린다. 항상 코르크 마개가 촉촉하게 젖어 있게 와인 병을 눕혀서 보관해야 한다.

8. 와인 선물 매너

와인을 선물할 때는 TPO에 따르는 것이 중요하다.

Time은 기념일, 명절기념일, 크리스마스, 연말을 의미하고, Place는 호스트에게 초대되어 함께 마시는 용도, 즉 선물의 장소를 뜻하며, Occasion은 결혼, 승진, 입학 등의 축하할 상황을 의미한다.

와인 선물 시 매너는 다음과 같다.

첫째, 모든 와인에는 스토리텔러가 존재하므로 받는 분에게 와인과 함께 스토리를 전한다.

둘째, 받는 분의 와인 성향을 미리 체크한다.

셋째, 가급적 포장용 원목 상자에 담아서 선물한다.

넷째, 기포가 넘칠 수 있는 샴페인이나 스파클링 와인의 경우 받는 분에게 샴페인임을 알려준다.

다섯째, 다이닝 미팅에서 마실 샴페인을 선물할 경우 샴페인은 식사시간 3시간 전에는 디캔팅을 하여야 시원하게 마실 수 있으므로 전달 시 디캔팅 시간을 감안한다.

와인 선물 시 주의할 점은 라벨이 더러운 와인은 피해야 한다는 것이다. 라벨이 더러운 와인은 라벨이 왜 더러워졌는지, 그 이유가 중요하다. 특히 와인이 새서 더러워졌다면 그 와인은 구입하지 않는 것이 좋다. 병 입구 부분의 코르크가 부풀거나, 병목을 감싼 호일이 더러운 경우는 피하는 것이 좋다.

CHAPTER

15

서비스 커뮤니케이션

CHAPTER 15

서비스 커뮤니케이션

1. 서비스 커뮤니케이션의 개념과 중요성

서비스 제공자와 고객 간의 가장 기본적 활동인 교환의 시작과 유지, 종결과정이 커뮤니케이션에 의해 이루어진다. 고객 서비스 그 자체가 커뮤니케이션 과정이며 고객이 인식한 서비스 경험에 있어 커뮤니케이션은 필요불가결한 부분이다. 고객과의 커뮤니케이션은 조직과 고객이 아닌, 조직을 대표하는 서비스 제공자가 고객에게 전문적인 도움을 제공하는 것으로서 기업을 대표하는 서비스 제공자가 고객과의 만남에서 지식 전달, 정보 제공 등 자신의 역할을 수행함에 있어서 반드시 수반되는 것이 고객과의 커뮤니케이션이다(김상희, 2007).

고객과의 성공적인 커뮤니케이션은 그 조직을 차별화시키고 경쟁력을 갖출 수 있는 중요한 요소 중 하나이다(Faust & Spatt, 1994). 이들이 서비스 접점에서 제공하는 서비스가 고객에게는 기업 전반에 대하여 평가할 수 있는 하나의 단서가 된다는 점에서 서비스 제공자의 커뮤니케이션의 중요성은 증대하고 있다(김상희, 2007).

고객을 대상으로 하는 서비스 커뮤니케이션은 일반적으로 단방향 커뮤니케이션과 양방향 커뮤니케이션으로 분류된다(Leszczynski & Zielinski, 2013). 단방향 커뮤니케이션은 대중광고, 홍보, 판매촉진활동 등의 활동을 말하며 양방향 커뮤니케이션은 서비스 제공자와 고객 간의 접점에서 이루어지는 커뮤니케이션을 말한다(Gills et al., 1998).

커뮤니케이션은 고객에게 일방적으로 정보를 배분하는 것이 아니라 기업과 고객의 상호작용이라는 점에서 양방향 커뮤니케이션인 대화 커뮤니케이션이 강조되고 있다(Mast, Huck, & Guller, 2009, p. 68). 대화 커뮤니케이션은 평등한 커뮤니케이션 파트너

간의 양방향 커뮤니케이션 과정으로 구성되고, 양측 커뮤니케이션 파트너는 정보 교환을 통해 상호작용의 내용에 따라 서로 영향을 준다(Mast et al., 2009, p. 184). 오늘날의 고객은 더는 서비스의 수동적 수용자가 아닌 능동적 이용자로서 어떤 정보원으로부터 어떻게 정보를 얻을지 스스로 결정한다(Mast et al., 2009, pp. 184-185). 커뮤니케이션은 단지 정보의 교환뿐만 아니라 감정적 태도도 함께 전달되기 때문에, 커뮤니케이션이 진행되는 과정에서 양 당사 간의 관계는 지속적으로 정립, 재정립된다(Leszczynski & Zielinski, 2013). 이 과정에서 고객은 긍정적, 부정적 감정을 경험하게 되고 이런 감정은 고객 행동에 영향을 미치게 된다(김상희, 2007).

2. 서비스 제공자의 커뮤니케이션 전략

서비스 제공자의 언어적·비언어적 커뮤니케이션은 모두 서비스 제공자의 고객평가에 중요한 요소이므로 서비스 유형에 따라 적절한 커뮤니케이션 전략을 세워야 한다.

서비스 유형은 상호작용의 시간과 공간적 거리에 따라 거래기반서비스와 관계기반서비스로 구분된다(박재범 외, 2013 ; Ford, 2001). 거래기반서비스는 고객과 서비스 제공자의 상호작용 시간이 5분 이내이며 공간적 거리가 개인적 영역(45cm) 이상인 서비스를 의미하고, 관계기반서비스는 고객과 서비스 제공자의 상호작용시간이 30분 이상이며 공간적 거리가 개인적 영역 내에서 이루어지는 서비스를 의미한다(박재범 외, 2013). 서비스 유형에 따라 서비스 제공자의 언어적 커뮤니케이션이 서비스 제공자에 대한 고객평가에 미치는 영향은 거래기반서비스보다 관계기반서비스에서 크게 나타났다. 반면, 서비스 제공자의 비언어적 커뮤니케이션은 관계기반서비스보다 거래기반서비스에서 서비스 제공자에 대한 고객평가에 더 큰 영향을 준다.

서비스 제공자에 대한 고객평가가 타인에게 기업에 대한 선호도를 표현하고, 그 기업과 지속적인 거래관계를 유지 및 증대하고자 하는 행동적 충성도에 긍정적인 영향을 준다(박재범 외, 2013). 이에 따라 서비스 제공자는 고객과의 커뮤니케이션에 있어서 서비스 유형에 알맞은 언어적·비언어적 커뮤니케이션을 사용해야 한다.

이와 유사한 관점에서 Ford(2001)는 고객이 관계기반 또는 거래기반에 커뮤니케이션을 원하는지를 고려한 후 고객맞춤형 커뮤니케이션을 지향해야 한다고 주장하였다. 그의 연구에서 강조한 점은 서비스 직군에 따라 고객이 원하는 커뮤니케이션의 종류가 달라져야 한다는 것이다. 간호사, 의사, 비서 등의 서비스와 같이 많은 대화를 필요로 하는 관계기반서비스 영역에서 고객은 개인의 필요에 맞는 개인화된 커뮤니케이션을 기대하는 것으로 나타났다. 반면 패스트푸드 판매원, 편의점에서는 시간의 효율성이 더 중요하게 고려되어 짧은 대화가 고객만족에 더 효과적이라고 하였다.

고객만족은 서비스 제공자의 커뮤니케이션 스타일에 따라 달라진다. 서비스 제공자의 커뮤니케이션 스타일은 협력형, 신뢰형, 전문형, 통제형으로 구분할 수 있으며 각 커뮤니케이션 스타일이 고객의 자아존중감, 신뢰 및 행동의도에 미치는 영향에 대하여 알아보면 서비스 제공자의 협력형 커뮤니케이션과 신뢰형 커뮤니케이션은 고객의 자아존중감에 직접적인 영향을 미치고, 고객의 신뢰도에 있어서는 신뢰형 커뮤니케이션과 전문형 커뮤니케이션이 가장 많은 영향을 미치는 것으로 나타났다. 또한 고객의 자아존중감과 신뢰는 고객의 행동의도에 영향을 주는 것으로 밝혀져 고객의 재방문, 긍정적 구전의도를 높인다고 하였다. 서비스 제공자의 커뮤니케이션 스타일이 협력적, 신뢰적, 전문적일수록 고객의 자아존중감과 신뢰는 높아지나 지배형 커뮤니케이션은 고객의 자아 존중감과 신뢰에 부정적 영향을 미치는 요인이라고 볼 수 있다(이정실·김희진, 2013).

서비스 제공자는 고객이 어떤 방식의 커뮤니케이션을 원하는지 파악하여 그에 맞는 적절한 커뮤니케이션을 할 때 서비스에 대한 고객만족이 극대화되는 것이다. 따라서 서비스 특성별로 고객의 필요를 고려한 고객 관점에서의 서비스 커뮤니케이션이 중요하다. 서비스 제공자는 고객에게 서비스를 제공할 뿐만 아니라 고객의 서비스 관련 문제도 해결할 수 있어야 하기 때문에 서비스 실패 상황에서 서비스 제공자의 대처능력은 고객만족과 서비스 평가에 있어 중요한 척도가 된다(Beverly, Bradley, & Callan, 1997).

고객만족은 기업에 대한 호감도로 이어져 궁극적으로는 기업 성과로 이어지게 된다. 서비스 제공자의 커뮤니케이션은 서비스의 질을 결정하는 중요한 요소이며 향상된 고객 서비스로 인한 기업의 수익은 광고효과로 인한 수익보다 약 10~12배 높다는 연구결과가 있다(Mergen & Stevenson, 2009). 따라서 서비스 제공자는 고객의 입장에 서서 그들을 대해야 하며, 서비스 제공자에게 무엇을 기대하면서 문제해결을 하고자 하는지를 간파하여 그 상황에 맞는 커뮤니케이션을 구사할 때 고객만족은 증대할 것이다.

3. 효과적인 커뮤니케이션 방법

커뮤니케이션을 잘한다는 것은 상대방의 '말'을 잘 이해하는 것이 아니라, 상대방의 '마음'을 잘 이해하는 것이다.

효과적인 커뮤니케이션의 6단계 법칙에 대하여 알아보자.

첫째, 경청하라. 경청의 의미는 상대의 말을 잘 듣고 적극적인 반응을 보이는 것이므로 리액션까지 경청에 포함된다고 할 수 있다. 경청은 의사소통의 기본적인 과정이며 우리는 누구나 자신의 이야기를 잘 들어주는 사람에게 호감을 느낀다.

둘째, 질문하라. 질문은 상대에 대한 관심과 호기심의 표현이다.

셋째, 공감하라. 공감은 '상대의 감정, 의견, 상황까지도 그럴 수 있겠구나'라고 이해하는 마음이 일어나는 것이다. 상대방에게 공감을 보여주면, 상대는 자신의 마음을 나처럼 알아준다는 느낌을 받게 되어 신뢰감을 촉진시키는 계기가 된다.

넷째, 설명하라. 설명은 자신이 가지고 있는 정보를 상대에게 충분히 제공하고 공유하기 위한 중요한 기술이다.

다섯째, 강화하라. 강화는 타인에 대한 인정, 긍정, 칭찬, 격려, 지지를 전달하는 언어적 표현이다.

여섯째, 유머를 즐겨라. 유머는 긴장을 해소시켜 타인을 편안하게 만드는 기능을 한다.

탁구와 커뮤니케이션을 비교해 보자면, 탁구를 할 때 랠리(rally) 상황이 지속되어야 서로 재미를 느낄 수가 있다. 한두 번 주고받고 공이 바닥에 떨어지면 공을 줍기에 급급해 지치게 되고 흥미도 반감된다. 그런데 이와 같은 주고받음이 끝나는 경우가 있다. 한쪽에서 상대방에게 스매시(smash)를 가할 때다. 이 경우에는 이미 작정하고 가한 것이라 상대방과 랠리(rally)가 더 이어지기는 쉽지 않다. 어쩌다 한 번이라면 몰라도 매번 이렇게 되면 상대방이 나와 운동을 계속하고 싶은 것인지에 대한 의구심이 생기면서 그 사람과는 함께 운동하기가 꺼려진다. 서로의 실력 차이에서 오는 거리낌이라기보다는 상대방에 대한 배려와 존중의 차이에서 오는 거리낌이 크기 때문이다.

이러한 상황은 우리 일상에서 특히, 커뮤니케이션하는 상황을 들여다보면 전혀 다르지 않다는 것을 알 수 있다. 커뮤니케이션은 랠리, 즉 쌍방향(two-way)이 기본이다. 서로 주고받음이 없다면 진정한 커뮤니케이션이 되기 어렵다. 커뮤니케이션을 잘 하는 사람들은 무엇보다도 상대방이 하는 말을 잘 경청하는 것으로 알려져 있다. 이때 경청은 단순히 귀로 듣는 것만이 아니라 상대방이 한 말에 대해 적극적인 반응을 보이는 것까지 포함한다. 예를 들어 상대방으로부터 "나 지금 피곤해"라는 말을 들었을 때, 단순히 "좀 쉬어"라고 말하는 것이 아니라 "정말 많이 피곤해 보이네. 무슨 일 있어?"까지 말하는 것이 경청에 포함되는 것이다. 그리고 이 지점부터가 커뮤니케이션에서 상대방과 랠리가 시작되는 시점이다. 반면 같은 상황이지만 "뭐가 피곤해?" 혹은 "안 피곤한 사람이 어디 있어?" 등의 말은 상대방에게 일종의 스매시를 가하는 것이다. 이렇게 커뮤니케이션하는 사람과는 대화가 더 이어지기도 어렵고 앞으로의 발전된 관계를 기대하기도 어렵다.

커뮤니케이션을 잘 하는 사람들의 또 다른 점은 경청뿐 아니라 질문도 남다르다는 것이다. 일례로 그들은 어떤 일에 대해 준비가 더딘 상황을 보면서 "아직도 안 됐어?"라고 묻기보다는 "잘 되고 있지?" 또는 "언제쯤 될까?"라고 묻는다.

그들은 과거형, 부정형의 질문이 아니라 긍정형, 미래형 질문을 구사한다. 과거형, 부정형의 질문은 문제에 대한 변명을 이끌어내는 질문이고 미래형, 긍정형의 질문은 문제를 해결하기 위한 질문이기 때문이다. 과거형, 부정형의 질문은 상대방에게 스매시를 가하는 질문이고 긍정형, 미래형의 질문은 상대방과 랠리를 이어나가는 질문이다.

상대방과 원활하고 효과적인 커뮤니케이션을 기대한다면 먼저 자신이 어떻게 커뮤니케이션을 하고 있는지 생각해 볼 필요가 있다. 그리고 필요하다면 어제와는 다른 방식으로 접근해야 한다. 최고의 소통법은 스매시가 아니라 랠리이기 때문이다.

커뮤니케이션의 스마트(S.M.A.R.T) 법칙에 대하여 알아보자.

S는 소통에 있어 신속(Speed)해질 필요가 있음을 의미한다. 상대방한테서 질문을 받거나 답변을 주어야 하는 경우 가능한 빠른 시간 내에 응답하는 것이 좋다. 커뮤니케이션은 주고받는 것이 기본이므로 일방적으로 받기만 한다면 커뮤니케이션은 어려워진다.

M은 지속적으로 모니터링(Monitoring)해야 한다는 것을 의미한다. 커뮤니케이션을 위해서는 상대방에 대한 관심이 필요한데 현대의 커뮤니케이션 대상자들은 수많은 SNS 공간에서 자신의 근황은 물론, 감정까지도 표현하고 있다. 상대방과의 형식적인 인사를 주고받기 싫다면 관심의 끈을 놓지 말아야 한다.

A는 말에 대한 진정성(Authenticity)을 보여주어야 한다는 것을 의미한다. 자신이 하고자 하는 말에 대한 진정성을 스스로 확인해 볼 수 있는 방법 중 하나는 자신이 상대방에게 한 말이 다음날 일간지 1면을 장식한다고 했을 때 과연 부끄럼이 없는가에 대한 자문자답만으로 가능하다.

R은 자신의 아집이나 고집을 제거(Remove)해야 한다는 것을 의미한다. 많은 경우 커뮤니케이션의 실패는 자신의 아집이나 고집에 기인한다. 커뮤니케이션은 이기고 지는 게임이 아니다. 나의 생각이 중요한 만큼 상대방의 생각도 중요하다는 것을 잊지 말아야 한다.

T는 상대방에게 신뢰(Trust)를 주어야 한다는 것을 의미한다. 타인에게 자신의 신뢰도를 높이기 위해서는 자기중심적인 언행은 줄이고 언행의 일관성을 키워야 한다. 쉽지 않은 일이지만 커뮤니케이션의 성공이 서로에 대한 신뢰에서 비롯된다는 점에서 볼 때 결코 간과할 수 없는 부분이다.

상대방 반응을 이끌어내고 보다 원활한 커뮤니케이션을 기대한다면 표현하는 방식의 변화와 함께 보다 스마트(S.M.A.R.T)하게 접근해 볼 필요가 있다.

1) 언어적 커뮤니케이션 스킬

명령형 화법이 아닌 청유형 화법으로 말해라

명령형 화법은 고객이 자신의 생각을 무시한 일방적인 강요로 받아들일 수 있다. 고객의 생각을 존중하고 부탁하는 청유형 화법을 사용하라. 거절해야 하는 상황에서는 명령형으로 단호하게 말하면 고객의 기분이 상할 수도 있다. 이때에는 의뢰형, 청유형 화법으로 고객에게 양해를 구하고 완곡하게 말해야 한다.

부정형은 피하고 긍정형의 화법으로 말해라

거절을 해야 할 때 부정형 화법을 많이 사용한다. 이때에는 대안제시를 통해 긍정형 화법으로 바꿔 사용한다. 예를 들어, “고객님, 지금 담당 의사분께서 수술일정으로 금일은 예약이 어려울 것 같습니다. 연락처를 남겨주시면 확인 후 연락을 드리도록 하겠습니다”라는 식으로 말하는 것이 좋다.

적절한 쿠션 용어를 사용하여 완전한 문장으로 말해라

‘실례지만’, ‘죄송합니다만’, ‘괜찮으시다면’ 등과 같은 쿠션 용어를 중간에 사용한다면 고객이 더욱 기분 좋게 상황을 받아들인다. 문장을 말할 때도 중간에 끊지 말고 반드시 끝까지 이야기하도록 한다. 예를 들어, “고객님 결제는 어떻게?”보다는 “고객님 결제는 어떻게 해드릴까요?”와 같이 말하는 것이 좋다.

1,2,3법칙을 사용해라

1,2,3법칙이란 1분 말하고 고객의 말은 2분 동안 들어주고 3분 동안은 고객의 말에 맞장구를 치는 것이다. 가장 기본적이고 많이 알려진 법칙이다. 이 법칙을 통해 고객은 자기를 이해해 준다고 생각하게 되고 신뢰를 갖게 된다.

➲ 다른 고객을 인용하여 이야기하듯 말해라

대화할 때 다른 고객의 이야기나 신용할 만한 사람의 이야기를 이용해라. 예를 들어, "~도 만족하셨다." 등으로 말하고 정보를 전달하듯 말하되 가르치듯 말하지 말고 이야기하듯 말하는 것이 좋다.

➲ 유머감각을 활용해라

사람은 진지하고 무거운 분위기보다 재미있고 유쾌한 분위기에서 쉽게 적응한다. 더불어 어렵고 딱딱한 것보다 재미있고 쉬운 것 하기를 좋아한다. 가볍게 웃을 수 있는 요령을 터득하고 고객의 반응이 무덤덤해도 당황하지 말고 재치 있게 화제를 전환할 수 있는 센스도 필요하다.

➲ KISS 전략

Keep It Short and Simple의 약어로 '짧고 간결하게 해주세요'라는 뜻이다.

신속한 의사결정이 필요한 서비스현장에서는 간략하고도 핵심을 짚어내는 커뮤니케이션 방식이 효과적이다. KISS 전략은 강한 어조로 간결하게 말하는 기법이다. 평소에 '주장-배경-설득'의 순서에 따라 2~3문장 정도로 자신의 의견을 핵심적으로 전달하는 연습을 하는 것이 좋다.

2) 비언어적 커뮤니케이션 스킬

고객들은 귀로 들으면서 눈으로는 보기 때문에 비언어적 스킬도 중요하다.

➲ 표정관리

표정관리는 크게 아이콘택트, 얼굴표정, 시선처리로 나눌 수 있다.

눈을 맞추는 것은 관심의 정도를 나타낸다. 진실된 눈빛은 간절한 호소력을 가진다. 고객이 불쾌감을 느끼지 않게 친근감 있는 표정을 짓는 것이 중요한데 웃는 얼굴이 가장 호감 가는 표정이라 할 수 있다. 자연스럽게 웃기 위해선 평상시에도 많이 웃어야 체화된다. 편안함을 주는 시선처리는 고객에게 관심이 있다는 것을 알 수 있도록 자연스럽게 쳐다보는 것이 중요하다.

바른자세

자세가 바르지 못한 사람은 안정감이 없고 신뢰감도 생기지 않는다. 신체의 자세는 마음의 자세에서 비롯되므로 자세는 곧 마음으로 해석할 수 있다. 바르게 서고 앉은 자세로 신체의 중심이 되는 허리를 항상 긴장하여 바로 세운다. 어깨와 머리의 위치도 일자로 곧게 세운다. 곧은 자세로 절도있게 걷는 사람은 보기만 해도 신뢰가 느껴진다. 고객에게 안내할 때는 바른자세로 서서 정확한 방향으로 안내한다.

인사 예절

고객과의 좋은 커뮤니케이션은 인사에서 시작된다. 고객이 보이면 먼저 인사하여야 한다. 올바른 인사법은 아이콘택트에서 시작하여 아이콘택트로 마무리한다. 형식적인 느낌이 아니라 진심어린 인사만이 고객에게 전달된다. 인사와 더불어 쿠션 용어를 더해주면 더욱 풍성하고 기분 좋은 인사를 할 수 있다.

용모와 복장관리

깔끔한 복장과 용모는 고객들에게 신뢰감을 준다. 과하지 않은 단정한 메이크업과 헤어, 옷차림이 중요하다.

공간적 신호

고객의 공간을 침범해서는 안 된다. 사람을 주변으로 120cm 이내의 공간을 바디존, 퍼스널 스페이스라고 한다. 일반적인 대인 거리는 120cm가 적정 수준이며 이 이상으로 근접한 경우는 연인, 가족같이 매우 가까운 사이라고 할 수 있다. 고객과는 두 걸음에서 네 걸음 정도 거리를 두는 것이 좋다. 너무 가까이 있어도 부담스럽게 느끼기 때문이다.

유의점

고객의 신체 부분을 터치하거나 고객의 옷을 잡아당기는 것, 자신의 머리카락이나 얼굴을 만지면서 말하는 것도 삼가야 한다. 고객응대 중 음식물, 껌을 씹는 것도 고객이 불쾌하게 느낄 수 있으므로 항상 신경써야 한다.

3) 스피킹 커뮤니케이션

말을 잘하는 것은 대화를 잘하는 것보다도 고객에게 분명한 의사전달을 통하여 의사를 결정하도록 설득하는 것을 의미한다.

처음 한마디가 중요하다

첫 마디는 대화 흐름에 큰 영향을 미친다. 고객의 특성을 고려하여 날씨, 스포츠 등의 일반적인 관심사로 질문한다. 이는 자연스럽게 친밀감을 형성하여 정보 수집의 기반을 마련해 준다.

시간, 장소에 맞게 질문한다

고객의 욕구(needs)를 파악하려면 고객이 먼저 이야기하도록 유도해라. 서비스에 따라 적절한 질문법을 사용하는 것이 중요한데 크게 3가지로 질문 유형을 분류해 볼 수 있다.

① 개방형

고객의 정보를 수집하기 위해서 사용하는 질문법으로 육하원칙을 적용하여 설명형의 대답이 나오도록 한다. 장점은 고객의 감정, 가치 기준, 핵심 욕구 등의 정보를 얻을 수 있다는 것이고, 단점은 고객이 취조당하는 것과 같은 불쾌감이 들 수 있다는 것이다.

② 단답형

고객이 결정을 내릴 수 있도록 압박하는 질문법으로 '예', '아니요'라는 대답이 나오도록 할 수 있다. 장점은 서비스 제공자가 원하는 정보를 정확하게 알 수 있다는 것이고, 단점은 고객이 심문받는 느낌이 들 수 있다는 것이다.

③ 선택형

서비스 제공자가 자연스럽게 대화를 주도하여 고객에게 선택지를 제안하여 원하는 답을 얻을 수 있다. 장점은 고객이 곧바로 의사결정을 할 수 있다는 것이고, 단점은 선택지가 제한되어 있어 고객이 원하는 것이 없을 수도 있다는 것이다.

➲ 정확하게 밝은 목소리로 말한다

고객에게 말할 때 또렷한 목소리에 느리거나 빠르지 않은 속도로 말하는 것이 중요하다. 중요단어에는 강세를 주는 것이 좋다. 밝고 자연스러운 음성이 고객의 관심을 얻을 수 있다. 그러나 기계적인 음성은 반발심을 살 수 있다.

➲ 바른자세로 공손하게 말한다

바른자세로 미소를 지으며 공손하게 말하고 적절한 호칭을 사용하도록 한다.

4) 리스닝 커뮤니케이션

말하기만큼 중요한 것이 듣기다. 듣기는 고객의 말을 듣는 것만을 의미하지는 않는다.

➲ 고객의 말을 주의깊게 들어라

고객의 말을 주의깊게 듣기 위해서는 고객의 입장이 되어서 들어야 한다. 그러나 고객의 이야기를 듣고 평가 또는 분석하는 것이 아니라 고객 말의 의미가 무엇인지를 이해하며 들어야 한다.

➲ 고객과 대화할 때 맞장구치면서 들어라

고객의 말을 이해하고 있음을 적극적으로 표현하면서 들어야 한다. 적절한 감탄사와 맞장구는 경청하고 있다는 느낌을 줄 수 있다. 자연스럽게 행동하기 위해서는 많은 연습이 필요하다.

➲ 고객의 답에 대한 확인 질문을 해라

고객의 대답에 자신이 이해한 대로 정리하여 고객에게 다시 물어보아야 한다. 고객의 의도와 맞는지 확인할 수 있어 오해로 인한 컴플레인을 줄일 수 있다.

참고문헌

경기도교육청(2014.02). 의전행사 매뉴얼
김나연(2011). 접점관리를 통한 서비스디자인 전략연구 : 중소병원을 중심으로. 이화여자대학교 디자인대학원 디자인학과디자인매니지먼트 전공 석사학위논문
김대원(2016). 법률시장개방에 대한 비판적 고찰 : 개정 외국법자문사법을 중심으로. 한국국제경제법학회. Vol. 14. No. 1
김민주, 이주명(2015). 서비스디자인 개념이 도입된 국내 외 병원 혁신조직 사례 연구. 한국디자인학회. Vol. 2015. No. 5
김은희(2016). 서비스특성 고찰을 통한 e-서비스 발전방향 모색. 아시아문화학술원. Vol. 7. No. 4
김의연, 주재현, 신동석(2015). 종합병원 행정직원의 조직문화 인식이 정서적 몰입에 미치는 영향 : 설립유형과 고용형태별 비교분석. 중앙대학교 국가정책연구소. Vol. 29. No. 4
김지애(2014). 법률 비서의 교육훈련 전이에 영향을 미치는 요인에 관한 연구-A로펌을 중심으로. 이화여자대학교 대학원 국제사무학과 석사학위논문
김현정(2014). 서비스 제공자의 비언어적 커뮤니케이션이 고객의 감정반응과 브랜드이미지에 미치는 영향 : 대학교 행정서비스를 중심으로. 서강대학교 언론대학원 광고홍보 석사학위논문
노은래(2016). 병원 대기환자의 경험가치 증진을 위한 서비스디자인. 성균관대학교 서비스융합디자인협동과정 석사학위논문
문재완(2002). 법의 세계화와 영미로펌의 세계지배 : 독일사례를 중심으로
문화체육관광부, 한국관광공사(2016). 한국 의료관광 마케팅 2016-한국 의료관광의 현재와 미래
박경호(2011). 한국형 의료관광산업 마케팅에 관한 연구. 대한관광경영학회. Vol. 26. No. 2
산업연구원(2013). 의료관광산업의 국제경쟁력 분석과 정책과제
안혜진(2012). 의료비서의 역할과 특성에 관한 기초연구. 이화여자대학교 대학원 국제사무학과 석사학위논문
양천여(2012). 서비스 제공자의 언어적·비언어적 커뮤니케이션이 고객감정, 관계품질과 브랜드 자산에 미치는 영향 : 서비스 속성의 조절효과를 중심으로. 숭실대학교 대학원 경영학과 석사학위논문
윤경일, 주기중(2015). 의료서비스 접점직원의 교환관계, 직무태도, 서비스 행동의 구조적 관계. 한국고객만족경영학회. Vol. 17. No. 3
이규철(2016). 대한의원 본관의 건축 과정과 건축 계획적 특성. Korean J Med Hist. 25(1) : 1-40
이은혜(2004). 우리나라 공공병원의 역사적 변천과정 고찰. 경희대학교 행정대학원 병원행정전공 석사학위논문
이지은, 이준의(2017). 글로벌의전매너. 백산출판사

임효미(2006). 법률서비스시장의 개방과 한국법률회사의 형태 : 법률회사 결합형태에 관한 비교법적 시각. 고려대학교 대학원 법학과 석사학위논문
정성휘(2017). 의료비서의 직무특성이 직무태도에 미치는 영향. 한국비서학회. Vol. 26. No. 1
정연화(2010). 일차의료기관에서의 병원코디네이터 업무에 관한 연구 : 치과, 성형외과, 피부과, 한의원을 중심으로. 부산가톨릭대학교 생명과학대학원 병원경영학과 석사학위논문
조계숙, 최애경(2011). 로펌비서실무
조현정 외(2016). 법률비서 탐색과 취업전략. 무역경영사
지식경제부, 한국디자인진흥원(2013). 의료서비스디자인 참고서
천경훈, 황남석(2014). 각국의 법률시장 개방 현황 및 법률시장 3단계 개방 대비 외국법자문사법 개정 방안 연구. (2014년도) 법무부 연구용역과제 보고서. 서울대학교 산학협력단
최남석(2013). 법률서비스 시장개방과 규제개혁의 경제적 효과 분석 : 법률서비스 수출확대를 중심으로. 한국경제연구원. Vol. 22. No. 1
한광종(2014). 의료관광 실무영어. 백산출판사
한국관광공사(2013). 2013 한국 의료관광 총람
한국관광공사(2015). 의료관광 경제적 파급효과 분석
한국관광공사(2016). 2015 의료관광 만족도 조사
한국관광공사(2016). 의료관광 산업 생태계 현황분석 및 의료관광 활성화 중장기 전략
한국변호사백서(2010). 법무법인 및 공동법률사무소 현황
한국보건산업진흥원(2016). 2015년 외국인환자 유치실적 조사 결과
홍성수(2011). 로펌의 성장과 변호사윤리의 변화 : 개인윤리에서 조직윤리로, 공익활동에서 사회적 책임으로. 법과사회이론학회
황미선(2010). 한국 법률 비서의 직무에 관한 연구 : DACUM 직무분석 자료를 바탕으로. 이화여자대학교 대학원 국제사무학과 석사학위논문
황혜경(2001). 한국 법률 비서들을 위한 평생교육 프로그램. 이화여자대학교 대학원 국제사무학과 석사학위논문
Lawrence M. Friedman. Erewhon : The Coming Global. Legal Order
Randall S. Thomas, et al.(2001). Megafirms. 80 N. Car. L. Rev. 115. pp. 115-118
World Health Organization(1948). Health is a state of complete physical, mental and social well-being and not merely the absence of disease or infirmity

[웹사이트]

나무위키 : https://namu.wiki/w/%EC%A0%9C%EC%A4%91%EC%9B%90
대검찰청 : http://www.spo.go.kr/spo/index.jsp
대한민국 법원 : https://www.scourt.go.kr
대한민국법원 나홀로소송 : http://pro-se.scourt.go.kr

대한민국법원 전자소송 : http://ecfs.scourt.go.kr
대한변호사협회 : http://www.koreanbar.or.kr
동아일보 : http://www.donga.com/news/article/all/20090611/8743023/1
동아일보 : http://www.donga.com/news/article/all/20141007/66990942/1
매일경제 : https://www.mk.co.kr/news/society/view/2018/02/101317/
머니투데이 : https://m.mt.co.kr/renew/view.html?no=2008022317433845214
메디코리아 : http://www.medikorea.com/
법률신문 : https://www.lawtimes.co.kr/Legal-News/Legal-News-View?serial=147533
법률신문뉴스 : https://www.lawtimes.co.kr/Legal-News/Legal-News-View?serial=123063
법무부 : http://www.moj.go.kr
외교부 : http://www.mofa.go.kr
의학신문 : http://www.bosa.co.kr/news/articleView.html?idxno=2045314
https://www.medhist.or.kr/journal/view.php?viewtype=pubreader&number=2313
인제대학교 서울백병원 : http://www.paik.ac.kr/seoul/intro/notice_view.asp?p_hp=DA&p_gub=GONG&p_seq=1217
중앙일보 : https://jhealthmedia.joins.com/article/article_view.asp?pno=842
중앙일보 : https://news.joins.com/article/23020948
중앙일보 : https://news.joins.com/article/23358797
한국경제 : https://www.hankyung.com/society/article/2019010844591
한국산업인력공단 : http://www.hrdkorea.or.kr

저자소개

[이지은]

- 피아이씨컴퍼니(President Identity Company) 대표
- 한양대학교 미래인재교육원 관광학(비서행정, 관광경영) 교수
- 부천대학교 비서사무행정학과 겸임교수
- 경민대학교 국제비서과 겸임교수
- 연성대학교 항공서비스과 외래교수
- 한국콘텐츠진흥원 전문위원
- 소상공인시장진흥공단 전문교수
- 한국취업컨설턴트협회 전문위원
- 한국고객서비스협회 전문교수
- 국제비서사무행정가 자격증 개발
- PIC(CEO PI 컨설턴트) 자격증 개발
- PBM(퍼스널브랜딩 매니지먼트 컨설턴트) 자격증 개발
- CS Leaders(관리사) 자격증 출제위원
- 중앙선거관리위원회 국제의전매뉴얼 자문교수 역임
- 국내 대기업 그룹총수 전략비서 역임
- 호주한국대사관 통역/의전비서관 역임
- 국내 대기업 비서채용면접관 역임

〈저서〉

- 글로벌 의전매너
- 서비스 리더십
- 서비스경영론
- 비서실무론

의료법률 비서실무

2019년 10월 25일 초판 1쇄 인쇄
2019년 10월 30일 초판 1쇄 발행

지은이 이지은
펴낸이 진욱상
펴낸곳 (주)백산출판사
교　정 성인숙
본문디자인 이문희
표지디자인 오정은

등　록 2017년 5월 29일 제406-2017-000058호
주　소 경기도 파주시 회동길 370(백산빌딩 3층)
전　화 02-914-1621(代)
팩　스 031-955-9911
이메일 edit@ibaeksan.kr
홈페이지 www.ibaeksan.kr

ISBN 979-11-90323-39-0 13300
값 28,000원